# "十二五"高等学校电子商务专业规划教材编委会名单

“十二五”高等学校电子商务专业规划教材

# 电子商务物流

李红霞　李　琰　主编

中国铁道出版社
CHINA RAILWAY PUBLISHING HOUSE

## 内容简介

本书以介绍电子商务物流的基本知识和基本操作技能为主，充分体现了企业对物流人才知识与能力的要求；注重实用原则，将理论知识与管理软件、物流案例有机结合，力求做到易懂、易学、易用；兼顾对学生实践、操作能力的培养；紧密结合企业实际应用和行业特点。全书共分10章：电子商务与物流概述、电子商务物流的基本活动、电子商务物流辅助作业、电子商务物流模式、电子商务物流信息技术、电子商务物流服务与成本管理、电子商务物流配送分析与设计、电子商务采购与库存管理、电子商务与供应链、电子商务供应链管理方法。为了增加内容的可读性，书中提供了近64项链接知识，10个开篇案例，13个章末案例，5个实训。

本书既可作为高等学校电子商务专业、物流专业、贸易经济等专业本、专科生的基础教材，也可作为电子商务培训机构培训及初学者自学的教材。

**图书在版编目（CIP）数据**

电子商务物流／李红霞，李琰主编. —北京：中国铁道出版社，2012.2（2017.7重印）

“十二五”高等学校电子商务专业规划教材

ISBN 978-7-113-13887-5

Ⅰ.①电… Ⅱ.①李… ②李… Ⅲ.①电子商务—物流—高等学校—教材 Ⅳ.①F713.36②F252

中国版本图书馆CIP数据核字（2011）第234818号

书　　名：电子商务物流

作　　者：李红霞　李　琰　主编

---

策　　划：刘宪兰

责任编辑：王占清　贾淑媛

编辑助理：巨　凤

封面设计：一克米工作室

责任印制：李　佳

---

出版发行：中国铁道出版社（100054，北京市西城区右安门西街8号）

网　　址：http://www.tdpress.com/51eds/

印　　刷：虎彩印艺股份有限公司

版　　次：2012年2月第1版　　2017年7月第2次印刷

开　　本：787mm×1092mm　1/16　印张：20.25　字数：492千

书　　号：ISBN 978-7-113-13887-5

定　　价：38.00元

---

# 总 序

2011 年，我国电子商务的发展进入一个崭新的阶段。随着国家有关电子商务政策、法规等的相继颁布，电子商务行业开始从以往的市场推动、企业自主发展为主逐步演变和上升为国家战略新兴产业，并在政府、产业、高校、研究和应用五路纵队的合力推动下，其应用从东部扩展到中部、再到西部；新模式、新概念从企业扩展到行业、再到产业；B2B、B2C、团购、移动的发展规模迅猛增长；支付、物流、信用、综合服务、人才培养等环境和生态支撑条件发生着革命性的变化……所有这一切，都极大地促进了中国电子商务的全方位发展。

2005 年，国务院办公厅发布的《关于加快电子商务发展的若干意见》（国办发〔2005〕2 号）从国家经济社会发展的战略高度提出了推动中国电子商务发展的大政方针。2011 年 3 月，国家发改委、商务部等五部门联合发布了《关于开展国家电子商务示范城市创建工作的指导意见》并提出，通过创建国家电子商务示范城市，来推动电子商务在重点区域和特色领域的创新应用，推广典型经验，形成示范效应，带动电子商务健康快速发展。2011 年 4 月 6 日，工信部、科技部、财政部等五部委也联合印发了《关于加快推进信息化与工业化深度融合的若干意见》，意见中提出，推动信息化带动工业化，工业化促进信息化，并强调发展电子商务的重要性。

在这一新形势下，为满足国家电子商务示范城市建设、两化深度融合等电子商务发展趋势对培养大批电子商务复合型专业人才——尤其是大批应用型人才的需求，组织编写与时俱进的电子商务系列教材就成为当前较为迫切和至关重要的任务。因此，我们把编写这套"'十二五'高等学校电子商务专业规划教材"的构想，定为我们新形势下的工作目标之一。

为了促进目标的实现，本套教材得到了国家信息化专家咨询委员会专家们的支持和悉心指导，得到了高等学校电子商务教学指导委员会相关专家的鼎力支持和积极参与，成立了教材编委会。在编委会的组织和领导下，选择并组织了一批优秀的中青年学者和骨干教师担任系列规划教材中各本教材的第一作者，同时遴选其他优秀中青年教师参编，以规范、有序地开展编写工作。

本套规划教材参照电子商务专业最新的培养目标和计划，内容涵盖电子商务的核心课程及重点选修课；读者对象以应用型人才为主，包括高等学校电子商务及经管类专业的本科生及高职高专院校相关专业学生，以及对电子商务感兴趣的工作人员。

本套规划教材内容主要包括电子商务导论、电子商务经济学、电子商务网站开发、电子商务网页设计、电子商务安全、电子支付与结算、电子商务物流、电子商务管理、电子商务营销、电子商务客户关系管理、电子商务案例分析、电子商务创业与实训、移动商务、网络贸易、电子商务法律与案例、电子商务服务、电子商务系统分析与设计等。其主要特点包括：①为新形势下顺应电子商务发展的新需求而设计——整套教材的内容衔接合理、大纲设计完善、内容组织具有新意；②内容涵盖电子商务基础、电子商务支撑体系、电子商务服务和应用三大层面，知识体系符合电子商务专业的培养目标；③突出对应用型人才培养的特色，从书目的选取、到大纲的制定，再到具体编写过程都强调以学生“易理解、易操作”为原则，在编写中较多地采用了案例讨论、实验指导等方法；④在内容逻辑、形式和体例上力求科学、合理、严密和完整，使之系统化和实用化。

自该套规划教材编写工作启动以来，在编委会各位专家、各本教材第一作者以及参编人员的共同努力下，在中国铁道出版社的支持下，本套教材将陆续面世。在此，我们对参与各项工作和在该项工作中给予支持的各位领导、专家、教师和朋友们表示最衷心的感谢！

我们深知，虽然我们对本套规划教材的组织和编写倾注了最大努力，但离读者对我们的期望仍有距离，在此，也衷心希望各位读者不吝赐教，促使本套教材真正成为受读者欢迎的精品教材！

“十二五”高等学校电子商务专业规划教材编委会

2011-08-11

# 前言

随着电子商务的迅猛发展，电子商务对传统物流提出了挑战，物流的重要性越来越为人们所重视。电子商务下的物流，有不同于传统物流的特殊性，除了要具备基本的服务能力外，还要提供增值服务，要求有高效的组织结构及严格的物流成本控制能力等。这些特殊性，使得电子商务下的物流管理的难度也远比传统形式的物流要高得多。有效的管理需要电子商务与物流知识的结合，并且应用一些特别的管理手段。本书主要针对电子商务下的物流问题，对电子商务下的物流活动、物流模式、物流信息技术、物流服务与成本管理、物流配送分析与设计、电子商务采购与库存管理、电子商务与供应链、电子商务供应链管理方法等，从管理的角度进行详细阐述，系统地介绍了与电子商务紧密结合的物流问题的分析与设计方法，并在各章引入了典型案例。同时为了使学生学以致用，针对课程内容在正文关键处设有链接知识；在部分章的章末分别设有案例分析、实训及习题。为了方便教师的教学及学生的学习，本书还配有每章主要内容及相关图表的 PowerPoint、习题参考答案，有需要者可与中国铁道出版社联系。

本教材的主要特点如下：

（1）内容全面翔实，针对性强。本书主要面向电子商务专业的本、专科生使用，在引入物流的基本理论及知识的基础上，阐述了电子商务物流的运作模式及管理方法，既有基础性又有专业性，方便学生由浅入深地学习与掌握相关知识点。

（2）加强供应链管理方面的知识。供应链管理是电子商务环境下物流管理的主要方向，目前已有的教材在此方面只是粗略涉及，对于电子商务与供应链、供应链的管理方法很少涉及，而本书则加强了这方面内容的介绍。

（3）加强案例内容。目前已有的教材很少有相关案例方面的内容，在本书的编写中穿插了大量的相关链接及案例以便于学生讨论使用。

（4）增加实训内容。目前已有的教材基本上无实训，本教材根据需要设有相关的实训，可有效训练学生利用理论与方法解决实际问题的能力。

《电子商务物流》一书是在我们对市场充分调研的基础上，根据全国物流专业教学指导委员会制定的最新的课程与教学内容规划，并结合电子商务专业、物流专业方向的特点来组织编写的，具有基础理论知识够用、实践技能加强的特色。本书既可作为高等学校电子商务专业、物流专业、贸易经济等专业本、专科生的基础课教材，也可作为电子商务培训机构及初学者自学的教材。

本书由西安科技大学管理学院李红霞、李琰担任主编，并负责全书的结构设计及最后的定稿。全书共分10章，其中第1章由李红霞编写；第4章、第8章、第9章、第10章由李琰编写，第2章、第3章由孙庆兰编写，第5章、第6章由王欣编写，第7章由袁晓芳编写。管理学院张屹芳、刘蓉、苗苗、屈婷、杨妍也参与了本书的编写及校稿等工作。

作者写作前大量地收集、分析、研究了国内外物流领域、电子商务领域最新研究成果和全球500强企业的物流实践经验，并参阅了大量同类教材、专著，力图在理论和实践上反映出企业物流管理的最新成果。对于所引用的这些资料，来源出处尽可能在参考文献中列出，谨在此向他们表示衷心的感谢。由于时间仓促和水平有限，书中难免有不妥之处，欢迎读者批评指正。

编　者

2011年8月

# 目 录

# 第1章

# 电子商务与物流概述

## 引例 联想物流——信息化带来高效率

信息流与物流紧密结合，是现代物流的发展趋势。在IT业，这一点显得尤为突出。IT业的显著特征是技术更新快、产品生命周期短、价格变化频繁。因此，IT企业必须不断提高自己的分析预测和快速响应能力。客户需求的多样性与个性化，迫使IT企业不但要有较强的敏捷生产与柔性生产能力，更要加强对原材料供应商的有效管理，对产品分销配送物流的合理规划。面对复杂多变的物流状况，IT企业必须借助信息技术手段加强物流管理，提高物流效率。

在中国IT业，联想是当之无愧的龙头企业。自1996年以来，联想计算机一直居国内市场销量第一。IT行业特点及联想的快速发展，促使联想加强与完善信息系统建设，以信息流带动物流。高效的物流系统不仅为联想带来实际效益，更使其成为同类企业学习效仿的典范。

（本文由作者根据网络资料改写，原文见 http://eie1102.student.gdcc.edu.cn/html/2007-01/12p2.html）

## 1.1 电子商务

电子商务的出现和发展极大地改变了人们的交易方式，同时也促进了现代物流的发展，本书将从电子商务概念、电子商务的发展以及电子商务对社会的影响等方面对电子商务进行全面阐述。

### 1.1.1 电子商务的概念

电子商务是 IT 技术和商务运行相结合而产生的，是一种新型的商务交易过程，是21世纪市场经济商务运行的主要模式，也是新经济模式下的一种主要经济方式。从某种意义上讲，电子商务是一种在21世纪高科技技术背景下，新型生产关系发展建立过程中所形成的一种新经济模式。

简单意义上讲，电子商务就是利用先进的电子技术进行商务活动的总称。它是通过网络，使用先进的信息处理工具，利用电子这种载体，将买卖双方的商务、产品、销售、服务等信息，以及电子支付等商务活动，用相互认同的交易标准实现，这就是人们常说的“在网上进行买卖活动”。

美国的 Emmelhainz 博士从功能角度把电子商务定义为，通过电子方式，在网络基础上实现物资、人员过程协调，以便实现商业交换的活动。

加拿大专家Jenkins和Lancashire认为，电子商务是数据资料电子装配线的横向集成。

美国《安全电子商务》解释，电子商务是含义广泛的词汇，它描述了与企业相关的自动化交易，从通过电子邮件向文具商购买一支铅笔，到在万维网电子商场里购物，再到向政府电子报税，以至于巨额仓单控制交易。

美国学者 David Ko siur 认为，电子商务是这样的系统，它不仅包括进行买卖而直接带来利润的事物，而且包括产生对产品和服务的需求、提供销售支持和用户服务、促进业务伙伴之间通信等支持利润产生的事务。

中国专家王可从研究的角度将电子商务定义为，在计算机和通信网络基础上，利用电子实现商业交换和行政作业的全过程。

综合各方面不同看法，结合我国电子商务的实践，可以将电子商务的概念作如下表述：电子商务指交易当事人或参与人利用计算机技术和网络技术等现代信息技术所进行的各类商业活动，包括货物贸易、服务贸易和知识产权贸易。这里的“利用计算机技术和网络技术”和“进行商业活动”都具有丰富的含义。

（1）电子商务是一种采用先进信息技术的买卖方式。交易各方将自己的各类供求意愿按照一定的格式输入电子商务网络，电子商务网络便会根据用户的要求，寻找相关信息并提供给用户多种买卖选择。一旦用户确认，电子商务就会协助完成合同的签订、分类、传递和款项收付等全套业务。这就为卖方以较高的价格卖出产品，买方以较低的价格购入商品和原材料提供了一条非常好的途径。

（2）电子商务实质上形成了一个虚拟的市场交换场所。它能够跨越时空，实时地为用户提供各类商品和服务的供应量、需求量、发展状况及买卖双方的详细情况，从而使买卖双方能够更方便地研究市场，更准确地了解市场和把握市场。

（3）对电子商务的理解，应从“现代信息技术”和“商务”两个方面考虑。一方面，“电子商务”的概念所包括的“现代信息技术”应涵盖各种以电子技术为基础的通信方式；另一方面，对“商务”一词应做广义解释，使其包括契约型或非契约型的一切商务性质的关系所引起的各种事项。

（4）电子商务不等于商务电子化。真正的电子商务绝不仅仅是企业前台的商务电子化，更重要的是包括后台在内的整个运作体系的全面信息化，以及企业整体经营流程的优化和重组。也就是说，建立在企业全面信息化基础上，通过电子手段对企业的生产、销售、库存、服务以及人力资源等环节实行全方位控制的电子商务，才是真正意义上的电子商务。

### 1.1.2　电子商务的发展

电子商务并非新生事物，它最早可以溯源至人们利用电报、电话开展的商务活动。20 世纪 60 年代，美国已在商业上广泛应用计算机，出现了电子记录机式会计（ERMA），其他如电子资金转账（EFT）、信用/借记卡（credit/debit card）等活动也都可以归为电子商务的范围。

电子商务是计算机和通信技术进步的产物。如果以计算机通信网络为基础、从涉及的商务环节的广泛性来看，EDI（电子数据交换）可以说是最早的电子商务技术，它也是电子商务技术进程中的一个里程碑。

#### 1. EDI 的发展

EDI 在计算机之间以标准格式进行日常商业文档的转换。与企业间的传统的通信和文档交换方法比较，它具有办公无纸化、通信更快捷和成本更低等优势。通常认为 EDI 的主要优势是它可以降低库存和运营成本、提高信息的准确性和企业反应速度，以及减少文书工作。

以 EDI 形式出现的电子商务已有相当长的时间。20 世纪 60 年代末，美国航运业首先使用 EDI，早期的 EDI 是以点对点方式在计算机之间直接完成通信；20 世纪 70 年代，数字通信网的出现加快了 EDI 技术的发展和应用范围的扩大，一些行业建立了行业性数据传输标准和 EDI 系统，这个时期，EDI 应用还集中在银行业、运输业和零售业；20 世纪 80 年代，欧洲和北美 20 多个国家共同开发了用于行政管理、商业及运输业的 EDI 国际标准，随着增值网的建立和行业标准逐步发展为通用标准，EDI 的跨行业应用加速发展；到 20 世纪 90 年代初，全球已有 2.5 万家大型企业采用 EDI，美国 100 家最大的企业中有 97 家采用 EDI；到 20 世纪 90 年代中期，美国有 3 万多家公司采用 EDI，西欧有 4 万多家 EDI 企业用户，包括化工、电子、汽车、零售和银行等行业。

我国从 20 世纪 90 年代开始对 EDI 系统的开发和应用，国家纪委、科委将 EDI 列入“八五”国家科技攻关项目，建立了一批在国际贸易中应用的 EDI 系统。1991 年 9 月，由国务院电子信息系统推广应用办公室牵头，会同 16 个部委、局（行、公司）发起成立“中国促进 EDI 应用协调小组”，同年 10 月成立“中国 EDIFACT”理事会。从 1993 年起我国开始实施“金关工程”，即对外贸易信息系统工程，该工程是 EDI 技术在外贸领域的应用试点。“九五”期间，海关、交通、商检和商业 EDI 应用项目被列为国家重点项目。

从 20 世纪 EDI 的应用和发展来看，EDI 的出现以及它的应用领域主要与国际贸易密切相关。为了在国际贸易中提高供应链中制造商、供应商和用户之间，以及跨国公司与各分公司之间商业文件的传递、处理速度，减少处理各种商业单证和票据的出错率，以计算机网络通信技术和数据标准化为基础的 EDI 应运而生。

在 EDI 发展初期，每个新加入者都需要通过一个新的翻译程序将它们的数据格式化以符合其他参与者的标准，这使最初的商业交往过程变得十分刚性和昂贵。虽然增值网有助于克服这一技术障碍，但由于它是一种私营的第三方网络，以增值网为通信媒体的 EDI 成本仍然较高。20 世纪 90 年代互联网的迅速发展和扩散，为基于专用网的 EDI 技术扩大应用范围提供了可能。基于互联网的 EDI 出现大大降低了应用 EDI 技术的成本，用互联网作为通信媒体将节省 50%的成本。随着互联网的迅速扩散，电子商务技术才真正开始在全社会各个领域中得到普遍应用，其形式也更加多样化。

**2．基于互联网的电子商务**

互联网的出现和发展使电子商务技术的采用有了广泛的基础。尽管 20 世纪 60 年代末就出现了互联网的雏形，但直到 20 世纪 90 年代早期美国政府向社会公众开放了互联网，才为互联网开辟了广阔的商业应用领域。随后万维网技术的出现简化了互联网的使用，加速了互联网商业内容和应用的开发。由于互联网通过 TCP/IP 可以使几乎所有的计算机系统都连接在一起，基于互联网的电子商务就成为企业很自然的选择。从此，互联网迅速成为电子商务发展的中心。

欧美工业发达国家由于有良好的通信基础设施和较长的信息技术应用历史，电子商务发展迅速走在世界前列。我国电子商务的发展始于 20 世纪 90 年代初 EDI 技术的应用，随着互联网的兴起，我国政府敏锐地意识到电子商务对经济增长具有巨大的推动作用，于 1996 年 2 月推动成立中国国际电子商务中心；1997 年，国务院电子信息系统推广办公室联合 8 个部委建立了中国电子数据交换技术委员会，电子商务开始在我国启动；2000 年 6 月，经国务院批准，在各部门的大力支持下，中国电子商务协会在北京正式成立，架起了国内外电子商务发展的桥梁，有力地推动了我国电子商务的发展。我国政府相继实施了“金桥”、“金卡”、“金关”等一系列金字工程，为我国电子商务的发展做了良好的铺垫。

1999 年，我国电子商务交易额为 1.8 亿元人民币，2000 年电子商务交易额达到 4 亿元人民币。从行业应用看，证券公司、金融结算机构、民航订票中心、信用卡发放等均已成功地进入电子商务领域，并进行了大量的、可靠的交易，这些已构成电子商务发展的基础。1999 年，国家信息化推进工作办公室结合区域信息化、领域信息化和企业信息化工作，批准了 16 个电子商务试点项目，其中包括 9 个省市、5 家领域和 2 家企业。经过几年的建设发展，试点工作在认证中心、支付网关、法律环境、应用系统开发等方面取得了一定的成绩和经验。

基于互联网的电子商务技术得以迅速扩散和广泛应用与互联网的本质特征密切相关。开放结构是互联网的基本技术思想，在一个开放结构的互联网络中，每个用户都可以根据特别的环境和自己的需要设计网络。互联网有一个关键概念，即它不是为了一个应用而设计，而是作为一般基础设施，在这个基础上可以构思设计新的应用，TCP/IP 协议的本质就是使这一点得以实现。

今天，互联网和其他通信技术的发展使新应用层出不穷，也使电子商务的形式更加多样化。互联网基础设施的进一步发展为开发新应用和新服务提供了机会，宽带的出现及其快速的永远在线连接，为交互式应用开辟了道路，如网络游戏、虚拟现实和其他高质量数字服务。互联网也正朝着提供音频和视频服务的方向变化，如网络电话和网络电视。宽带接入使互联网所具有的革命性潜力得到充分释放，也加快了将互联网技术与人们的日常生活结合在一起的进程。互联网的广泛可获性与便携式计算和通信设备相结合，产生了移动计算和通信的新模式，也使电子商务更为便利。由移动通信与互联网相结合产生的“移动互联网”将为人们提供一整套全新的服务，如可见的多媒体信息服务和移动电子商务等。利用无线通信技术，将计算机、移动电话和其他外部设备连接在一起以传输、收集和分配数据和信息。

基于互联网的电子商务还将继续发展和完善，正如莱纳（Leiner）等人所说，谁也不应该认为互联网的变化已经结束了，尽管从名称和地理上说互联网是个网络，但它不是电话或电视行业那种传统网络，它是计算机的产物，只要还与计算机相关，它将，而且一定会以计算机行业的发展速度不断变化和发展。

### 1.1.3　电子商务对社会的影响

电子商务是各种通过电子方式而不是面对面方式完成的交易。电子商务用来增强贸易伙伴之间的商业关系，它是信息技术的高级应用，也是一种以信息为基础的商业构想的实现，用来提高贸易过程中的效率。

具体地说，电子商务在如下 7 方面改变了社会生活。

#### 1. 电子商务改变了交易方式

表面上这是最寻常的改变，毫无“石破天惊”之感。然而，最不寻常的改变，正孕育在这最寻常的改变之中。例如，回顾银行的诞生过程：在金属货币时代，它不过是“替富商管理货币”的小角色，是给诸多富商当“出纳员”，由于发现手中的货币可以贷出去赚取利息，从而逐步发展成了控制社会经济命脉的大亨。当它还是富商的“出纳员”的小角色时，没有人想到后来它会发生翻天覆地的变化。

#### 2. 电子商务改变和正在改变着人们的消费方式

消费者找厂家、跑商场、进银行、排队、交涉、办手续等诸多行动，都在随着电子商务的诞生而改变着。“腰酸腿疼”的购物方式，将被轻松的“点击鼠标”代替。用经济学的语言来说，即“极大地降低了购买方的交易费用”。

#### 3. 电子商务改变和正在改变着厂家的营销方式

（1）改变厂商的广告方式。网上广告的传播范围更为广泛，平均费用大为降低。

（2）改变品牌的塑造方式。品牌的市场优势的作用正在改变，不知名品牌进入市场的机遇之门正在打开。

（3）改变销售的组织方式。从接订单，到资信的确认或收款的确认，再到货物的准备和发送等一系列工作流程都会发生变化。

（4）改变客户的管理方式。客户的消费特征可以在网上直接被记录，并可以由一定的软件系统统计分析，从而厂商可以为客户提供更好的服务。

#### 4. 电子商务正在再造整个流通环节

传统的“厂家→批发商→零售商→消费者”的方式正在被打破，“厂家（直接面对）→消费者”的方式正在形成，新的配送体系正在形成，从而新的物流体系也正在形成。其结果是流通组织的再造：有的要消亡（特别是有的传统商业中介要消亡），有的要改进（不改进，也要消亡），有的流通组织则要创新。运输体系、运输的组织方式和相应的存储方式也会因电子商务而再造。

#### 5. 电子商务改变和正在改变着厂家的采购方式

从厂家的生产流程来看，电子商务不仅巨大地改变着厂家的“出口”端，而且对“入口”端也有巨大的影响。由于更容易“货比三家”，所以会更有利于找到合适的原材料和零部件，更有利于找到合适的合作伙伴，从而降低采购的交易费用，进而迫使企业的采购方式和组织发生相应的变化，更进一步影响到企业与供应商的战略联盟的建立。

#### 6. 电子商务改变和正在改变着企业资金筹措的操作手段

资金筹措的部分手段（如作为资本市场一部分的股票和债券）早已电子化，而且人们已经领教到基于电子信息网络的资本交易，在规则不完善或控制有疏漏时的巨大破坏力，那是震撼世界的力量。

企业资金筹措的另一个重要来源是商业银行。它也正在随着IT技术和信息网络的发展而发生着巨大的变革。网络银行的出现，完全改变了企业资金操作的手段，降低了操作的成本。企业财务管理的部分规则，不得不随之有所变化。

#### 7. 人才的挑选与聘用，正在发生革命性的变化

在以往的电子商务的讨论中，人才市场没有受到足够的重视。事实上，基于IT技术、电子信息网络技术的人才交易早就进行了，而且正在依托因特网、多媒体迅速地发展着。在网上测评人才的技术也正在迅速发展着。

总而言之，电子商务改变了开发、生产、流通、消费、金融运作整个经济过程，正在变革、刷新着管理观念、理论和方法，并且变革还按照如下逻辑传递着：生产力→生产关系→上层建筑→文化、观念。

## 1.2 物流

当社会出现了商品交换，便有了物流活动。经济活动离不开物的流动，物流是与商流联系在一起并随着市场经济的发展而发展的。伴随着物流活动的发展，物流观念从传统物流、后勤管理发展到了现在的现代物流。

### 1.2.1 物流概述

#### 1. 物流的定义

物流的定义在各个经济发展阶段，适应不同的经济活动，不断地进化、调整和完善，即使在同一历史时期和同一经济发展阶段，也因不同的学派、不同的学术团体、不同的

组织机构和不同的国家、出自不同的角度和观点而有所差别。

早在 1933 年，美国市场营销协会对物流的定义是：物流是销售活动中所伴随的物质资料从产地到消费地的各种企业活动，包括服务过程。

美国物流管理协会多次对物流进行定义，典型的有 1963 年、1986 年、1998 年、2003 年的定义。

1963 年，“物流是有计划地对原材料、在制品和制成品由生产地到消费地的高效运动的过程中所实施的一系列的功能性活动，这些功能性活动包括：货物的运输、仓储、物料搬运、防护包装、存货控制、工厂和仓库选址、订单处理、市场预测和客户服务等。”

1986 年，“物流是对货物、服务及相关信息从起源地到消费地的有效率、有效益的流动和储存进行计划、执行和控制，以满足顾客要求的过程。该过程包括进向、出向、内部和外部的移动以及以环境保护为目的的物料回收。”

1998 年，“物流是供应链流程的一部分，是为了满足客户需求而对商品、服务及相关信息从原产地到消费地的高效率、高效益的流动及储存进行的计划、实施与控制过程。”

2003 年，“物流管理是供应链管理的一部分，是为了满足客户需求而对商品、服务及相关信息从起源地到消费地的有效率、有效益的正向和反向流动及储存进行的计划、执行和控制，以满足顾客要求。”

我国对物流的研究开始于 20 世纪 80 年代，1987 年，在李京文教授等人主编的《物流学及其应用》一书中，将物流定义为：物质资料在生产过程中各个生产阶段之间的流动和从生产场所到消费场所之间的全部运动过程。1995 年，王之泰教授在《现代物流学》一书中，将物流定义为：按用户（商品的购买者、需求方、下一道工序、货主等）要求，将物的实体（商品、货物、原材料、零配件、半成品等）从供给地向需要地转移的过程。这个过程涉及运输、储存、保管、搬运、装卸、货物处置和拣选、包装、流通加工、信息处理等许多相关活动。1996 年，吴清一教授在《物流学》一书中，将物流定义为：实体从供给方向需求方的转移，这种转移既要通过运输或搬运来解决空间位置的变化，又要通过储存保管来调节双方在实践节奏方面的差别。

1997 年，何明珂教授在《现代物流与配送中心》一书中，将物流定义为：物质实体从供应者向需要者的物理性移动，它由一系列创造时间和空间效用的经济活动组成，包括运输、配送、保管、包装、装卸、流通加工及物流信息处理等多项基本活动，是这些活动的统一。

我国 2001 年制定的国家标准《物流术语》（GB/T 18354—2001）中，将物流定义为：物品从供应地向接受地的实体流动过程。根据实际需要，将运输、储存、装卸、搬运、包装、流通加工、配送、信息处理等基本功能实现有机结合。

### 2．物流的发展历程

物流的存在已有几千年的历史，其发展可以划分为以下几个阶段：

*1）初期阶段（1901—1945 年）*

1901 年，约翰·F·格鲁威尔在《农产品流通产业委员会报告》中讨论了农产品流通方面的问题，从理论上开始了对物流的认识。

1905 年，美国少校 Chauncey B.Ba ker 认为，“那个与军备的移动和供应相关的战争艺术的分支就叫物流。”

1915 年，阿奇·萧在《市场流通中的若干问题》一书中指出：“创造需求与实物供给的各种活动之间的关系说明存在平衡性和信赖性两个原则”，“物流是与创造需求不同的一个问题……流通活动中的重大失误都是因为创造需求与物流之间缺乏协调造成的。”英国克兰菲尔德物流与运输中心（Cranfield Center for Logistics and Transportation，CCLT）主任、资深物流与市场营销专家 Martin Christopher 教授认为，阿奇·萧是最早提出物流概念并进行实际探讨的学者。

1916 年，L.D.H.Weld 在《农产品的市场营销》中指出：市场营销的效用中包括时间效用、场所效用、所有权效用和营销渠道的概念，从而肯定了物流在创造产品的市场价值中的时间价值及场所价值中的重要作用。

1918 年，英国尤尼利弗的哈姆勋爵成立了“及时送货股份有限公司”。其公司宗旨是在全国范围内把商品及时送达到批发商、零售商以及用户手中。这一举动被一些物流学者誉为是有关“物流活动的最早文献记载”。

1922 年，美国著名的营销专家 F.E.Clark 在《市场营销原理》一书中将市场营销定义为“影响商品所有权转移的活动和包括物流的活动”。这使 Physical D istribution 一词与物流联系起来，真正把物流活动提升到理论高度进行讨论和研究。

在第二次世界大战期间，物流对于盟军的胜利起到了关键的作用，在当时被称为 Logistics Management（后勤管理）。“后勤”是指将战时物资的生产、采购、运输、配给等活动作为一个整体进行统一的布置，以求战略物资补给的费用更低，速度更快，服务更好。第二次世界大战后，Logistics 的运作方法及理念在企业中广泛采用，又有商业后勤、流通后勤的提法，这时的后勤包含了生产过程和流通过程中的物流，因而是一个包含范围广的物流概念。上述阶段被物流界普遍认为是物流的初期阶段。

2）综合物流阶段（1962—1970 年）

1962 年，著名管理大师 Peter Druker 在《财富》杂志上发表的题为《经济领域的黑暗大陆》的文章中指出：“我们对物流的认识就像拿破仑现在对非洲大陆的认识。我们知道它确实存在，而且很大，但除此之外，我们便一无所知。”这篇文章首次提出物流领域的潜力，具有划时代的意义。企业的决策者对物流的认识得到了提高，开始把寻求成本优势和差别化优势的视线转向物流领域，物流成为了企业的“第三利润源”。从此，企业物流管理领域正式启动。

1963 年，韦伯斯特大辞典把后勤定义为“军事装备物资、设施与人员的获取、供给和运输。”

日本是在 20 世纪五六十年代引入“物流”这一概念的。

1956 年，日本企业界和政府为了提高产业效率，派团考察美国的通流技术，即日本本部向美国派出了“搬运专业考察团”，此举对日本物流的发展起到了积极的作用。

20 世纪 60 年代，日本正式引进了“物流”这一概念，并将其解释为“物的流通”、“实物的流通”。

日本通商产业省物流调查会的定义为：物流是制品从生产地到最终消费者的有目的性转移活动。具体是由包装、装卸、运输、保管以及信息等活动组成。

日本通商产业省运输综合研究所认为，物流是“商品从卖方到买方的场所转移过程”。

到了 20 世纪 70 年代，日本物流的发展进入了世界领先行列。

1970 年，美国空军在一份报告中对后勤学下的定义是：计划和从事部队的输送、补给和维修的科学。

日本将引进的后勤学译为“兵战学”，其含义表述为“除了军需资料的订购、生产计划、采买、库存管理、配给、输送、通用外，还包括规格化、品质管理等军事作战行动所必须的资财管理”。

这时，“后勤”一词已经不仅仅是军事上的含义了。人们已经认识到产品流通与原材料物流可以综合起来管理，使企业能够系统地分析物流水平，降低成本和改进服务，大大改进了对物流系统的管理，使物流的发展进入了综合物流的阶段。

3）供应链管理阶段（1974 年至今）

美国学者 Donald J. Bowersox 在 1974 年出版的《后勤管理》一书中，将后勤管理定义为，以卖主为起点，将原材料、零部件与制成品在各个企业间有策略地加以流转，最后到达用户期间所需要的一切活动的管理过程。

1976 年，美国国家物流管理委员会在定义物流管理中指出，物流活动包括，但不局限于为用户服务、需求预测、销售情报、库存控制、物料搬运、订货销售、零配件供应、工厂及仓库的选址、物资采购、包装、退换货、废物利用及处置、运输及仓储等。

1981 年，美国出版的《后勤工程与管理》一书中，引用了美国工程师学会（The Society of Logistics Engineers，SOLE）对后勤学的定义：对于保障的目标、计划及其设计和实施各项要求，以及资源的供应和保持等有关的管理、工程与技术业务的艺术与科学。

1985 年加拿大物流管理协会（Canadian Association of Logistics Management，CALM）的定义为，物流是对原材料、在制品库存、产成品及相关信息从起源地到消费地的有效率的、成本有效益的流动和储存进行计划、执行和控制，以满足顾客要求的过程。该过程包括进向、去向和内部流动。

同年，美国物流管理协会正式将名称由 National Co uncil of Phy sical Di stribution Management 更改为 Council of Logistics Management，从而标志着现代物流理念的确定。与此同时，随着科学技术的发展，政策的放开，竞争的加剧，现代物流管理思想进一步发展，一体化物流管理的思想逐步形成。

1994 年，欧洲物流协会（European Logistics Association，ELA）的定义为：物流是在一个系统内对人员及商品的运输、安排及与此相关的支持活动的计划、执行与控制。

1998 年，美国物流管理协会（Council of Logistics Management，CLM）重新定义为：物流是供应链运作中，以满足客户要求为目的，对货物、服务和相关信息在产出地和消费者之间实现高效率、低成本的正向和反向的流动和储存所进行的计划、执行和控制的过程。至此，物流管理逐渐扩大到整个供应链范围，不仅要考虑原材料供应商及产品分销商直至客户的供应链上的所有物流活动，还要注重他们之间的协调与配合，物流的发展也就进入了供应链管理阶段。

综上可见，不同时期，不同国家对物流概念的理解尽管有所不同，但都反映出以下几个基本点：

（1）物流概念的形成和发展与社会生产、市场营销、企业管理的不断进步密切相关。

（2）物流概念与物流实践最早始于军事后勤，而“物流”一词没有限定在商业领域还是军事领域。物流管理对公共企业和私人企业活动都适用。

（3）物流的功能主要由运输、储存、装卸、包装及信息等构成。

（4）物流无论从 Physical Distribution 还是 Logistics 的内涵中都强调了“实物流动”的核心。

### 3. 物流的收益

物流收益来自于客户的服务满足。物流企业客户服务的出色完成会给所有供应链的成员增值。物流企业也正是因为提供了增值服务而获得收益。不同的物流服务需求方对物流的要求不一样，这取决于它们的经营战略、营销战略及其对营销组合中商品供应（物流）的重视程度。如果客户寻求在物流能力上的区别战略，那么客户寻求的是高水准的物流服务；如果其主要的竞争特征是价格，出于成本控制，则寻求的是低成本的物流服务。不同的物流需求方对既定的物流服务的看法是不一样的。物流服务需求者的这一反应特征可以称之为物流需求的偏好特性。客户也正是出于这种偏好而付给物流服务提供商不同的报酬，或者说愿意给付的最大报酬（实际报酬还取决于双方的讨价还价能力）。这一报酬即为物流企业的收益。服务水平不同，物流企业的收益不同。由于边际收益（边际效用）递减，物流收入曲线（同时也是物流需求方的效用曲线）先加速递增，后减速递增，到一定的水平后趋于稳定。整个收益曲线如图 1-1 所示。可见，客户服务水平与所获得的收益成正向相关关系。在服务水平提高的初期阶段，收益增长很快；但到一定阶段，物流收益增长趋缓，并且最终趋于稳定以至不变。这是合乎常规的，现实中表现为客户对物流服务要求达到一定的水平后不愿意再为额外的服务而多付出额外的成本。

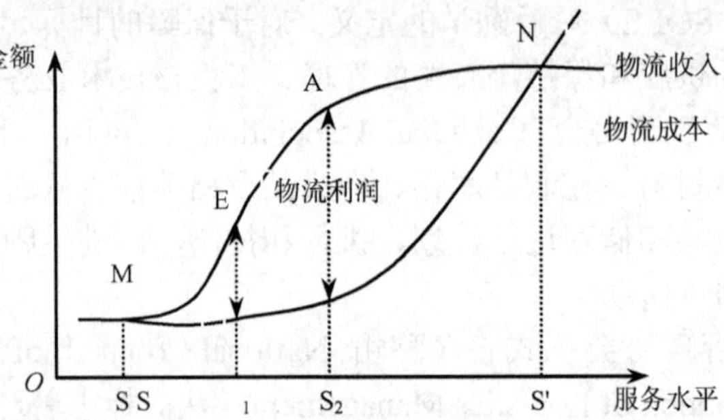


图 1-1　物流收入、成本—服务水平曲线

## 1.2.2　电子商务与物流

### 1. 电子商务与物流的关系

1）电子商务对物流发展的影响

（1）电子商务要求物流实现信息化、自动化和智能化。电子商务的发展要求物流实现信息化，因为电子商务的一个优点是能保证企业与各级客户之间的即时互动，企业能够与客户一起就产品设计、质量、包装、交付条件、售后服务等进行交流。这些要求物流系统每一个功能环节提供即时信息支持，在信息化的基础上，物流才能实现自动化，从而提高物流的效率。电子商务要求物流实现智能化，以提高物流的现代化水平，物流的智能化已成为电子商务下物流发展的一个新趋势。

**小资料**

**尤尼西斯公司的配送改进**

尤尼西斯公司在采用了 EDI 的 MRP 系统后，将其欧洲区的 5 个配送中心和 14 个辅助仓库减缩为 1 个配送中心。在企业保留若干地区性仓库以后，更多的仓库改造为配送中心。由于存货的控制能力变强，物流系统中仓库的总数减少。随着运管政策的逐步放宽，更多的独立承运人将为企业提供更加专业化的配送服务。配送的服务半径也将加大。

（本文由作者根据网络资料改写，原文见 http://wenku.baidu.com/view/6b59b24c2e3f5727a5e96275.html）

（2）电子商务提高物流的运作效率。电子商务使企业可寻求物流的合理化，使商品实体在实际的运动过程中达到效率最高、费用最省、距离最短、时间最少。电子商务对物流的最大影响就是，提高运输速度以缩短客户在网络中产生的产品虚拟可得性与实际产品可得性之间的差距。

小资料

**耐克公司通过电子数据交换与供应商联系**

著名的耐克公司，从 1999 年开始改用电子数据交换（EDI）方式与其供应商联系，直接将成衣的款式、颜色和数量等条件以 EDI 方式下单，并将交货期缩短至 3～4 个月。它同时要求供应布料的织布厂先到美国总公司上报新开发的布样，由设计师选择合适的布料设计为成衣款式后，再下单给成衣厂商生产，而且成衣厂商所使用的布料也必须是耐克公司认可的织布厂生产的。

这样一来，织布厂必须提早规划新产品供耐克公司选购。但由于布料是买主制订，买主给予成衣厂商订布的时间缩短，成衣厂商的交货期也就越来越短，从以往的 180 天缩短为 120 天甚至是 90 天。显然，耐克公司的库存压力减轻了，但成衣厂商为了提高产品的可得性就必须对织布厂提出快速交货的要求。这时织布厂将面临要么增加基本原材料的存货，要么投资扩大其新产品的开发能力。

（本文由作者根据网络资料改写，原文见 http://info.10000link.com/newsdetail.aspx?doc=2009101600079）

（3）改变物流企业的竞争状态。在传统经济活动中，物流企业之间的竞争往往是依靠本企业提供优质服务、降低物流费用等方面来进行的。在电子商务时代，这些竞争内容虽然依然存在，但有效性却大大降低，原因在于电子商务需要一个全球性的物流系统来保证商品实体的合理流动，而单个企业难以达到这一要求，这就要求物流企业在竞争中形成一种协同竞争的状态，在相互协同实现物流高效化、合理化、统一化的前提下相互竞争。

（4）电子商务将促进物流基础设施的改善、物流技术与物流管理水平的提高。电子商务高效率和全球性的特点要求物流相应改善基础设施，同时也要求物流提高技术水平，以提高物流的效率。此外，物流管理水平的高低直接决定和影响着物流效率的高低，也影响着电子商务高效率优势的实现。只有提高物流的管理水平，建立科学合理的管理制度，将科学的管理手段和方法应用于物流管理当中，才能确保物流的畅通进行，实现物流的合理化和高效化，促进电子商务物流的发展。

（5）电子商务对物流人才提出了更高的要求。电子商务要求物流管理人员不仅要具有较全面的物流管理水平，而且要具备较高的电子商务知识，并且在实际的运作过程中，将二者进行有机结合。

2）现代物流助推电子商务的发展

电子商务的发展需要现代物流的支撑。与传统交易模式相同，电子商务是商流、信息流、物流、资金流的统一。在电子商务模式下，商流、资金流、信息流都可以通过网络虚拟化实现。而最终的资源配置，还是需要通过商品的实体转移来实现，这就离不开物流服务的支撑。现代物流业是融合运输业、仓储业、货代业和信息业等的复合型服务行业。与电子商务类似，都是通过对原有资源的重组整合形成的新兴业态模式。2009 年，国务院发布了《物流业调整和振兴规划》，把促进物流业发展纳入应对国际金融危机的“一揽子”计划，上升到国家战略层面，提升了物流业在国民经济全局发展中的地位。

（1）专业化服务要求提升。电子商务对现代物流提出了更高的要求。电子商务中商流、信息流、资金流实现方式便捷，较易形成同质化竞争，物流服务成为电子商务打造差异化优势的突破点。随着电子商务市场的发展和成熟，物流服务的要求从简单收发货向更具专业化的综合服务延伸。物流企业加快开发标准化、个性化、一体化的物流服务，提高服务整体满意度。服务内容从简单的仓储和运输服务，逐步向上下游延伸，提供与电子商务产业链相关的采购、集货、配载、配送、代收货款等各种增值服务，形成多功能、专业化的电子商务物流服务模式，有效提升了电子商务整体服务满意度。例如，申通快递为从 C2C 转变为 B2B 的网商提供"仓储服务+配送服务"的整体电子商务物流供应链服务产品，全面介入企业物流管理，提升企业物流效率，协助企业成功实现转型。

（2）物流服务体系加快建设。物流服务体系的战略地位日益重要。为更好地控制物流质量，提升客户体验水平，企业开始重视自身物流体系建设。其中，大型平台企业自建物流配送中心的趋势越来越明显，而大部分中小企业将更多地依赖专业化的第三方物流服务。物流体系的构建取决于企业自身战略的制定，自营和外包物流的区别在于是拥有还是控制物流资源，两种方式都可以实现供应链的协调发展，关键是要与自身核心竞争力相匹配。达到一定业务规模的电子商务企业可以选择自营物流业务，打造物流网络平台，保证网购物流的快速、稳定和客户满意，将自身核心竞争力构筑在物流优势上。而外包物流业务的企业，借助第三方物流专业化服务，通过科学规划、规范管理、绩效考核和反馈调整，能够实现对物流资源的有效控制，并实现物流服务的灵活、便捷和低成本，同样能够形成自身的竞争优势。

（3）联盟合作走向深入。电子商务与现代物流产业融合联动趋势日趋明显。与价格博弈相比，两者在业务创新和模式对接方面的机会更加突出，是一种"你中有我，我中有你"的关系。以物流为切入点，电子商务企业加快对自身业务流程的梳理和整合，挖掘降低成本和提高效率的措施，从根本上改变电子商务供应链服务模式。阿里巴巴公司与天天快递、韵达快递、申通快递、圆通快递 4 家物流企业实现了平台对接，网商可直接在阿里巴巴网站选择物流企业下订单，实现下订单、分拨、配送、查询等一条龙服务，形成了联系紧密、资源共享的联盟合作体系。2010 年年初，阿里巴巴又入股星晨急便快递公司，加强在电子商务配送服务方面的合作，努力营造健康的电子商务生态链。

（4）网络布局向均衡发展。物流网络的均衡布局提高了物流服务效率。为配合电子商务市场的发展，快递和物流企业加快网络调整，通过多种手段编织了覆盖面广、快捷高效的物流网络。中邮速递对中国邮政的物流资源进行重组和改造，并积极整合社会物流资源，构建由运输、仓储、配送平台组成的全国一体化物流配送网络。形成各大区域 24 小时、48 小时、72 小时配送服务圈。当前，中国正在兴起的新兴消费市场潜力巨大，二、三线城市和农村市场消费品零售额的迅速增长，持续带动了电子商务的繁荣。物流网络建设顺应市场需求，加快网点下沉，在二、三线城市布局。目前，网商和网购最为集中的是江、浙、沪等地，物流网点几乎覆盖到乡镇，推动了电子商务的市场全覆盖。

（5）系统对接助力联动融合。电子商务信息系统与物流系统的集成与对接尤为必要。在电子商务模式下，要提高服务质量，电子商务和现代物流企业必须要有良好的信息处理和传输系统。企业与企业间要打破传统思想，推进系统整合和对接，充分发挥整合资源、优化配置的优势，大幅提升电子商务服务质量。淘宝网与推荐物流公司之间的信息平台对接已初步完成。用户在淘宝网上达成交易后，可直接在线发送订单，买家和卖家还可以随时跟踪订单。全国邮政电子商务速递业务系统正式上线运行，实现了分派订单、回执录入、信息监控、订单查询、数据记录等功能，可有效保障信息共享和实时传输，同时实现了与淘宝网网商的实时对接。信息系统对接支撑了电子商务快速响应客户需求，保证了物流服务更加快速、高效、便捷，开拓了行业未来的发展空间。

#### 2. 电子商务物流的含义与特点

电子商务物流实际就是在电子商务环境下的现代物流。具体来说，是指基于电子化和网络化的信息流、商流、资金流下的物资或服务的配送活动，包括软性商品（如服务）的网络传送和实体商品的物流传送。它包括一系列机械化、自动化工具的应用，准确利用即时的物流信息对物流过程进行监控，使得电子商务中物流的速度加快、准确率提高，从而有效减少库存，缩短生产周期，最终达到使物流的流动速度加快，尽量与电子商务中的其他“三流”相匹配的目的。

电子商务物流的特点如下。

1）信息化

物流信息化是电子商务的必然要求。物流信息化表现为物流信息的商品化、物流信息收集的数据库化、物流信息处理的电子化和计算机化、物流信息传递的标准化和实时化、物流信息存储的数字化等。因此，条形码技术（Bar Code）、数据库技术（Database）、电子订货系统（Electronic O rdering S ystem，EOS）、电子数据交换（Electronic D ata Interchange，EDI）、快速反应（Quick Response，QR）及有效的客户反应（Effective Customer Response，ECR）、企业资源计划（Enterprise Resource Planning，ERP）等技术在我国的物流行业中将会得到普遍的应用。

2）自动化

自动化的基础是信息化，核心是机电一体化，外在表现是无人化，效果是省力化。自动化还可以扩大物流作业能力、提高劳动生产率及减少物流作业的差错等。物流自动化的设施非常多，如条形码/语音/射频自动识别系统、自动分拣系统、自动存取系统、自动导向车及货物自动跟踪系统等。

3）智能化

智能化是物流自动化、信息化的一种高层次应用，物流作业大量的运筹和决策，如库存水平的确定、运输路径的选择、自动导向车的运行轨迹和作业控制、自动分拣机的运行及物流配送中心经营管理的决策支持等都需要借助大量的知识才能解决。在物流自动化的过程中，物流智能化已成为电子商务发展的一个新趋势，需要通过专家等相关技术支持。

4）网络化

物流有基础设施平台和基础信息平台两大平台，现代物流的网络化同样是围绕它们形成的。一方面，信息平台建构了物流的信息网络；另一方面，庞大的物流基础设施平台中的物流中心、配送中心、物流节点及物流的交通运输网络又构成了一个连通各个地区、各个企业、各个部门的实体网络。

5）虚拟化

随着全球卫星定位系统（GPS）的应用，社会大型物流系统的动态调度、动态储存和动态运输将逐渐代替企业的静态固定仓库。由于物流系统的优化目的是减少库存直到零库存，这种动态仓储运输体系借助于全球卫星定位系统，充分体现了未来物流系统的发展趋势。

6）柔性化

柔性化本来是为实现“以顾客为中心”的理念而在生产领域提出的，但要真正实现柔性化，即能真正根据消费者需求的变化来灵活调节生产工艺，如果没有配套的柔性化物流系统是不能达到目的的。弹性制造系统、计算机集成制造系统、制造资源系统、企业资源计划及供应链管理系统的概念的提出和技术的实现，将生产和流通集成起来，根据需求组织生产，分派物流活动。柔性化的物流正是适应生产、流通与消费需求而发展起来的一种新型物流模式，要求物流配送中心根据消费者需求“多品种、小批量、多批次、短周期”的特色，灵活组织和实施物流运作。

7）一体化

物流一体化是以物流系统为核心的，由生产企业经过物流企业、销售企业直至消费者的物流整体化和系统化。物流一体化是物流产业化的发展形势，它必须以第三方物流的充分发展和完善为基础。物流一体化的实质是物流管理的问题，即专业化物流管理人员，充分利用专业化物流设备、设施，发挥专业化物流运作的管理经验，以取得最佳效果。

8）国际化

物流国际化，即物流设施国际化、物流技术全球化、物流服务全体化、货物运输国际化、包装国际化和流通加工国际化等。物流国际化的实质是按照国际分工协作的原则，依照国际惯例，利用国际化的物流网络、物流设施和物流技术，实现货物在国际上的流动和交换，以促进区域经济的发展和世界资源的优化配置。国际化物流正随着国际贸易和跨国经营的发展而不断发展。

### 3. 电子商务物流的一般流程

电子商务条件下物流的一般流程可简要表述如下：

（1）企业将商品信息通过网络展示给客户，客户通过浏览器访问网站，选择需要购买的商品，并填写订单。

（2）厂方通过订单确认客户，告之收费方法，同时通知自己的应用系统组织货源程序。

（3）客户通过电子结算与金融部门交互执行资金转移。

（4）金融部门通过电子邮件（或其他方式）通知买卖双方资金转移的结果。

（5）厂方组织货物，并送达客户手中。

电子商务物流流程如图 1-2 所示。

### 4. 电子商务时代物流业的发展趋势

电子商务时代的到来，使物流业的发展趋势有了新的变化。

（1）多功能化。在电子商务时代，物流业发展进入集约化阶段，一体化的物流配送中心不仅能提供仓储和运输服务，还必须增加包括配货、配送以及各种高附加值的流通加工服务在内的物流项目，此外，还可以按客户需要提供其他服务。

（2）物流的系统化。过去，物流一般指产品出厂后的包装、运输、装卸、仓储等一系列服务功能，而现在提出了物流系统化、供应链管理 SCM 的概念，并付诸实施，使物流不断向两头延伸。现代物流使社会物流与企业物流有机结合在一起，从采购物流开始，经过生产物流，再进入销售物流，经过包装、运输、仓储、装卸、加工配送到达消费者手中，现代物流包含产品从原材料供应到产品送达消费者手中的整个流通全过程，即通过统筹协调、合理规划，控制商品的整个流动过程，以实现利益最大化、成本最小化，同时，满足用户需求不断变化的客观要求。

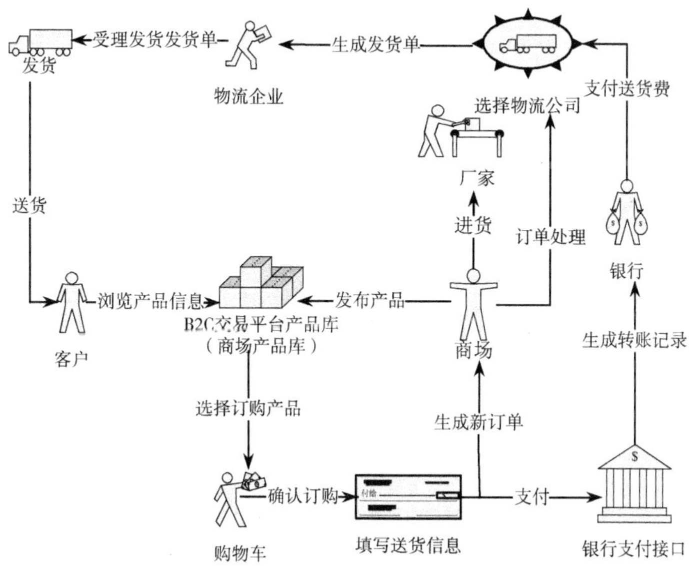


图 1-2　电子商务物流流程

（3）一流的服务。物流业是介于供货方和购货方之间的第三方，以服务作为第一宗旨。从当前物流的现状来看，由于顾客需要的服务不只是一种，而是多种，所以，物流企业要提供全面的服务。因此，如何服务好，便成了物流企业管理的中心问题。发达国家的物流企业之所以成功，其中一个很重要的因素就在于其十分重视客户服务的研究。

（4）物流的社会化。随着市场经济的发展，专业化分工越来越细，一个生产企业生产某种产品，除了一些主要部件自己生产以外，大都是外购，生产企业与零售商所需的原材料、中间产品、最终产品，大部分由不同的物流中心、批发中心或配送中心提供，以实现少库存或达到零库存。

## 本章小结

本章首先介绍了电子商务的概念、特点、分类、流程和作用；其次对现代物流的产生、发展和概念、作用分类及内容做了阐述；最后就两者之间的关系详细进行了论述，并就电子商务物流的概念、内容和特征加以说明。

## 本章习题

1. 简述电子商务的含义。
2. 电子商务的特点是什么？
3. 简述电子商务的流程。
4. 电子商务与物流有什么关系？
5. 什么是电子商务物流？
6. 电子商务下的物流有什么特点？

# 第2章

# 电子商务物流的基本活动

## 引例 耐克公司的物流管理

耐克经营的运动鞋及服装是季节性很强的产品，如果没有良好的物流服务，就不能保持其竞争优势，因此耐克公司非常注重其物流系统的建设，可以说其物流系统是一个国际领先的、高效的货物配送系统。

首先，耐克在全球布局物流网络以快速响应市场需求。公司在美国有3个配送中心。在田纳西州孟菲斯市的耐克配送中心，运行于1983年，是当地最大的自有配送中心。作为扩张的一部分，耐克建立了3层货架的仓库，并安装了新的自动补货系统，使得耐克能够保证在用户发出订单后48小时内发出货物。耐克公司在亚太地区生产出的产品，通过海运经西海岸送达美国本土，再利用火车经其铁路专用线运到孟菲斯，最后运抵耐克的配送中心。所有的帽子、衬衫等产品都从孟菲斯发送到美国各地。每天都要发送35～50万单位的衣物。当销量进一步增大时，耐克迅速对其物流管理进行了改变，采用了实时的仓库管理系统，并使用手持式和车载式无线数据交换器，使得无纸化分拣作业成为可能，增加了吞吐能力和库存控制能力，同时还尽力从自动化中获取效益而不会产生废弃物。设备升级后配送中心吞吐能力提高了一倍多，从每8小时的10万件提高到了25万件，设计最高日工作量为75万件。

除在美国外，耐克在欧洲也加强物流系统建设。耐克在欧洲原有20多个仓库，分别位于20多个国家。这些仓库之间是相互独立的，这使得耐克的客户服务无法做到非常细致。另外，各国家的仓库只为本国的消费进行准备，也使得其供货灵活度大打折扣。经过分析，耐克决定关闭其所有的仓库，只在比利时的Meerhout建造一个配送中心，负责在整个欧洲和中东的配送供给。因为这里是一个港口城市，交通比较便利，并且在地理上也位于欧洲中心。

在亚洲，耐克巩固在日本的配送基础，设计了世界上最先进的高密度配送中心，这种设施可以满足未来7年销售量增长的需要。耐克在中国运输方式主要是公路运输，在中国境内生产的产品委托第三方物流公司以公路货运的方式运往设在中国主要城市的耐克公司办事处的仓库。使用电子商务物流方案，部分物流业务外包。耐克在选择物流合作伙伴时总是选择有经验的、国际专业性的、可以信任的服务商。

在2000年初，耐克开始在其电子商务网站上进行直接到消费者的产品销售，并且扩展了提供产品详细信息和店铺位置的功能，这部分销售的物流业务，由UPS环球物流给予实现。UPS环球物流除送货外，还附加进行存货管理、回程管理和客户呼叫中心的管理，这样，耐克公司不仅省下了人头开支，而且加速了资金周转。

耐克在美国的另一个物流合作伙伴是MENLO公司。该公司是一家从事全方位合同物流服务的大型公司，其业务范围包括货物运输、仓储、分拨及综合物流的策划与管理。它主要负责日本地区耐克商品的生产、销售和物流业务。这些大型的物流公司帮助耐克完成了迅捷的客户服务。

无论是工作效率还是服务水平，耐克的物流系统都是非常先进高效的。其战略出发点是一个消费地域由一个大型配送中心来服务，尽量取得规模效益。耐克还非常注意物流技术的进步，积极采用新的高效的科技，新的科学管理方法，来降低成本和提高工作效率。

（本文由作者根据网络资料改写，原文见http://www.ask123.net/industry/fmcg/index.shtml?id=201008121636562834&p=detail&type=detail_article&type_ext=100701.）

## 2.1　电子商务物流系统

系统对于物流来讲非常重要，物流本身就是一个系统，物流管理就是运用物流系统的思想方法对物流活动实施计划、控制、组织和协调，降低物流成本，准确把握系统思想对于物流有十分重要的意义。

### 2.1.1　电子商务物流系统的含义

物流系统是指在一定的时间和空间里，由所需位移的物资、包装设备、装卸搬运机械、运输工具、仓储设施、人员和通信联系等若干相互制约的要素所构成的具有特定功能的有机整体。物流系统的目的是实现物资的时间效益和空间效益，在保证社会生产的前提下，实现各物流环节的合理衔接，并取得最佳的经济效益。

电子商务物流系统是指，企业运用网络化的技术和现代化的硬件设备、软件系统及先进的管理手段，通过一系列包装、流通加工、装卸搬运、仓储、运输、配送等工作，定时、定点、定量地交给没有地域范围限制的各类客户，满足其对商品的需求。

电子商务物流系统与传统的物流系统不同之处就在于电子商务物流系统突出强调一系列信息化、自动化、柔性化工具的应用，以及准确、及时的物流信息对物流过程的监督，它更加强调物流的速度、物流系统信息的通畅和整个物流系统的合理化，系统的开发性更强，规模优势更明显。

电子商务物流系统与一般系统一样，具有输入、转换和输出 3 大功能。通过输入和输出使物流系统与电子商务系统及社会环境进行交换，并相互依存。输入包括人、财、物和信息；输出可以包括效益、服务、环境的影响以及信息等；而实现输入到输出转换的则是电子商务物流的各项管理活动、技术措施、设备设施和信息处理等。电子商务物流系统的构成如图 2-1 所示。

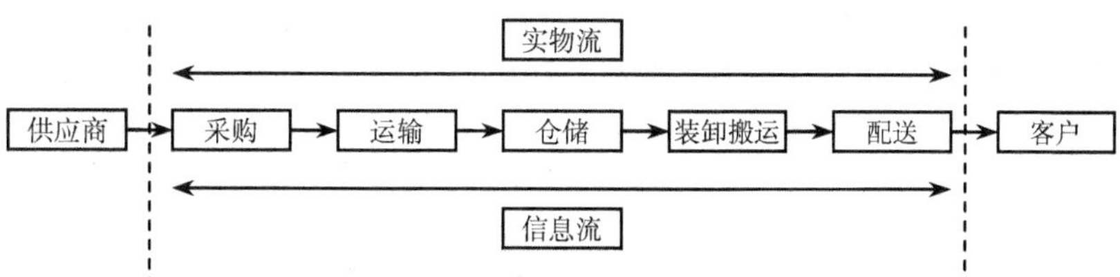


图 2-1　电子商务物流系统的构成

### 2.1.2　电子商务物流系统的特点

电子商务物流系统具有一般系统所共有的特点，即整体性、相关性、目的性、环境适应性等，也具有规模庞大、结构复杂、目标众多等大系统所具有的特征。

#### 1. 电子商务物流系统是一个复杂的“人机系统”

电子商务物流系统是由人和相应的设备、工具所组成，它表现为物流劳动者运用运输设备、装卸搬运机械、仓库、港口、车站等设施，作用于物资的一系列生产活动。这一系列的物流活动中，人是系统的主体。因此，在研究电子商务物流系统各方面问题时，应该把人和物有机地结合起来加以考查和分析。

**2．电子商务物流系统是一个动态系统**

电子商务物流系统一般联系多个生产企业和用户，随需求、供应、渠道、价格的变化，系统各要素及系统的运行也经常发生变化。电子商务物流系统受社会生产和社会需求的广泛制约，所以物流系统必须是具有环境适应能力的动态系统。为适应经常变化的社会环境，物流系统必须是灵活、可变的。

**3．电子商务物流系统是一个可分系统**

无论规模多大的电子商务物流系统，都可以分解成若干个相互联系的子系统。这些子系统的多少和层次的阶数，是随着人们对物流系统的认识和研究的深入而不断扩充的。系统与子系统之间，子系统与子系统之间，存在着时间和空间及资源利用方面的联系，也存在总目标、总费用及总运行结果等方面的相互联系。根据物流系统的运行环节，可以划分为以下几个子系统：物资包装系统、物资装卸系统、物资运输系统、物资储存系统、物资流通加工系统、物资回收再利用系统、物资情报系统及物流管理系统等。

**小资料**

**奥运物流系统**

2008年，北京举办的第29届奥运会倡导“绿色奥运、科技奥运、人文奥运”的理念。北京汇集了800多万来自200多个参赛国家（地区）的运动员、记者和观众，以及120多万件器材。在奥运会期间，北京乃至全国有大量的人员来往、出行旅游，他们需要数量庞大的日常消费品；体育运动员在比赛前后使用的器材、体育用品需要运送、储存、包装和回收等，这些都产生了巨大的物流服务需求。

据专家计算：与奥运直接相关的物流需求量为417.2亿元（其中奥运会预算占7.7亿元，北京市投入409.5亿元）；与奥运会直接相关的商品物流需求量为4.91亿元（其中旅游业为1.41亿元，零售与餐饮业为3.5亿元）；与奥运会直接相关的废弃物物流需求量为10.8亿元（其中奥运会直接产生的为1.2亿元，观众和游客产生的为9.6亿元）。因此，与奥运会相关的物流需求总量大约为432.91亿元（其中发生在赛前的为402.5亿元，赛中的为28.21亿元，赛后的为2.2亿元）。

2008年，北京奥运会需要1 200辆手推车、171辆叉车、525台起重机、150辆起重卡车、15～20万平方米的仓库面积，奥运物流中心的总运输量达到75 000吨。北京拥有公路货运站场、装卸点6 000多个，公路系统规划了23个一、二级货运枢纽；北京铁路局管辖内的铁路货站有122个，铁道专用连接的工厂货站、货场、仓库有几百个，铁路部门规划了16个主要货站；首都国际机场航空货运枢纽是具有现代化水平的大型物流枢纽。此外，北京市政府在北京市房山闫村、通州马驹桥和顺义天竺建立了3个大型物流基地，建立了一定数量的综合性物流与配送区和专业性的物流与配送区。

（本文由作者根据网络资料改写，原文见 http://www.investzj.com.cn/sanji.asp?id_forum=006123.html）

### 2.1.3　物流系统的目标

物流系统是社会经济系统的一部分，其目标是获得宏观和微观经济效益。

物流系统的宏观经济效益是指一个物流系统作为一个子系统，对整个社会流通及国民经济效益的影响。物流系统的微观经济效益是指该系统本身在运行活动中所获得的企业效益，其直接表现形式是这一物流系统通过组织“物”的流动，实现本身所耗与所得之比。

建立和运行物流系统时，要以宏观和微观两个效益为目标，具体来讲，物流系统要实现以下5个目标。

### 1．服务

物流系统的本质是以用户为中心，树立用户第一的理念。其利润的本质是“让渡”性的，不一定是以“利润为中心”的系统。物流系统采取送货、配送业务，就是其服务性的表现。在技术方面，近年来出现的“准时供应方式（JIT）”、“柔性供货方式”等，也是其服务性的表现。

### 2．快速、及时

及时性是服务性的延伸，既是用户的要求，也是社会发展进步的要求。随着社会大生产的发展，对物流快速、及时性的要求更加强烈。在物流领域采用直达运输、联合一贯运输等管理和技术，就是这一目标的体现。

### 3．低成本

在物流领域中除流通时间的节约外，由于流通过程消耗大而又基本上不增加或不提高商品的使用价值，所以依靠节约来降低投入是提高相对产出的重要手段。在物流领域里推行集约化经营方式，提高物流的能力，采取各种节约、省力、降耗措施，能够提高物流的能力，实现降低物流成本的目标。

### 4．规模优化

由于物流系统比生产系统的稳定性差，因而难于形成标准的规模化模式，使得规模效益不明显。以物流规模作为物流系统的目标，依此来追求“规模效益”。在物流领域以分散或集中的方式建立物流系统，研究物流集约化的程度，就体现了规模优化这一目标。

### 5．库存控制

库存控制是及时性的延伸，也是物流系统本身的要求，涉及物流系统的效益。物流系统是通过本身的库存，起到对千百家生产企业和消费者的需求保证作用，从而创造一个良好的社会外部环境。

要提高物流系统化的效果，就要把从生产到消费过程的货物量作为一贯流动的物流量看待，依靠缩短物流路线，缩短物流时间，使物流作业合理化、现代化，从而实现物流系统的目标。

## 2.1.4　电子商务物流系统的构成要素

同一般的管理系统一样，物流系统是由人、财、物、设备、信息和任务目标等要素构成的有机整体。由于物流系统的特点，物流系统的要素可具体分为功能要素、支撑要素和物质基础要素等。

### 1．物流系统的功能要素

物流系统的功能要素指的是物流系统所具有的基本能力，这些基本能力有效地组合联接在一起，以完成物流系统的目标。一般认为物流系统的功能要素有运输、储存、保管、包装、装卸搬运、流通加工、配送和物流信息。

（1）运输功能要素。包括供应及销售物流中的车、船、飞机等方式的运输，生产物流中的管道、传送带等方式的运输。对运输活动的管理，要求选择技术经济效果最好的运输方式及联运方式，合理确定运输路线，以实现安全、迅速、准时、价廉的要求。

（2）仓储保管功能要素。包括堆存、保管、保养、维护等活动。对保管活动的管理，要求正确确定库存数量，明确仓库以流通为主还是以储备为主，合理确定保管制度和流程，对库存物品采取有区别管理方式，力求提高保管效率，降低损耗，加速物资和资金的周转。

（3）配送功能要素。是物流进入最终阶段，以配送、送货形式最终完成社会物流并最终实现资源配置的活动。配送活动一直被看成运输活动中的一个组成部分，看成是一种运输形式。所以，过去未将其作为独立的功能要素，而是将其作为运输中的末端运输对待。但是，配送作为一种现代流通方式，集经营、服务、社会集中库存、分拣、装卸搬运于一身，已不是单单一种送货运输能包含的，因此，应将其作为独立功能要素。

（4）包装功能要素。包括产品的出厂包装、生产过程中在制品、半成品的包装以及在物流过程中换装、分装、再包装等活动，对包装活动的管理，根据物流方式和销售要求来确定。以商业包装为主，还是以工业包装为主，要全面考虑包装对产品的保护作用、促进销售作用、提高装运率的作用、包拆装的便利性以及废包装的回收及处理等因素。包装管理还要根据全物流过程的经济效果，具体决定包装材料、强度、尺寸及包装方式。

（5）装卸功能要素。包括对输送、保管、包装、流通加工等物流活动进行衔接活动，以及在保管等活动中为进行检验、维护、保养所进行的装卸活动。伴随装卸活动的小搬运，一般也包括在这一活动中。在全物流活动中，装卸活动是频繁发生的，因而是产品损坏的重要原因。对装卸活动的管理，主要是确定最恰当的装卸方式，力求减少装卸次数，合理配置及使用装卸机具，以做到节能、省力、减少损失、加快速度，获得较好的经济效果。

（6）流通加工功能要素。又称流通过程的辅助加工活动，这种加工活动不仅存在于社会流通过程，也存在于企业内部的流通过程中。所以，实际上是在物流过程中进行的辅助加工活动。企业、物资部门、商业部门为了弥补生产过程中加工程度的不足，更有效地满足用户或本企业的需求，更好地衔接产需，往往需要进行这种加工活动。

以上功能要素中，运输及保管分别解决了供给者及需要者之间场所和时间的分离，因而在物流系统中处于主要功能要素的地位。

### 2．物流系统的支撑要素

物流系统处于复杂的社会经济系统中，物流系统的建立需要有许多支撑手段，要确定物流系统的地位，要协调与其他系统的关系，物流系统的支撑要素必不可少，主要包括：

（1）体制、制度。物流系统的体制、制度决定物流系统的结构、组织、领导、管理方式，以及系统的地位、范畴，是物流系统的重要保障。有了这个支撑条件，物流系统才能确立在国民经济中的地位。

（2）法律、规章。物流系统的运行，不可避免会涉及企业或个人的权益问题。法律、规章一方面限制和规范物流系统的活动，使之与更大的系统相协调；一方面对合同的执行、权益的划分、责任的确定等给予保障与维系。

（3）行政、命令。物流系统一般关系到国家军事、经济命脉，所以，行政、命令等手段也常常是支持物流系统正常运转的重要因素。

（4）标准化系统。实施标准化保证物流环节协调运行，是物流系统与其他系统在技术上实现无缝联接的重要支撑条件。

### 3．物流系统的物质基础要素

物流系统的建立和运行，需要有大量技术装备手段，这些手段的有机联系对物流系统的运行有决定性意义，这些要素对实现物流系统的运行具有重要作用。

（1）物流设施：包括物流站、货场、物流中心、仓库、公路、铁路、港口等。

（2）物流装备：包括仓库货架、进出库设备、流通加工设备、运输设备、装卸机械等。

（3）物流工具：包括包装工具、维护保养工具、办公设备等。

（4）信息技术及网络：根据所需信息水平不同，包括通信设备及线路、传真设备、计算机及网络设备等。

（5）组织及管理：它是物流网络的"软件"，起着联接调运、协调、指挥各要素的作用，以保障物流系统目的的实现。

### 2.1.5　物流系统分析

#### 1. 物流系统分析的含义

物流系统分析是指在一定时间、空间里，对其所从事的物流活动和过程作为一个整体来处理，以系统的观点、系统工程的理论和方法进行分析研究，实现其空间和时间的经济效应。

物流系统分析的目的在于通过分析，比较各种拟定方案的功能、费用、效益和可靠习惯等各项技术、经济指标，向决策者提供可作出正确决策的资料和信息。所以，物流系统分析实际上就是在明确目的的前提下，来分析和确定系统所应具备的功能和相应的环境条件，使输入（资源）最少，而输出的物流服务效果最佳。

#### 2. 物流系统分析的要点和步骤

1）物流系统分析的要点

物流系统分析的要点是在明确目标的基础上，确定什么人在什么时间和什么地点采用什么方法完成什么事，直到得到圆满的答案为止。一般来说，对物流系统分析首先需要回答下面几个问题：我们为什么要进行这项工作？进行该项工作能增加什么价值？为什么要按照现有程序进行该项工作？为了提高效率，能否改变作业步骤的次序？为什么要有某一个小组或个人来完成这项工作？其他人可以完成这项工作吗？还有更好的系统运行方式吗？

2）物流系统分析的步骤

物流系统分析时要运用科学的分析工具和计算方法，对系统的目的、功能、结构、环境、费用和效益等，进行充分、细致地调查研究，收集、比较、分析和处理有关数据，建立若干个拟定方案，比较和评价物流结果，寻求系统整体效益最佳和有限资源配备最佳的方案，为决策者最后抉择提供科学依据。物流系统分析有如下步骤：现状分析、找出并阐明问题、生成备选方案、建模、评价备选方案。物流系统分析的步骤如图 2-2 所示。

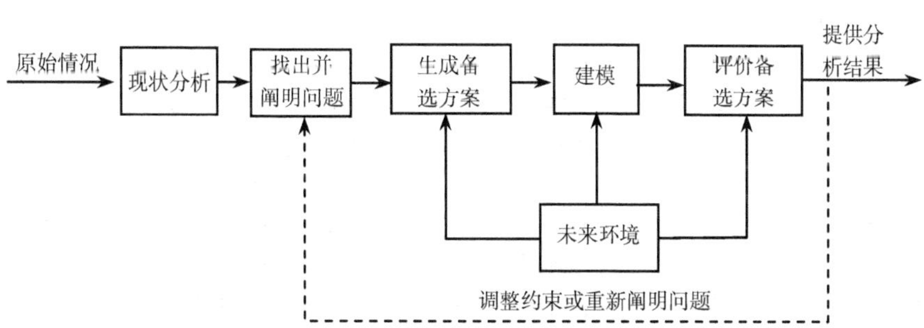


图 2-2　物流系统分析的步骤

#### 3. 物流系统分析常用的理论及方法

1）数学规划法（运筹学）

它是一种对系统进行统筹规划，寻求最优方案的数学方法。其具体理论与方法包括线性规划、动态规划、排队论和库存论等。线性规划、动态规划和库存论等是解决物流系统中选址问题、资源配置以及物料储存的时间与数量的方法。

2）统筹法（网络分析法）

运用网络来统筹安排，合理规划系统的各个环节。它用网络图来描述活动流程的线路，把事件作为结点，在保证关键线路的前提下，安排其他活动，调整相互关系，以保证按期完成整个计划。

3）系统优化法

在一定约束条件下，求出使目标函数最优的解。物流系统包括许多参数，这些参数相互制约、互为条件，同时受外界环境的影响。系统优化研究，在不可控参数变化时根据系统的目标如何来确定可控参数的值，使系统达到最优状态。

4）系统仿真

系统仿真技术是近年来最为普遍的方法，系统仿真是指利用模型对实际系统进行实验研究，系统仿真技术的发展及应用依赖于计算机软硬件技术的飞速发展，随着计算机科学与技术的巨大发展，系统仿真技术的研究也在不断完善，作用也在不断扩大。

### 4. 物流系统分析的应用范围

物流系统分析贯穿于从系统构思、技术开发到制造安装、运输的全过程，其重点放在物流系统发展规划和系统设计阶段。具体包括：制订系统规划方案；生产力布局（厂址选择、库址选择、物流网点的设置和交通运输网络设置等）；工厂内（库内、货场内）的合理布局；库存管理，对原材料、在制品和产成品进行数量控制；成本（费用）控制等。

**小资料**

#### 上海浦东汽车运输总公司物流系统案例

在上海浦东汽车运输总公司（以下简称浦运）的现代物流系统变革中，快步易捷公司全程参与了浦运公司的企业变革。双方的合作集中在 3 个方面：一是企业战略规划，包括市场战略、内部运作体系战略；二是开发应用一套可适应多种业务模式和多种调度模式的一体化运输管理系统；三是物流系统变革的实施。

要保证物流系统达到预期目标，实施步骤是关键。

第一阶段，快步易捷在对浦运实际的运作情况和业务流程进行分析的基础上，提出了详尽的企业变革计划。在变革计划实施的过程中，快步易捷的物流顾问团队直接参与了浦运营销中心的建立，领导和完成了 SOP（标准运作流程）和 KPI 体系的设计。

第二阶段，快步易捷为浦运设计了未来业务模式的核心目标，目标之一就是建立起一个支持浦运业务快速发展、适应多种业务类型和运作方式的一体化运输管理系统。快步易捷在对系统进行全面设计和开发的过程中，融合了国际先进物流管理理念和深厚的本土行业经验，以及跨系统、跨平台的集成方案，协助浦运建立起基于客户业务模式的、跨部门的、动态实时配置的流程管理平台。

方案凭借强大的技术平台，实现企业物流信息的高效管理，重组企业业务流程，其目的是对运输过程中的人、车、货、客户进行有效的协调和管理，以提高运输企业的经营管理水平，创造更好的效益与利润，从而最终做到：形成在全国范围内提供多种增值服务、处于领导者地位的资产型专业运输公司；通过运输管理系统，将托运单调度作业流程统一化、规范化和高效化，实现最优的客户服务和最大的资源利用；使所有运作成本透明化，帮助浦运进行成本控制的集中管理。

系统面向管理、调度、作业、车辆技术、人事和市场营销等各个部门，实现了贯穿托运单处理及调度、作业全过程的信息化处理，能向企业内部的周边系统及客户提供有关托运单处理的相关信息。在统一的流程驱动基础上，规范了托运单的处理和优化调度，实现了最大化的资源利用，确保托运单全过程相关方获得透明、准确、一致的信息。

经过一段时间的上线运作，上海浦运基本做到了从收到订单开始到货物准时、安全抵达客户手中的运作过程的全程可视性。目前，通过一体化物流信息平台的接入，再加上良好的管理制度，上海浦运轻松地实现了企业间物流流程的电子化连接、集成和整合。

（本文由作者根据网络资料改写，原文见 http://www.233.com/wuliu/anli/20071025/084845115.html）

## 2.2 运输

运输能够实现物品的空间位移，创造"场所效用"，通过运输，将物品从一地运往另一地，使物品的使用价值得以更好地实现。

### 2.2.1 运输概述

**1. 运输的概念**

运输是人和物的载运及输送，本书中专指物的载运及输送。它是在不同地域（如两个城市、两个工厂之间，或一个大企业内相距较远的两车间之间），以改变"物"的位置为目的的活动，对"物"进行空间位移。和搬运的区别在于，运输是较大范围内的活动，而搬运是在同一地域之内的活动。

**2. 运输的地位**

*1）运输是物流的主要功能要素之一*

物流是"物"的物理性运动，这种运动不但改变了物的时间状态，也改变了物的空间状态。而运输承担了改变空间状态的主要任务，是改变空间状态的主要手段，运输再配以搬运、配送等活动，就能圆满完成改变空间状态的全部任务。

*2）运输是社会物质生产的必要条件之一*

运输是国民经济的基础和先行。虽然运输这种生产活动和一般生产活动不同，它不创造新的物质产品，不增加社会产品数量，不赋予产品以新的使用价值，而只变动其所在的空间位置，但其使生产能继续下去，使社会再生产不断推进，所以将其看成一种物质生产部门。

运输作为社会物质生产的必要条件，表现在以下 4 个方面。

（1）在生产过程中，运输是生产的直接组成部分，没有运输，生产内部的各环节就无法连接。

（2）在社会上，运输是生产过程的继续，这一活动联结生产与再生产、生产与消费的环节，联结国民经济各部门、各企业，联结城乡，也联结着不同国家和地区。

（3）运输可以创造"场所效用"。场所效用的含义是由于改变场所而最大限度地发挥使用价值，最大限度提高了产出投入水平。通过运输，将"物"运到场所效用最高的地方，就能实现资源的优化配置。从这个意义来讲，也相当于通过运输提高了物的使用价值。

（4）运输是"第三利润源"的主要部分。运输是运动中的活动，它和静止的保管不同，要靠大量的动力消耗才能实现，而运输又承担大跨度空间转移任务，所以活动的时间长、距离长、消耗也大。从费用来看，运费在全部物流费中占最高的比例，一般综合分析计算社会物流费用，运费在其中占接近 50%的比例，有些产品运费高于产品的生产费。所以节约的潜力很大。

#### 3. 运输的原理

指导运输管理和运输营运的两条基本原理是规模经济和距离经济。

1）规模经济

规模经济的特点是随着运输规模的扩大，每单位重量的运输成本下降。这是由于运输规模越大，分摊到单位重量商品的固定成本越少，而单位重量商品的变动成本则保持不变，从而每单位的运输成本越低。例如，在火车装载的铁路运输中，货物整车装运的每单位重量成本低于零担装运；铁路、水路运输的每单位重量运输成本低于航空、公路运输的每单位重量运输成本。

2）距离经济

距离经济的特点是每单位距离的运输成本随距离的增加而减少。距离经济的合理性类似于规模经济。尤其是在铁路或水路的直达运输中，运输设备装卸所发生的费用是相对固定的，而这一费用又分摊每单位距离的费用。因此运输的距离越长，总费用越低。

### 2.2.2 运输的功能

运输主要提供两大功能，即货物转移和短时货物储存。

#### 1. 货物转移

无论产品处于哪种形式，都需要转移，材料、零部件、装配件、在制品等在制造过程中需要被转移到下一阶段，产成品需要送到最终的顾客那里，所有环节中，运输都是必不可少的。

运输的主要目的就是要以最低的时间成本、财务成本和环境资源成本，将产品从原产地运到指定地点。此外，产品灭失损坏的费用也必须是最低的。同时，产品转移所采用的方法满足顾客有关交付履行和装运信息的可得性等方面的要求。

#### 2. 短时货物储存

将运输车辆临时作为储存场所并不多见，然而，如果转移中的产品需要储存，但在短时间内（例如几天后）又将重新转移，该产品在仓库卸下来和装上去的成本也许会超过储存在运输工具中支付的费用。在仓库空间有限的情况下，这种方法也可以使用。

另一种方法是，将产品装到运输车辆上去，然后采用迂回线路或间接线路运往其目的地。迂回线路的转移时间将大于比较直接的线路，当起始地或目的地仓库的储存能力有限时，这样做是可以的。在本质上，这种运输车辆被用做一种临时储存设施。

### 2.2.3 运输方式及运输合理化

#### 1. 运输方式

运输方式根据不同的标准可以进行如下的划分。

1）按运输设备、运输工具区分

运输方式按照所使用的运输设备、工具，一般可以分为：铁路运输、公路运输、水上运输、航空运输和管道运输等。各种运输工具的优缺点与适用性如表 2-1 所示。

2）按运输线路区分

（1）干线运输。干线运输是指利用铁路、公路的干线，大型船舶的固定航线进行远距离空间位置转移的重要运输形式。干线运输是运输的主体，一般速度较快，成本也较低。

**表 2-1　各种运输工具比较**

| 运输方式 | 优　点 | 缺　点 | 适　用　性 | 形　式 |
|---|---|---|---|---|
| 公路运输 | 机动灵活；速度快；投资少；修建容易 | 运输能力小；运输能耗高；运输成本高；劳动生产率低；运输质量和安全性较低 | 适合大批量的长途运输 | 卡车运输为主（整车运输、零担运输） |
| 铁路运输 | 运行速度快；运输能力强；连续性强，能保证全年运行；通用性能好；到发时间准确性较高；能耗较低 | 投资建设周期长；灵活性和机动性较差；不适合短距离运输和紧急运输；物品滞留时间长；物流装卸地点不能随意变更，不能实现门到门的服务 | 长距离、大数量的货运 | 集装箱运输、整车运输、零担运输 |
| 水路运输 | 运输能力大；通过能力几乎不受限制；通用性能好；平均运距长；运输成本低 | 受天气、航道等条件限制，使用范围较窄；运输速度慢、航行周期长、运输时间难以保证；港口设施要求高（如集装箱运输需要配备专用集装箱码头）；搬运成本高 | 大件大宗、货物运输 | 沿海运输、近海运输、内河运输、远洋运输 |
| 航空运输 | 运输速度非常快；安全系数高；物品损坏少；不受地理条件的限制等 | 费用高；重量受限制；受天气状况影响较大；物流中心或仓库不能离机场太远 | 小件价值、昂贵物品 | 班机运输、包机运输、集中托运 |
| 管道运输 | 较少占用地面位置；维修成本低；运输效率和设备运转效率高；安全系数高 | 运输方式不灵活；对管道运输技术水平有较高的要求；不适合固态物品的运输；速度慢 | 天然气、石油等 | 地面、地下、架空安装 |

（2）支线运输。支线运输是指与干线相接的分支线路上的运输，是干线运输的补充性运输形式。支线运输一般路程较短，运输量相对较小。加之支线的建设水平、运输水平往往低于干线，因而支线运输速度较慢。

（3）城市内运输。城市内运输指的是干线、支线运输到站后，站与仓库或指定接货地点之间的运输。城市内运输是一种补充性的运输形式，路程较短，只是单个单位的需要，运量较小。

（4）厂内运输。厂内运输是指在工业企业范围内，直接为生产过程服务的运输。一般在车间与车间之间，车间与仓库之间进行。小企业中的这种运输及大企业车间内部、仓库内部的这种运输不称为“运输”，而称“搬运”。

3）按运输的作用区分

（1）集货运输。集货运输是指将分散的货物汇集的运输形式，一般是短距离、小批量的运输。由于货物集中后才能利用干线运输形式进行远距离及大批量运输，因此，集货运输是干线运输的一种补充形式。

（2）配送运输。配送运输是指将储存点中已按用户要求配好的货物分送各个用户的运输，一般是近距离的运输，是对干线运输的一种补充和完善。

4）按运输的协作程度区分

（1）一般运输。孤立地采用不同运输工具或同类运输工具，而没有形成有机协作关系的运输称为一般运输。如汽车运输、火车运输等。

（2）联合运输。联合运输简称联运，是使用同一运送凭证，由不同运输方式或不同运输企业联合运送货物，利用每种运输手段的优势充分发挥不同运输工具效率的一种运输形式。联合运输可以简化托运手续，方便用户。同时可以加快运输速度，也有利于节省运费。大宗国际贸易通常会采用联合运输方式。

### 2. 运输合理化

运输是物流中最重要的功能要素之一，物流合理化在很大程度上依赖于运输合理化。运输合理化就是按照货物流通规律，组织货物运输，力求用最少的劳动消耗，得到最高的经济效益。物流运输合理化的目的，是在保证商品及时、安全运输的前提下，提高物流公司的综合运输水平，降低运输成本。

运输合理化的影响因素很多，运输距离、运输环节、运输工具、运输费用、运输时间都对运输合理化有着一定的影响。运输合理化是一个系统分析过程，常采用定性与定量相结合的方法，对运输的各个环节和总体进行分析研究，研究的内容和方法主要有以下几点。

1）减少动力投入，增加运输能力

在运输过程中做到少投入、多产出，走高效益之路。运输的投入体现在能耗和基础设施的建设上，在设施建设已定型和完成的情况下，应尽量减少能源投入，从而大大节约运费，降低单位货物的运输成本，达到合理化的目的。例如，在铁路运输中，机车能力允许的情况下，应多加挂车皮，实行汽车挂车运输，以增加运输能力。

2）提高实载率

所谓实载率，一是指单车实际载重与运距之乘积和标定载重与行程里程之乘积的比率，是安排单车、单船运输时判断装载合理与否的重要指标；二是指车船的统计指标，即在一定时期内车船实际完成的货物周转量（以吨·千米计）占车船载重吨位与行驶公里之乘积的百分比。在计算车船行驶的公里数时，不但包括载货行驶，也包括空驶。提高实载率，如进行配载运输等，可以充分利用运输工具的额定能力，减少空驶和不满载行驶的时间，减少浪费，从而求得运输的合理化。

3）尽量发展直达运输

直达运输是追求运输合理化的重要形式，其对合理化的追求要点是通过减少中转、过载、换载，从而提高运输速度，节省装卸费用，降低中转货损。直达的优势，尤其是在一次运输批量和用户一次需求量达到整车时表现最为突出。此外，在生产资料、生活资料运输中，通过直达，建立稳定的产销关系和运输系统，也有利于提高运输的计划水平，考虑用最有效的技术来实现这种稳定运输，从而大大提高运输效率。

4）发展社会化的运输系统

运输社会化的含义是发展运输的大生产优势，实行专业化分工，打破物流企业自成运输体系的状况。单个物流公司车辆自有，自我服务，不成规模，且运量需求有限，难于自我调剂，因而经常容易出现空缺、运力选择不当、不能满载等浪费现象，且配套的接、发货设施、装卸搬运设施也很难有效的运行，所以浪费颇大。实行运输社会化，可以统一安排运输工具，避免迂回、倒流、空驶、运力选择不当等多种不合理形式，不但可以追求组织效益，而且可以追求规模效益，所以发展社会化的运输体系是运输合理化非常重要的措施。

**小资料**

**东芝——建立综合的混合型物流运输系统**

东芝作为日本电子行业的巨型企业，从 1998 年就开始了以供应链管理为中心的企业内部战略改革。而作为供应链载体的物流系统的改革，也就成为了东芝新时期变革的中心任务。

东芝公司原有的经营体系，是在少品种、大批量生产与销售的基础上形成的。可是这样的时代已经一去不复返了，取而代之的是多样化的消费需求和不断变化的市场环境。于是，东芝提出了“建立一个高效、高敏感性的商品共同体”的企业目标，作为整个公司文化和价值观建设的原点。而在整个物流系统改革成效的衡量中，存货周转率一直是一个重要的标准。建立起适应市场变化的在库管理系统，并且发挥最佳的效率，是东芝的追求目标。

东芝认识到，生产企业的物流发展越来越影响到生产企业的整体经营战略实施。因此在物流方面，东芝从原有的重视在库数量及运输的管理体系，转向于强化流通机能的物流新体制。东芝通过货物信息系统的统合，改变传统物流理念，在维持小批量、多频度运输的服务基准的同时，克服外部物流环境与物流成本的矛盾，提供出一整套物流解决方案。具体包括以下 5 点措施。

一是按照市场需要的变化，建立柔性生产体制，加快生产与销售之间的流通速度。二是整理现有物流网点，将仓库数量从以前的 194 处集中到 17 处。2000 年以后，加大家电产品的直送率，将东芝公司家电部分的直送率增加到 80%以上。三是建立从原材料的采购物流到销售物流，以及包装材料的回收物流的混合型物流运输系统。四是建立多频度需求与自动补货系统。五是建立全球后勤管理系统。

（本文由作者根据网络资料改写，原文见 http://www.sinotf.com/GB/136/1364/2009-04-24/2MMDAwMDAyMzU2Mg_2.html）

5）配载运输

配载运输是指充分利用运输工具载重量和容积，合理安排装载的货物及运载方法，以求得合理化的一种运输方式。配载运输也是提高运输工具实载率的一种有效形式。配载运输往往是轻重商品的混合配载，在以重质货物运输为主的情况下，同时搭载一些轻泡货物，如海运矿石、黄沙等重质货物，捎运木材、毛竹等，铁路运矿石、钢材等重物上面搭运轻泡农、副产品等。在基本不增加运力投入，基本不减少重质货物运输的情况下，解决了轻泡货的搭运，因而效果显著。

6）发展特殊运输技术和运输工具

依靠科技进步是促进运输合理化的重要途径。例如，专用散装及罐车，解决了粉状、液状物运输损耗大、安全性差等问题，袋鼠式车皮、大型半挂车解决了大型设备整体运输问题，“滚装船”解决了车载货的运输问题，集装箱船比一般船能容纳更多的箱体，集装箱高速直达车船加快了运输速度等，都是通过用先进的科学技术来实现运输合理化。

7）通过流通加工使运输合理化

有不少产品，由于产品本身形态及特性问题，很难实现运输的合理化，如果进行适当加工，就能够有效解决合理运输问题。例如，将造纸材料在产地预先加工成干纸浆，然后压缩体积运输，就能解决造纸材料运输不满载的问题；轻泡产品预先捆紧包装成规定尺寸后装车，就容易提高装载量；水产品及肉类预先冷冻，就可提高车辆装载率并降低运输损耗。

### 2.2.4　电子商务条件下的运输管理

电子商务条件下的运输管理与传统运输管理的不同之处，主要体现在通信方式上。传统的运输管理主要指在通信不发达条件下的运输管理，其信息沟通主要依靠电话进行；电子商务条件下的运输管理是基于互联网的现代运输管理，其信息沟通主要依靠互联网和无线通信网络。

小资料

**UPS 为敦煌网提供电子商务运输解决方案**

2009 年 8 月 7 日，UPS 北京公司宣布其全套整合的运输工具现已在中国领先的全球在线批发交易平台——敦煌网（www.dhgate.com）上线。UPS 为敦煌网用户带来便利的综合运输体验，提高交易管理效率。

UPS 在线工具与敦煌网交易系统的整合，使敦煌网用户可以在交易环节中计算物流成本、要求UPS 取货、追踪货运情况并查看国际货运的中转时间。

"敦煌网是目前中国唯一整合全套 UPS 在线工具的 B2B 电子商务交易平台。此次合作在降低交易费用、提高跨境交易物流可靠性和便利性方面都为我们的客户带来独一无二的体验。"敦煌网创始人兼首席执行官王树彤女士表示，"在 UPS 的帮助下，敦煌网用户的跨境交易物流过程简化，交易周期缩短，大幅提升了用户的交易管理效率。"

由于UPS 技术节约了打电话、计算处理和文件归档所需的时间，敦煌网的买家与卖家均将显著受益。此外，通过使用 UPS 在线工具，买方可在网上而不是打电话追踪查询订单的状态，这也可以帮助卖方节省客户服务成本。

UPS 特有的签名追踪功能，使卖方在线即可查询到包括电子签名和递送地址的证明信息，从而加快了付款的流程。

（本文由作者根据网络资料改写，原文见 http://finance.qq.com/a/20090811/003571.htm）

电子商务条件下的运输管理可以充分利用互联网和无线通信网络，从而有效地将运输过程中的各种信息集成起来，为实施集成化控制与调度及公司的日常管理和领导决策提供必要的支持。

### 1. 管理过程

电子商务条件下运输管理的通信实体为物流承运公司、托运人、收货人、运送人员、运输工具，其管理过程如下。

（1）物流承运公司一般利用宽带线路与互联网骨干网连接，再通过路由器与自己的内部网相连，由内部网的主机或服务器为其内部各部门提供存取服务。物流承运公司一方面通过内部的运输管理信息系统向网站发布货物、托运人、收货人、运送人、运输工具等信息；另一方面搜集运送人和运输工具传回的运输工具状态、货物状态、运送位置等信息，经内部信息系统处理后，在网站上发布。

（2）托运人、收货人可以采用宽带或拨号方式与互联网连接，再通过访问物流承运公司网站，并根据物流承运公司提供的货单编号，查询和获取货物的当前信息。

（3）运送人一般采用无线拨号上网方式与互联网连接，再通过访问物流承运公司网站，向公司内部信息系统回送运输过程信息。

### 2. 管理方法

在运输工具上加装 GPS（卫星定位系统）和 CDMAIX 设备。GPS 设备用于确定和获取运输工具当前的地理位置；CDMAIX 设备用于将运输工具的地理位置信息传送到物流承运公司的运输管理信息系统中。这样，物流承运公司可以随时监控和调度整个运输过程。

小资料

**麦考林物流再次提速——20 个城市物流实现空中运输**

继在北京、上海、广州推行"1 日 2 配"后，麦考林再次进行物流提速。据悉，麦考林已和多家航空公司达成合作，在武汉、长沙、西安、海口等 20 多个城市的物流配送中实现空中运输。

麦考林相关负责人介绍，麦考林已经在全国范围内，对大部分拥有客运航班的城市，进行了空运提速，缩短了货品在城市间运输的时间，配合此前已经实行的提速活动，使顾客可以尽快拿到订购的商品。

为了解物流提速的执行情况，麦考林对前期提速城市中的部分顾客进行了电话回访，大部分受访顾客表示，近期在麦考林购物时，送货速度大为提高。

麦考林相关负责人表示，此次物流提速的成本，会通过和各大航空公司或者其首级代理的紧密合作进行控制，达到用最低的成本提供高效服务的目的。麦考林坚持为顾客提供高性价比产品、坚持优质服务的理念不会改变。

"顾客体验"是各大电子商务企业都非常重视的问题，也体现在许多细节的设计中。据悉，麦考林还开通了订单配送状态的查询功能，顾客可以通过查询，随时了解订购商品的配送状态。

（本文由作者根据网络资料改写，原文见 http://ec.iresearch.cn/17/20110713/144444.shtml）

## 2.3 仓储

仓储是随着社会经济的发展而产生的，原始社会的仓库功能简单，单纯存放多余食品，现代意义的仓库功能越来越多，称为物流"第三利润源"。

### 2.3.1 仓储的含义与作用

#### 1. 仓储的概念

仓储是通过仓库对物品进行储存和保管。其中："仓"也称仓库，是存放物品的建筑物或场所，它可以是房屋建筑物、大型容器、洞穴或其他特定的场所，具有存放和保护物品的功能；"储"表示收存以备使用，具有积蓄、保管和交付使用的意思。"仓储"则是利用仓库存放、储存未使用物品的行为。

小资料

**香港和记黄埔港口集团旗下的大型仓储基地——观澜内陆集装箱仓储中心**

和记黄埔港口集团旗下的深圳和记内陆集装箱仓储有限公司在深圳观澜设立了大型物流仓储基地"观澜内陆集装箱仓储中心"，以配合华南地区的进出口贸易发展。目前已建成两座面积为 2 万平方米的大型出口监管仓，4 万平方米的货柜堆场，以及与之相配套的报关楼、验货中心及办公场所。

观澜内陆集装箱仓储中心实现高科技智能化出口监管仓及堆场操作，包括采用 WIS（仓储管理系统）和 TOMS（堆场管理系统）管理仓储运作及堆场操作；全球海关、船公司、租箱公司及客户查询库存资料，了解货物进出仓的情况；IC 卡闸口自动识别验放 CTV 全方位监控；电子系统报关，为客户提供方便快捷的报关服务。

同时，与和黄投资的南方明珠盐田国际集装箱码头有限公司联手，采用 GPS 卫星定位系统。在盐田与观澜之间进行途中监控，并在盐田港入闸处为货柜车开辟专门的"绿色通道"，以达到信息共享、统一协调、分工合作，充分发挥港口与仓储运作的优势，将盐田码头服务功能延伸至更靠近各生产厂家的内地。

观澜内陆集装箱仓储中心目前为国外销售商、集运公司、货运代理、生产厂家、船公司及租箱公司提供优质监管仓拼柜集运、国内配送、货柜堆存等服务，对推动华南地区的物流发展做出了贡献。

（本文由作者根据网络资料改写，原文见 http://www.iepgf.cn/thread-4515-1-1.html）

#### 2. 仓储活动的性质

仓储活动具有生产性和非生产性两方面。

1）仓储活动的生产性

仓储活动的性质属于生产性质，无论是处在生产领域还是处在流通领域，其生产性质是不变的。这是因为仓储活动是社会再生产中不可缺少的一环，产品从脱离生产到进入消费，一般情况下都要经过运输和储存，所以说商品的储存和运输一样，都是社会再生产过程的中间环节。

商品仓储活动和其他物质生产活动一样，具有生产三要素，即劳动者、劳动资料和劳动对象，三者缺一不可。物质生产过程，就是劳动者借助于劳动资料，作用于劳动对象的过程。商品仓储活动同样具有生产三要素，劳动者——仓库作业人员；劳动资料——各种仓库设施和设备；劳动对象——储存保管的商品。商品仓储活动是仓库作业人员借助于仓储设施，对商品进行收发保管的过程。

仓储活动中的某些环节，实际上已经构成生产过程的一个组成部分。例如，卷板在储存中的碾平及切割、原木的加工、零部件的配套、机械设备的组装等都是为投入使用做准备，其生产性更为明显。

2）仓储活动的非生产性

仓储活动与一般的物质生产活动相比，又具有非生产性，主要表现在以下各方面。

仓储活动所消耗的物化劳动和活劳动，不改变劳动对象的功能、性质和使用价值，只是保持和延续其使用价值。

仓储活动本身并不生产产品，被储存保管物品的使用价值并不因保管劳动的消耗而增加，但商品经过保管之后，它的价值是增加的。这是因为商品仓储活动的一切劳动消耗（包括一定数量的原材料和适当的机械设备相配合）要追加到物品的价值中去，从而导致物品价值的增加。

作为仓储活动的产品——仓储劳务，同服务一样，其生产过程和消费过程是同时进行的，既不能储存也不能积累。

**小资料**

**一箱可乐的价值流分析**

一箱可乐在生产和消费过程中所花费的时间如表 2-2 所示。

**表 2-2　一箱可乐在生产和消费过程中所花费的时间**

| 过程 | 进货储存 | 加工（消费） | 完工后储存 | 总计天数 |
|---|---|---|---|---|
| 铝土矿 | 0 | 20 分钟 | 2 周 | 14 |
| 还原 | 2 周 | 30 分钟 | 2 周 | 42 |
| 冶炼 | 3 个月 | 2 小时 | 2 周 | 146 |
| 热轧 | 2 周 | 1 分钟 | 4 周 | 188 |
| 冷轧 | 2 周 | >1 分钟 | 4 周 | 230 |
| 制罐 | 2 周 | 1 分钟 | 4 周 | 272 |
| 罐装 | 4 天 | 1 分钟 | 5 周 | 311 |
| 配送中心 | 0 | 0 | 3 天 | 314 |
| 零售商店 | 0 | 0 | 2 天 | 316 |
| 消费者 | 3 天 | 5 分钟 |  | 319 |

从表中可以发现一个令人吃惊的事实，即一箱可乐的消费只有 5 分钟，其加工制造时间也不过 3 个小时，但其加工、消费的前后却要储存近 11 个月之久！换句话说，即只有 3 个小时的活动是直接为用户服务，产生实际价值的。而在多达 11 个月的时间里，它们只是作为一种库存，没有产生任何附加价值！这应该做何解释呢？

（本文由作者根据网络资料改写，原文见 http://wenku.baidu.com/view/438b2a4ee518964bcf847c69.html）

### 3. 仓储的种类

仓储的分类方式很多，下面介绍几种主要的分类方法。

1）根据仓储的经营主体来划分

（1）企业自营仓储。电子商务企业拥有包括生产性企业和流通性企业的自营仓储。生产性企业自营仓储指生产企业使用自有的仓库设施对原材料、中间产品、最终产品实施储存保管的行为，此种仓储方式易于控制，作业灵活，能提高企业的市场形象。但是投资太大，设施利用率低，其储存的对象也较为单一。流通性企业自营仓储指流通企业以其拥有的仓储设施对其经营的商品进行仓储保管的行为，仓储对象品种较多，设施利用率高，其目的为支持销售。

（2）商业营业仓储。仓储经营人以其拥有的仓储设施，向社会提供商业性仓储服务的仓储行为。仓储经营人与存货人通过订立仓储合同的方式建立仓储关系，并且依据合同约定提供服务和收取仓储费。商业营业仓储的目的是为了在仓储活动中获得经济回报，实现经营利润最大化。它包括采取提供货物仓储服务和提供仓储场地服务。

（3）公共仓储。公共仓储是公用事业的配套服务设施，为车站、码头提供仓储配套服务。其运作的主要目的是为了保证车站、码头的货物作业，具有内部服务的性质，处于从属地位。但对于存货人而言，公共仓储也适用于营业仓储，只是不独立订立仓储合同，而是将其列在作业合同之中。

（4）战略储备仓储。国家根据国防安全、社会稳定的需要，对战略物资实行储备而产生的仓储。战略储备由国家政府进行控制，通过立法、行政命令的方式进行。战略储备特别重视储备品的安全性，且储备时间较长。战略储备物资主要有粮食、油料、能源、有色金属、淡水等。

2）根据仓储的对象来划分

（1）普通物品仓储。普通物品仓储为不需要特殊保管条件的物品仓储。包括一般的生产物质、日用百货、五金器具等杂货类物品，不需要针对货物设置特殊的保管条件，采取无特殊装备的通用仓库或货场存放货物。

（2）特殊物品仓储。这是指在保管中有特殊要求和需要满足特殊条件物品的仓储。如，危险物品仓储、冷库仓储、粮食仓储等。特殊物品仓储一般为专用仓储，是根据物品的物理、化学、生物特性，以及法规规定进行仓库建设和实施管理。

3）按仓储功能划分

（1）储存仓储。储存仓储为物品较长时期存放的仓储。长期储存的物品一般品种少，存量大，为了降低存储费用，多选在偏远的仓库储存，另外，由于存储时间长，要重视保管物品的质量。

（2）物流中心仓储。物流中心仓储是以物流管理为目的的仓储活动，是为了实现有效的物流管理，对物流的过程、数量、方向进行控制，实现物流时间价值。一般在一定经济地区的中心、交通较为便利、储存成本较低处进行。物流中心仓储品种较少，较大批量进库，一定批量分批出库，整体上吞吐能力强。

（3）配送仓储。配送仓储也称为配送中心仓储，是商品在配送交付消费者之前所进行的短期仓储，是商品在销售或者供生产使用前的最后储存，并在该环节进行销售或使用的前期处理。配送仓储一般在商品的消费经济区间内进行，能迅速地送达消费地和销售地。配送仓储物品品种繁多，批量少，需要一定量进货、分批少量出库操作，往往需要进行拆包、分拣、组配等作业，主要目的是为了支持销售，注重对物品存量的控制。

小资料

**凡客2011年底前在28个城市启用自建仓储**

北京时间2011年5月23日消息，继自建物流子公司如风达开通28城市，时尚品牌B2C凡客诚品（VANCL）表示，一年内将在全国28个地区布局仓储中心，同时加大区域市场广告投放投入。

凡客诚品负责人透露，凡客在武汉、成都、西安、济南、沈阳等多个城市的仓储中心密集投入运营。青岛、哈尔滨等10个城市已经完成选址，正在装修过程中，预计下半年可完成。未来还将开通杭州、长沙等10个城市，加上北京、上海、广州等一线城市创业初便全面覆盖，预计今年年底仓储总数将达到28个。与此同时，凡客今年在线下户外广告投放上也加大了对区域市场的投入，武汉、成都等城市均有规模投放。

自去年下半年以来，各大电子商务平台均纷纷布局区域仓储，凡客、京东也都将融资的大部分投入到仓储和物流建设上。目前，凡客诚品自建物流子公司如风达已经开通了28个城市，站点155个，员工达到4 000多名。

据凡客相关负责人介绍，2011年初武汉、西安、成都、济南、沈阳等5处分仓试运营以来，这几个城市前3个月的订单量增长平均在5倍左右。2011年年底，凡客在全国范围将有近30个库房，总面积达到50万平米。

（本文由作者根据网络资料改写，原文见 http://ec.iresearch.cn/17/20110523/140310.shtml）

（4）运输转换仓储。运输转换仓储是在不同运输方式的相接处进行，如港口、车站、库房等场所进行的仓储，是为了保证不同运输方式的高效衔接，减少运输工具的装卸和停留时间。运输转换仓储具有大进大出的特性，货物存期短，注重货物的周转作业效率和周转率。

4）按仓储物的处理方式划分

（1）保管式仓储。保管式仓储是以保管物原样保持不变的方式所进行的仓储。保管式仓储也称为纯仓储，存货人将特定的物品交由保管人进行保管，到期保管人将原物交还存货人。保管物除了所发生的自然损耗和自然减量外，数量、质量不发生变化。

（2）加工式仓储。加工式仓储是保管人在仓储期间根据存货人的要求对保管物进行一定加工的仓储方式。保管物在保管期间，保管人根据委托人的要求，对保管物进行外观、形状、成分构成、尺度等方面的加工，使仓储物发生委托人所希望的变化。

（3）消费式仓储。消费式仓储是指保管人在接受保管物时，同时接受保管物的所有权，保管人在仓储期间有权对仓储物行使所有权的仓储方式。在仓储期满时，保管人将相同种类、品种和数量的替代物交还给委托人。消费式仓储特别适合于保管期较短（如农产品）、市场供应（价格）变化较大的商品的长期存放，具有一定的商品保值和增值功能，是仓储经营人利用仓储物开展经营的增值活动，已成为仓储经营的重要发展方向。

小资料

**富日物流的配送式仓储服务**

富日物流于2001年9月正式投入运营，注册资本为5 000万元。富日物流拥有杭州市最大的城市快速消费品配送仓。它在杭州市下沙路旁租用的300亩土地上建造了140 000平方米现代化常温月台库房，并正在九堡镇建造规模更大的600亩物流园区。富日物流已经是众多快速流通民用消费品的华东区总仓，其影响力和辐射半径还在日益扩大中。

富日物流的商业模式就是基于配送的仓储服务。制造商或大批发商通过干线运输等方式大批量地把货品存放在富日物流的仓库里，然后根据终端店面的销售需求，用小车小批量配送到零售店或消费地。目前，富日物流公司为各客户单位每天储存的商品量达 2.5 亿元。最近，这家公司还扩大了 6 万平方米的仓储容量，使每天储存的商品量达 10 亿元左右。按每月流转 3 次计，这家公司的每月物流量达 30 亿元左右，成为浙江现代物流业乃至长三角地区的一匹"黑马"。

（本文由作者根据网络资料改写，原文见 http://www.233.com/wuliu/anli/20080305/110115423.html）

### 2.3.2　仓储的基本功能

从物流系统角度看，仓储的功能可以按照其所实现的经济利益和服务利益加以分类。

#### 1. 经济利益

仓储的基本经济利益有堆存、拼装、分类和交叉、加工/延期 4 个方面。

1）堆存

仓储设施最明显的功能就是用于保护货物及整齐地堆放产品。其经济利益来源于通过堆存克服商品产销在时间上的隔离（如季节生产但需全年消费的粮食）、克服商品产销在地点上的隔离（如甲地生产、乙地销售）、克服商品产销量的不平衡（如供过于求）等来保证商品流通过程的连续性。

2）拼装

拼装是指仓库接收来自一系列制造工厂指定送往某一特定顾客的材料，然后把它们拼装在一起装运，其好处是有可能实现最低的运输费率，并减少在某收货站台处发生拥塞。

拼装仓库可以由单独一家厂商使用，也可以由几家厂商联合起来共同使用。通过拼装，每一个单独的托运人都能够享受到物流总成本低于分别直接装运的成本。

3）分类和交叉

分类作业与拼装作业相反。分类作业是指将接收来的货物分别装运到不同的顾客处去。分类仓库或分类站把组合订货分割成个别的订货，并安排当地的运输部门负责配送。由于长距离运输转移的是大批量货物，所以运输成本相对较低，进行跟踪也不太困难。

当涉及多个制造商和多个顾客时，就需要采取交叉作业。在这种情况下，交叉站台先从多个制造商处运来货物，如果有标签，就按顾客进行分类，如果没有标签，则按地点进行分配；然后，产品就穿过站台装上指定去适当顾客处的拖车；一旦该拖车装满了来自多个制造商的组合产品，它就被放行运往零售店。由于所有的车辆都进行了充分装载，因而更有效地利用了站台设施，使站台装载利用率达到最大程度。

4）加工/延期

仓库还可以通过承担加工或参与少量的制造活动，用来延期或延迟生产。具有包装能力或加标签能力的仓库可以把产品的最后一道生产一直推迟到最后发运时。例如，蔬菜可以在制造商处加工，先不加贴标签，一旦接到具体的顾客订单，仓库就能够给产品加上标签，完成最后一道加工，并最后敲定包装。

加工/延期提供了两个基本经济利益：第一，风险最小化，因为最后的包装要等到敲定具体的订购标签和收到包装材料时完成；第二，通过对基本产品使用各种标签和包装配置，可以降低存货水平。于是，降低风险与降低存货水平相结合，往往能够降低物流系统的总成本。

#### 2. 服务利益

在物流系统中通过仓储获得的服务利益应该从整个物流系统来分析。通过仓库实现的 5 个基本服务利益分别是：现场储备、配送分类、组合、生产支持以及市场形象。

1）现场储备

在实物配送中经常使用现场储备，尤其是那些具有高度季节性的产品品种。例如，农产品供应商常常向农民提供现场储备服务，以便在销售旺季把产品堆放到最接近关键顾客的市场中，销售季节过后剩余的存货就被撤退到仓库中。

2）配送分类

提供配送分类服务的仓库为制造商、批发商或零售商所利用，按照对顾客订货的预期，对产品进行组合储备。配送分类仓库可以使顾客减少其必须打交道的供应商数量，并因此改善了仓储服务。此外，配送分类仓库还可以对产品进行拼装以形成更合理的装运批量，并因此降低运输成本。

3）组合

除了涉及几个不同的制造商的装运外，仓库组合类似于仓库分类过程。当制造工厂在地理上被分割开来时，通过长途运输组合，有可能降低整个运输费用和仓库存货数量。在典型的组合运输条件下，从制造工厂装运整卡车的产品到批发商处，每次大批量的装运可以享受尽可能低的运输费率。一旦产品到达组合仓库，卸下从制造工厂装运来的货物后，就可以按照每一个顾客的要求或市场需求，选择每一种产品的运输组合。通过运输组合进行转运，在经济上通常可以得到特别运输率的支持，即给予各种转运优惠。

小资料

**电子商务卖家跨国物流解决方案**

给“中国制造”产品找个国际仓库，是不是一个很酷的想法？不要以为这是个烧钱的活，这是为电子商务卖家提供的跨国物流解决方案里的一个环节而已。如果操作得当，运输不仅能省下 20% 左右的费用，还能提升在国外的销售额。国内的一家物流公司正在实践这样一种新商业模式。

这家注册地在香港特别行政区的公司 BFE International Limited（下称：出口易），创始人肖友泉曾是 eBay 上的卖家，和朋友创办了一套在国外租仓库、实现当地配送的销售模式。这种商业模式的实践，建立在网购用户对送货时间和物流费用的敏感度上。“如果你身处广州，购买同样的产品你会选择长沙还是当地的卖家？”肖友泉说，“无疑是广州，因为从价格和效率来说都是最经济的选择。”这个逻辑也适用于 eBay 上的买家。如果要购买一款中国制造的 MP3，但却是要从深圳发货，买家也许会有所顾虑。最糟糕的是，如果在物流环节拖延太长，还有可能出现“卖家详尽评级（DSR）”较低的结果，从而影响销售额。

2008 年，在 eBay 的建议下，肖友泉把这套跨国物流解决方案同样提供给了国内的卖家，把国外租用的仓库开放给国内客户，并从配送到仓储，提供全套服务，而国内卖家也能通过出口易的系统实时监控库存情况。

广州的一家电子公司负责人黄先生表示，之前通过 EMS 或香港物流公司发货，要 10～15 天才能到英国。“我们公司绝大部分的产品都在 eBay 上销售，国内生产手机的配件和笔记本电脑的配件在英国比较畅销。但由于送货时间过长和偶尔出现货物丢失的情况，使得网上店铺的信用有所降低。”这家公司在今年 3 月和出口易合作后，当地配送时间缩短到 1～2 天，库存周转在两周左右。

“但是，不是所有的产品都适合运到国外的仓库。我们会严格审核产品的类型和数量，它们的库存周转率一般在 7 天左右。”肖友泉也提示风险，并表示会根据数据的分析统计来决定是否提供服务。毕竟就这种商业模式而言，只有在合理的仓储成本控制下，产品的销售才能达到最优。

根据这家公司的计算，货物一般要在 7～10 天内出库，才能达到效益最大化。肖友泉表示，从中国到英国的发货周期在 5 天左右。如果按每天销售 10 件来计算，国内卖家每周应该备有 70 件的库存。“但我们也会根据商品销售的动态信息调整库存量”，例如每日的发货量增加到 20 件，出口易就会提示客户一周的库存要增加到 140 件左右。据了解，如果卖家的网上店铺显示的是当地发货，关注度也会发生改变。从出口易服务的案例来看，一款同样的充电器，显示在当地发货和在中国发货的 eBay 店铺，前者日浏览量是 177 次，而后者则是 60 次，实现的日销售额也分别为 3 447 元和 684 元。

不过，要实现在当地发货，租个仓库有多贵？根据出口易方面的统计，例如重量在 500 克左右的手机，如果通过 EMS 来发货，总运费在 110 元左右，航空小包裹的总运费在 68 元左右，如果是当地物流配送，成本包括国际的运输成本+仓储成本+当地运费，总费用是 54.5 元人民币。根据仓储成本的计算，单件产品所要支付的金额少为 0.05 元/天，多为 0.2 元/天，所以，如果产品销售不力，自然会造成仓储成本的增加。

尼尔森公司曾于 2008 年 9 月对 eBay 美国买家做的一个数据调查，发现美国买家最喜欢购买中国卖家的商品。eBay 披露的数据是，在中国已有上万名卖家通过在 eBay 上开网店，将自己的产品销往美国、加拿大、欧洲及澳大利亚等 38 个国家和地区，每天都有超过百万计的中国产品在销售。这些无疑是出口易的潜在客户。

如今，出口易已达到日均 1 400 单的业务量，而在为中国卖家提供仓储物流服务后，肖友泉还在思考这种模式拓展的外延。“可能 3 年后我们会返回国内市场吧，那时物流通道应该完全顺畅了，我们也可以借助这个平台，把国外优势产品引入进来。”肖友泉觉得这些应该是水到渠成的事情，但现在他们最紧迫的目标，是要在更多的国家的中心城市租用仓库，把出口易的业务辐射更广。

（本文由作者根据网络资料改写，原文见 http://533.56885.net/new_view.asp?id=143514）

4）生产支持

仓库可以向装配工厂提供稳定的零部件和材料供给。由于较长的前置时间，或使用过程中的重大变化，所以在对向外界采购的基础上进行安全储备是完全必要的。对此，大多数总成本解决理论都建议，经营一个生产性支持仓库，以经济又适时的方式向装配厂供应加工材料、零部件和装配件。

5）市场形象

尽管市场形象的利益也许不像其他服务利益那样明显，但是它常常被营销经理看作是地方仓库的一个主要优点。地方仓库比起距离远的仓库，对顾客的需求反应更敏感，提供的递送服务也更快。因此，地方仓库将会提高市场份额，并有可能增加利润。

### 2.3.3　电子商务条件下仓储管理的要领

仓储管理就是对仓库及仓库内的物资所进行的管理，是仓储机构为了充分利用所具有的仓储资源提供高效的仓储服务所进行的计划、组织、控制和协调过程。具体来说，仓储管理包括仓储资源的获得、仓储商务管理、仓储流程管理、仓储作业管理、保管管理、安全管理等多种管理工作及相关的操作。

**小资料**

**青岛啤酒的仓储管理**

青岛啤酒，产品品种繁多，仅是物料就有一万多种，物料和账物管理十分烦琐，而且各下属企业在被并购之前，对同一种物料有不同的名称，甚至是在同一企业内，同一物料也有多种名称，这种状况不仅难于管理，更为严重的是，很难在集团范围内实现资源的快速共享。

从 1999 年青岛啤酒在青岛本部的销售公司开始建立 Oracle ERP 系统，2001 年建成公司青岛本埠 7 家单位的财务、库存系统，到 2002 年在华南投资公司实施 ERP 系统，2003 年在青岛啤酒西安公司进行系统的实施，青岛啤酒统一了 80 000 余种物料的编码、品名、计量单位、基本属性和分类；统一会计科目编码；统一固定资产分类编码，清理资产；统一客户、供应意见书编码及信息格式，整理 5 000 余个客户档案、4 000 多个供应商档案等。Oracle 物料管理系统支持用户按自己的需要定义仓库结构并进行控制，企业还可以随时运用产品提供的自动数据采集功能来捕获所有的物料处理信息，为企业提供了精确度更高的物料管理信息。通过这些集成数据的规范整理，形成了集团整体的编码规则，实现集团范围内产品、物料、客户、供应商等信息的全面共享。

信息的高效率共享和业务流程的全面优化，使青岛啤酒能够推行现代物流管理方式，成立了仓储调度中心，形成了现代化的产品物流体系：销售部门根据各地销售网络的要货计划和市场预测，制订销售计划；仓储部门根据销售计划和库存及时向生产企业传递要货信息；生产厂有针对性地组织生产，物流公司则及时地调度运力，根据全集团的销售、生产和库存信息，以最短的时间、最少的环节和最经济的运送方式，将产品送至目的地，从而加快产成品走向市场的速度，大幅度提高市场销售的产品新鲜度，有效降低库存量。

（本文由作者根据网络资料改写，原文见 http://www.cbinews.com/casestudy/news/1342.html）

电子商务的发展对于仓储管理提出了越来越高的要求，尤其是顾客数目众多、出单频繁的 B2C 交易，对于仓储的反应速度、储货种类、退换货的能力都是一个巨大的考验。要进行有效的仓储管理需要考虑下面几个方面。

（1）是否能够分配好人力资源进行有效运作是高效仓储管理的重要评判标准之一。人工管理技术可以帮助那些被员工困扰的仓储企业，辅助管理者决策所需仓储员工的数目，并且可以采用工程劳动标准和支持系统评估仓储工人的绩效。另外，公司应该提供激励措施，使由员工组成的团队而不是个人，发挥团队的最大潜力。有不少仓储管理系统缺少在人工管理及绩效考核方面的考虑，或者是缺少对人工管理这一功能的衔接。

（2）仓库布局设计和设备的改进是物流流程系统的枢纽，仓库的设计布局是否合理影响着整个库内作业效率。例如，可以把仓库按产品类别分为不同的拣选区。这样，整箱、拆箱、整盘分开作业，可以避免现场零乱，减低货物掉落破损。

（3）开展额外的增值服务。仓储的功能在现今已不仅限于单纯的存储功能了，所以，提供额外的增值服务，如流通加工、组合包装、贴标签等可以实现仓库的额外增值功能，提高收益、提升客户满意度。

（4）仓库内的中枢指挥中心。中枢指挥中心可以是一个项目管理机构，指导库存新账的完成、报告执行结果及每一步的进展情况，同时维系外部客户联系。指挥中心应该包括两部分：人和系统。仓库管理系统除了能够实现包括进出货管理、库存管理、订单管理、拣选、复核、商品与货位基本信息管理、补货策略、库内移动组合等系统功能之外，还要考虑仓库管理系统和运输管理系统、客户管理、员工管理系统之间的衔接。仓储管理流程图如图 2-3 所示。

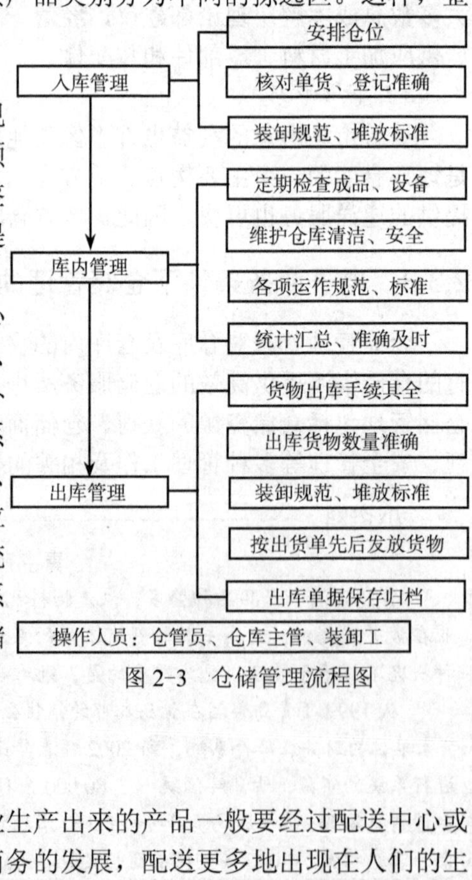


图 2-3　仓储管理流程图

## 2.4　电子商务物流配送与配送中心

配送是生产过程的重要组成部分，制造企业生产出来的产品一般要经过配送中心或物流中心送到零售店或消费者手中，随着电子商务的发展，配送更多地出现在人们的生活中，与消费者的关系越来越密切。

## 2.4.1　电子商务物流配送概述

### 1. 电子商务物流配送的概念

电子商务物流配送是指物流配送企业采用网络化的计算机技术和现代化的硬件设备、软件系统及先进的管理手段，针对客户的需求，根据用户的订货要求，进行一系列分类、编码、整理、配货等理货工作，按照约定的时间和地点将确定数量和规格要求的商品传递到用户的活动及过程。

### 2. 电子商务物流配送的特征

与传统的物流配送相比，电子商务物流配送具有以下特征。

1）虚拟性

电子商务物流配送的虚拟性来源于网络的虚拟性。通过借助现代计算机技术，配送活动已由过去的实体空间拓展到了虚拟网络空间：实体作业节点以虚拟信息节点的形式表现出来；实体配送活动的各项职能和功能可在计算机上进行仿真模拟。通过虚拟配送，找到实体配送中存在的不合理现象，从而进行组合优化，最终实现实体配送过程达到效率最高、费用最少、距离最短、时间最短的目标。

2）实时性

虚拟性的特性不仅能够有助于辅助决策，让决策者获得高效的决策信息支持，还可以实现对配送过程实时管理。配送要素数字化、代码化之后，突破了时空制约，配送业务运营商与客户均可通过共享信息平台获取相应配送信息，从而最大程度地减少各方之间的信息不对称，有效地缩小了配送活动过程中的运作不确定性与环节间的衔接不确定性，打破以往配送途中的“失控”状态，做到全程的“监控配送”。

3）个性化

个性化配送是电子商务物流配送的重要特性之一。作为“末端运输”的配送服务，所面对的市场需求是“多品种、少批量、多批次、短周期”的，小规模的频繁配送将导致配送企业的成本增加，这就必须寻求新的利润增长点，而个性化配送正是这样一个开采不尽的“利润源泉”。电子商务物流配送的个性化体现为“配”的个性化和“送”的个性化。“配”的个性化主要指通过配送企业在流通节点（配送中心）根据客户的指令对配送对象进行个性化流通加工，从而增加产品的附加价值；“送”的个性化主要是指依据客户要求的配送习惯、喜好的配送方式等为每一位客户制订量体裁衣式的配送方案。

**小资料**

**7-11 连锁店的选择**

日本著名的 7-11 连锁店，是一家很有代表性的电子商务购物站点。顾客在线订货，第二天早上在最近处的店面取物和付款，充分体现了既降低成本又方便顾客的优点。7-ll 连锁店在美国和加拿大有 6 000 多家店面，在美国每天有 600 万人访问 7-11 的网站。

从 2006 年开始，7-11 公司就在得克萨斯州奥斯汀市的 35 家商店测试 V.com 终端。2007 年夏天，7-11 连锁店又与美国快递公司合作，联手推出一批 V.com 在线购物终端（日本公司称之为 Kiosk），顾客可以用这种设备兑现和支付个人支票、支付账单、申请和接收贷款，也可以购买体育门票、邮票、礼品及购物。这种 V.com 终端具有标准 ATM 机的所有功能，还可以访问 Web 网站。按 7-11 的设想，在不久的将来，顾客一大早就能从 V.com 订购日用杂货，并在当日从邻近的店面取货。当顾客下班后取货时，还可以再买早上订货时遗漏的物品。

7-11 的目的是利用现有的资源降低销售成本，即利用现有的人员、设备和车辆进行网上购物，从电子商务方式中实现成本的大幅度降低。盖得副总裁认为，7-11 连锁店的最大优势在于公司分布广泛的物流管理网络，以此实现了向 7-11 的大部分商店当日送货。盖得先生认为，很多人不想在家里等着送货上门；对商家而言，如果顾客住的地方太远，住地不安全或不好找，送货到家的确也不见得是一种好办法。7-11 连锁店一直坚持着自己的想法和做法，现在还在继续扩大自己的物流网络，计划在一年多的时间内实现每天向全部 8 000 家商店至少送货一次。这样做的结果是，将使其当天购物、当天取货的地域覆盖美国和加拿大的绝大部分地区。

（本文由作者根据网络资料改写，原文见 http://info.china.alibaba.com/news/detail/v0-d1001713787.html）

4）增值性

除了传统的分拣、备货、配货、加工、包装、送货等作业以外，电子商务物流配送的功能还向上游延伸到市场调研与预测、采购及订单处理，向下延伸到物流咨询、物流方案的选择和规划，库存控制决策，物流教育与培训等附加功能，从而为客户提供具有更多增值性的物流服务。

5）难度性

同传统配送不同，电子商务贸易具有客户数量多、地域分布范围广、订货随机性大等特点，同时，商品定购的随机性和分散性往往会导致配送批量小、配送频率高，加大了配送难度，另外，不同客户在交付地点和交付时间上差异较大，导致物流配送的复杂性加大，带来配送路线规划、配送日程的调度、配送车辆的合理利用难度加大等问题，容易造成物流成本加大和物流服务水平降低的现象。同时，零散货物运输过程中的丢货、损坏等问题在所难免，加大了逆向物流需求，而一些企业的逆向物流并不完善，较低的逆向物流管理水平降低了客户的满意度。

### 3. 电子商务物流配送的优势

相对于传统的物流配送模式而言，电子商务物流配送模式具有以下优势。

1）能够实现货物的高效配送

在传统的物流配送企业内，为了实现对众多客户大量资源的合理配送，需要大面积的仓库来用于存货，并且由于空间的限制，存货的数量和种类受到了很大的限制。而在电子商务系统中，配送体系的信息化集成可以使虚拟企业将散置在各地分属不同所有者的仓库通过网络系统连接起来，使之成为“集成仓库”，在统一调配和协调管理之下，服务半径和货物集散空间都放大了，货物配置的速度、规模和效率都大大提高，使得货物的高效配送得以实现。

2）能够实现配送的适时控制

传统的物流配送过程是由多个业务流程组成的，各个业务流程之间依靠人来衔接和协调，这就难免受到人为因素的影响，问题的发现和故障的处理都会存在时滞现象。而电子商务物流配送模式借助于网络系统可以实现配送过程的适时监控和适时决策，配送信息的处理、货物流转的状态、问题环节的查找、指令下达的速度等都是传统的物流配送无法比拟的，配送系统的自动化程序化处理、配送过程的动态化控制、指令的瞬间到达都使得配送的适时控制得以实现。

3）物流配送过程得到了简化

传统物流配送的整个环节由于涉及的主体众多及关系处理的人工化，所以极为烦琐。而在电子商务物流配送模式下，物流配送中心可以使这些过程借助网络实现简单化和智能化。比如：计算机系统管理可以使整个物流配送管理过程变得简单和易于操作；网络平台上的营业推广可以使用户购物和交易过程变得效率更高、费用更低；物流信息的易得性和有效传播使得用户找寻和决策的速度加快、过程简化。很多过去需要较多人工处理、耗费较多时间的活动都因为网络系统的智能化而得以简化，这种简化使得物流配送工作的效率大大提高。

### 2.4.2 配送中心概述

#### 1. 配送中心的定义

配送中心是从事货物配备和组织对用户的送货，以高水平实现销售或供应的现代流通设施。在配送中心中，为了能做好送货的编组准备，必然需要采取零星集货、批量进货等种种资源搜集工作和对货物的分整、配备等工作，因此它也具有集货中心、分货中心的职能。为了更有效、更高水平地配送，配送中心往往还有比较强的流通加工能力。此外，配送中心还必须执行货物配备后送达到户的使命，因此配送中心功能则较全面、完整。也可以说，配送中心实际上是集货中心、分货中心、加工中心功能的综合，并达到了配与送的更高水平。可见，配送中心的建设是基于物流合理化和发展市场两个需要。

《中华人民共和国国家标准物流术语》中关于配送中心是这样定义的：从事配送业务的物流场所或组织，应基本符合下列要求：主要为特定的用户服务；配送功能健全；完善的信息网络；辐射范围小；多品种、小批量；以配送为主，储存为辅。

#### 2. 配送中心的作用

（1）集中处理，提高物流作业效率（规模经济）。
（2）专业分工，提升企业经营业绩（提升销量）。
（3）掌握通路，提高企业竞争优势（减少环节）。
（4）降低库存，减少资金积压（迅速补货的能力）。
（5）利用配送中心，建立合作网络（共同发展）。

小资料

**松下——高度自动化的配送中心**

松下物流负责松下电气及电子产品的配送工作，它的一个配送中心于 1997 年 10 月在英国 Northampton 成立。该中心由于在运作中有效利用了高科技而声名鹊起。

松下清楚地认识到，由于操作系统不能达到自动化，致使操作人员在仓库内外转来转去，这实在是太浪费时间。新配送中心的指导思想是：采用自动传送装置及自动数据采集（ADC）技术（主要是射频数据通信，即条形码技术），将产品传送到操作人员面前，而不是操作人员移动到产品所在之处。为此，松下安装了一系列的自动化设施。这不但减少了人工数据采集系统需要的员工数量，而且提高了整个操作过程的效率。

该配送中心采用了 ADC 系统，以实现对公司 8 万多台电视机、录像机、复印机，乃至医疗设备等产品的跟踪和配送。由于仓库面积为 3.6 万平方米，拥有 2.3 万个托盘站点，每个托盘站点高 22 米，有 5 个通道，高层货舱存储；还有 10 万个分检站点，从完整的托盘和箱体流开始，然后将其转移到圆盘传送带，直至最终搁置于货架上。设计这一套设施时，松下研究人员了解到，ADC 系统是跟踪货物出入仓库的关键。

（本文由作者根据网络资料改写，原文见 http://wl.100xuexi.com/HP/20100828/DetailD1404379.shtml）

### 2.4.3 电子商务配送中心的特点

根据国内外配送业发展情况，在电子商务时代，信息化、现代化、社会化的新型快运配送中心可归纳为以下几个特征。

（1）配送反应速度快。电子商务下，新型配送服务提供者对上游、下游的配送需求的反应速度越来越快，前置时间越来越短，配送时间越来越短，配送速度越来越快，商品周转次数越来越多。

（2）配送功能集成化。新型配送着重于将配送与供应链的其他环节进行集成，包括：配送渠道与商流渠道的集成、配送功能的集成、配送环节与制造环节的集成等。

（3）配送服务系列化。电子商务下，新型配送除强调配送服务功能的恰当定位与完善化、系列化，以及传统的储存、运输、包装、流通加工等服务外，还在外延上扩展至市场调查与预测、采购及订单处理，向下延伸至配送咨询、配送方案的选择与规划、库存控制策略建议、货款回收与结算、教育培训等增值服务，在内涵上提高了以上服务对决策的支持作用。

（4）配送作业规范化与系统化。电子商务下的新型配送强调功能作业流程、作业、运作的标准化和程序化，使复杂的作业变成简单的、易于推广与考核的运作。新型配送从系统角度统筹规划一个公司整体的各种配送活动，处理好配送活动与商流活动及公司目标之间、配送活动之间的关系，不求单个活动的最优化，但求整体活动的最优化。

（5）配送手段现代化。电子商务下的新型配送使用先进的技术、设备与管理为销售提供服务，生产、流通，销售规模越大、范围越广，配送技术、设备及管理越现代化。配送组织网络化。

（6）为了保证对产品促销提供快速、全方位的支持，新型配送要有完善、健全的配送网络体系，网络上点与点之间的配送活动保持系统性、一致性，这样可以保证整个配送网络有最优的库存总水平及库存分布，运输与配送快捷、机动，既能铺开又能收拢。

（7）配送管理法制化。宏观上，要有健全的法规、制度和规则；微观上，新型配送企业要依法办事，按章行事。

### 2.4.4 电子商务配送中心管理

配送过程主要包括配货、分货、配装与送货，这些作业通常在配送中心完成。当然，为了保障用户所需物资的及时到达，配送中心通常都配有相应的设施，如汽车、仓库（下游的配送中心也可以不设仓库）等，所以做好配送过程的管理工作非常重要。

#### 1. 电子商务物流配送实施过程

1）制订配送计划

配送是一种物流业务组织形式，而商流是其拟定配送计划的主要依据。可以说，商流提出了何时、何地、向何处送货的要求，而配送则据此在恰当的时间安排运力、路线、运量完成此项任务。配送计划的制订是为了既经济又有效地完成任务。

2）下达配送计划

配送计划制订后，将到货时间、品种、规格、数量通知用户和配送点，以使用户按计划做好接货准备，使配送点按计划发货。

3）按配送计划确定物资需要量

各配送点按照配送计划，审定库存物资的配送保证能力，对数量、种类不足的物资组织进货。

4）配送点下达配送任务

配送点向运输部门、仓储部门、分货包装部门和财务部门下达配送任务，各部门完成配送准备。

5）配送发货

配货部门按要求将用户所需要的各种货物进行分货及配货，然后进行适当包装并详细标明用户名称、地址、配送时间、货物明细，按计划将各用户货物组合装车，并将发货明细交司机或随车送货人员。

6）配送

车辆按指定路线将货物运达用户，并由用户在回执上签字。配送工作完成后，通知财务部门进行结算。

小资料

**凡客与如风达**

如果没有意外，如风达（北京如风达快递有限公司，以下简称“如风达”）的配送网络到 2011 年底将覆盖全国 28 个城市。届时，凡客（Vancl）的这个自建配送公司将有一支“至少 8 000 人”的团队。“我们的发展是和凡客同步的。”如风达总经理李红义说。

2007 年末成立，凡客的销售收入从 0 跃增到 2010 年的 20 个亿，其 CEO 更预测 2011 年的目标是 60 个亿。凡客成立后，创业元老之一的李红义被委以了自建配送的重任，最初凡客所织的网只覆盖了北京和上海；在北京也只有海淀、丰台、国贸 3 个配送站点，五环以内所有的订单都要送。“直到 2008 年早些时候，凡客的订单量都很少。”李红义回忆说，每天大概在几十单左右。目前如风达人数已经从最初的 15 人，到 2010 年底的将近 3 000 人。

2008 年 4 月，凡客决定把如风达注册成独立公司。此后如风达迅速布点杭州、无锡、山东、广州、深圳、江苏以及浙江等 10 个地区。在其进驻的城市中，如风达的配送量平均占到凡客总配送量的 50% 以上，北京和上海的比例则高达 90%。李红义把其中原因归结为“凡客订单量的急速增加”：2008 年 6 月，在公司运营 8 个月后凡客的衬衫日销量已经达到了一万件，日销售额超过 100 万元人民币。

当时公司内部发现：绝大多数顾客都对凡客的配送服务很满意，“而这促成了再次消费”。另一家也选择自建物流的 B2C 公司人士解释说：配送员还是 B2C 公司的销售、导购、促销，他们最接近消费者，他们的形象和服务很大程度上决定了消费者对品牌的认知和定位。

如风达也确实拉动了凡客的订单量。仅以武汉为例，在如风达进驻后，凡客在当地的订单增长了 1000%。这又形成了一个循环，如风达会优先选择在“订单增加又快又稳”的区域落子，比如之前的江浙，后来的长沙、武汉、成都以及沈阳等。如风达实行一日双配制：上午 12 点之前的货，下午 18 点前送到；下午下的单，第二天 12 点前送到。其还要求每单货品配送前，具体负责的配送员在公司系统通知之外、还要一对一地通知顾客预计到达的时间。

与传统快递员求快、求量不同，如风达的配送员每天的送单上限是 30 单，“要给顾客试穿、犹豫甚至提出疑议等留出足够的时间”。能这么做的前提，则是如风达只送凡客货物，其所有的配送站点、配送员都直属如风达。

（本文由作者根据网络资料改写，原文见 http://b2b.toocle.com/detail--5762132.html）

### 2. 电子商务物流配送管理内容

电子商务物流配送管理包含的内容很多，最根本的是，根据用户需求信息，将物品

（货物）准确、准时地送到用户指定的地点，为此要做好仓库库存管理、用户需求信息管理，以及配送、分货、配装、送货作业管理等。一个现代化配送中心应该具有一个较为完整的信息系统，制订具体考核的技术经济指标和提高物流配送经济效益的措施。

电子商务物流配送管理的具体内容为：建立一个企业资源管理规划（ERP），在主控管理系统（WMS）（包含采购管理、库存管理、销售管理、入库管理、储存管理、出库管理等子系统）下将订货、到货接收、验货与拒收、分拣、订单汇总、存储、加工、拣选、包装、装托盘、组配、装车、送货等作业纳入系统管理之内，并具备可跟踪性、可控制性和可协调性。

当然，作为配送中心的管理内容，还包括财务管理，如货款、运费和杂费的结算管理等。

### 3. 提高电子商务物流配送管理经济效益的途径

1）恰当设置配送中心

配送中心的数量及地理位置是决定其能否取得利润的前提条件。通常，配送路线的选择、直送或配送的决定都是在配送中心数量、位置已确定的前提下做出的。固然，在满足这一前提条件的要求下，可以选择最优路线及最好的送货方式，但恰当设置配送中心是取得经济效益的前提条件。

2）加强配送的计划性

在配送活动中，临时配送、紧急配送或无计划的随时配送是大幅度降低配送经济效益的主要因素。临时配送是因为事前计划不完善，未能考虑正确的配送方式及恰当的配送路线，到了临近配送截止日期，则必须安排专车、单线进行配送，造成里程浪费。紧急配送一般相对紧急订货而言，往往只要求按时送货，来不及认真安排车辆配装及选择配送路线，从而造成载重及里程浪费。一般来说，为保证服务，不能拒绝紧急配送。但是，如果能认真核查并事先留有调剂准备余地，紧急配送也可纳入计划轨道而保证其效益。随时配送是指对配送要求不进行计划安排，有一笔送一次，不能保证装配及选择路线的优化，会造成很大浪费。

3）实行共同配送

以提高经济效益为目标，多个企业联合，集小量为大量，共同利用同一配送设施或配送车辆的配送方式，称为共同配送。尤其当单独配送的配送量较小，一次不能满载，也难以确定最优路线时，采取共同配送方式可大大降低成本，提高效益。共同配送是横向经济联合的一种形式，可以采取经济联合的办法共同建立配送中心，共同使用配送设备，共同组织配送。组织共同配送的关键，是合理分摊成本及合理分配效益。

**小资料**

**沃斯堡孟买家具公司的新物流**

美国得克萨斯州的沃斯堡孟买家具及配件公司，近来想要成立一家服务于成千上万家零售店和网上商店的批发分公司。原计划利用其原有的物流网络来组织新的商业物流，但是孟买公司的物流副总裁很快就意识到：孟买批发分公司要想成功，就必须采用全新的物流方式。因为孟买公司的配送中心的设计是只符合家具的存储和分拣配送的，而新成立的批发分公司所销售产品的性质和零售渠道与家具是完全不同的，他们必须要有能力履行位于不同地方的成千上万个客户的订单。由于服务的集约化及运量的不同，他们几乎需要使用所有的运输方式，很多客户同时还要求采用条形码和标签。

由于孟买配送中心初期并不具有灵活处理订单的能力，因此，他们打算寻求物流业务外包，但是新的批发分公司刚刚起步，未来发展如何还不能确定，因此与第三方物流公司签订长期的个体租用合同对其来说是一种冒险，因此孟买公司的总裁说："在我们不知道业务会做到多大时，我们需要更多的柔性。"于是综合各方面的因素，共同配送成为孟买批发分公司的首选。当年 10 月，孟买批发分公司选择了 USCO 物流公司作为其物流服务商，共享其物流设施。他们之间的协议是一月一签约，并且是采用按件计费的收费方式。这样使得孟买批发分公司避免了支付人工、设备和设施等高额的治理费用，这同样给孟买公司更大的发展空间，并为他们的服务能力带来了更大的柔性。

随着客户订单的快速增长，对不同客户订单的自动处理能力对于孟买公司的成功至关重要。而该能力恰恰是孟买公司的物流系统所不具备的，因此孟买批发分公司依靠 USCO 物流公司来帮助公司实现订单履行程序的自动化，并提供帮助该公司建立为顾客定制的条形码和标签的技术支持。孟买批发分公司同样也把公司所有的外向运输交给了 USCO 物流公司，这在一定程度上要比孟买公司自己与运输公司谈判签约所付的运费低。

孟买公司的物流经理相信：共同配送与高的交付率和订单履行能力一起将帮助孟买公司为客户提供优于其竞争对手的服务，更重要的是，这种更具竞争力的优势将帮助孟买批发分公司树立良好的服务品牌。

（本文由作者根据网络资料改写，原文见 http://www.56on.com/Information/InforDetails_5459.html）

4）加强信息系统的建设

信息系统包括管理信息系统（MIS）和决策支持系统（DSS）。根据企业业务发展的需要与财力的可能，建立和建设可靠的信息系统，是现代物流配送中心提高管理水平和经济效益的有效途径。

## 本章小结

运输、仓储、配送等物流基本环节是现代物流企业管理的重要内容，而且它们之间存在着密切的关系。因此，在电子商务条件下怎样提高这些物流环节的管理水平是现代物流企业十分重要而又迫切的任务。

电子商务条件下的物流活动过程及管理与传统的物流活动过程及管理，既有一定的联系也有一定的区别。本章首先介绍了物流系统的基本知识及物流系统分析的相关内容，接着以物流活动的基本环节为主线索，系统地阐述了电子商务条件下运输、仓储、配送等物流活动管理的基本理论知识，从物流企业管理实践的角度，着重介绍了运输合理化途径以及电子商务条件下的运输管理、电子商务配送中心特点及电子商务配送中心管理，最后介绍了电子商务条件下仓储管理的要领。

## 案例分析

**【案例 1】**

### 三元食品物流系统应用

1. 企业介绍

北京三元食品有限公司是 1997 年初成立的一家中外合资企业，由原北京市牛奶公司骨干企业西郊乳品厂、东外乳品厂、右安门乳品厂、双桥乳品厂、南口乳品厂、中瑞奶业培训中心乳品厂等乳品加工销售企业及北京麦当劳食品有限公司的中方权益所组成，其营销渠道由三元营销总公司及下属五个分公司组成。是 1997 年 5 月股票在香港成功上市的北京控股有限公司的成员企业。公司具有40年的乳品加工史，具有产销一体化的格局和乳品加工、商业、科技培训及物业管理等产业多元化的优势。具有“三元”、“燕山”、“绿鸟”等驰名商标，生产袋装鲜牛奶、屋形包装鲜奶、超高温灭菌奶、酸奶、婴儿配方等系列奶粉、北京干酪及各种乳饮料、冷食等数十个品种。年产消毒奶1.2亿千克、奶粉3 000吨、干酪100吨、酸奶550万千克。鲜奶销售占全市供应量90%。三元公司是目前北京地区最大的袋装鲜奶、奶粉、干酪的加工商，也是北京最大的超高温灭菌长效奶的加工商之一，三元公司以其骨干企业的悠久历史和高品质的产品享誉业内。

### 2. 北京三元食品股份有限公司实施LDS背景分析

三元营销公司作为日配企业，每日需要完成大量的日配送作业，随着市场竞争的日益激烈和生产规模的不断扩大，原有的物流和分销体系已经不能适应发展的需要。三元以前采用以手工为主的统计和汇总数据作业方式，销售作业信息错误率高，反馈速度慢，库存预测不准确，配送不及时，断货和积压现象经常发生，库存成本过高，决策数据不准。财务预警和信用审核措施没有建立起来，应收账款数额过大，经营风险过高。三元在作业中所出现的这些问题，主要原因在于三元的组织结构和作业流程中缺乏合理的制度规范，同时，业务操作中主要依赖手工方式也是制约业务发展的瓶颈，这些已影响企业竞争力进一步提高。为了在日益激烈的市场竞争中保持优势，就必须采取有效的管理技术来组织、协调、控制企业的经营活动，全面实现由粗放管理到精细管理的转换，向现代物流分销管理技术靠拢。

### 3. LDS在三元营销公司信息化中的应用

1）应用范围

针对以上三元公司现状，2003年5月开始，北京利玛软件信息技术有限公司按照企业的实际需求分步在四公司、三公司、二公司、一公司、外埠公司及营销总部进行软件实施。逐步实施了基础数据、客户管理、销售管理、配送管理、库存管理、应收管理、外埠管理、总部管理等。此外，后期又实施了总部与分公司间的数据接口。以上系统的实施完成使各个子系统间有机的联合运行，满足了三元物流分销的业务需求。

2）应用效果

经过系统实施后，各项业务得以规范，管理制度落实到每个人，制度、业务和系统有机的结合在一起，实现了管理的数字化、规范化和高效化。

首先，业务流程的整合，业务操作的规范，使企业真正实现了过程化管理。以前只能看到结果，无法控制过程，相对随意的作业方式得到了规范。现在，系统中设置的客户信誉管理对每个客户进行信誉区间和信誉额度的双重控制，对停订客户进行及时、准确的处理，实现了科学化管理。

其次，提高了企业的管理素质，做到数字化管理。放弃原来拖沓冗长的逐级汇报方式，现在，各级管理者根据权限通过系统可以查看实时数据，并以此调整经营方式。总部与分公司间经营数据及时、准确的传递，为企业规避了经营风险。

第三，加速了物流、资金流的周转速度。由于货物调度方式的改变，因产品过期带来的损失已大大减少。企业通过对货物的快速分配，减少了库存占用资金，转移了经营风险，实现了库存的利润化。在系统中通过严密的逻辑运算将库存数量按客户订货量进行自动分配，通过赠品计算、补损计算及手工调整，最大限度地减少库存量。

由于三元以往业务随意性较强，经常出现库存积压而客户缺货的现象，LDS针对客户的业务实际，在设计中遵循“最大化分配与最小化库存”的设计思想，经过不断对系统进行调整和优化保证了业务的有序进行，实现了商品的最大化分配与最小化库存。系统优化后的处理方式是根据客户的订货数量对库存商品进行分配：当库存缺货时，如果不进行库存商品预留，系统按设定的算法对库存商品进行最大化分配，即将库存商品数量分配为零；当库存剩货时，经过剩货手工调整又可以对客户的订货进行加量分配以使库存商品余量最小化。LDS 将“最大化分配与最小化库存”的业务实际体现在软件的各个环节，使三元业务处理方式更加优化。

第四，实现了企业信息管理的规范化与标准化。使所有分公司原来组织数据、各自为政、相互独立的情况得到了全面的改善，对所有的定义数据统一组织和管理，保证基础数据只有一个来源，被所有部门和应用领域所共享。通过基础数据的实施，实现了总部对企业所有商品信息的维护。

第五，业务处理简便、灵活。客户要求的多样性要求订单处理及时、准确。以往对不同客户的订单处理错误率高、速度慢。经过系统应用后，实现了对客户的分类管理并对销售订单采取多种处理方式，满足了销售实际业务的多样化需求。例如：在系统中通过提前订单可以将预付款客户的周期性订货要求调出，避免重复录入时的数据丢失。对于客户紧急订货要求，系统提供对客户进行先行处理，客户要求得到及时满足，满意度提高。

第六，个性化业务，个性化经营。三元根据自身的管理方式逐步形成个性化的经营模式和业务处理规范，并在经营的各个环节融入先进的管理思想，最终形成了这套具有三元特色的系统管理软件。

特色一：促销业务是三元经营的一个重点，也是具有特色的业务之一。原来在手工作业时，促销计划多、促销方式多样，需要手工进行计算，数据难以保证准确。现在系统按促销方式分为赠品促销和价格促销，在促销区间内通过对促销商品和促销客户的设定，不仅能对渠道所有客户，还能对渠道下的具体客户进行促销，促销时限内系统自动计算结果，促销时限外，赠品促销计划自动停止，价格促销计划中的促销价格也自动调回原来价格。

在赠品促销中，按商品预分配数量和设定的促销比例自动计算赠品数量，在经过对预分配数量进行手工调整后，系统会按调整后的分配数量重新进行赠品计算，以使赠品数量和分配数量按促销比例严格保持一致。考虑到业务进程中出现赠品缺货的实际情况，在赠品缺货时，系统会将所欠赠品记入客户补赠处理中，待库存货盈时进行赠品的补货处理，保证了赠品促销的完整性。

在价格促销中，根据三元的价格促销业务设定两种价格促销处理方式：统一折价促销，即将促销商品按统一促销价格进行操作；折扣促销，即将促销商品按设定的折扣比例进行促销，商品的不同客户价格按折扣比例进行自动折算。相应的客户应收款按折价后的金额计入应收账款。

特色二：货品分配是三元经营中的又一个难点。以往缺货时，货品分配无章可寻，经常出现客户货品分配时有时无，造成客户流失，而在库存剩货时，又不能及时处理，造成货品积压。运用系统后不仅可以将货品合理分配，还能对库存余货进行再分配。系统根据订货数量和库存数量进行分配，缺货时系统自动计算出分配数量，并可按实际情况对分配数量进行手工修正；剩货时系统按订货数量满足客户，经手工操作可调整分配数量，在满足客户要求的同时降低了库存量。

特色三：货物配载在业务中的应用使原有货物配送更加规范，送货更加及时、准确。系统按车道对客户进行车次分配，并根据客户订货数量及时对车辆的运力进行调整，解决了车辆调配的瓶颈，配送业务得以快捷、有序进行。通过系统中默认配车计划的管理，将所有客户预先定义好车道，根据实际需要利用客户或订单的双向调整完成车辆运力的合理调配。使原来混乱的派车业务更加合理、便捷。

第七，系统的可扩展性满足三元经营模式的转变。三元营销公司由五个销售分公司组成，各分公司下的渠道都不统一，总部下发的计划信息在各分公司执行标准不一，导致各公司上报数据出现误差，不利于决策层制订相应经营策略，贻误公司发展机遇。针对由于经营模式导致的诸多问题，经过机构调整，将所有分公司的渠道重新进行整合，实行总部直接按渠道进行管理的模式，方便地进行数据传输和数据共享，使经营业务更加顺畅、计划更加准确、组织更加协调、管理更加规范、控制更加有效。系统针对三元实际提供了多级渠道设置，满足了三元渠道模式的转变，并将分支机构的资金流、物流以及实时的信息流完全整合起来。

第八，业务时间点的有效控制，保证统计数据的实时、准确。在原有业务中，各项业务的交叉进行没有有效的控制，如销售对库存资源的占用、入出库业务等在库存盘点时对库存数据造成的影响等，系统在实施过程中发现许多业务在时间上出现重叠，导致统计信息不准，业务进程需要按时间点进行统一设定。针对业务实际，在对各项业务进行的时间做分析比较后，确定按每日下午 4 点至次日下午 4 点为统一作业周期，各项业务作业按时间结点进行。例如：在当日作业周期内的所有销售、配送、库存业务都记入当日业务中，保证每日按时间点截取的库存、销售统计数据准确无误。

总之，这套物流分销管理软件不仅帮助企业整合了业务流程，同时也促进了基层营销公司的作业规范和管理水平的提高。它在不少方面考虑了国内企业的实际情况，国情化较好。这为企业不断提高管理水平提供了条件。

（本文由作者根据网络资料改写，原文见 http://news.bangkaow.com/news/20110329/139812.htm）

【案例讨论】请分析三元企业的物流管理软件具有哪些功能，给企业带来了哪些方面的变化？

## 【案例 2】

### 美国沃尔玛公司的物流配送业务运作

沃尔玛公司是全美零售业务年销售收入第一的著名企业，素以精确掌握市场、快速传递商品和最好地满足客户需要著称。之所以能取得如此辉煌的业绩，其中一个极为重要的因素就是沃尔玛拥有自己庞大的物流配送系统，并实施了严格有效的物流配送管理制度。这确保了公司在效率和规模成本方面的最大竞争优势，也保证了公司顺利地扩张。

#### 1. 配送中心的设立

在建立沃尔玛之初，公司就意识到有效的商品配送是保证公司达到最大销售量和最低成本的存货周转及费用的核心。而唯一使公司获得可靠供货保证及提高效率的途径就是建立自己的配送组织，包括送货车队和仓库。随着沃尔玛的成长，公司意识到配送中心的好处不仅是使公司可大量进货，而且通过要求供应商将商品集中大量送到配送中心，再由公司统一接收、检验、配货、送货，比让供应商将商品分散送至各分店更经济。于是在 1969 年，沃尔玛的第一个配送中心建成了，当时即可集中处理公司所销售商品的 40%，提高了公司大量采购商品的能力。第二个配送中心，始建于 1975 年，约 1.4 万平方米，它不承担仓储功能，只是一个转运站，统一接收供货方送来的大宗物，经检测、编配后转换到公司的送货卡车上。到 20 世纪 80 年代末，沃尔玛的配送中心已增至 16 个；20 世纪 90 年代初，达到了 20 个，总面积约 160 万平方米。整个公司销售 8 万种商品，85%的商品由这些配送中心供应。

### 2. 配送作业方式

在配送运作时，大宗商品通常经由铁路送达自己的配送中心，再由公司卡车送商店。每店一周约收到 1～3 卡车货物。60%的卡车在返回自己配送中心途中又捎回从沿途供应商处购买的商品。这样的集中配送为公司节约大量资金，据统计，20 世纪 70 年代初公司的配送成本只占销售额的 2%，比一般大零售公司低了近一半。同时集中配送还为各分店提供了更快捷、更可靠的送货服务，并使公司能更好地控制存货。

### 3. 配送中心的运行及管理

沃尔玛的配送中心运行完全实现了自动化。每个配送中心约 10 万平方米，相当于 23 个足球场，占地约 6 000 万平方米。中心的货物从牙膏、卫生纸、玩具到电视、自行车等应有尽有。每种商品都有条形码，由十几公里长的传送带传送商品，用计算机追踪每件商品的储存位置及运送情况，每天能处理约 20 万箱的货物配送。

配送中心的一端是装货月台，可供 30 辆卡车同时装货；另一端是卸货月台，有 135 个车位。每个配送中心有 600～800 名员工 24 小时连续作业，每天有 160 辆货车开进来卸货，150 辆车装好货物开出。配送中心每年处理商品在配送中心停留的时间总计不超过 48 小时。数亿件商品、99%的订单正确无误。

### 4. 自己配送组织的完善

沃尔玛公司为了更好地进行配送工作，非常注意从自己企业的配送组织上加以完善。其中一个重要的举措便是公司建立了自己的车队进行货物的配送，以保持灵活性和为一线商店提供最好的服务。例如，沃尔玛为每家分店的送货频率通常是每天一次，而其竞争对手凯玛特平均 5 天一次，塔吉特平均每 3～4 天一次，沃尔玛的商店通过计算机向总部订货，平均只要两天就可以到货。如果急需，则第二天即可到货，这一速度同业中无人可及。这使沃尔玛享有高于竞争对手的极大优势，货架总能保持充盈，并随时掌握到货时间，其运输成本也总是低于竞争对手。

可以说，配送业务管理的成功保证了沃尔玛公司从一个区域性连锁公司发展为全国性连锁公司乃至世界性连锁公司，而且一直保持着低成本效率，业绩不断增长，确保了公司的发展。

（本文由作者根据网络资料改写，原文见 http://wenku.baidu.com/view/066456ef5ef7ba0d4a733bf2.html）

**【案例讨论】**通过本案例，请你谈谈配送中心在物流系统中占有什么地位？

# 实训

## 实训内容一：运输方式设计

### 1. 实训任务

（1）每一组为自己的公司命一个名称（例如：某某铁路公司），并树立一个经营理念（例如：铁路通，让你的货物一路畅通!），说明理由。

（2）你公司所拥有的运输方式有哪些优点？

（3）你公司的运输方式适用于运输哪些货物（列出具体货物名称，每组不少于3种），其中哪些货物可以独霸市场？

（要求：将讨论的结果写在书写卡片上，便于下一步的展示）。

### 2. 实训方式

（1）分组：课前将学生分为5 组，让每一组学生扮演一个运输公司，规定只能拥有铁路、水路、公路、管道和航空其中一种运输方式，不得重复。

（2）讨论：各组成员 围绕以上3个任务进行讨论，并将小组讨论结果记录下来。

（3）小组成果展示：每小组选一个代表上来将小组讨论结果向大家展示。

（4）教师进行总结。

### 3. 实训目的

（1）让学生对5种运输方式的优缺点有一个比较全面的认识。

（2）提高学生的表达能力和与人合作的能力。

### 4. 实训地点

根据实际情况选择。

### 5. 实训时间

2课时。

## 实训内容二：电子商务网站物流配送方案设计

### 1. 实训目的

（1）了解某电子商务网站交易流程。

（2）运用所学知识设计该网站物流配送方案。

### 2. 实训内容

登录某电子商务网站：

（1）了解该网站的在线交易流程。

（2）设计该网站物流配送方案：商品采购流程，商品仓储、拣配及出入库流程，商品发运流程。

### 3. 实训要求

（1）了解某电子商务网站交易流程。

（2）运用所学知识设计该网站物流配送方案。

（3）写出实训报告。

### 4. 实训地点

根据实际情况选择。

### 5. 实训时间

2课时。

## 本章习题

1. 什么是物流系统？其构成情况如何？
2. 实现运输合理化的途径有哪些？
3. 阐述电子商务物流配送的运作程序。
4. 配送的功能是什么？它包括哪些功能要素？
5. 仓储的基本功能是什么？

# 第3章 电子商务物流辅助作业

## 引例　完美（中国）公司的尴尬

2005 年 12 月，解放日报网、人民网等众多网站都转载了《现代金报》的一篇报道，使完美（中国）纵横国内 10 余年的招牌产品——矿物晶，陷入了四面楚歌之中。

据《现代金报》报道，在国内市场小有名气的完美（中国）生产的芦荟矿物晶近日遭到宁波多名消费者的投诉。在这些投诉中，有的消费者称因用芦荟矿物晶导致死亡，有的消费者称用过该产品后留下了严重的后遗症。记者在调查采访中了解到，芦荟矿物晶此前在四川成都、浙江温州遭到消费者的投诉，都是以完美公司赔偿告终。

产品批号、包装前后矛盾：从消费者提供的芦荟矿物晶来看，记者发现该保健品在包装上可谓是雾里看花。例如，装芦荟矿物晶的瓶子说明书上注明的批号是 Q/WMRY04-2002，而大包装盒子上却没有 2002 的字样；该产品 2005 年 6 月生产的产品批号为 13004415，而 8 月生产的却成了 10420615，也就是说产品的日期越晚，产品的批号越小，这与产品出厂越晚日期越大的规律难以相符。

消费者还指出大量这种产品前后不一的包装问题。相同时间生产的产品有两种说明，一种称产品含有多种矿物质和维生素，而有的根本没有。在矿物质的含量上，出现忽大忽小的数据。消费者称，这种说明真让他们摸不着头脑。

（本文由作者根据网络资料改写，原文见 http://www.chinawuliu.com.cn/xsyj/200604/03/130336.shtml）

## 3.1　包装

包装是物流中的重要一环，处于生产过程的末尾与物流的开始阶段，包装的材料选择、形式设计等会对物流成本、效率造成一定的影响，因此，企业经营者必须重视包装管理。

### 3.1.1　包装概述

#### 1. 包装的含义

国家标准《物流术语》对包装的定义为：包装是指在流通过程中保护产品、方便储运、促进销售，按一定技术方法而采用的容器、材料及辅助物等的总体名称，也指为了达到上述目的而采用容器、材料和辅助物的过程中施加一定技术方法等的操作活动。简言之，包装就是包装物和包装操作的总称。

#### 2. 包装的功能

包装有以下几种功能：保护商品功能、容纳功能、便利功能及促销功能。

1）保护商品功能

商品包装的一个重要功能就是要保护包装内的商品不受损伤。在商品运输、储存过程中好的包装能够抵挡侵袭因素。在设计商品的包装时，要做到有的放矢。要仔细分析商品可能会受到哪些方面的侵扰，然后针对这些方面来设计商品的包装。

2）容纳功能

许多商品本身没有一定的集合形态，如液体、气体和粉状商品。这类商品只有依靠包装的容纳才具有特定的商品形态，没有包装就无法运输和销售。包装的容纳不仅有利于商品的流通和销售，而且还能提高商品的价值。对于一般结构的商品，包装的容纳增加了商品的保护层，有利于商品质量稳定；对于食品、药品、化妆品、消毒品、卫生用品等，包装的容纳功能还能保证商品卫生；对于复杂结构的商品，包装的容纳功能再结合合理的压缩，可充分利用包装容积，节约包装费用，节省储运空间。

3）便利功能

商品包装的便利功能，是指包装为商品从生产领域向流通领域和消费领域转移，以及在消费者使用过程中提供方便。包装的便利功能包括的范围较广，涉及到几个领域。诸如在生产领域有方便操作、方便自动化生产等。在物流领域有方便运输、方便装卸、方便储运、方便统计、方便开箱等。在消费领域有方便陈列、方便销售、方便计价、方便计数、方便利用自动售货机等。在环保领域里有方便回收、方便处理、方便操作等。

包装的便利功能的延伸又发展成复用功能和改用功能。复用功能是指商品包装用完以后，销售包装仍可重复使用；改用功能是指包装商品用完以后，销售包装可做其他用途。

4）促销功能

商品包装特别是销售包装，是无声的推销员，在商品和消费者之间起媒介作用。商品包装可以美化商品和宣传商品，使商品具有吸引消费者的魅力，引起消费者对商品的购买欲望，从而促进销售。包装的促销功能是因为包装具有传达信息、表现商品和美化商品的功能。传达信息功能是通过包装上的文字说明，向消费者介绍商品的名称、品牌、产地、特性、规格、用途、使用方法、价格、注意事项等，起到广告、宣传和指导消费的作用。包装上的图案、照片及开窗包装所显露的商品实物，把商品的外观表达给消费者，使消费者在感性认识的基础上对商品建立起信心。包装的装潢、造型等艺术装饰性内容对商品起到加强、突出、美化的作用。

小资料

**瑞士传奇集团的绿色包装**

瑞士在绿色包装领域一直走在世界前列，其中值得一提的是瑞士传奇集团在包装理念、包装设计方面的故事。瑞士传奇集团靠“绿色美丽运动”起家，其员工和科研人员大部分都是环保人士，他们推崇一种叫做“大环保”的理念，认为生态是人与其他生灵生存与发展的家园，要像爱家一样爱生态环境，因此他们从生产工艺、产品原料到包装都遵循“生态优先”的原则。在这种信仰的指导下，又借鉴了瑞士建筑师 Staufer&Hasler Architekten 的建筑设计理念，他们设计出了企业绿色包装。

所有外包装均用环保纸板，其用于造纸的原料没有砍伐一棵树，大部分来源于生产有机护肤品剩余的天然花草植物纤维，材料耗费少，大约是传统包装方式的 1/3，包装材料在自然界可分解、不污染环境，不但符合了循环利用的环保理念，还象征着源于自然，走向自然的人生意境；所有外包装没有用一滴胶和任何粘合剂，全靠纸和纸的相互作用力支撑成形，不但不污染环境还象征了齐心协力、团结互撑、共同保护地球的寓意，也象征了创造和锐意进取；外包装纸上不使用化工油墨，简约大方，象征着瑞士学术界一贯的低调严谨作风。此外，包装附加成本小，如人工、运输、排碳等方面。为了表彰该企业在包装设计上的“良苦用心”和在环保事业上一如既往的努力，Global Green USA 授予他们 Sustainable Design Awards（可持续发展设计奖）。

在社会再生产过程中，商品包装处于生产过程的末尾和物流过程的开端。传统的生产观念认为商品包装是生产过程的最后一个环节，所以，在实际的生产过程中，商品包装的设计都是从生产的角度来考虑的，但这样不能满足物流的需要。在现代物流领域，一般都把商品包装看作是物流过程的起点。

（本文由作者根据网络资料改写，原文见 http://baike.baidu.com/view/49001.html.）

### 3. 包装的类型

按包装在流通中的作用，可以分为商业包装和运输包装。商业包装以促进销售为主要目的，运输包装以强化输送、保护产品为主要目的。

按包装适用的广泛性可以分为专用包装和通用包装。专用包装是指根据被包装物特点进行专门设计、专门制造、只适用于某种专门产品的包装。通用包装是指不进行专门设计制造，而根据标准系列尺寸制造的包装，用以包装各种标准尺寸的产品。

按包装容器的不同有不同的分类。按包装容器的抗变形能力可分为硬包装和软包装两类；按包装容器形状可分为包装袋、包装箱、包装盒、包装瓶、包装罐等；按包装容器结构形式可分固定式包装和拆卸折叠式包装；按包装容器使用次数可分为一次性包装和多次周转包装。

按包装技术有以下几种分类：按包装层次及防护要求可分为个装、内装、外装；按照包装的保护技术分为防潮包装、防锈包装、防虫蚀包装、防腐包装、防震包装、危险品包装等。

**小资料**

**金属罐包装的改良**

在市场需求日益提高的包装行业里，金属罐设计五花八门，这就要求包装设计者不断地创新，以适应消费者的不同需求。

以前印刷金属罐，一般只印罐身，但目前就是在罐端也开始进行彩色印刷。现在市场上出现的一种缩颈罐，它采用引人注目的黑色易开盖。并且，食品饮料已经不是印刷金属罐的唯一市场，目前它越来越多地被用在建筑材料如装饰漆等产品的包装。

在金属罐上还有一些新的技术成果，这些成果的应用使金属罐的用途和功能得到了极大的扩展。比如新近出现的一种油墨，可以随着温度的变化而变色。过去这种油墨只用在罐头的外贴标签上，现在却可以把温度计直接印刷到金属罐上。在金属罐上制作全息商标也是一个发展趋势。目前在澳大利亚等国的铝制啤酒罐上都制作了全息商标，有关专家们相信，直接在钢板上蚀刻全息商标在未来就会风靡全世界。

（本文由作者根据网络资料改写，原文见 http://www.foodprc.com/2011/0706/10267.html）

## 3.1.2　包装技术与标志

### 1．包装技术

1）防震保护技术

防震包装又称缓冲包装，在各种包装方法中占有重要的地位。产品从生产出来到开始使用需要经过一系列的运输、保管、堆码和装卸过程，在运输、堆码装卸过程中容易使产品发生机械性损坏。为了防止产品遭受损坏，就要设法减小外力的影响。所谓防震包装就是指为减缓内装物受到冲击和震动，保护其免受损坏所采取的一定措施的包装。防震包装主要有以下 3 种方法。

（1）全面防震包装方法。全面防震包装方法是指内装物和外包装之间全部用防震材料填满进行防震的包装方法。

（2）部分防震包装方法。部分防震包装方法是指对于整体性较好的产品和有内装容器的产品，仅在产品或内包装的拐角或局部地方使用防震材料进行衬垫即可。所用包装材料主要有泡沫塑料防震垫、充气型塑料薄膜防震垫和橡胶弹簧等。

（3）悬浮式防震包装方法。对于某些贵重易损的物品，外包装容器比较坚固，为了有效地保证在流通过程中不被损坏，用绳、带、弹簧等将被装物悬吊在包装容器内，在物流中，无论是什么操作环节，包装物都被稳定悬吊而不与包装容器发生碰撞，从而减少损坏。

2）防破损保护技术

缓冲包装有较强的防破损能力，因而是防破损包装技术中比较有效的一类。此外还可以采取以下几种防破损保护技术。

（1）捆扎及裹紧技术。捆扎及裹紧技术的作用，是使杂货、散货形成一个牢固整体，以增加整体性，便于处理及防止散堆来减少破损。

（2）集装技术。利用集装，减少与货体的接触，从而防止破损。

（3）选择高强度保护材料。通过外包装材料的高强度来防止内装物受外力作用破损。

小资料

**蜂窝包装材料的应用**

受自然蜂巢的启迪，人类长期研究和分析了自然蜂窝结构的特点，创造性地发明了各种蜂窝复合结构材料及其制品，它们有的用于新材料和新产品的研发，有的用来改善现有产品的特性，有的用于解决结构设计中面临的难题等。

在应用材料领域，蜂窝复合材料类似于连续排列的工字钢结构，以其极佳的抗压、抗弯特性和超轻型结构特征而闻名于世。与同类型的实心材料相比，蜂窝材料其强度重量比和刚性重量比在已知材料中均是最高的。蜂窝结构板材具有许多优越的性能：从力学角度分析，封闭的六角等边蜂窝结构相比其他结构，能以最少的材料获得最大的受力，而蜂窝结构板受垂直于板面的载荷时，它的弯曲刚度与同材料、同厚度的实心板相差无几，甚至更高，但其重量却轻 70%～90%，而且不易变形，不易开裂和断裂，并具有减震、隔音、隔热和极强的耐候性等优点。

高强度蜂窝纸板是近年来在欧美、日本和我国兴起的一种节省资源、保护生态环境、成本低廉的新型绿色环保包装材料，它具有轻、强、刚、稳 4 大优点，体现了一种全新的包装模式和观念。从体积上来讲，小如电子产品的微型马达，大至飞机发动机等大型机电产品；从重量而言，轻如几百克的蜂窝移动电话，大到几吨重的汽车零部件，都可以采用蜂窝纸板包装。蜂窝纸板的应用已经显示出了其他包装材料无可比拟的巨大优越性，而且，作为一种环保材料，它具有可自然降解，不污染环境和循环再生利用等特点。不仅如此，使用一吨再生蜂窝纸材料，可以替代 30～50 立方米的木材，极大地减少木材的使用量，保护日益减少的森林资源。正是由于蜂窝纸板的众多优点，尤其是在节约资源和环保价格上的优势，正日益得到世界各国政府的鼓励和支持，在推广和应用上已出现了令人鼓舞的局面。

（本文由作者根据网络资料改写，原文见 http://blog.chinahr.com/blog/gaojianjun2002/post/30489）

3）防锈包装技术

（1）防锈油防锈蚀包装技术。大气锈蚀是因空气中的氧、水蒸气及其他有害气体等作用于金属表面引起电化学作用的结果。如果使金属表面与引起大气锈蚀的各种因素隔绝（即将金属表面保护起来），就可以起到防止金属大气锈蚀的目的。防锈油包装技术就是根据这一原理将金属涂封防止锈蚀的。用防锈油封装金属制品，要求油层要有一定厚度，油层的连续性好，涂层完整。不同类型的防锈油要采用不同的方法进行涂覆。

（2）气相防锈包装技术。气相防锈包装技术就是用气相缓蚀剂（挥发性缓蚀剂），在密封包装容器中对金属制品进行防锈处理的技术。气相缓蚀剂是一种能抑制或减缓金属被腐蚀的物质，它在常温下即具有挥发性，它在密封包装容器中，在很短的时间内挥发或升华，缓蚀气体就能充满整个包装容器内的每个角落和缝隙，同时吸附在金属制品的表面上，从而起到抑制大气对金属锈蚀的作用。

4）防伪包装技术

防伪包装技术就是：主要以商品为对象，既是防伪部分的组成部分，又是包装技术的组成部分。因此防伪包装既有防伪技术的一般功能特点，同时又具有适合商品包装的特点。

（1）激光全息图像。利用全息印刷技术做出防伪标识，附于包装物表面是当前最为流行的防伪手段。全息图像由于综合了激光、精密机械和物理化学等学科的最新成果，技术含量高。对多数小批量伪造者而言，全息制造技术的掌握和制造设备的购置是难以做到的。

（2）激光防伪包装材料。经过激光处理的材料具有防伪和装潢两方面的功能，改变了以一块激光全息图像标识的局部防伪方式，达到整体防伪效果。整个包装都经激光处理，加上厂家名称、商标等，呈大面积主体化防伪，令制假者无从着手。再加上激光包装材料在光线照射下呈现七彩颜色以及印刷图纹，外观亮丽，奇异的光学效果增添了包装新、奇、美的感觉。

（3）激光编码。激光编码主要用于包装的生产日期、产品批号的打印，防伪并非是其首要功能，由于激光编码机造价昂贵，只在大批量生产或其他印刷方法不能实现的场合使用，使它能在防伪包装方面发挥作用。激光编码封口技术是一种较好的容器防伪技术。产品封口加盖后，在盖与容器接缝处进行激光印字，使字形的上半部分印在盖上，下半部分印在容器上。此技术的防伪作用在于：包装容器不能复用。新盖与旧容器相配，字迹很难对齐；激光器价格昂贵，且在生产线上编码打字。一般制假者难以投巨资购买此设备，厂家可任意更换印模板，不同日期用不同模板，更换细节仅有少数人知晓，外人较难破解。

（4）凹版印刷防伪。凹版印刷以按原稿图文刻制的凹坑载墨，线条的粗细及油墨的浓淡层次在刻版时可加以控制，不易被模仿和伪造，尤其是墨坑的深浅。仿照印好的图文进行逼真雕刻的可能性非常小。由于具有防伪效果，凹版印刷已越来越多地推广到企业商标和包装装潢印刷等方面。

（5）RFID（无线射频识别）技术。无线射频识别技术（Radio Frequency Identification，RFID）是20世纪90年代开始兴起的一种自动识别技术。该技术是一种非接触的自动识别技术，其基本原理是利用射频信号和空间耦合（电感或电磁耦合）传输特性，实现对被识别物体的自动识别。利用射频识别技术防伪，与其他防伪技术（如激光防伪、数字防伪等技术）相比，其优点在于：每个标签都有一个全球唯一的ID号码——UID，UID是在制作芯片时放在ROM中的，无法修改、无法仿造。运用RFID技术还有以下特点：无机械磨损，防污损；读写器具有不直接对最终用户开放的物理接口，保证其自身的安全性；数据安全方面除标签的密码保护外，数据部分可用一些算法实现安全管理；读写器与标签之间存在相互认证的过程；数据存储量大、内容可多次擦写，不仅可以记录产品的品种信息、生产信息、序列号、销售信息等，还可以记录更详细的商品的销售区域、销售负责人、关键配件序列号等数据和信息，从而为商品添加了一个唯一、完整、保密、可追溯的身份和属性标识符。

**小资料**

### 吉列“锋速3”的RFID标签

吉列公司是世界上最大的剃须刀制造商，该公司的产品因体积较小、单价较高而经常受到小偷的“青睐”。为此，吉列公司决定采用射频识别技术来防止产品被盗。吉列将该项目分成两个阶段，从内部运营与零售商货架管理两个方面着手实施：首先，吉列选择“锋速3”在少数几个地方进行货架试验，待成功后再推广到所有8个产品系列；在第二阶段，吉列计划将其融入整个供应链，实现产品从工厂到零售商配货中心、到货架、再到最终消费者手中的全过程无缝跟踪与管理。

目前，吉列公司已经完成了与沃尔玛和Tesco分别在美国波士顿和英国剑桥地区进行的第一阶段试验：吉列将射频识别标签植入“锋速3”的包装，并在零售商的货架上安装阅读器，如果有顾客一次性拿走多个剃须刀，系统除了会提醒店员查验是否发生了偷窃行为，甚至还可以自动拍照记录，同时，当货架上存货数量减少到一定水平时，系统还会发出补货的信号，试验结果令人非常满意。值得一提的是，吉列已经向射频识别标签生产商之一的艾伦科技公司订购了共计 5 亿枚标签。在低成本射频识别标签大规模的实质性商业化进程中，这无疑是一个意义重大的里程碑。

（本文由作者根据网络资料改写，原文见 http://www.366b.cn/news/html/?174.html）

5）防霉腐包装技术

在运输包装内装运食品和其他有机碳水化合物货物时，货物表面可能生长霉菌，在流通过程中如遇潮湿，霉菌生长繁殖极快，甚至伸延至货物内部，使其腐烂、发霉、变质，因此要采取特别防护措施。通常是采用冷冻包装、真空包装或高温灭菌方法。冷冻包装的原理是减慢细菌活动和化学变化的过程，以延长储存期，但不能完全消除食品的变质；高温杀菌法可消灭引起食品腐烂的微生物，可在包装过程中用高温处理防霉。有些经干燥处理的食品包装，应防止水汽浸入以防霉腐，可选择防水汽和气密性好的包装材料，并采取真空和充气包装。

真空包装法也称减压包装法或排气包装法。这种包装可阻挡外界的水汽进入包装容器内，也可防止在密闭着的防潮包装内部存有潮湿空气，在气温下降时结露。采用真空包装法，要注意避免过高的真空度，以防损伤包装材料。

防止运输包装内货物发霉，还可使用防霉剂，防霉剂的种类很多，用于食品的必须选用无毒防霉剂。机电产品的大型封闭箱，可酌情开设通风孔或通风窗等相应的防霉措施。

6）防虫包装技术

防虫包装是指在包装中放入有一定毒性和臭味的药物，利用药物在包装中挥发杀灭和驱除各种害虫。常用驱虫剂有萘、对位二氯化苯、樟脑精等。也可采用真空包装、充气包装、脱氧包装等技术，使害虫无生存环境，从而防止虫害。

7）危险品包装技术

危险品有上千种，按其危险性质，交通运输及公安消防部门规定分为十大类，即爆炸性物品、氧化剂、压缩气体和液化气体、自燃物品、遇水燃烧物品、易燃液体、易燃固体、有毒物品、腐蚀性物品、放射性物品等，有些物品同时具有两种以上危险性能。

对有毒商品的包装要明显地标明有毒的标志。防毒的主要措施是包装严密不漏、不透气。对有机农药一类的商品，应装入沥青麻袋，缝口严密不漏。如果用塑料袋或沥青纸袋包装的，外面应再用麻袋包装。用做杀鼠剂的磷化锌有剧毒，应用塑料袋严封后再装入木箱中，箱内用两层牛皮纸、防潮纸或塑料薄膜衬垫，使其与外界隔绝。

对有腐蚀性的商品，要注意商品和包装容器的材质发生化学变化。金属类的包装容器，要在容器壁涂上涂料，防止腐蚀性商品对容器的腐蚀。

对黄磷等易自燃商品的包装，宜将其装入壁厚不小于 1 毫米的铁桶中，桶内壁须涂耐酸保护层，桶内盛水，并使水面浸没商品，桶口严密封闭，每桶净重不超过 50 千克。

对于易燃、易爆商品，防爆炸包装的有效方法是采用塑料桶包装，然后将塑料桶装入铁桶或木箱中，每件净重不超过 50 千克，并应有自动放气的安全阀，当桶内达到一定气体压力时，能自动放气。

8）特种包装技术

（1）充气包装。充气包装是采用二氧化碳气体或氮气等不活泼气体置换包装容器中空气的一种包装技术方法，因此也称为气体置换包装。这种包装方法是根据好氧性微生物需氧代谢的特性，在密闭包装容器中改变气体的组成成分，降低氧气的浓度，抑制微生物的生理活动、酶的活性，达到防霉、防腐和保鲜的目的。

（2）真空包装。真空包装是将物品装入气密性容器后，在容器封口之前抽出空气，使密封后的容器内基本没空气的一种包装方法。一般的肉类商品、谷物加工商品及某些容易氧化变质的商品都可以采用真空包装，真空包装不但可以避免或减少脂肪氧化，而且抑制了某些霉菌和细菌的生长。

（3）收缩包装。收缩包装就是用收缩薄膜包裹物品（或内包装件），然后对薄膜进行适当加热处理，使薄膜收缩而紧贴于物品（或内包装件）的包装技术方法。收缩薄膜是一种经过特殊拉伸和冷却处理的聚乙烯薄膜，由于薄膜在定向拉伸时产生残余收缩应力，这种应力受到一定热量后便会消除，从而使其横向和纵向均发生急剧收缩，同时使薄膜的厚度增加，收缩力在冷却阶段达到最大值，并能长期保持。

（4）拉伸包装。拉伸包装是20世纪70年代开始采用的一种新包装技术，它是由收缩包装发展而来的，拉伸包装是依靠机械装置在常温下将弹性薄膜围绕被包装件拉伸、紧裹，并在其末端进行封合的一种包装方法。由于拉伸包装不需进行加热，所以消耗的能源只有收缩包装的1/20。拉伸包装可以包装单件物品，也可用于托盘包装之类的集合包装。

（5）脱氧包装。脱氧包装是继真空包装和充气包装之后出现的一种新型除氧包装方法。脱氧包装是在密封的包装容器中，使用能与氧气起化学作用的脱氧剂与之反应，从而除去包装容器中的氧气，以达到保护内装物的目的。脱氧包装方法适用于某些对氧气特别敏感的物品。

### 2. 包装标志

包装标志是用来指明被包装物资的性质、物流活动安全的需要、理货分运的需要，而采用的文字和图像的说明。

1）运输标志

运输标志即唛头。这是贸易合同、发货单据中有关标志事项的基本部分。它一般由一个简单的几何图形及字母、数字等组成，标准化运输标志的含义如表3-1所示。唛头的内容包括：目的地名称或代号，收货人或发货人的代用简字或代号、件号（即每件标明该批货物的总件数），体积（长×宽×高），重量（毛重、净重、皮重）以及生产国家或地区等，标准化运输标志图例如图3-1所示。

**表3-1　标准化运输标志的含义**

| 运输标志 | 含　义 |
|---|---|
| ABCCO | 收货人名称 |
| SC9750 | 合同号码 |
| LDNDON | 目的地 |
| No.4—20 | 件号（顺序号和总件数） |

图3-1　标准化运输标志图例

2）指示标志

指示标志按商品的特点，对于易　、需防湿、防　倒等商品，在包装上用　目图形或文字，标明“小心轻放”、“防潮湿”、“此端向上”等。用来指示运输、装卸、保管人员在作业时需注意的事项，以保证物资的安全。这种标志主要表示物资的性质，物资堆放、开启、吊运等的方法。根据国家标准GB 190—2009《危险货物包装标志》规定，在有特殊要求的货物外包装上粘贴、涂打、　附以下不同名称的标志，如向上、防潮、小心轻放、由此吊起、由此开启、重心点、防热、防冻等。常见指示标志如图 3-2 所示。

在国际物流中则要求在包装上正确　制货物的运输标志和必要的指示标志。标志至少应包括下列内容：

（1）目的地：收货人的最终地址、中转地点、订货单号。

（2）装卸货指示标志：特别是对于易　商品，更应在包装上标记出装卸操作的方向以防商品损坏。

3）警告性标志

　告标志又称危险品标志，用以说明商品是易燃、易爆、有毒、腐蚀性或放射性等危险性货物。它可以引起人们在运输、储存、保管、搬运等活动中的注意。是用来表示危险品的物理、化学性质，以及危险程度的标志。根据国家标准 GB 19 0—2009 规定，在水陆、空运危险货物的外包装上　挂、印刷或标打以下不同的标志，如爆炸品、遇水燃烧品、有毒品、剧毒品、腐蚀性物品、放射性物品等。常见　告标志如图 3-3 所示。

图 3 2　常见指示标志

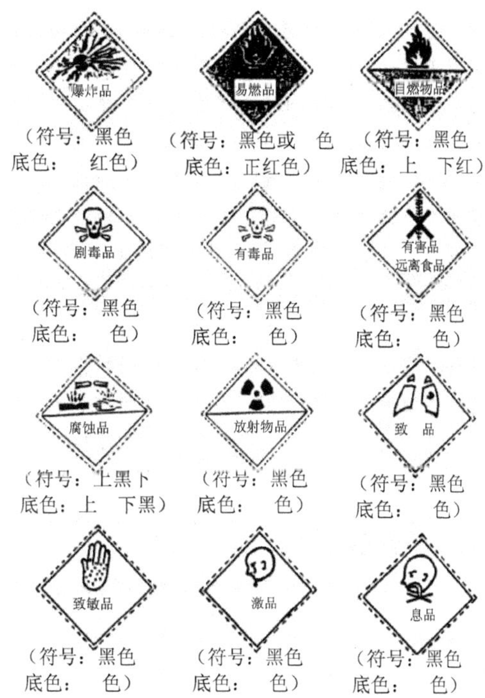


图 3-3　常见　告标志

## 3.1.3　电子商务条件下的包装管理

信息技术高度发达的今天，电子商务已成为最有影响力的商务模式之一，在这种环境下，人们的生活方式、企业的生产方式和连接两者的商业模式和环境都发生了显著的变化。例如，技术的作用日趋凸显，专业分工日趋细密，绿色环保观念渐渐深入人心，消费者需求出现个性化特征，消费者对于安全、快速、体验的要求更加　刻和敏感等。这种背景下，物流包装也随之出现新的特征和变化，总结起来有以下几点。

### 1．物流包装全局化

物流包装全局化指的是，在信息技术推动下，物流系统的所有构成因素将与包装联系越来越紧密，几乎整个物流系统的所有模块均将与包装有关，这可以从以下几点看出。

（1）以包装与运输的关系而言，如杂货载运时，过去用货船混载必须严格地用木箱包装，而改用集装箱后，只用纸箱即可。

（2）以包装与搬运的关系而言，如用手工搬运，应按人工可以胜任的重量单位进行包装。如果运输过程中全部使用叉车，就无须包装成小单位，只要在交易上允许，则可尽量包装成大的单位，可以以吨为单位运输，如柔性集装箱容器。

（3）以包装与仓储保管的关系而言，货物在仓库保管时，如果码高，最下面货物的包装应能承受压在上面的货物的总重量。以重量为 20 千克的货箱为例，如果货物码放 8 层，最下边的箱子最低承重应为 140 千克。与此同时，物流系统又受包装的制约。如果纸箱运输，则不能不用集装箱，如设计只能承受码放 8 层的包装，就是仓库再高也只能码放 8 层货物，这样就不能有效地利用仓库空间。

**小资料**

**日本的包装新技术**

由东洋制罐集团开发的塑胶金属复合罐 TULC（Toyo Ultimate Can）罐，以 PET 及铁皮合成，主要用于饮料包装。这种复合罐既节约材料又易于再循环，在制作过程中低能耗、低消耗，属于环境友好型产品。东洋制罐还研发生产一种超轻级的玻璃瓶。用这种材料生产的 187 毫升的牛奶瓶的厚度只有 1.63 毫米，89 克重，普通牛奶瓶厚度为 2.26 毫米，130 克重，比普通瓶轻 40%，可反复使用 40 次以上。该公司还生产不含木纤维的纸杯和可生物降解的纸塑杯。东洋制罐为了使塑料包装桶、瓶在使用后方便处理，缩小体积，在塑料桶上设计几根环形折痕，废弃时可以很方便地折叠，这类塑料桶（瓶）有 500 毫升到 10 升等很多品种。

索尼公司不但遵循“减量化、再使用、再循环”循环经济的“3R”原则，而且还在替代使用（Replace）上想办法，对产品包装进行改进。1998 年该公司对大型号的电视机的泡沫塑料材料（EPS）缓冲包装材料进行改进，采用 8 块小的 EPS 材料分割式包装来缓冲防震，减少了 40%EPS 的使用。有的产品前面使用 EPS 材料，后面使用瓦楞纸板材料，并在外包装采用特殊形状的瓦楞纸板箱，以节约资源。另外，对小型号的电视机采用纸浆模塑材料替代原来的 EPS 材料。

（本文由作者根据网络资料改写，原文见 http://info.china.alibaba.com/news/detail/v0-d1007975424.html）

### 2．物流包装第三方化

第三方物流包装是世界物流包装的发展趋势。第三方物流包装是指把产品的物流与包装委托给专门的物流包装企业完成，这是当今世界物流包装的潮流之一，已经成为产品生产企业的明智之举，有人说这是物流包装的一场革命。

制造企业和商业企业在面临日益激烈的全球化竞争的新形势下，降低物流包装成本已经成为企业的第三个利润来源。现代物流系统，以信息技术为核心，集合包括包装技术在内的多种技术，对传统行业转轨变型、调整结构、优化流程、降低成本，发挥了重大作用。包装设计将直接影响物流活动的生产率，没有合理而科学的包装将零散的商品成组化和信息化，就没有现代的物流系统。据 2009 年的统计资料表明，我国社会物流总成本为 24 974 亿元，其中，运输费 14 028 亿元，保管费 7 376 亿元，管理成本 3 570 亿元，相当于 GDP 的 21.4%。2010 年的统计数据表明，物流成本占到 GDP 的 18%，而美、日等发达国家的流物成本仅占 GDP 的 10%左右。因此我国的物流包装成本节约空间相当大，降低 1%即可产生 250 亿元的效益，如果能达到国外的先进水平，就可节约 3 000 亿元。

第三方物流包装具有如下好处。

（1）第三方物流包装承担者的物流包装专家具有丰富的知识与经验，以及其完善的包装加工与试验设备，有可能大幅度降低整体包装成本。

（2）第三方物流包装承担者优化的包装材料供应链，有可能降低包装材料的采购与管理成本，彻底杜绝采购　　。

（3）第三方物流包装承担者的包装生产条件，可以缩短产品包装设计、试验、打样与生产的周期，适应市场快速变化的需要。

（4）第三方物流包装承担者的仓储条件，可以保证包装制品的可靠性，从而及时供应，节约生产企业包装制品的仓储成本。

（5）第三方物流包装承担者专业化设计的完美包装，可以提升产品的品牌与环保形象。

（6）企业采取第三方物流包装，可以让产品生产企业把有限的财力、物力、人力集中在自身产品生产与开发的核心业务上，缩短和优化供应链。

（7）第三方物流包装承担者将在为生产企业的全方位服务中得到提高，并从成本节约中分享一定利润。

总而言之，实施第三方物流包装，使得产品生产企业和物流包装企业都可以从中获得好处，是一种双赢的模式，也是未来的发展的趋势。

### 3．包装尺寸标准化

包装尺寸的确定过去大多以保护物品、便于人工装卸搬运作业、节约包装材料等作为考虑因素，对于物流其他作业环节的关联性考虑得不多。而实现包装的标准化不仅能满足物流活动的需要，还能促进包装工业生产的发展，达到包装成本下降的目的。目前，包装合理化大多只是从局部出发，没有站在物流综合系统的角度，以物流总体的合理化为目标。实现包装标准化对于实现物流全过程的物流整体合理化具有特别重要的意义。

包装尺寸的设计，如纸箱尺寸的设计应与托盘、集装箱、车辆、货架等物流子系统发生联动，要求其与包装、运输、装卸、保管等物流环节中所使用的机械器具的尺寸设计建立在同一标准之上。确定包装尺寸的基础是包装模数尺寸。为实现包装货物合理化而制订的包装尺寸系列称做包装模数，用这个规格确定的容器长度乘以容器宽度的组合尺寸称为包装模数尺寸。包装模数尺寸的基础数值，即包装模数根据托盘的尺寸（以托盘高效率承载包装物为前提）确定。标准的包装尺寸应该与包装模数尺寸相一致，只有这样，才能保证物流各个环节的有效衔接。例如，按照包装模数尺寸设计的包装箱可以按照一定的堆码方式合理、高效率地码放在托盘上。如果标准不统一，会给往来贸易带来很多麻烦。

### 4．包装作业机械化

实现包装作业的机械化是提高包装作业效率、减轻人工包装作业强度的基础。例如，就　　纸箱而言，分别有组装机、装箱机、贴封签机、　　合机等，将上述几种机器连接起来，组成全自动　　纸箱机械系列，可节约劳动力 70%，生产效率大幅度提高。一般来说，包装机械化首先应从包装开始，之后向装箱、封口、挂提手等外包装关联作业推进。

图 3-4 从左至右分别为：封箱机、装箱机、贴封签机、订合机、真空包装机。

封箱机　装箱机　贴封签机　订合机　真空包装机

图 3-4　包装机械

### 5. 包装成本低廉化

包装成本中占比例最大的是包装材料费，容器和附属材料的总费用通常将超过总成本的 50%，因此降低包装成本应该从降低包装材料费用开始。为此，需要对包装材料的价格和市场行情进行充分调查，合理组织包装材料采购。对于材料种类和材质的选择应该在保证功能的前提下，尽量降低档次，以节约材料费用的支出。

影响包装成本的第二个因素是劳务费用，特别是在经济发达的地区和国家，劳务费用占包装成本的比重相当大。节约劳务费用的办法是提高包装作业的机械化程度，降低包装作业对人工的依赖。当然，机械化包装作业需要购置包装机械，其费用同样构成包装成本。如果节约的劳务费用低于使用机械所支付的费用，包装成本不仅不会下降，反而会提高。仅仅从包装环节和费用的角度看，机械化程度的高低需要结合人工使用成本综合考虑。在许多场合，通过机械与人工的合理组合，在半机械化的条件下从事包装作业，既可以提高效率，又可以节约人工费用，使包装成本得到有效控制。

另外，要防止过剩包装，应根据商品的价值和商品特点设计包装。对于有些低价值的商品，为保证不发生包装破损而采用高档次包装的做法在经济上未必合理。允许一定程度的破损率，会大大节约包装费用，对于节约包装成本是有益的。

### 6. 包装单位大型化

随着交易单位的大量化和物流过程中的装卸机械化，包装单位的大型化趋势也在增强。大型化包装有利于机械的使用，提高装卸搬运效率。集合包装就是一种扩大了的包装方式，它将一定数量的包装件或产品装入具有一定规格和强度，且符合长期周转使用的重大包装容器内，形成一个合适的搬运单位。集合包装既是包装方式，又是一种新的运输方式，它的出现，一方面使产品的流水线一直延伸至集合包装，可更好地满足产品装卸、运输、储存等流通环节需要；另一方面是对传统包装运输方式的重大改革，使产品运输包装发生了根本的变化。

### 7. 包装材料资源节省化

包装中大量使用的纸箱、木箱、塑料容器等材料，消耗了大量的自然资源。资源的缺、大量开发资源对环境带来的破坏及包装废弃物给环境带来的负面影响，要求人们必须以节约资源作为包装合理化的重要衡量标准。实现包装材料资源节省化的重要途径是加大包装材料的再利用，加强废弃包装物的回收，减少过剩包装；同时，应开发和推广新型包装方式，减少对包装材料的使用。日前，包装发展趋势正朝着绿色环保包装发展。绿色包装材料的种类主要有重复再用和再生包装材料、可食性包装材料及可降解包装材料。

## 3.2 装卸搬运

经济不发达的年代，装卸搬运主要依靠人力，目前，某些地区的装卸活动中人力仍然占了很重的比例，改善装卸作业的环境，提高装卸效率是物流现代化的一个重要课题。

### 3.2.1 装卸搬运的概念、作用及特点

#### 1. 装卸搬运的概念

装卸搬运是介于物流各环节（如运输、储存等）之间并起衔接作用的活动，它把货物运动的各个阶段连接成为连续的“流”，使物流的概念名副其实。

所谓装卸是指物品在指定地点以人力或机械装入或卸下运输设备。装卸是物流过程中对于保管货物和运输两端货物的处理活动，具体来说，包括货物的装载、卸货、移动、货物堆码上架、取货、分拣等作业以及附属于这些活动的作业。

与装卸相类似的词汇还有搬运，一般来说，搬运是指物体横向或　向的移动，装卸是指物体上下方向的移动。广义的装卸则包括了搬运活动。此外，搬运与运输的区别主要是物体的活动范围不同。运输活动在物流节点之间进行，而搬运活动则在物流节点内进行，而且是短距离的移动。

在习惯使用中，物流领域（如铁路运输）常将装卸搬运这一整体活动称做“货物装卸”；在生产领域中常将这一整体活动称做“物料搬运”。实际上，活动内容都是一样的，只是领域不同。

装卸活动是物流各项活动中频率出现最高的一项作业活动，装卸活动效率的高低，直接影响物流的整体效率。虽然装卸活动本身并不产生效用和价值，但是，由于装卸活动对劳动力的需求量大，需要使用装卸设备，因此物流成本中装卸费用所占的比重较大。装卸活动的合理化对于物流整体的合理化至关重要。

### 2. 装卸搬运的作用

装卸搬运是物流活动得以顺利进行的必要条件，在整个物流活动中占有重要的地位，发挥着重要的作用，具体表现在以下几方面。

1）装卸搬运直接影响物流质量

装卸搬运将使货物产生垂直和水平方向上的位移，而货物在移动过程中受到的各种外力，如震动、撞击、挤压等，容易使货物包装和货物本身受损。此外，进行装卸操作时往往需要接触货物，因此，装卸操作是在物流过程中造成货物破损、散失、损耗、混合等损失的主要环节。例如，袋装水　纸袋的破损和水　散失主要发生在装卸过程中，　、机械、器　、　　等产品在装卸时最容易造成损失。每年我国由于装卸搬运造成的经济损失可达上亿元。装卸搬运损失在物流费用中占有一定的比重。

2）装卸搬运直接影响物流效率

物流效率主要表现为运输效率和仓储效率，二者都与装卸搬运直接相关。在货物运输过程中，发运时的装车时间和在目的地的卸车时间占有不小的比重，特别是在短途运输中，装卸车时间所占的比重更大，有时甚至超过运输工具的运行时间。所以，通过缩短装卸搬运时间可以提高运输效率。在仓储活动中，装卸搬运效率对货物的收发速度和货物周转速度可产生直接影响，同时，装卸搬运组织与技术对仓库利用率和劳动生产率也有一定影响。装卸活动包括装车（船）、卸车（船）、堆　、入库、出库及上述各项活动之间的短程输送，是随运输和保管等活动而产生的必要活动。

在物流过程中，装卸活动是不断出现和反复进行的，它出现的频率高于其他各项物流活动，每次装卸活动都要花费很长时间，所以往往成为决定物流速度的关键。装卸活动所消耗的人力也很多，所以装卸费用在物流成本中所占的比重也较高。由此可见，装卸活动是影响物流效率、决定物流经济效果的重要环节。

3）装卸搬运直接影响物流安全

在物流活动中确保劳动者、劳动工具和劳动对象的安全非常重要。装卸搬运，特别是装卸作业，货物要发生垂直位移，不安全因素比较多。实践表明，物流活动中发生的各种货物损失事故、设备毁坏事故、人身伤亡事故等，相当一部分是在装卸搬运过程中发生的。特别是一些危险品，在装卸搬运过程中如违反操作规程进行野　装卸，很容易造成燃烧、爆炸、泄漏等重大事故。

4）装卸搬运直接影响物流成本

装卸搬运是劳动力借助于劳动工具作用于劳动对象的生产活动。装卸搬运作业量比较大，往往是货物运量和库存量的若干倍，为了进行此项活动，必须配备足够的装卸搬运人员和装卸搬运设备。以我国为例，铁路运输的始发和到达时的装卸作业费用大约占运费的20%，搬运费用大约占40%。因此，装卸是降低物流费用的重要环节。

### 3．装卸搬运的特点

（1）装卸搬运是附属性、伴生性的活动。装卸搬运是物流每一项活动开始及结束时必然发生的活动，因而有时常被人忽视，有时被看做其他操作时不可缺少的组成部分。例如，一般而言的“汽车运输”，就实际包含了相随的装卸搬运，仓库中泛指的保管活动，也含有装卸搬运活动。

（2）装卸搬运是支持、保障性活动。装卸搬运的附属性不能理解成被动的，实际上，装卸搬运对其他物流活动有一定的决定性。装卸搬运会影响其他物流活动的质量和速度，例如，装车不当，会引起运输过程中的损失；卸放不当，会引起货物转换成下一步运输的困难。许多物流活动只有在有效的装卸搬运支持下，才能实现高水平。

（3）装卸搬运是衔接性的活动。在任何其他物流活动互相过渡时，都是以装卸搬运来衔接，因而，装卸搬运往往成为整个物流“瓶颈”，是物流各功能之间能否形成有机联系和紧密衔接的关键，而这又是一个系统的关键。建立一个有效的物流系统，关键看这一衔接是否有效。比较先进的系统物流方式——联合运输方式就是为着力解决这种衔接而实现的。

### 4．装卸搬运的分类

1）按装卸搬运施行的物流设施、设备对象分类

装卸搬运以此可分为仓库装卸、铁路装卸、港口装卸、汽车装卸等。

（1）仓库装卸配合出库、入库、维护保养等活动进行，并且以堆　、上架、取货等形式为主。

（2）铁路装卸是对火车车皮的装进及卸出，特点是一次作业就需实现一车皮的装进或卸出，很少会出现仓库装卸时的整装零卸或零装整卸的情况。

（3）港口装卸包括码头前沿的装船，也包括后方的支持性装卸搬运，有的港口装卸因其装卸的流程较为复杂，往往经过几次的装卸及搬运作业才能最后实现船与陆地之间货物过渡的目的。

（4）汽车装卸一般一次装卸批量不大，由于汽车的灵活性强，可以减少或根本减去搬运活动，而直接、单纯利用装卸作业达到车与物流设施之间货物过渡的目的。

2）按装卸搬运的机械及机械作业方式分类

装卸搬运可分成使用吊车的“吊上吊下”方式，使用叉车的“叉上叉下”方式和使用半挂车或叉车的“滚上滚下”方式、“移上移下”方式及散装方式等。

（1）吊上吊下方式。采用各种起重机械从货物上部起吊，依靠起吊装置的垂直移动实现装卸，并在吊车运行的范围内或回转的范围内实现搬运或依靠搬运车辆实现小量搬运。由于吊起及放下属于垂直运动，所以这种装卸方式属垂直装卸方式。

（2）叉上叉下方式。采用叉车从货物底部托起货物，并依靠叉车的运动进行货物位移，搬运完全靠叉车运动，属水平装卸方式。

（3）滚上滚下方式。港口装卸的一种水平装卸方式，即利用叉车或半挂车、汽车承

载货物，将货物连同车辆一起开上船，到达目的地卸货后再从船上开下，称“滚上滚下”方式。

（4）移上移下方式。两车之间（如火车及汽车）进行靠接，然后利用各种方式，不使货物垂直运动，而靠水平移动从一车辆推移到另一车辆上，称移上移下方式。移上移下方式需要两种车辆水平靠接，因此，需对站台或车辆货台进行改造，并配合移动工具实现这种装卸。

## 3.2.2　装卸搬运技术、设备及方法

### 1. 装卸搬运技术

在工业尚不发达的年代，货物装卸主要依靠人力来完成，装卸现场的劳动强度很大，而且劳动环境恶劣。在发展中国家，即便到了今天，仍有相当部分的装卸活动依然是依靠人背　来完成的。改善体力劳动环境，提高装卸作业效率，是物流现代化的重要课题。

从某种意义上讲，装卸发展的历史实际上就是用机械代替人力，不断提高装卸的机械化程度，将人类从繁重的体力劳力中解放出来的历史。装卸机械化不仅可以减轻人的作业压力，改善劳动环境，而且可以大大提高装卸效率，缩短物流时间。

装卸搬运技术是进行装卸搬运作业的方法，而装卸搬运设备则是进行装卸搬运作业的劳动工具或物质基础，其技术水平是装卸搬运作业现代化的重要标志之一。装卸搬运作业主要有堆拆作业，分拣、备货作业和搬送、移送作业等。

堆拆作业包括堆装、拆装作业和堆　、拆　作业。在堆装、拆装作业中，堆装作业是指把物品从预先放置的场所内移动到卡车等运输工具或仓库等保管设施的指定场所，并且按照所规定的位置和形态码放的作业。拆装作业是指与堆装作业的相反作业。堆作业主要是指在仓库等节点设施的入库作业中，堆码高度在 2 米以上货物的作业。拆作业是堆　作业的反向作业。

分拣、备货作业包括分货作业和配（备）货作业。分货作业是指在堆装、拆装前后或配货前发生的作业，即按照货物的种类、入出单位类别、运送方式等类别划分区域，将货物堆码到指定位置的作业。配货作业是指在向卡车等运输工具装载货物之前（从仓库出库前）的作业，即将货物从所在位置，按照货物种类、作业先后次序、发货对象等分类取货、堆码在规定场所的作业。这种作业方式可分为　果式和播种式两种。

搬送、移送作业包括搬送作业和移送作业。搬送作业是指在上述各种作业中货物的水平、垂直、　向及其组合移动。移送作业是指在搬运和装卸过程中，利用作业工具实现货物的水平移动。

### 2. 装卸搬运机械

装卸搬运机械是指用来搬移、升降、装卸和短距离输送物料或货物的机械。既可用于完成船舶与车辆货物的装卸，又可完成库场货物的堆码、拆　、运输以及舱内、车内、库内货物的起重、输送和搬运。常用的装卸机械有叉车、吊车、输送机和作业车辆。

1）叉车

图 3-5 依次为：手动液压叉车、半电动堆高叉车、前移叉车、电动叉车。

叉车又称　车、叉式举货车，是物流领域最常用的装卸搬运机具，能对货物进行移动、升降、装卸。

（1）按动力方式不同，叉车分发动机式叉车、电动机式叉车、手动式叉车 3 类。

① 发动机式叉车。分为汽油机式、 油机式及液化石油气式。其中最常用的是汽油机式叉车，其重量较轻、操作方便、输出功率较大、价格较便宜。

手机液压叉车　　半电动堆敲叉车　　前移叉车　　电动叉车

图 3-5　叉车图片 1

② 电动机式叉车。以蓄电 为动力，操作简单，不排放气体，无噪音，在仓库、配送中心采用较多。这种类型叉车也是一种轻便型叉车，有不同的结构，如可以是电动行驶，操纵货叉，人步行随机操作，也可是人力移动机器，电力操纵货叉。

③ 手动式叉车（又称手动液压叉车），这种叉车无动力源，由工人推动叉车，通过手动液压 起降货叉，灵活机动，操作方便简单，价格便宜。由于无动力，使用、维护简便，起重量较低，在某些不需要大型机械的地方，可以有效的应用。

（2）按功能不同，叉车主要可以分为：平衡重式叉车、前移式叉车、侧面式叉车、拣选式叉车、多方向堆 叉车等。

① 平衡重式叉车。这种叉车依靠车体及车载平衡，其特点是自重大、轮距大、行走稳定，转 半径大。

② 腿式叉车。这种叉车是指在叉车前面具有两个 腿的一种叉车类型，基本上大多数的叉车都属于 腿式叉车，目前有手动机械液压式和电动式，适用于多种形式的装卸作业。

③ 前移式叉车。前移式叉车前部设有跨 腿，跨 前端装有支轮，和车体的两轮形成 4 轮支承，作业时，重心在 4 个轮的支撑面中，比较稳定。架或货叉可以前后移动，以便于取货及装卸。

④ 侧面式叉车。叉车门架及货叉在车体一侧，主要特点有：一是在入出库作业时，车体顺通道进入后，货叉面向货架或货 ，在装卸作业时不必再先转 ，这样，可在窄通道中作业，节约通道的占地面积，提高仓容率；二是有利于装搬条形长物，叉上长物，长物与车体平行，作业方便，在运行时可放于侧面台板上，运行也方便。

⑤ 拣选式叉车。拣选式叉车主要特点是操作者能随装卸装置一起在车上进行拣货作业，当叉车进行到某一货位前，货叉取出货盘，操作人员将所需数量拣出，再将货盘放回。

⑥ 多方向堆 叉车。这种叉车在行进方向两侧或一侧作业，货叉能 转 180 度，向前、左、右三个方向做叉货作业。这种类型的车又有一些品种，如仅能在行进方向左方或右方作业的横向堆 叉车，能在几个方向任意作业的三向堆 叉车。

此外，还有集装箱叉车、步行式叉车等。

图 3-6 依次为平衡重式叉车、 腿式叉车、前移式叉车、侧面式叉车、拣选车、三向堆 叉车。

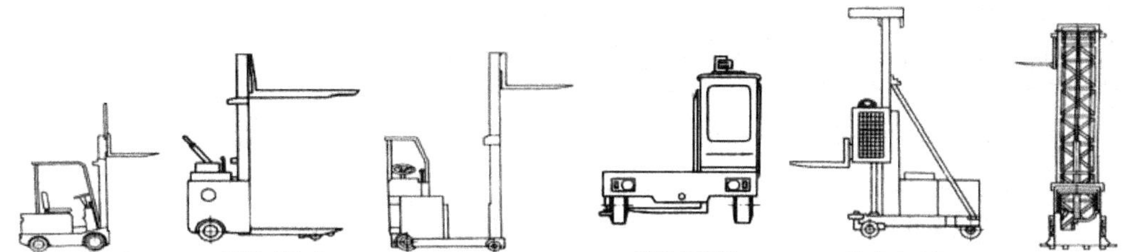

平衡重式叉车　插腿式叉车　前移式叉车　侧面式叉车　拣选式叉车　三向堆垛叉车

图 3-6　叉车图片 2

2）起重机械

起重机械（又称吊车）是从物品上部通过吊　吊装吊卸的一类起重机械的总称，可以对货物进行上下、前后、左右搬运。吊车有图 3-7 和图 3-8 所示的几种。

卡车吊　履带吊　门式起重机　桥式起重机

图 3-7　起重机械图片 1

轻小型起重机　堆　起重机　架类起重机　渡船升降机

图 3-8　起重机械图片 2

（1）轻小型起重机。仅有一个升降运动的起重机。如　车、手动或电动　　等。其中，电动　　配有小车，也可以沿轨道运行。

（2）卡车吊。卡车吊是在卡车车体上安装悬　起重机的吊车，卡车安装吊车后，就成了可移动作业的吊车，作业时放下支　便可进行起重装卸作业。也有的卡车仍以运输为主，附设悬　吊，主要作用是本车的装卸。

卡车吊起重的特点是作业半径越小，起重能力越大；吊　倾　角越小，作业半径则越大，起重能力相应降低。卡车吊是吊车中机动性最强的吊车，在设施外使用这种吊车独具优越性。

（3）履带吊。也是一种移动式吊车，其特点是吊车自重大，起吊能力强，地面对履带车有限制，机动性较卡车吊差。

（4）门式起重机。门式起重机是　架结构的起重设备，又有门式轨道式起重机和门

式轮 式起重机之分。门式轨道式起重机的支 沿轨道运动。门式轮 式起重机则不受轨道限制，运动范围较大。吊车在梁架上运动完成起吊作业和纵、横两个方向的移动搬运。

门式起重机起重量较大，可达300吨以上，可在载 状态下移动，同时完成装卸和搬运两项作业。门式起重机有时有较长的悬 ，悬 伸离支 轨道范围，覆盖火车装卸区和汽车或船舶装卸区，在转运中心、港口及车站特别适合采用。

（5）桥式起重机。又称天车，与门式起重机原理基本相同。所不同的是门式起重机有两端的高支腿，在地面上的轨道行走，而桥式起重机支腿很短，轨道架设在建筑物的立柱跨梁上，这样节省了支 所占的地面，在仓库内或厂房内具有优越性。

（6）门座式岸边起重机。是码头上常用的大型吊车，有一个门式底座，底座可沿码头顺轨道移动，门座上部安装 转式起重机，重 在360度范围 转，起重 还可 ，起重范围一边覆盖停在码头的货船，另一边覆盖货场，通过起重 的回转完成货场与货船之间的装卸。主要用于码头、转运站的集装箱及量大体重的货物装卸，采用不同的机具，还可用于散货、矿石的装卸。

（7）船吊（浮吊）。水面上浮动的机动吊车，主要用于码头外装卸或水上过 装卸，码头机具不足时，可采用浮吊做补充手段。

**小资料**

世界上最高的渡船升降机高达384英尺（约合117米），最低作业高度和最高作业高度之间可差240英尺（73米），它可以轻易地将船只托起从低点放到高点。这部升降机部署在比利时中部的运河中，能够托运重达1 350吨的船只。

美国航天局的“爬行者”是世界最大的运输车。它是一个像盒子一样的矩形钢结构，长41.2米，宽34.7米，高6.1米，自重2 722吨。它的一前一后呈对角线的位置上，安装着两个驾驶室，因此前后都能开。驾驶室里安装了监视仪器、操作控制设备、电子设备，以及世界上最大的雨雪擦拭器和最慢的速度计。图3-9为发现号由爬行者运输车送往发射区。

图3-9 发现号由 行者运输车运往发射区

（本文由作者根据网络资料改写，原文见 http://bbs.cmiw.cn/forum.php?mod=viewthread&tid=132435）

3）输送机

输送机又称连续运输机械，是以连续的方式沿着一定的线路从装货点到卸货均 输送货物的机械，以搬运为主要功能，有些输送机兼装卸功能。输送机的共性是实现连续搬运，作业连续，作业效率高，可以实现小范围的移动。这是叉车、吊车无法比拟的。输送机的运输路线是确定的，只有在重新安装时才会改变路线，易于统筹规划，作业稳定。

图3-10所示依次为提升输送机、可伸缩输送机、地面输送机和滚轮输送机。

（1）输送机按照机械结构可以分为：牵引式输送机、无牵引式输送机。

① 牵引式输送机。主要有传送带输送机、板式输送机、悬挂输送机、 式提升机、自动扶梯、板式提升机、链式输送机等。

提升输送机　　可伸缩输送机　　地面输送机　　滚轮输送机

图 3-10　输送机图片

② 无牵引式输送机。主要有 式输送机、滚轮式输送机、 式输送机、振动输送机等。

（2）输送机按安装方式可以分为固定式输送机和移动式输送机。

① 固定式输送机：整个设备固定安装在一个地方，不能再移动。它主要用于固定输送场合，如专用码头、仓库、工厂专用生产线等，具有输送量大、效率高等特点。

② 移动式输送机：整个设备固定安装在车轮上，可以移动，具有机动性强、利用率高和调度灵活等特点。

4）装卸作业车辆

装卸作业车辆主要依靠本身的运行和装卸机构的功能，实现货物的水平搬运和短距离运输、装卸的各种车辆。广泛用于仓库、港口、车站、货场、车间、船舱、车 内和集装箱内作业。

装卸作业车辆有固定平台装运车、牵引车、自动导引装运车、散装装卸机械等。

（1）固定平台装运车是室内经常使用的短距离的搬运车辆。

（2）牵引车是专门用于牵引载货挂车进行水平搬运的车辆，没有取物装置和载货平台，不能装卸货物，也不能单独搬运货物。分为内燃牵引车和电动牵引车。当牵引车和挂车配合使用时，构成牵引挂车，可在较长的距离内搬运货物，具有较好的经济性和较高的效率。

（3）自动导引装运车（Automated Guided Vehicle，AGV），是指具有电磁或光学导引装置，能够按照预定的导引线路行走，具有小车运行和停车装置、安全保护装置以及具有各种移载功能的运输小车。

（4）散装装卸机械有装载机、卸载机、翻转机、堆料机等几种。

① 装载机以装载、运输为主，将物资由货场取出，通过运输系统装车或装船等。典型的装载机有装车机、装船机等。

② 卸载机以卸载、运输为主，是将物资从车或船中取出，运往货场或仓库的机器。典型的卸载机有链 式卸车机、 卸车机等。

③ 翻转机是使货车车箱翻转倾倒，将物资卸入地下运输系统的一种大型机械。翻转机一般需要设计重车推入和空车牵出等辅助机械配合使用。

④ 堆取料机是既能从货场上挖取散状物资输送到指定地点，又能将散料物资通过运输系统送入货场堆放的大型机械。按照其功能可分为取料机、堆料机和堆取料机 3 种。

图 3-11 所示依次为固定平台装运车、卸载机、装载机、自动导引装运车。

固定平台装运车

卸载机

装载机

自动导引装运车

图 3-11　装卸作业车辆

3．装卸搬运方法

对于装卸搬运方法，可以分别从作业对象、作业手段、装卸设备作业管理、作业方式等角度进行划分。

（1）按照作业对象（货物形态），装卸搬运方法可分为以下 3 种。

① 单件作业法，即单件逐件货物作业。

② 集装作业法，即将货物集零为整（集装化）后再行装卸搬运的方法。这种方法又可按集装化方式的不同，分为集装箱作业法、托盘作业法、货捆作业法、 板作业法和挂车作业法（ 背式运输）。

③ 散装作业法，即指对诸如 、矿石、建材等大宗货物通常采用的散装、散卸方法，以及近年来随着粮食、食 、水 、化 、化工原料等作业量的增加，为提高装卸效率和降低成本而趋向采用的散装、卸散方法。散装散卸方法主要分为：重力法（利用货物的重力势能完成装卸）；倾翻法（利用运输工具的载货部分倾翻完成卸货）；机械法（利用各种抓、 、 等机器完成装卸）；气力输送法（利用风机在管道内形成气流，依靠气体的动能或压差输送货物）。

（2）按作业手段及组织水平，装卸搬运方法可分为人工作业法、机械化作业法和综合机构化作业法。

（3）按装卸设备作业原理，装卸搬运方法可分为间 式作业法（如包装货件和 重货物等的装卸搬运，都是断续、间 、重复、循环进行的）和连续性作业法。

（4）按作业方式，装卸搬运方法可分为吊装吊卸法（又称垂直装卸法）和滚装滚卸法（也称水平装卸法）。

小资料

**全球最大的集装箱起重机制造商**

振华港机是目前全球最大的集装箱起重机制造商，公司控股股东中圈交通建设集团是我国路桥及水运建设行业的主力军，具有很强的国际竞争力。公司拥有全球同行中最强大的研发实力，被称为世界第一的 7 500 吨全回转浮吊进一步强化了公司的全球竞争优势。2007 年 7 月，根据英国权威杂志《World Cargo News》的统计，1998 年以来，公司连续 9 年居全球市场占有率的第一位，按 2006 年的订单统计，公司生产的岸边集装箱起重机的国际市场份额约为 74%，龙门起重机的国际市场份额也超过 50%，产品已进入 60 多个国家和地区。公司继 2007 年生产出被称为亚洲第一的 4 000 吨全回转浮吊“南海一号”并成功起吊宋朝沉船后，2008 年又研发了拥有自主知识产权的 7 500 吨全回转浮吊。巨型浮吊是海上工程的重大装备，在大型海上建筑工程、海上救捞、海洋平台拆卸与安装、巨型分段与浮坞造船领域均有应用。过去，1 500 吨以上的浮吊都由发达国家制造，世界上 7 000 吨以上的浮吊只有 3 台，最重的为 7 100 吨。公司此次完工 7 500 吨浮吊，将对潜在客户产生良好影响，韩国三星重工近日向公司定购了一批 8 000 吨浮吊，合同额为 1 亿多美元。

公司开发的超巴拿马型起重机能起吊双 40 英尺箱岸桥，其高效率起重机是目前公司在全球行业内形成市场竞争力的法宝。据悉，振华港机近两年新推出的这一款被视为 21 世纪集装箱码头更新换代产品的起重机，现已逐渐为全球业内用户普遍接受，迄今签约共计 200 多台。此款起重机价格不菲，但可为买方创造更大的价值，其性价比高于常规岸桥，因而广受欢迎。除集装箱机械外，公司开发了煤炭、矿石等领域的装卸机械；开发了大型钢构，如洋山港码头 16 万吨钢构；开辟海上重型机械市场，如公司设计制造的全回转 4 000 吨浮吊“华天龙”号是目前亚洲最大的集打捞、起重、海洋工程于一体的现代化起重船，也是到目前为止由中国自行设计和建造的最大起重工程船，被视为亚洲第一吊。

（本文由作者根据网络资料改写，原文见 http://biz.cn.yahoo.com/08-05-/124/qh61.html）

### 3.2.3　电子商务条件下的装卸搬运管理

装卸搬运只能改变劳动对象的空间位置，而不能改变劳动对象的性质和形态，既不能提高也不能增加劳动对象的使用价值。但是，装卸搬运必然要有劳动消耗，包括活劳动消耗和物化劳动消耗。这种劳动消耗量要以价值形态追加到装卸搬运对象的价值中去，从而增加了商品和物流成本。要提高装卸搬运效率，降低装卸搬运成本，需要科学、合理地组织装卸搬运过程，尽量减少用于装卸搬运的劳动消耗。在进行装卸搬运活动过程中，应遵循以下原则。

#### 1．装卸搬运作业次数最少的原则

虽然装卸搬运是物流过程中不可避免的作业，但是应该将装卸搬运次数控制在最小的范围内，因为装卸搬运不能增加货物的价值与使用价值，反而会增加货物破损的可能。通过合理安排作业流程、采用合理的作业方式、仓库内的合理布局及仓库的合理设计，可实现物品装卸搬运次数最小化。例如，提高搬运纯度，只搬运必要的物品，即有些物品要先去除杂质之后再搬运；避免过度包装，减小无效负　；提高装载效率，充分发挥装卸搬运机械的效能等。

#### 2．移动距离（时间）最小化原则

搬运距离的长短与搬运作业量的大小和作业效率是联系在一起的。在货位布局、车辆停放位置、入出库作业程序等设计方面，应该充分考虑物品移动距离的长短，以物品

移动距离最小化为设计原则。

**3．提高装卸搬运的灵活性原则**

物品所处的状态将直接影响装卸和搬运的效率。在整个物流过程中物品要经过多次装卸和搬运，前道的卸货作业与后道的装载或搬运作业关系密切。如果卸下来的物品零散地码放在地上，在搬运时就要一个一个搬运或重新码放在托盘上，因此增加了装卸次数，降低了搬运效率。

**4．标准化原则**

作业方法、设备及尺寸等的标准化，可以使单位或公司之间的搬运设备通用化、作业单纯化，因此可以得到很好的效果。通用搬运设备因其能大量生产，价格也相对较低。

**5．水平直线原则**

直线搬运流程的搬运距离最短，曲折迂回的搬运则容易造成搬运的浪费。布置水平的搬运，可以使搬运距离最短、设备最省及成本最低。但是水平的布置有时会增加交错搬运的机会，所以必须针对实际的条件而加以调整。

**6．弹性原则**

搬运机械设备的利用范围越大，则其效率越高。以叉车为例，叉车除可以装卸托盘货物外，还可以通过更换货叉等附属设备操作其他货物，使其操作功能更为广泛。

**7．界面衔接原则**

在装卸过程中，A 工程与 B 工程的接点称为界面。为使装卸作业顺畅进行，界面必须能够将两项工程有效衔接起来。例如，在将从自动仓库货架上取出的一托盘货物装载到卡车上的情况下，可利用自动装载设备、滚柱传送机或叉车将两项工程顺畅地衔接起来。

**8．系统化原则**

所谓系统化原则，是指将各个装卸搬运活动作为一个有机的整体实施系统化管理，也就是说，运用综合系统化的观点，提高装卸搬运活动之间的协调性，提高装卸搬运系统的柔性，以适应多样化、高度化的物流需求，提高装卸搬运效率。

**小资料**

**双鹤药业装卸搬运的改良措施**

云南双鹤医药有限公司是北京双鹤这艘医药航母部署在西南战区的一艘战舰，是西南地区经营药品品种较多、较全的医药专业公司。

虽然云南双鹤已形成规模化的产品生产和网络化的市场销售，但其流通过程中物流管理严重滞后，造成物流成本居高不下，不能形成价格优势。这严重阻碍了物流服务的开拓与发展，成为公司业务发展的"瓶颈"。

装卸搬运活动是衔接物流各环节活动正常进行的关键，而云南双鹤恰好忽视了这一点，由于搬运设备的现代化程度低，只有几个小型货架和手推车，大多数作业仍处于人工作业为主的原始状态，工作效率低，且易损坏物品。另外，仓库设计的不合理，造成长距离的搬运。并且库内作业流程混乱，形成重复搬运，大约有70%的无效搬运，这种过多的搬运次数，损坏了商品，也浪费了时间。

根据这些情况，双鹤药业采取了如下措施。

（1）尽量减少装卸次数，防止和消除无效作业。

（2）提高物品装卸搬运活性指数，使用托盘装运。

（3）积极慎重地使用重力原则，实现装卸搬运地省力化。

（4）进行正确的设施布置，采取“L”和“U”形布局。

通过这些措施，双鹤药业大大提高了装卸搬运效率。

（本文由作者根据网络资料改写，原文见.http://www.chinawuliu.com.cn/information/200407/21/150370.shtml）

## 3.3　流通加工

流通加工是流通中的一种特殊形式，是物流领域中具有高附加价值的活动，流通加工与生产型加工不同，在物流领域有多种不同的表现类型。

### 3.3.1　流通加工概述

在物流领域中，流通加工可以成为具有高附加值的活动。这种高附加值的形成，主要着眼于满足用户的需要，提高服务功能，是贯彻物流战略思想的表现，是一种低投入、高产出的加工形式。

#### 1．流通加工的概念

流通加工是流通中的一种特殊形式。商品流通是以货币为媒介的商品交换，它的重要职能是将生产及消费联系起来，起“桥梁和纽带”作用，完成商品所有权和实物形态的转移。因此，流通与流通对象的关系，一般不是改变其形态而创造价值，而是保持流通对象的已有形态，完成空间的位移，实现其“时间效用”及“场所效用”。

流通加工则与此有较大的区别。总的来讲，流通加工在流通中，仍然和流通总体一样起“桥梁和纽带”作用。但是，它不是通过“保护”流通对象的原有形态来实现这一作用的，它是和生产一样，通过改变或完善流通对象的原有形态来实现“桥梁和纽带”作用。

流通加工是在物品从生产领域向消费领域流动的过程中，为了促进销售、维护产品质量和提高物流效率，对物品进行加工，使物品发生物理、化学或形状的变化。

#### 2．流通加工的特点

流通加工和一般的生产型加工在加工方法、加工组织、生产管理方面并无显著区别，但在加工对象、加工程度方面差别较大，其差别主要为如下 5 点。

（1）从加工对象看，流通加工的对象是进入流通过程的商品，具有商品的属性，以此来区别多环节生产加工中的一环。流通加工的对象是商品，而生产加工的对象不是最终产品，而是原材料、零配件或半成品。

（2）从加工程度看，流通加工大多是简单加工，而不是复杂加工，一般来讲，如果必须进行复杂加工才能形成人们所需的商品，那么，这种复杂加工应该专设生产加工过程。生产过程理应完成大部分加工活动，流通加工则是对生产加工的一种辅助及补充。特别需要指出的是，流通加工绝不是对生产加工的取消或代替。

（3）从价值观点看，生产加工的目的在于创造价值及使用价值，而流通加工的目的则在于完善其使用价值，并在不做大的改变的情况下提高商品价值。

（4）从加工责任人看，流通加工的组织者是从事流通工作的人员，能密切结合流通的需要进行加工活动。

（5）从加工目的看，商品生产是为交换、消费而进行的生产，而流通加工的一个重要目的是为了消费（或再生产）所进行的加工，这一点与商品生产有共同之处。但是流通加工有时候也是以自身流通为目的，纯　是为流通创造条件，这种为流通所进行的加工与直接为消费进行的加工在目的上是有所区别的，也是流通加工不同于一般生产加工的特殊之处。

### 3．流通加工在物流中的地位

1）流通加工有效地完善了流通

流通加工在实现时间、场所两个重要效用方面，确实不能与运输和储存相比，因而，不能认为流通加工是物流的主要功能要素。流通加工的普遍性也不能与运输、储存相比，流通加工不是所有物流中必然出现的。但这不是说流通加工不重要，实际上它起着补充、完善、提高、增强的作用，能起到运输、储存等其他功能要素无法起到的作用。所以，流通加工的地位可以描述为是提高物流水平，促进流通向现代化发展的不可少的一步。

2）流通加工是物流中的重要利润源

流通加工是一种低投入高产出的加工方式，往往以简单加工解决大问题。实践证明，有的流通加工通过改变装潢使商品档次跃升而充分实现其价值，有的流通加工将产品利用率一下子提高20%～50%，这是采取一般方法提高生产率所难以启及的。根据我国近些年的实践，流通加工单凭向流通企业提供利润一点，其成效并不亚于从运输和储存中挖掘的利润，是物流中的重要利润源。

3）流通加工在国民经济中是重要的加工形式

在整个国民经济的组织和运行方面，流通加工是其中一种重要的加工形态，对推动国民经济的发展和国民经济产业结构的完善与生产分工有一定的意义。

### 4．流通加工的作用

1）提高原材料利用率

利用流通加工环节进行集中下料，是将生产厂商直接运来的简单规格产品，按使用部门的要求进行下料。如将钢板进行　板、切裁，钢　或圆钢裁制成毛坯，木材加工成各种长度及大小的板、方等。集中下料可以优材优用、小材大用、合理套裁，有很好的技术经济效果。北京、济南、　东等城市对平板　　进行流通加工（集中裁制、开片供应），　　利用率从60%左右提高到85%～95%。

2）进行初级加工，方便用户

用量小或临时需要的使用单位，缺乏进行高效率初级加工的能力，依靠流通加工可以省去进行初级加工的投资、设备及人力，从而搞活供应，方便用户。目前发展较快的初级加工有：将水　加工成混　土、将原木或板方材加工成门窗、冷拉钢　及冲制异型零件、钢板预处理、整形、打孔等加工。

3）提高加工效率及设备利用率

由于建立集中加工点，可以采用效率高、技术先进、加工量大的专门机具和设备。这样做的好处有：一是提高了加工质量，二是提高了设备利用率，三是提高了加工效率。其结果是降低了加工费用及原材料成本。

例如，一般的使用部门在对钢板下料时，采用气割的方法留出较大的加工余量，不但出材率低，而且由于热加工容易改变钢的组织，加工质量也不好。集中加工后可设置高效率的　切设备，在一定程度上防止了上述缺点。

4）充分发挥各种输送手段的最高效率

流通加工环节将实物的流通分成了两个阶段。一般来说，由于流通加工环节设置在消费地，因此，从生产厂到流通加工这第一阶段输送距离长，而从流通加工到消费环节的第二阶段距离短。第一阶段是在数量有限的生产厂与流通加工点之间进行定点、直达、大批量的远距离输送，因此，可以采用船舶、火车等大量输送的方式；第二阶段则是利用汽车和其他小型车辆来输送经过流通加工后的多规格、小批量、多用户的产品。这样可以充分发挥各种输送手段的最高效率，加快输送速度，节省运力运费。

5）改变功能，提高收益

在流通过程中进行 些改变产品某些功能的简单加工，其目的除上述几点外还在于提高产品销售的经济效益。

例如，内地的许多制成品（如洋 具、时装、轻工 织产品、工艺美术品等）在深圳进行简单的装潢加工，改变了产品外观功能，仅此一项就可使产品售价提高 20%以上。

### 5. 流通加工的类型

1）为弥补生产领域加工不足的深加工

有许多产品在生产领域的加工只能到一定程度，这是由于存在许多限制因素，限制了生产领域不能完全实现终极的加工。例如：钢铁厂的大规模生产只能按标准规定的规格生产，以使产品有较强的通用性，使生产能有较高的效率和效益；木材如果在产地制成木制品的话，就会造成运输的极大困难，所以原生产领域只能加工到圆木、板方材这个程度，进一步的下料、切裁、处理等加工则由流通加工完成。

这种流通加工实际是生产的延续，是生产加工的深化，对弥补生产领域加工不足有重要意义。

2）为满足需求多样化进行的服务性加工

从需求角度看，需求存在着多样化和变化两个特点，为满足这种要求，经常是用户自己设置加工环节，例如，生产消费型用户的再生产往往从原材料初级处理开始。

就用户来讲，现代生产的要求，是生产型用户能尽量减少流程，尽量集中力量从事较复杂的技术性较强的劳动，而不愿意将大量初级加工包揽下来。这种初级加工带有服务性，由流通加工来完成，生产型用户便可以缩短自己的生产流程，使生产技术密集程度提高。

**小资料**

**阿迪达斯的流通加工**

阿迪达斯公司在美国有一家超级市场，设立了组合式鞋店，摆放着不是做好了的鞋，而是做鞋用的半成品，款式花色多样，有 6 种鞋跟、8 种鞋底，均为塑料制造的，鞋面的颜色以黑、白为主，搭带的颜色有 80 种，款式有百余种，顾客进来可任意挑选自己所喜欢的各个部位，交给职员当场进行组合。只要 10 分钟，一双崭新的鞋便唾手可得。这家鞋店昼夜营业，职员技术熟练。鞋子的售价与成批制造的价格差不多，有的还稍便宜些，所以顾客络绎不绝，销售金额比邻近的鞋店多十倍。

（本文由作者根据网络资料改写，原文见 http://wenku.baidu.com/view/6474a61efc4ffe473368ab25.html）

3）为保护产品所进行的加工

在物流过程中，直到用户投入使用前都存在对产品的保护问题，防止产品在运输、储存、装卸、搬运、包装等过程中遭到损失，使使用价值能顺利实现，和前两种加工不同，这种加工并不改变进入流通领域的“物”的外形及性质，主要采取稳固、改装、冷冻、保鲜、涂油等方式。

4）为提高物流效率，方便物流的加工

有一些产品本身的形态使之难以进行物流操作，如鲜　的装卸、储存操作困难，过大设备搬运、装卸困难，气体物运输、装卸困难等。进行流通加工，可以使物流各环节易于操作，如鲜　冷冻、过大设备解体、气体液化等，这种加工往往改变“物”的物理状态，但并不改变其化学特性，并最终仍能恢复原物理状态。

5）为促进销售的流通加工

流通加工可以从若干方面起到促进销售的作用。如：将过大包装或散装物分装成适合一次销售的小包装的分装加工；将原以保护产品为主的运输包装改换成以促进销售为主的装潢性包装，以起到吸引消费者、指导消费的作用；将零配件组装成用具便于直接销售；将蔬菜、肉类洗净切块以满足消费者要求等。这种流通加工可能是不改变“物”的本体，只进行简单改装的加工，也有许多是组装、分块等深加工。

6）为提高加工效率的流通加工

许多生产企业的初级加工由于数量有限，加工效率不高，也难以投入先进科学技术。流通加工以集中加工形式，解决了单个企业加工效率不高的弊　。以一家流通加工企业代替若干生产企业的初级加工工序，促使生产水平有一个较大的发展。

7）为提高原材料利用率的流通加工

流通加工利用其综合性强、用户多的特点，可以实行合理规划、合理套裁的办法，这就能有效提高原材料利用率，减少损失浪费。

8）衔接不同运输方式，使物流合理化的流通加工

在干线运输及支线运输的结点，设置流通加工环节，可以有效解决大批量、低成本、长距离干线运输和多品种、少批量、多批次末端运输和集货运输之间的衔接问题，在流通加工点与大生产企业间形成大批量、定点运输的渠道，又以流通加工中心为核心，组织对多用户的配送，也可在流通加工点将运输包装转换为销售包装，从而有效衔接不同目的的运输方式。

9）以提高经济效益，追求企业利润为目的的流通加工

流通加工的一系列优点，可以形成一种“利润中心”的经营形态，这种类型的流通加工是经营的一环，在满足生产和消费要求的基础上取得利润，同时在市场和利润的引导下使流通加工在各个领域中能有效地发展。

10）生产流通一体化的流通加工形式

依靠生产企业与流通企业的联合，或者生产企业涉足流通，或者流通企业涉足生产，形成的对生产与流通加工进行合理分工、合理规划、合理组织，统筹进行生产与流通加工的安排，这就是生产-流通一体化的流通加工形式。这种形式可以促成产品结构及产业结构的调整，充分发挥企业集团的经济技术优势，是目前流通加工领域的新形式。

小资料

**煤炭的流通加工**

煤炭流通加工有多种形式：除矸加工、煤浆加工、配煤加工等。

1. 除矸加工

是以提高煤炭纯度为目的的加工形式。一般煤炭中混入的矸石有一定发热量，混入一些矸石是允许的，也是较经济的。但是，有时则不允许煤炭中混入矸石，在运力十分紧张的地区要求充分利用运力、降低成本，多运“纯物质”，少运矸石，在这种情况下，可以采用除矸的流通加工方法排除

矸石。除矸加工可提高煤炭运输效益和经济效益，减少运输能力浪费。

**2．煤浆加工**

用运输工具载运煤浆，运输中损失浪费比较大，又容易发生火灾。采用管道运输是近代兴起的一种先进技术。管道运输方式运输煤浆，减少煤炭消耗、提高煤炭利用率。目前，某些发达国家已经开始投入运行，有些企业内部也采用这一方法进行燃料输送。

在流通的起始环节将煤炭磨成细粉，本身便有了一定的流动性，再用水调和成浆状，则具备了流动性，可以像其他液体一样进行管道输送。这种方式不和现有运输系统争夺运力，输送连续、稳定、快速，是一种经济的运输方法。

**3．配煤加工**

在使用地区设置集中加工点，将各种煤及一些其他发热物质，按不同配方进行掺配加工，生产出各种不同发热量的燃料，称为配煤加工。配煤加工可以按需要发热量生产和供应燃料，防止热能浪费和“大材小用”，也防止发热量过小，不能满足使用要求。工业用煤经过配煤加工还可以起到便于计量控制、稳定生产过程的作用，具有很好的经济和技术价值。

煤炭消耗量非常大，进行煤炭流通加工潜力也很大，可以大大节约运输能源，降低运输费用，具有很好的技术和经济价值。

（本文由作者根据网络资料改写，原文见 http://blog.sina.com.cn/s/blog_4bb8bcfc01000bik.html）

## 3.3.2　流通加工合理化

流通加工合理化的含义是实现流通加工的最优配置，也就是对是否设置流通加工环节、选择什么地方设置、选择什么类型的加工、采用什么样的技术装备等问题做出正确抉择。这样就要避免各种不合理的流通加工形式，而且要做到最优。

### 1．不合理流通加工形式

1）流通加工地点设置不合理

流通加工地点设置即布局状况，是决定整个流通加工是否有效的重要因素。一般来说，为衔接大批量生产与多样化需求的流通加工，加工地点设置在需求地区，才能实现大量的长线运输与多品种末端配送的物流优势。如果将流通加工地设置在生产地，一方面，为了满足用户多样化的需求，会出现多品种、小批量的产品由产地向需求地的长距离的运输，另一方面，在生产地增加了一个加工环节，同时也会增加近距离运输、保管、装卸等物流活动。所以，在这种情况下，不如由原生产单位完成这种加工而无需设置专门的流通。另外，为方便物流的流通加工环节应该设置在产出地。如果将其设置在物流之后，即设置在消费地，则不但不能解决物流问题，又在流通中增加了中转环节，因而也是不合理的。

2）流通加工方式选择不当

流通加工方式包括流通加工对象、流通加工工艺、流通加工技术、流通加工程度等。流通加工方式的确定实际上是与生产加工的合理分工。分工不合理，把本来应由生产加工完成的作业交给流通加工来完成，或者把本来应由流通加工完成的作业错误地交给生产过程去处理，都会造成不合理。流通加工不是对生产加工的代替，而是一种补充和完善。所以，一般来说，如果工艺复杂，技术装备要求较高，或加工可以由生产过程延续或轻易解决，都不宜再设置流通加工。如果流通加工方式选择不当，就可能会出现与生产争利的恶果。

3）流通加工作用不大，形成多余环节

有的流通加工过于简单，或者对生产和消费的作用都不大，甚至有时由于流通加工的 目性，不但未能解决品种、规格、包装等问题，相反却增加了作业环节，这也是流通加工不合理的主要表现形式。

4）流通加工成本过高，效益不好

流通加工的一个重要优势就是它有较大的投入产出比，因而能有效地起到补充、完善的作用。如果流通加工成本过高，则不能实现以较低投入实现更高使用价值的目的，势必会影响它的经济效益。

### 2．实现流通加工合理化的途径

要实现流通加工的合理化，主要应从以下几个方面加以考虑。

1）加工和配送结合

就是将流通加工设置在配送点中。一方面按配送的需要进行加工，另一方面加工又是配送作业流程中分货、拣货、配货的重要一环，加工后的产品直接投入到配货作业，这就无需单独设一个加工的中间环节，而使流通加工与中转流通巧妙地结合在一起。同时，由于配送之前有必要的加工，可以使配送服务水平大大提高，这是当前对流通加工做合理选择的重要形式，  、水  等产品的流通中已经表现出较大的优势。

2）加工和配套结合

“配套”是指对使用上有联系的用品集合成套地供应给用户使用。例如方便食品中的方便面，就是由其生产企业配套生产的。但是，有的配套不能由某个生产企业全都完成，如方便食品中的盘菜、汤料等。同样，在物流中进行适当的流通加工，可以有效地促成配套，大大提高流通作为供需桥梁纽带的能力。

3）加工和合理运输结合

我们知道，流通加工能有效衔接干线运输和支线运输，促进两种运输形式的合理化。流通加工，在支线运输转干线运输或干线运输转支线运输等这些必须停顿的环节，不进行一般的支转干或干转支，而是按干线或支线运输合理的要求进行适当加工，从而大大提高运输及运输转载水平。

4）加工和合理商流结合

流通加工也能起到促进销售的作用，从而使商流合理化，这也是流通加工合理化的方向之一。加工和配送相结合，通过流通加工，提高了配送水平，促进了销售，使加工与商流统一。此外，通过简单地改变包装加工，形成方便的购买量，通过组装加工解除用户使用前进行组装、调试的难处，都是有效促进商流的很好例证。

5）加工和节约结合

节约能源、节约设备、节约人力、减少耗费是流通加工合理化重要的考虑因素，也是目前我国设置流通加工并考虑其合理化的较普遍形式。

对于流通加工合理化的最终判断，是看其是否能实现社会的和企业本身的两个效益，流通企业应该树立社会效益第一的观念，如果只追求企业的局部效益，不适当地进行加工，甚至与生产企业争利，这就有违于流通加工的初 ，或者其本身已不属于流通加工的范畴。

## 3.3.3 电子商务条件下的流通加工管理

### 1．流通加工的生产管理

在物流系统和社会生产系统中，经过可行性研究确定设置流通加工中心后，则组织与管理流通加工生产是运作成败的关键。流通加工的生产管理与运输、存储等方法有较大区别，而与生产组织和管理有许多相似。流通加工的组织和安排的特殊性，在于内容及项目很多，而不同的加工项目有不同的加工工艺。一般而言，都有如劳动力、设备、动力、财务、物资等方面的管理。对于套裁型流通加工，其最具特殊性的生产管理是出材率的管理。这种主要流通加工形式的优势在于利用率高、出材率高，从而获取效益。为提高出材率，需要加强消耗定额的审定及管理，并应采取科学方法，进行套裁的规划及计算。

### 2．流通加工的质量管理

流通加工的质量管理，主要是对加工产品的质量控制。由于加工成品，一般是国家质量标准上没有的品种规格，因此，进行这种质量控制的依据，主要是用户要求。各用户要求不一，质量宽严程度也不一，流通加工据点必须能进行灵活的柔性生产以满足质量要求。此外，全面质量管理中采取的工序控制、产品质量监测、各种质量控制图表等，也是流通加工质量管理的有效方法。

### 3．流通加工的技术经济指标

衡量流通加工的可行性，对流通加工环节进行有效的管理，可考虑采用以下两类指标。

1）流通加工建设项目可行性指标

流通加工仅是一种补充性加工，规模、投资都必须远低于一般生产性企业，其投资特点是：投资额较低、投资时间短、建设周期短、投资回收速度快且投资收益较大。因此，投资可行性可采用静态分析法。

2）流通加工环节日常管理指标

由于流通加工的特殊性，不能全部搬用考核一般企业的指标。例如，八项技术经济指标中，对流通加工较为重要的是劳动生产率、成本及利润指标，此外，还有反映流通加工特殊性的指标。

（1）增值指标：反映经流通加工后，单位产品的增值程度，以百分率计。

（2）品种规格增加额及增加率：反映某些流通加工方式在满足用户、衔接产需方面的成就，增加额以加工后品种、规格数量与加工前之差决定。

（3）资源增加量指标：反映某些类型流通加工在增加材料利用率、出材率方面的效果指标。这个指标不但可提供证实流通加工的重要性数据，而且可具体用于计算微观及宏观经济效益。

## 本章小结

本章在内容上是上章内容的延续，因此，本章同样以现代物流活动的基本环节为主要线索，系统阐述了电子商务条件下装卸、包装、流通加工等物流活动管理的基本理论知识。从物流企业管理实践的角度，着重分析了基于互联网平台和信息技术条件下装卸、包装、流通加工等物流活动管理的具体内容、基本活动过程和主要管理方法。同时，突出介绍了包装的技术，流通加工的合理化与电子商务条件下的装卸管理。

## 案例分析

### 【案例 1】

#### 上海通用利用“牛奶取货”方式降低库存成本

上海通用目前有 4 种车型。除其中的一种刚刚上市的车型外，另外 3 种车型零部件总量有 5 400 多种。上海通用在国内外拥有 180 家供应商，还有北美和巴西两大进口零部件基地。上海通用是怎么提高供应链效率、减少新产品的导入和上市时间并降低库存成本的呢？

通用的部分零件，有些是本地供应商所生产的，会根据生产的要求，在指定的时间直接送到生产线上去。这样，因为不进入原材料库，所以保持了很低或接近于“零”的库存，省去大量的资金占用。有些用量很少的零部件，为了不浪费运输车辆的运能，充分节约运输成本，上海通用使用了叫做“牛奶圈”的小技巧：每天早晨，上海通用的汽车从厂家出发，到第一个供应商那里装上准备的原材料，然后到第二家、第三家，依次类推，直到装上所有的材料，然后再返回。这样做的好处是，省去了所有供应商空车返回的浪费。

汽车厂传统的做法是要么有自己的运输队，要么找运输公司把零件送到公司，这种方式并不是根据需要来供给的，它有几个方面的缺点：有的零件根据体积或数量的不同，并不一定正好能装满一卡车。但为了节省物流成本，他们经常装满一卡车才给你，这样就造成了库存高，占地面积大。而且，不同供应商的送货缺乏统一的标准化的管理，在信息交流、运输安全等方面，都会带来各种各样的问题，如果要想管好它，必须花费很多的时间和很大的人力资源。所以通用就改变了这种做法，聘请一家第三方物流供应商，由他们来设计配送路线，然后到不同的供应商处取货，再直接送到上海通用。利用“牛奶取货”或者叫“循环取货”的方式解决了这些难题。通过循环取货，零部件运输成本可以下降 30%以上。这种做法的优点是非常显而易见的，同时这也体现了上海通用的一贯思想：把低附加价值的东西外包出去，集中精力做好制造、销售汽车的主营业务，即精于主业。

（本文由作者根据网络资料改写，原文见 http://www.chinacpx.com/zixun/63109.html）

**【案例讨论】**

1. 牛奶取货方式是怎样降低成本的？
2. 牛奶取货方式主要适应什么样的情况？

### 【案例 2】

#### 上海联华生鲜食品加工配送中心

上海联华生鲜食品加工配送中心有限公司是联华超市股份有限公司的下属公司，于 1999 年 12 月在上海市闸北区合资注册成立，注册资本 500 万元。主营生鲜食品的加工、配送和贸易，拥有资产总额近 3 亿元，是具有国内一流水平的现代化的生鲜加工配送企业。公司总占地面积 22 500 平方米。其中包括生产车间、冷库、配送场地、待发库、仓库（地下室）、办公楼等。冷库可容纳 8 700 吨生鲜食品，运输车辆 46 辆（其中 24 辆为制冷保温车），保证商品安全生产、快速流通。联华生鲜食品加工配送中心是我国国内目前设备最先进、规模最大的生鲜食品加工配送中心。联华生鲜食品加工配送中心总投资 6 000 万元，建筑面积 35 000 平方米，年生产能力 20 000 吨，其中肉制品 15 000 吨，生鲜盆菜、调理半成品 3 000 吨，西式熟食制品 2 000 吨，产品结构分为 15 大类约 1 200

种生鲜食品；在生产加工的同时，配送中心还从事水果、冷冻品以及南北货的配送任务。联华生鲜食品配送中心的配送范围覆盖联华标超、快客便利、世纪联华、华联吉卖盛、联华电子商务（联华 OK 网）等 2 000 余家门店，为企业的快速发展奠定基础。

拥有快速物流配送的能力和超低的物流成本，是一家现代连锁商业企业取得竞争优势的关键一环，也是企业的核心竞争力。在这方面，联华曾对外界发布过一个引以为豪的数字——联华物流的配送费率（即配送一定价值商品所需的物流配送成本），一直被控制在 2%以内，甚至低于沃尔玛 4.5%的水平，这为整个联华的快速发展提供了强有力的保证和支持。

生鲜食品一般是指肉类、水产、果蔬、面包、熟食等商品种类，这些商品是超市最重要的商品经营品种。其分类如下：

按秤重包装属性分：定量商品、秤重商品和散装商品。

按物流类型分：储存型、中转型、加工型和直送型。

按储存运输属性分：常温品、低温品和冷冻品。

生鲜食品加工配送由于其商品的特殊性，是物流系统中复杂程度最高、管理最难、同时服务水平也要求最高的。生鲜商品大部分需要冷藏，所以其物流流转周期必须很短；生鲜商品保值期很短，客户对其色泽等要求很高，所以在物流过程中需要快速流转。两个评判标准在生鲜配送中心通俗的归结起来就是“快”和“准确”。

下面介绍联华生鲜配送中心是如何做到“快”和“准”的。

### 1. 订单管理

门店的要货订单通过联华数据通信平台，实时的传输到生鲜配送中心，在订单上标明各商品的数量和相应的到货日期。生鲜配送中心接受门店的要货数据后，立即在系统中生成门店要货订单，此时可对订单进行综合查询，在生成完成后对订单按到货日期进行汇总处理，系统按不同的商品物流类型进行不同的处理。

（1）储存型的商品：系统计算当前的有效库存，比对门店的要货需求及日均配货量和相应的供应商送货周期，自动生成各储存型商品的建议补货订单，采购人员根据此订单和实际的情况作一些修改即可形成正式的供应商订单。

（2）中转型商品：此种商品没有库存，直进直出，系统根据门店的需求按到货日期汇总直接生成供应商的订单。

（3）直送型商品：此类商品不进配送中心，由供应商直接送到各相关需求的门店。系统根据到货日期，分配各门店直送经营的供应商，直接生成供应商直送订单，并通过 EDI 系统直接发送到供应商。

（4）加工型商品：系统按日期汇总门店要货，根据各产成品/半成品的 BOM 表计算物料耗用，比对当前有效的库存，系统生成加工原料的建议订单，生产计划员根据实际需求做调整，发送采购部生成供应商原料订单。

各种不同的订单在生成完成或手工创建后，通过系统中的供应商服务系统自动发送给各供应商，时间间隔在 10 分钟内。供应商收到订单后，会立即组织货源，安排生产或做其他的物流计划。

### 2. 物流计划

在得到门店的订单并汇总后，物流计划部根据第二天的收货、配送和生产任务制订物流计划。

（1）线路计划：根据各线路上门店的订货数量和品种，做线路的调整，保证运输效率。

（2）批次计划：根据总量和车辆售货员情况设定加工和配送的批次，实现循环使用资源，提高效率；在批次计划中，将各线路分别分配到各批次中。

（3）生产计划：根据批次计划，制订生产计划，将量大的商品分批投料加工，设定各线路的加工顺序，保证配送和运输协调。

（4）配货计划：根据批次计划，结合场地及物流设备的情况，做配货的安排。

### 3. 储存型物流运作

商品进货时先要接受订单和品种数量的预检，预检通过后方可验货，验货时需进行不同要求的品质检验，终端系统检验商品条形码和记录数量。在商品进货数量上，定量商品的进货数量不允许大于订单的数量，不定量的商品提供一个超值范围。对于需要按重量计量的进货，系统和电子秤系统连接，自动去皮取值。

拣货采用播种方式，根据汇总取货，汇总单标识从各个仓位取货的数量，取货数量为本批配货的总量，取货完成后系统预扣库存，被取商品从仓库仓间拉到待发区。在待发区配货分配售货员根据各路线各门店配货数量对各门店进行播种配货，并检查总量是否正确，如不正确向上校核，如果商品的数量不足或其他原因造成门店的实配量小于应配量，配货售货员通过手持终端调整实发数量，配货检验无误后使用手持终端确认配货数据。在配货时，冷藏和常温商品被分置在不同的待发区。

### 4. 中转型的物流运作

商品进行货时要先接受预检，预检通过后方可进行验货配货。供应商把中转商品卸货到中转配货区，中转商品配货员使用中转配货系统按配货指令的指定执行，贴物流标签。将配完的商品采用播种的方式放到指定的路线门店位置上，配货完成统计单种商品的总数量/总重量，根据配货的总数量生成进货单。

中转商品以发定进，没有库存，多余的部分由供应商带回，如果不足在门店间进行调剂。

3 种不同类型的中转商品的物流处理方式：

（1）不定量需秤重的商品。设定包装物皮重；由供应商将单件商品上秤，配货售货员负责系统分配及其他控制性的操作；电子秤秤重，每箱商品上贴物流标签。

（2）定量的大件商品。设定门店配货的总件数，汇总打印一张标签，贴于其中一件商品上。

（3）定量的小件商品。在供应商送货之前先进行虚拟配货，将标签贴于周转箱上；供应商送货时，取自己的周转箱，按箱标签上的数量装入相应的商品；如果发生缺货，将未配到的门店（标签）作废。

### 5. 加工型物流运作

生鲜的加工按原料和成品的对应关系可分为两种类型：组合和分割，两种类型在 BOM 设置和原料计算以及成本核算方面都存在着很大的差异。在 BOM 中每个产品设定一个加工车间，该产品只属于唯一的车间，在产品上区分最终产品、半成品和配送产品，对于称重的产品/半成品需要设定加工产品的换算率（单位产品和标准重量），原料的类型区分为最终原料和中间原料，设定各原料相对于单位成品的耗用量。

生产计划/任务中需要对多级产品链计算嵌套的生产计划/任务，并生成各种包装生产设备的加工指令。对于生产管理，在计划完成后，系统计划出标准领料清单，指导生产人员从仓库领取原料以及生产时的投料。在生产计划中考虑产品链中前道与后道的衔接，各种加工指令、商品资料、门店资料、成分资料等下发到各生产自动化设备。

加工车间人员根据加工批次调度，协调不同量商品间的加工关系，满足配送要求。

6．配送运作

商品分拣完成后，都堆放在待发库区，按正常的配送计划，这些商品在晚上送到各门店，门店第二天早上将新鲜的商品上架。在装车时按计划依路线门店顺序进行，同时抽样检查准确性。在货物装车的同时，系统能够自动算出包装物（笼车、周转箱）的各门店使用清单，装货人员也据此来核对差异。在发车之前，系统根据各个配载情况输出各运输的车辆随车商品清单、各门店的交接签收单和发货单。

商品到门店后，由于数量的高度准确性，在门店验货时只要清点总的包装数量，退回上次配送带来的包装物，完成交接手续即可，一般一个门店的配送商品交接只需要 5 分钟。

（本文由作者根据网络资料改写，原文见 http://news.wuliu800.com/2010/1130/45107.html）

【案例讨论】

联华超市的生鲜加工配送中心有何营运特点，给企业带来了哪些方面的优势？

## 实训

1．实训任务

讨论一下，物流辅助作业对于电子商务企业有什么意义，如果你是一家电子商务企业的负责人，你将如何处理好电子商务与物流辅助作业的关系。

2．实训方式

（1）分组：教师按照学生实际情况每 5 人分为一组，并选出组长。

（2）讨论：各组成员进行讨论，各组组长将讨论结果记录下来。

（3）小组成果展示：每组的组长将小组讨论结果向大家展示。

（4）教师进行总结。

3．实训目的

（1）让学生对物流辅助作业有个全面的了解。

（2）提高学生的团队分析问题、解决问题的能力。

4．实训地点

本班教室。

5．实训时间

1 课时。

## 本章习题

1. 如何使整个物流辅助作业趋于合理化？
2. 商务电子化下包装的发展趋势如何？
3. 简述商业包装和运输包装的区别。
4. 简述流通加工和一般的生产型加工的区别。
5. 电子商务条件下装卸搬运需要注意哪些原则。

# 第4章

# 电子商务物流模式

## 引例　物流联盟——安泰达物流

家电企业内部的制造成本越来越接近，而可靠有效的物流运作正是家电企业共同关注的热点。小天鹅公司是国内洗衣机行业的龙头企业，每年销量在260万台以上；科龙公司是国内冰箱行业的领头雁，每年销量都在200万台以上。每年这两家公司的物流成本都超过4亿元，占生产成本的4%。随着竞争越来越激烈，小天鹅和科龙面临着深刻的转变，不仅需要企业提供有竞争优势的产品，而且需要企业提供及时完善的服务。为了提高它们核心业务的竞争力，它们将非核心部分的业务委托外包，这样就可以集中精力从事自己的核心业务，全力以赴地适应变化、谋求发展。而COSCO是中国运输行业的龙头企业，是新型的综合物流企业，它也在积极利用自身的物流强项寻求与物流资源丰富的企业结成战略联盟。

这三家企业都有拓展物流的共同愿望，经过认真的商谈，它们决定组建第三方物流公司。2001年8月，中运集团占有60%的股权，科龙集团、小天鹅集团分别占有20%的股权，共同投资组建的广州安泰达物流有限公司正式挂牌揭幕，宣告全国最大的家电物流平台正式启动。这是继科龙和小天鹅2000年在北京宣布联手成立电子商务网站后的又一次大手笔合作。

安泰达公司实行的第三方物流是在传统概念基础上的新突破。安泰达公司独立于生产商、批发商、零售商，利用它的专长，整合客户资源，为生产商、批发商、零售商提供专业化的第三方物流服务。这是一项长期的战略，它是科龙和小天鹅这两家企业继节约原材料的"第一利润源"，提高劳动生产率的"第二利润源"，转向高效物流系统的"第三利润源"的努力结果。对从事第三方物流业的安泰达公司来讲，与客户一起共命运是今后获利的重要保证。

（本文由作者根据网络资料改写，原文见 http://www.siod.cn/article/4a/3502.html.）

## 4.1　电子商务物流模式概述

完整的电子商务应该完成商流、物流、信息流和资金流4个方面的活动。商流、信息流、资金流活动均可通过网上进行，物流活动却成为了电子商务发展最主要的制约因素之一。目前，我国发展电子商务很重要的一项任务就是选择适当的物流模式，并在此基础上发挥物流的作用，促进我国电子商务的发展。

### 4.1.1　物流模式分类

电子商务的具体实施有多种模式。由于从事的专业不同，ISP（互联网服务提供商）、ICP（互联网内容提供商）及其他信息服务提供商更多地从如何建立电子商务信息服务网络、提供更多的信息内容、保证网络的安全性、方便消费者接入、提高信息传输速度等方面考虑问题。至于电子商务在线服务背后的物流体系的建立问题则因为涉及另一个完全不同的领域，信息产业界对此疑问较多。实际上，在商流、信息流、资金流可以在网上进行的情况下，应将物流体系的建立视为电子商务的核心业务之一。电子商务下的物流模式主要可以分为以下几种。

#### 1. 企业自营物流模式

企业自营物流是指企业自身经营物流业务，并组建全资或控股的子公司完成物流配送业务。

对于已开展普通商务的公司，可以建立电子销售商务系统，同时可以利用原有的物资资源承担电子商务的物流业务。物流渠道的制造商或经销商开展电子商务业务，比ISP、ICP 或 Internet 经营者为从事电子商务而开辟销售渠道和物流系统更加方便，更加完善。

1）自营物流的优势分析

企业自身组织物流配送，能够掌握交易的最后环节，有利于企业掌握对客户的控制权，有利于控制交易时间。自营物流企业直接支配物流资产，控制物流职能，保证供货及时，完善服务质量，从而维护了企业和顾客的长期关系。自营物流的优势概括来说有以下几点。

（1）控制力强。可使企业对供应、生产及销售中的物流进行较为全面的控制，便于准时采购、调整库存、减少资金占用。

（2）服务性强。物流系统可有效地为企业的生产经营活动提供物流服务支持，保证生产经营活动对物流的需要。

（3）协调性强。自营模式的物流系统大多是根据企业生产经营活动的需要建立起来的，因而可以合理地规划物流的作业流程，提高作业效率，保证物流运作与其他生产经营活动的一致性与协调性。

2）自营物流的劣势分析

（1）物流成本难以计算。目前我国大多数企业计算物流成本时只计算付给运输承运人的运输费用或保管费用。其实真正的物流成本还包括公司内部的物流成本，包括人工费、固定资产折旧费、保险费、水电费、租金等。而计算这些费用在现行的会计制度下比较困难。

（2）企业的核心竞争力下降。电子商务自营物流需要企业设立专门机构从事物流工作，并配备大量相关人员，不断开拓运输渠道，从而花费大量精力，不利于企业核心竞争力的提升。

（3）物流管理难以专业化。一般企业的物流管理局限于企业的资源，难以建立先进的物流信息系统。在获取运输信息、配备专业人才、拓展运输渠道、优化物流设备方面的不完善都导致物流管理难以专业化。

（4）物流规模化程度较低。自营物流模式需要投入大量的资金，建立配送中心，建设仓库和信息网络，购买物流设备等专业物流设施并组建自己的物流配送队伍。固定资产投入增多，给企业财务带来压力。一般自营物流模式由于受资金限制，物流规模难以扩大。

### 2. 第三方物流模式

第三方物流又称外包物流或合同物流，它是以签订合同的方式，在一定期限内将部分或全部物流活动委托给专业物流企业来完成。它是物流社会化、合理化的有效途径。

将物流外包给第三方物流公司是跨国公司管理物流的通常做法。按照供应链理论，将自己非核心业务外包给从事该业务的专业公司，从原材料供应到生产，再到产品销售等各个环节，和在某一领域具有核心竞争力的专业公司配合后所形成的供应链具有很强的竞争力。因此：康柏和戴尔分别将物流外包给英国英运物流集团和美国联邦快递集团；亚马逊公司在美国国内的电子商务物流业务由自己承担，但对于美国市场以外的业务则外包给 UPS 等专业物流公司。中国国内如当当网上书店的配送业务都委托给了第三方，当当的模式集中于后台物流管理，力求满足顾客需求。

1）第三方物流的优势分析

第三方物流自20世纪50年代在欧美等工业发达国家出现以来，以其独特的魅力受到了各企业的青睐，并得到迅猛发展，被誉为企业发展的“加速器”和21世纪的“黄金产业”。企业利用专业的第三方物流服务，能够获得如下利益：主业更集中、成本更低廉、库存减少、企业形象获得提升等。

（1）利于企业集中核心业务，培育核心竞争力。对于绝大部分的企业而言，其核心竞争力并不是物流，而是设计、制造和新产品开发等。生产企业使用第三方物流可以使企业实现资源的优化配置，将有限的人力、财力集中于核心业务，进行重点研究，发展基本技术，努力开发出新产品参与世界竞争，增加企业的核心竞争力。

（2）降低成本，减少资本积压。专业的第三方物流利用规模生产的专业优势和成本优势，通过提高各环节能力和利用率节省费用，使企业能从分离费用结构中获益。生产企业随着规模的不断扩大，对营销服务的深入参与，都会引起费用的大幅度增长，只有使用专业服务公司提供的公共服务才能减少额外的损失。

（3）提升企业形象。第三方物流提供者与顾客是战略伙伴关系，他们的共同目标是为顾客提供体贴的服务，通过全球性的信息网络使顾客的供应链管理完全透明化，顾客可随时了解供应链的情况。第三方物流提供者利用完备的设施和训练有素的员工对整个供应链实现完全的控制，降低物流的复杂性。通过自己的网络体系，不仅帮助顾客改进服务树立自己的品牌形象，而且使顾客在竞争中脱颖而出。第三方物流提供者通过“量体裁衣”式的设计，制订出以顾客为导向、低成本、高效率的物流方案，为企业在竞争中取胜创造了有利条件。

2）第三方物流的劣势分析

在我国的具体情况下，把物流外包给第三方物流公司，有两点要注意。

（1）第三方物流尚未成熟。第三方物流在西方出现约20年的历史，而在我国只有不到10年的时间，分析我国第三方物流的发展现状不难看出，我国第三方物流尚未成熟，没有达到一定的规模化与专业化，成本节约、服务改进的优势在我国并不明显，而且常常会造成外包物流的失败。

（2）容易受制于人。签订物流服务外购合同后，物流业务交由第三方物流公司打理，双方的力量对比因此发生了变化。就物流公司而言，他们对电子商务企业有依赖，但不强烈，这笔交易只是其众多交易中的一单，但对电子商务企业而言，物流公司的服务质量与效率将对企业的正常生产经营活动产生严重影响。因此，物流公司往往利用这种有利的地位欺诈对方，在必要时会提高价格，并转向那些能满足他们利益的客户，产生种种机会主义行为，例如，不按合同规定的时间配送，装卸搬运过程中故意要挟等。在供应链中，由于第三方物流企业还不成熟，电子商务企业若过分依赖供应链伙伴，则容易受制于人，在供应链关系中会处于被动地位，产生与最终顾客失去联系并有被淘汰出局的风险。

### 3. 物流联盟模式

物流联盟是指两个或两个以上的经济组织为实现特定的物流目标而采取的长期联合与合作。其目的是实现联盟参与方的“共赢”。物流联盟具有相互依赖、核心专业化、强调合作的特点。物流联盟是一种介于自营和外包之间的物流模式，可以降低前两种模式的风险，使企业间形成相互信任、共担风险、共享收益的物流伙伴关系。企业之间不完全采取导致自身利益最大化的行为，也不完全采取导致共同利益最大化的行为，只是在物流方面通过契约形成优势互补、要素双向或多向流动的中间组织（见图4-1）。联盟是动态的，只要合同结束，双方又变成追求自身利益最大化的单独个体。狭义的物流联盟存在于非物流企业之间，广义物流联盟包括第三方物流。

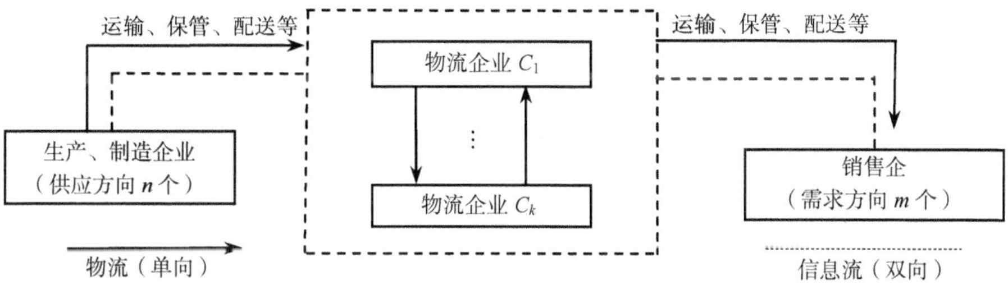


图 4-1　物流联盟模式框架

电子商务企业与物流企业进行物流联盟：一方面有助于电子商务企业降低经营风险，提高竞争力，并且可以从物流伙伴处获得物流技术和管理技巧；另一方面也使物流企业有了稳定的货源。当然，物流联盟的长期性、稳定性会使电子商务企业很难产生改变物流服务供应商的行为，因此，电子商务企业必须对今后过度依赖物流伙伴的局面作周全考虑。

**4．物流一体化模式**

20 世纪 80 年代，西方发达国家如美国、法国和德国等提出了物流一体化的现代理论，应用和指导其物流发展取得了明显的效果，使他们的生产商、供应商和销售商均获得了显著的经济效益。亚太物流联盟主席指出，物流一体化就是利用物流管理，使产品在有效的供应链内迅速移动，使参与各方的企业都能获益，使整个社会获得明显的经济效益。所谓物流一体化就是以物流系统为核心，由生产企业、经由物流企业、销售企业、直至消费者供应链的整体化和系统化。

物流一体化是在第三方物流的基础上发展起来的新的物流模式。在这种模式下，物流企业通过与生产企业建立广泛的代理或买断关系，与销售企业形成较为稳定的契约关系，从而将生产企业的商品或信息进行统一组合处理后，按部门订单要求配送到店铺。这种模式还表现为用户之间的广泛交流供应信息，从而起到调剂余缺、合理利用共享资源的作用。

物流一体化的发展可进一步分为 3 个层次：物流自身一体化、微观物流一体化和宏观物流一体化（见图 4-2）。物流自身一体化是指物流系统的观念逐渐确立，运输、仓储和其他物流要素趋向完备，子系统协调运作，系统化发展。微观物流一体化是指市场主体企业将物流提高到企业发展战略的地位，并且出现了以物流战略作为纽带的企业联盟。宏观物流一体化是指物流业占到国家国民总产值的一定比例，处于社会经济生活的主导地位，它使跨国公司从内部职能专业化和国际分工程度的提高中获得规模经济效益。

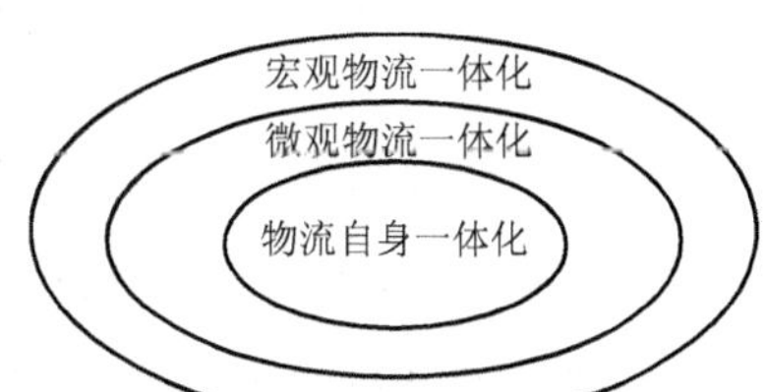


图 4-2　物流一体化层次图

物流一体化是物流产业化的发展形式，它必须以第三方物流充分发育和完善为基础。物流一体化的实质是一个物流管理的问题，即专业化物流管理人员和技术人员，充分利用专业化物流设备、设施，发挥专业化物流运作的管理经验，以求取得整体最优的效果。同时，物流一体化的趋势为第三方物流的发展提供了良好的发展环境和巨大的市场需求。

### 5．物流模式比较分析

不同的物流模式有着各自的优势和劣势，3 种物流模式的比较如表 4-1 所示。

**表 4-1　主要物流模式的比较**

| 优势与劣势 | 自营物流模式 | 第三方物流模式 | 物流联盟模式 |
| --- | --- | --- | --- |
| 优势 | 对物流有较强的控制能力<br>物流部门与其他职能部门易于协调<br>企业容易保持供应链的稳定 | 可以将力量与资源集中于自己的核心主业<br>降低经营成本<br>改进客户服务 | 可以降低经营风险和不确定性<br>减少投资<br>获得物流技术和管理技巧 |
| 劣势 | 物流成本难以计算<br>物流规模化程度较低<br>物流管理难以专业化<br>企业的核心竞争力下降 | 我国的第三方物流尚未成熟<br>容易受制于人 | 更换物流伙伴比较困难 |

## 4.1.2　企业物流模式的选择

企业到底是自营还是外包物流，不能一概而论。企业在进行物流决策时，应立足于自己的实际需要和资源条件，以提高自身的核心竞争力为导向，综合考虑以下主要因素，慎重选择物流模式。

### 1．物流子系统的战略地位

在物流模式决策时，物流子系统是影响电子商务企业决定采用何种物流模式的首要因素。物流地位越重要，企业自营物流的可能性就越大，反之亦然。而考虑物流子系统的战略地位，主要是看其是否构成企业的核心能力，一般可从以下几方面进行判断：首先，它们是否高度影响企业的业务流程；其次，它们是否需要相对先进的技术，采用此种技术能否使公司在行业中领先；最后，它们是否是企业长期积淀的、在短期内不能为其他企业所模仿的。

如果得到肯定的回答，那么就可以断定物流子系统在战略上处于重要的地位。由于物流系统是多功能的集合，各功能的重要性和相对能力水平在系统中是不平衡的，因此，还需对各功能进行分析：某项功能是否具有战略意义，关键是看它的替代性，如果替代性很弱，几乎只有本企业才具备这项能力，企业就应保护和发展好该项功能，使其保持旺盛的竞争力。在外购时是采用第三方物流还是组建物流联盟，主要由物流子系统对企业成功的重要性来决定。在物流子系统构成企业战略子系统的情况下，为保证物流的连续性，最好是与物流公司长期合作，建立物流联盟；而在其不构成企业战略子系统的情况下，采用何种物流模式就要在顾客服务水平与成本之间寻找平衡点了。

### 2．企业对物流的管理能力

企业对物流的管理能力是影响其选择物流模式的又一重要因素。一般而言，在其他条件相同的情况下，企业物流管理能力越强，选择自营物流的可行性就越大，而在企业对物流的管理能力较差的情况下，如物流子系统在战略上处于重要地位，则应该寻找合适的物流伙伴建立物流联盟，反之采用第三方物流较为合适。应当注意的是：具备了物流能力，并不意味着企业一定要自营物流，还要与物流公司比较“在满足一定的顾客服务水平下，谁的成本更低”，只有在企业的相对成本较低的情况下，选择自营的方式才有利；如不然，企业应把该项功能分出去，实行物流外包。如果物流子系统是企业的非战略系统，企业还应寻找合作伙伴，向其出售物流服务，以免资源浪费。

### 3．对企业柔性的要求

随着科技的进步与经济的发展，企业要不断调整自己的经营方向、经营重点、产品等问题，这就对企业的柔性提出了越来越高的要求。相对而言，外包物流能够使企业具有较大的柔性，能够比较容易地对企业业务、内容、重点、数量等进行必要的调整。所以，相对而言，处于变化发展速度较快行业中的企业，其商品种类、数量比较不稳定、非规则化，需要根据情况相对较快地调整其经营管理模式及相应的业务，为保证企业具有足够的柔性，应采用外购物流服务。而业务相对稳定，商品种类比较稳定、数量大的企业，对于企业的柔性要求比较低，采用自营物流的可能性就比较大。

### 4．物流系统总成本

在选择是自营还是物流外包时，必须弄清两种模式下物流系统总成本的情况。计算公式为：物流系统总成本＝总运输成本+库存维持费用+批量成本+总固定仓储费用+总变动仓储费用+订单处理和信息费用+顾客服务费用。这些成本之间存在着二律背反现象：减少仓库数量时，可降低保管费用，但会因为运输距离和次数的增加而使运输费用增加。如果运输费用的增加部分超过了保管费用的减少部分，总的物流成本反而增大。所以，在选择和设计物流系统时，要对物流系统的总成本加以论证，最后选择成本最小的物流系统。

### 5．企业产品自身的物流特点

对于大宗工业品原料的装运或鲜活产品的分销，应利用相对固定的专业物流服务供应商和短渠道物流；对全球市场的分销，宜采用地区性的专业物流公司提供支援；对产品线单一或为主机厂做配套的服务企业，则应在龙头企业统一下自营物流；对于技术性较强的物流服务如口岸物流服务，企业应采用委托代理的方式；对于非标准设备的制造商来说，企业自营虽有利可图，但还是应该交给专业物流服务公司去做。

### 6．企业规模和实力

一般说来，大中型企业由于实力较雄厚，有能力建立自己的物流系统，制订合适的物流需求计划，保证物流服务的质量。如实力雄厚的麦当劳公司，每天必须把汉堡等保鲜食品运往中国各地，为保证供货的准确及时，就组建了自己的货运公司。而小企业则受人员、资金和管理资源的限制，物流管理效率难以提高。此时，企业为把资源用于主要的核心业务上，就适宜把物流管理交给第三方专业物流代理公司。

### 7．第三方物流的客户服务能力

在选择物流模式时，考虑成本尽管很重要，但第三方物流为本企业及企业顾客提供服务的能力更重要。换言之，第三方物流在满足对原材料即时需求的能力和可靠性的同时，它对企业的零售商和最终顾客不断变化需求的反应能力等方面应该作为首要的因素来考虑。

**小资料**

**物流模式的选择**

假设销售额 6 000 万元的箱包企业工厂总部位于北京，全国有 9 家分公司，距北京平均距离 1 200 千米。10 个城市均摊，月均 50 万元销售额。设标准包装箱为 45 cm × 33 cm × 60 cm，约 0.09 立方米，重 15 kg，每箱 30 只。平均计价 144 元/只，每箱货值 0.43 万元。每城市每月销售 116 箱，约 11.25 立方米。计费吨数为 3.4 吨.。设该公司于每个城市有 100 家销售网点，每个网点销售 116 箱，计 0.5

万元/家，约 38 只箱包。送货 3 800 只/月/城，城市总送货 38 000 只，全年送货 45.6 万只。设每家销售网点布货品种 20 种，30%为畅销品，占销量的 70%，畅销箱包的每月的送货量为 26 只，其余 14 种每月送货量为 12 只，分 3 次送完。计每个城市每月送货 300 次，10 城市送货 3 000 次，全年送货 3.6 万次。该公司的物流比率为 1.8%。

该箱包企业为了完成原料采购和产品分销的等物流功能可以有两种选择：采用第三方物流和企业自营物流。公司自行承担物流功能需要车辆、仓库、办公用房等固定资产占用，要负担相应的维修及折旧费用，要负担有关人员的工资奖金费用，年物流费用为 277 万元，约占销售额的 4.62%。而采用委托第三方，采购全套物流服务，所需物流费用为 200 万元，约占销售额的 3.33%，两者之比为 72%（200/277）。

由此可见，利用第三方物流服务比本公司自营物流可减少成本 28%。实践证明，采用第三方物流服务可为公司解决以下烦恼：降低物流成本；扩大公司业务能力；集中精力，强化主业；缩短出货至交货时间；增加车辆效率和减少油耗费用；彻底实施品质管理；缓解旺季人手紧张问题。

（本文由作者根据网络资料改写，原文见 http://www.siod.cn/article/ed/1386.html）

## 4.2 第三方物流

近年来，第三方物流公司如同雨后春笋般建立起来。第三方是相对于第一方和第二方来说的，第一方和第二方实质上就是指贸易买卖的双方。第三方物流由于其专业化、个性化的物流服务而得到了飞跃式发展，对传统的物流理论产生了巨大的冲击。

### 4.2.1 第三方物流概述

#### 1. 第三方物流的概念

第三方物流（Third Party Logis tics，3PL），在国外常被称为契约物流、物流社会化或物流外部化。第三方物流的概念源自于管理学中的外协（Out-sourcing），意指企业动态地配置自身和其他企业的功能和服务，利用外部的资源为企业内部的生产经营服务。将外协引入物流管理领域，就产生了第三方物流。第三方物流是指生产经营企业为集中精力搞好主业，把原来属于自己处理的物流活动，以合同方式委托给专业物流服务企业，同时通过信息系统与物流服务企业保持密切联系，以达到对物流全程的管理和控制的一种物流运作与管理方式。第三方物流提供者是一个为外部客户管理、控制和提供物流服务作业的公司，并不在物流供应链中占有一席之地，仅是第三方，但通过提供一整套物流活动来服务于供应链，具体内容包括：商品运输、储存配送以及附加值服务等。第三方物流流程如图 4-3 所示。

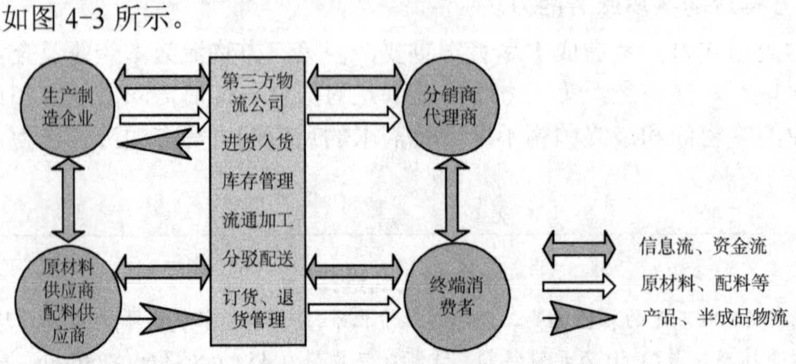


图 4-3 第三方物流流程图

第三方物流是物流专业化的重要形式。物流业发展到一定阶段必然会出现第三方物流的发展，而且第三方物流的占有率与物流产业的水平之间有着非常规律的关系。目前在欧美一些国家第三方物流在物流市场上已经占据了相当可观的比例。例如，德国总的物流市场已达到 346 亿美元，其中第三方物流企业的营业额为 80 多亿美元，占到德国物流市场份额的 23.33%；而在美国则有 57%的物流量是通过第三方物流来完成的；在社会化配送发展最好的日本，第三方物流业在整个物流市场的份额更是高达 80%。因此，第三方物流的发展程度反映和体现着一个国家物流业发展整体水平。

### 2．第三方物流的特征

1）第三方物流的本质特征是代理物流业务

第三方物流既不属于第一方，也不属于第二方，而是通过与第一方或第二方的合作来提供专业化的物流服务，它不拥有商品，不参与商品的买卖，而是为客户提供以合同为约束、以结盟为基础的，系列化、个性化、信息化的物流代理服务。从字面上看，第三方物流是指由与货物有关的发货人和收货人之外的专业企业，即物流渠道中的专业化物流中间人，以签订合同的方式，在一定期间内，为其他公司提供所有或某些方面的物流业务服务。从物流运行的角度看，物流企业代理的物流业务包括一切物流活动，以及发货人可以从专业物流代理商处得到的其他一些增值服务，提供这一服务除了给社会提供一个完整环节外，自己还有部分利润可图。

第三方物流企业不一定要保有物流作业能力，也就是说可以没有物流设施和运输工具，不直接从事运输、保管等作业活动，只是负责物流系统设计并对物流系统运营承担责任。具体的作业活动可以再采取对外委托的方式由专业的运输、仓储企业等去完成。

在电子商务时期，第三方提供的物流服务中，代理配送是一种比较重要的物流服务。它实际上是将各种物流服务功能综合化，在一定的区域内进行物流功能的集成。对于跨区域的配送，则需要由配送链中靠近顾客的配送结点来完成，或者由大型的跨区域的配送公司来完成，比如邮政部门，就是一个典型的跨区域的配送系统。

2）第三方物流是建立在现代信息技术基础上的

现代信息技术的发展是第三方物流出现的必要条件，现代信息技术实现了数据的快速、准确传递，提高了仓库管理、装卸运输、采购、订货、配送发运、订单处理的自动化水平，使订装、包装、保管、运输、流通加工实现一体化，企业因此可以更方便地使用信息技术与物流企业进行交流和协作，企业间的协调和合作有可能在短时间内迅速完成。同时，计算机软件的迅速发展，使混杂在其他业务中的物流活动的成本能被精确地计算出来，还能有效管理物流渠道中的商流，这就使企业有可能把原来在内部完成的作业交由物流企业运作。常用于支撑第三方物流的主要技术有：实现信息快速交换的 EDI 技术、实现资金快速支付的 EFT 技术、实现信息快速输入的条形码技术等。

3）第三方物流是合同导向的一系列物流服务

第三方物流有别于传统的外协，外协只限于一项或一系列分散的物流功能，如运输公司提供运输服务、仓储公司提供仓储，第三方物流则根据合同条款规定的要求，提供多功能，甚至全方位的物流服务。它不是满足临时需求，而是一段时期的需求。依照国际惯例，服务提供者在合同期内按提供的物流成本加上需求方毛利额的 20%收费。第三方物流企业的经营效益直接同货主企业的物流效率、物流服务水平及物流效果紧密联系在一起。

4）第三方物流是个性化物流服务

在第三方物流企业中，综合性物流企业一般是站在货主的立场上，以货主企业的物流合理化为目标来设计物流运营的系统，因此，它必须熟悉货主企业以及与其生产经营活动相适应的物流活动的发展规律。综合性物流企业的物流服务对象一般较少，往往是一家或数家，但服务时间较长，往往长达几年，这是因为需求方的业务流程各不一样，因而要求综合性物流企业的物流服务应按照客户的业务流程来设计，从而体现出物流服务的个性化特征。对于提供单一物流服务的第三方物流企业而言，随着跨区域贸易的发展，物流服务也趋向于综合化。

5）第三方物流企业与用户企业是联盟关系

第三方物流企业同用户（或货主）企业的关系应该是密切的、长期的合作关系，而不是零星的业务往来。依靠现代信息技术的支撑，物流企业与用户企业之间充分共享信息，这就要求双方能相互信任，以达到比单独从事物流活动所能取得的更好效果。而且，从物流服务提供者的收费原则来看，它们之间是共担风险、共享收益的。再者，企业之间所发生的关联不是一两次的市场交易，它们在交易维持了一定的时期之后可以相互更换交易对象。

### 3. 第三方物流的分类

第三方物流市场具有潜力大、渐进性强和增长率高的特征。这种特征使第三方物流业拥有大量的服务提供者，我们可以根据不同的标准对它们进行分类。

（1）按照物流企业完成的物流业范围和其承担的服务功能，可将物流企业划分为功能性物流企业和综合性物流企业。

功能性物流企业指仅仅承担和完成某一项或几项物流功能的物流企业，也可叫单一物流企业。按照其主要从事的物流功能，可将其进一步分为信息主导型、服务主导型、仓储型、运输型、流通加工型物流企业等。综合性物流企业指能够完成和承担多项甚至所有的物流功能的物流企业。这种企业建立在信息平台上，它的网络覆盖较大的区域，可以为客户提供各种基本服务、延伸服务以及增值服务，一般规模较大、资金雄厚、并且有着良好的物流服务信誉。

（2）按照物流企业是自行完成和承担物流业务，还是委托他人进行操作，可将物流企业分为物流自理企业和物流代理企业。

物流自理企业指将承接的物流业务由自身完成或承担的物流企业，它就是通常人们所说的物流企业。物流代理企业指将物流业务以委托给其他物流企业完成为主的物流企业，它可以按照物流业务代理的范围，分成综合性物流代理企业和功能性物流代理企业。

## 4.2.2 电子商务环境下的第三方物流

电子商务环境下的第三方物流是指以服务于电子商务为目标，由物流劳务的供方、需方之外的第三方去完成物流服务的物流运作方式。第三方是指提供物流交易双方全部或部分物流功能的外部服务的提供者。从某种意义上来说，这是服务专业化的一种形式。

### 1. 电子商务环境下的第三方物流的发展模式

第三方物流的发展模式主要有以下两种。

（1）自主发展模式。一些拥有优秀物流管理人才的仓储运输企业，可以通过不断地探讨和实践，寻找适合企业自身条件的第三方物流发展模式。

（2）合作发展模式。对于那些基础比较差，特别是管理水平比较低的企业，可以与第三方物流企业合作。在合作中，不断学习和借鉴第三方物流企业的管理理念和经验，或者在合作企业的帮助下，逐步开发第三方物流业务。

### 2．电子商务环境下第三方物流企业的管理模式

1）供应链管理模式

供应链对代理配送公司即第三方物流企业来说是一个中心环节。第三方物流企业要管理的就是由一个“中间者”即第三方物流企业介入到顾客之间的供应链。与传统物流企业一样，其管理是构建在一个相互作用、互为先后的流程过程中的，是以服务的配套化为导向的，所不同的只是地位由供应者变成了中介者。采用供应链管理模式，一般可提高 1/4 的效率。

2）电子化管理模式

全球电子商务发展把第三方物流推向了技术化、科技化、信息化的阶段。现今在全球通行的电子化管理模式是全面企业电子化管理解决方案（Total E nterprise E lectronic Management Solutions，TEEMS）。TEEMS 模式完全避免了仅从某些方面去解决公司问题，却永远解决不了的状态。其第一阶段为“分销业务计划与决策分析系统”；第二阶段为“分销体系与资源运营管理系统”。

从根本意义上来说，TEEMS 是咨询、方案与服务的保证，TEEMS 构造了一个易于扩展的系统架构，从而真正满足了物资流通应用系统不断发展的实际需求。

3）系统化管理模式

物流系统就是随着采购、生产、销售活动而发生的，使物的流通效率提高的系统。这种系统大致由作业系统和信息系统组成。

4）后勤管理模式

对第三方物流企业来讲，后勤工作是企业正常运作的有力支持。通过后勤工作的协调活动，第三方物流企业能合理安排代理配送业务活动过程中的各个环节，对于企业与厂商、客户之间的协调，以及企业自身协调运作有着不可估量的作用。随着电子商务的发展，顾客的需求不断升级，后勤工作也必须做出相应调整，以占取市场份额。

5）全过程管理模式

全过程控制是物流管理的核心问题。供应商必须全面、准确、动态地把握散布在全球各个中转仓库、经销商、零售商、以及汽车、火车、飞机、轮船等各种运输环节中的产品流动状况，并以此为根据随时发出调度指令，制订生产和销售计划，调整市场策略。对于大型商业机构而言，没有全过程的物流管理，就根本谈不上建立有效的分销网络和供应配送体系。

### 3．电子商务环境下第三方物流发展的优势、劣势（SWOT）分析

电子商务环境下，发展第三方物流的优势体现在以下几点。

（1）可以发挥专业化分工与规模经营优势，降低物流企业的经营成本。

（2）能更好地适应电子商务发展的需要。

（3）通过第三方物流整合物流资源，实现物流信息、资源的共享，能更有效地使社会资源得以有效配置。

（4）通过第三方物流企业的系统调配，有利于城市交通状况的改善。

发展第三方物流也存在某些劣势，主要体现在以下几点。

（1）降低了客户企业对物流的控制能力。

（2）客户企业的公司战略信息有外泄的危险。

（3）第三方物流企业可能没办法提供某些满足客户企业个性化需要的物流服务。

这些缺点可以通过完善第三方物流的建设和规划体系加以克服。开展第三方物流是一种大势所趋，是发展电子商务的一种需要。近年来，电子商务在我国得以蓬勃发展，从中国互联网信息中心（CNNIC）对互联网发展的历年调查结果可以看出，我国网民数、上网企业数均呈现快速发展趋势。当前我国第三方物流发展的机遇主要有以下几点。

（1）电子商务的兴起为第三方物流企业的发展提供了良好的外部环境。

（2）随着我国加入 WTO，与更多的国家和地区建立贸易伙伴关系，这为第三方物流企业开拓业务空间带来了良好机会。

（3）一些较为发达国家如美国、日本、英国等有很多成功的第三方物流发展经验，可供我国物流业发展参考。

（4）我国物流业发展取得显著进步，物流基础设施建设、仓储建设、物流装备水平发展迅速，为第三方物流的发展提供了良好的基础。

当前，第三方物流发展所面临的挑战主要有以下几点。

（1）我国整个第三方物流市场还非常分散，企业规模小，专业化程度偏低，物流业的信息化水平也较低，未能为客户企业带来满意的物流服务，给第三方企业发展带来困难。

（2）物流人才供给不足，管理水平较低。

（3）我国加入 WTO，第三方物流企业也面临国外物流企业的强有力竞争，这给我国刚刚起步的第三方物流业带来威胁。

#### 4．当前电子商务条件下第三方物流存在的问题

1）企业规模小，物流市场分散

第三方物流企业大都是中小型，出现条块分割现象。大多数物流网点比较分散，经营网络不合理，集约化优势不明显，不能充分发挥规模效应和整体协同效应。由于物流系统中许多专用性资产分属于不同企业，相互之间的资源不能够共享，达不到资源的有效配置，不能实现总体优势大于各个部分的简单相加。

2）信息化程度低，并且管理落后

受观念和条件的限制，第三方物流企业对信息技术的重要性不够重视，未能投入大量的人力、资金进行信息化建设，信息化程度不高，物流信息化管理水平落后。像因特网、条形码、EDI 等信息技术未能广泛应用，物流企业和客户之间不能共享信息资源，从而难以结成相互依赖的伙伴关系。

3）缺乏政府部门的支持

电子物流信息平台的建设不仅需要投入大量的资金，还会触动某些人的利益。需要得到政府部门的支持，才能使建设的电子物流信息平台有相应的预算保证，最好能够单列物流信息化预算。获得政府部门的支持，能够在推行过程中克服可能遇到的阻力，顺利实施项目。总之，电子物流信息平台的推行离不开政府部门的支持。

4）专业人才匮乏

由于现代科技的日新月异，第三方物流向着信息化、自动化、网络化的方向发展，需要掌握计算机知识、网络知识、自动化技术的专门人才。由于物流起步比较晚，培训机构跟不上步伐，规模较小，无法满足需求。第三方物流企业严重缺乏能适应市场需求的多类型、多层次的物流管理人才和系统性、综合性的复合型人才。

5. 在电子商务条件下第三方物流发展的措施

1）建立无缝链接的物流体系

电子商务要得到进一步发展，必须要建立一个与之相适应的物流体系。如果不结合高效、合理、畅通的电子商务系统，物流的作用也难以充分发挥，反过来，完善的物流体系也会推动电子商务的不断发展。目前，大多数第三方物流企业是由计划经济时期的商业、物资、运输等部门中的储运企业转型而来，企业内存在很多问题，例如制度不明晰、集约化经营优势不明显等。需要将电子商务与物流系统相结合，将各自独特的资源整合起来，实现互补和共享，使企业在市场中发挥作用，形成规模化经营，大大降低物流成本，提高物流企业的效益。

2）利用现代信息技术提高管理水平

物流信息资源的整合能力是第三方物流核心竞争力的重要组成部分，物流信息系统建设水平的高低直接影响到企业的运作效率和客户的服务水平。物流企业要加强现代信息技术的应用，如自动识别技术、条形码技术、无线射频技术等，适应物流发展的新趋势。物流企业要采用现代化的管理理念，改革物流企业现有的组织结构，并且不断的像国外先进的国家学习经验，掌握先进的物流技术和管理经验。

3）建立物流人才培养体系和强化培训机制

企业竞争归根到底是人才的竞争，发展第三方物流的关键就是要打造一支优秀的物流专业人才和管理队伍。首先，政府应当拓宽教育和培训渠道，鼓励第三方物流企业、物流协会和大专院校开展多方面、多层次的人才培养和在职培训工作，特别是对于物流专业人才、管理人才和物流领域的计算机与信息技术的研究与开发人才的培养。其次，提高物流从业人员的素质，加强物流企业与科研院所联合，使得理论研究与实际应用相结合。加快对物流专业技术人才、管理人才的培养，造就一批熟悉物流运作规律，具有创新精神的人才队伍。最后，第三方物流企业不仅要重视专业人才和管理人才的培养，而且要重视对所有员工物流知识和业务的培训。加强员工对先进技术方法的不断学习，提高企业的整体素质，以满足企业在电子商务环境下对物流人才的需求。

4）加强政策调控，整合行业资源

目前国内物流业发展较为滞后，电子商务的快速发展要突破这一瓶颈，不能只依靠电子商务物流业。由于企业势单力薄，基础设施建设水平不高，法律制度不健全，从而制约了物流业的发展。物流业的发展不仅需要市场的调节，更需要政府的参与，加强对物流业发展的宏观指导，构建高效运作的物流体系，出台物流管理法规及相关扶持政策，抓好物流信息基础建设，对促进我国第三方物流业的发展具有十分重要的意义。

## 4.3 新型物流

电子商务物流模式随着物流业的发展也在不断发展变化，这里再介绍几种新型的物流模式：第四方物流、电子物流、绿色物流和国际物流。

### 4.3.1 第四方物流

1. 第四方物流概念

第四方物流（Fourth Party Logistics，4PL）是 1998 年美国埃森哲咨询公司率先提出并注册的。它将第四方物流定义为：一个供应链的整合者以及协调者，调配与管理组织本身与其他互补性服务所具有的资源、能力和技术来提供综合的供应链解决方案。

第四方物流不仅控制和管理特定的物流服务，而且对整个物流过程提出策划方案，并通过电子商务将这个过程集成起来。因此，第四方物流成功的关键在于为用户提供最佳的增值服务，即迅速、高效、低成本和人性化服务等。发展第四方物流需平衡第三方物流的能力、技术以及业务流程管理等，为用户提供功能性一体化服务并扩大营运自主性。

**2．第四方物流的特点**

（1）提供了一个综合性供应链解决方法，以有效地适应需方多样化的需求，集中所有资源为用户完美地解决问题。

① 供应链再建。通过供应链的参与者将供应链规划与实施同步进行，或利用独立的供应链参与者之间的合作提高规模和总量。供应链再建改变了供应链管理的传统模式，将商贸战略与供应链战略连成一线，创造性地重新设计了参与者之间的供应链，使之达到一体化标准。

② 功能转化。主要是销售和操作规划、配送管理、物资采购、用户响应以及供应链技术等，通过战略调整、流程再造、整体性改变管理和技术，使用户间的供应链运作一体化。

③ 业务流程再造。将用户与供应商信息和技术系统一体化，把人的因素和业务规范有机结合起来，使整个供应链规划和业务流程能够有效地贯彻实施。

④ 实施第四方物流。开展多功能、多流程的供应链业务，其范围远远超出传统外包运输管理和仓储运作的物流服务。企业可以把整条供应链全权交给第四方物流运作，第四方物流可为供应链功能或流程提供完整的服务。

（2）通过影响整个供应链来获得价值，与外包的供应链的区别之一在于其能够为整条供应链的用户带来利益。

① 利润增长。第四方物流的利润增长将取决于服务质量的提高、实用性的增加和物流成本的降低。由于第四方物流关注的是整条供应链，而非仓储或运输单方面的效益，因此其为用户及自身带来的综合效益会出现惊人进展。

② 运营成本降低。可以通过运作效率提高、流程增加和采购成本降低实现，即通过整条供应链外包功能以达到节约的目的。流程一体化、供应链规划的改善和实施将使运营成本和产品销售成本降低。

③ 工作成本降低。采用现代信息技术、科学的管理流程和标准化管理，使存货和现金的流转次数减少，成本有望降低 30%。

④ 提高资产利用率。用户通过第四方物流减少了固定资产占用并且提高了资产利用率，使得用户通过投资研究设计、产品开发、销售与市场拓展等获得经济效益的提高。

（3）擅长发挥信息技术的重要作用。信息技术所能够提供的实时信息，帮助企业在必要的时候能够重新调整产品流，并且预测内向和外向的流量。它还可以帮助用户对供应链上的各个层次的绩效数据进行量化和跟踪，同时寻找机会进行持续改善。近年来在供应链管理技术方面的突破使得供应链的参与者可以真正能够对整个供应链有一个全面、实时的“全景式”扫描。信息技术能力已经可以覆盖能影响企业竞争能力的诸多方面，包括产品流的可视性、事件管理和绩效管理等。随着信息管理的日益重要，公司需要制订一个合适的信息技术策略和成熟适用的信息技术解决方案。而这往往是一般企业所不具备的技能，但第四方物流却擅长此技能。

第四方物流影响大批的服务者（第三方物流、网络工程、电子商务、运输企业等）、用户及其供应链中的其他合作伙伴。它作为用户间的联接点，通过合作或联盟提供多样化服务。第四方物流的优点是可以使迅速、高质量、低成本的运送服务得以实现。不少人认为第四方物流由于难以获得委托者的信任而只是一个设想，但随着社会经济的不断发展，第四方物流将会得到广泛的运用。

### 3. 第四方物流公司的运作模式

1）协同运作模式

第四方物流和第三方物流通过合作对物流系统的解决方案进行规划和整合，这样的解决方案利用了双方的能力和市场。第四方向第三方提供一系列的服务，包括技术、供应链策略技巧、进入市场能力和项目管理专长。第四方物流往往会在第三方物流公司内工作，双方要么签有商业合同．要么结成战略联盟。

2）方案集成商模式

第四方物流为客户提供运作和管理整个供应链的解决方案。第四方物流对本身和第三方物流的资源、能力和技术进行综合管理，为客户提供全面的、集成的供应链方案。第四方物流可以集成多个服务供应商和客户的能力。

3）行业创新者模式

第四方物流为多个行业开发和提供供应链解决方案，并以供应链整合和同步为重点。行业解决方案会给整个行业带来最大的利益。第四方物流会通过卓越的运作策略、技术和实施来提高整个行业的效率。

### 4. 成为第四方物流的前提条件

第四方物流的前景非常诱人，但是成为第四方物流的门槛也非常高。美国和欧洲的经验表明，要想进入第四方物流领域，企业必须在某一个或几个方面已经具备很强的核心能力，并且有能力通过战略合作伙伴关系进入其他领域。专家列出了一些成为第四方物流的前提条件。

（1）世界水平的供应链策略制订、业务流程再造、技术集成和人力资源管理能力。

（2）在集成供应链技术和外包能力方面处于领先地位。

（3）在业务流程管理和外包的实施方面有一大批富有经验的供应链管理专业人员。

（4）能够同时管理多个不同的供应商，具有良好的关系管理和组织能力。

（5）全球化的地域覆盖能力和支持能力。

（6）对组织变革问题的深刻理解和管理能力。

正宗的第四方物流不仅控制和管理特定的物流服务，而且对整个物流过程提出策划方案，并通过电子商务将这个过程集成起来。预测表明，作为能与客户的制造、市场及分销数据进行全面、在线连接的一个战略伙伴，第四方物流与第三方物流一样，它是可以在可预见的将来得到广泛的应用。

**小资料**

**成功的第四方物流公司**

2002 年 1 月 1 日，威尚集团旗下的安得物流公司宣告其定位物流高端的第四方物流公司——广州安得供应链技术有限公司正式成立，这是国内具有实际业务与运作实力的第三方物流公司孵化的第一家第四方物流公司。紧接着，2002 年 11 月 28 日，安得物流公司就与广州著名家电销售商东泽电器签署战略合作协议，双方在第三方物流基础上共同打造“第四方物流”，为东泽电器提供从供应商到经销商、从经销商到单一客户的一整套涉及货物运输、仓储、货物跟踪等全流程的解决方案，从而开始了第四方物流公司正式的业务运作。

2002 年 12 月，海尔集团物流有限公司与寰宇空港物流签订北京首都机场的物流合作项目协议，也标志着海尔物流已进入第四方物流领域。创造现代经营神话的海尔集团从 1984 年 12 月到现在，经历了三个发展战略阶段：第一阶段是品牌战略，第二阶段是多元化战略，第三阶段是国际化战略。在第三阶段，其战略创新的核心是从海尔的国际化到国际化的海尔，是建立全球供应链网络，支撑这个供应链网络的基础就是海尔的现代物流体系。海尔集团认为，21 世纪的竞争将不再是单个企业之间的竞争，而是供应链与供应链之间的竞争。谁所在的供应链总成本低，对市场响应速度快，谁就能赢得市场。一只手抓住用户的需求、一只手抓住可以满足用户需求的全球供应链，这就是海尔物流创造的核心竞争力。也正是基于这一经营理念，海尔才会顺理成章地走在了现代物流发展的最前沿——进入第四方物流领域。

（本文由作者根据网络资料改写，原文见 http://wenku.baidu.com/view/f1d2da01a6c30c2259019ed5.html）

## 4.3.2 电子物流

### 1. 电子物流的概念

电子物流（E-Logistics）就是利用电子化的手段，尤其是利用互联网技术来完成物流的协调、控制和管理，实现从网络前端到最终客户端的所有中间过程服务。它最显著的特点是各种软件技术与物流服务的融合应用。

电子物流功能十分强大，它能实现系统之间、企业之间以及资金流、物流、信息流之间的无缝链接，而且这种链接同时还具备预见功能，可以在上下游企业间提供一种透明的可视化功能，帮助企业最大限度地控制和管理库存。同时，由于全面应用了客户关系管理、商业智能、计算机电话集成、地理信息系统、全球定位系统、互联网、无线互联网技术等先进的信息技术手段，以及配送优化调度、动态监控、智能交通、仓储优化配置等物流管理技术和物流模式，电子物流提供了一套先进的、集成化的信息技术手段，从而为企业建立敏捷的供应链系统提供了强大的技术支持。

电子物流业务使得客户可以运用外部服务力量来实现内部经营目标的增长，即客户能够得到量身定做的个性服务，而整个过程则由第三方电子物流服务提供商进行管理。当顾客的支付信息被处理后，电子物流系统会为客户发送订单确认信息。在这一工作就绪之后，电子物流系统对客户订单进行格式化，并将订单发送到离客户最近的仓储中心。而电子物流的外包服务则在 B2B 业务中的制造商与电子物流服务供应商之间，以及 B2C 业务中的制造商及业务伙伴之间提供了建设性的桥梁作用。

### 2. 电子物流的独特优势

电子物流之所以得到如此广泛的关注与发展，是与其本身独有的优势分不开的。

（1）电子物流企业通过互联网加强了企业内部、企业与供应商、企业与消费者、企业与政府部门的联系沟通、相互协调、相互合作。消费者可以直接在网上获取有关产品或服务信息，实现网上购物。这种网上的“直通方式”使企业能迅速、准确、全面地了解需求信息，实现基于客户订货的生产模式（Build to Order，BTO）和物流服务。

（2）电子物流可以在线跟踪发出的货物，联机地实现投递路线的规划、物流调度以及货品检查等。实现对货物的实时监控，即从货物出厂家的门到进入商家和用户的门，这个过程中能时刻监控到货物的运输线路、所在位置，并且能够便捷、低成本地同货物保持联系，这就等于实现了物流信息化中最难以完成的环节。

美国联合包裹服务公司（UPS）在由传统物流企业向电子物流企业跨跃的过程中，斥巨资进行设备和技术人员的投入，实现了对每件货物运输即时状况的掌握。UPS 能够对每日运送的 1 300 万个邮包进行电子跟踪。例如一个出差在外的销售员在某地等待某些样品的送达。他在 UPS 安排的网络系统中输入 UPS 运单跟踪号码，便可以知道货物所处的位置。当需要将货物送达另一个目的地时，只需再次通过网络以及附近的蜂窝式塔台，找出货物的位置，并指引到最近的投递点即可。同样，亚马逊（Amazon）的成功也不仅仅是因为它的捷足先登，而更关键的是它近乎完美的全新电子物流的服务流程。

（3）电子物流服务能够为客户提供系统集成服务解决方案，使客户的前端服务与后端的各项物流业务紧密地结合起来。所以说电子物流=前端服务+后端服务。电子物流的前端服务是至关重要的，是客户与物流企业交流的窗口。它包括咨询服务（确认客户需求）、网站设计/管理、客户集成方案实施等。而电子物流的后端服务则包括 6 类主要的业务：订单管理、仓储与分拨、运输与交付、退货管理、客户服务以及数据管理与分析等（见图 4-4）。

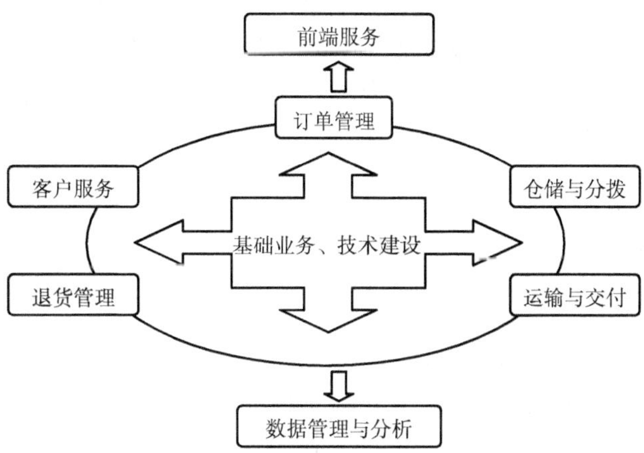


图 4-4　电子物流的服务结构

### 3. 传统物流服务与电子物流服务的区别

顾客在网上的购买行为与传统的购买行为有所不同，因此也就决定了电子物流服务形式、手段的特殊性。在网上购物的顾客在网上商店寻觅到所需的特定物品，并且希望能够得到实时的信息反馈，诸如是否有存货、何时能够收到货物等，同时他们也十分关注如果在网上选购的物品不甚理想或者是物品在运输途中受损是否能够及时、便利地办理退货等。新兴的电子物流服务就是由具备实力的服务商来提供最大限度地满足顾客需求的外包服务。传统物流服务与电子物流服务的区别如表 4-2 所示。

**表 4-2　传统物流服务与电子物流服务的区别**

| 传统物流与电子物流的比较 | 传统物流 | 电子物流 |
|---|---|---|
| 业务推动力 | 物质财富 IT | 技术 |
| 服务范围 | 单项物流服务（运输、仓储、包装、装卸、配送等） | 综合性物流服务，同时提供更广泛的业务范围，如网上前端服务等 |
| 通信手段 | 传真、电话等 | 大量应用互联网、EDI 技术 |
| 仓储 | 集中分布 | 分散分布、分拨中心更接近顾客 |

续表

| 传统物流与电子物流的比较 | 传统物流 | 电子物流 |
| --- | --- | --- |
| 包装 | 批量包装 | 个别包装、小包装 |
| 运输频率 | 低 | 高 |
| 交付速度 | 慢 | 快 |
| IT 技术应用 | 少 | 多 |
| 电感 | 少 | 多 |

由于认识到电子物流将带来的市场机遇，传统的提供仓储分拨业务、运输业务的服务商纷纷涉足电子物流市场，更有一些新进入该领域的服务提供商十分看好其发展潜力，希望能在电子物流市场上有所作为。

#### 4．电子物流的市场参与者

从目前的电子物流服务市场看，主要有 4 类市场参与者，它们分别是传统的物流服务提供商、软件供应商、集成商以及物流服务方案商。从表面看来，这些市场参与者分别从事特定的服务，但是在电子物流服务市场领域，大多数市场参与者向客户提供的是一种综合性的物流服务。目前还没有任何一个电子物流服务供应商能够提供全部的电子物流服务，大部分厂商是通过利用自身的力量或者寻找业务合作伙伴来向客户提供端到端的电子物流服务解决方案。

### 4.3.3　绿色物流

#### 1．绿色物流的概念

绿色物流（Environmental Logis tics）指的是在物流过程中，抑制物流对环境造成危害的同时，实现对物流环境的净化，使物流资源得到最充分的利用。

随着环境资源恶化程度的加深，人类生存和发展的威胁加大，人们对资源的利用和对环境的保护越来越重视。于是，物流系统中的托盘、包装箱、货架等资源消耗大的环节出现了以下趋势。

（1）包装箱材料采用可降解材料。

（2）托盘的标准化使得重复利用率提高。供应链管理的不断完善大大地降低了托盘和包装箱的使用。

现代物流业的发展必须优先考虑在物流过程中减少环境污染，提高人类生存和发展环境质量等问题。废弃物的回收利用已列入许多发达国家的可持续发展战略，因为地球上的资源总有一天会用完，对此我们要高度重视。

#### 2．绿色物流产生的现实背景

1）企业物流对环境造成污染

日本物流成本计算的权威西泽修先生曾提出了“物流成本冰山”说，其含义是说人们对物流费用的总体内容并不掌握，提起物流费用大家只看到露出海水上面的冰山的一角，而潜藏在海水里的整个冰山却看不见，实际上海水中的冰山才是物流费用的主体部分。该理论也同样揭示企业物流结构的不合理造成的社会成本，这个成本就是环境污染。任何形式的环境污染都根源于物质的不适当流动，而且流动的量达到了一定规模就超过了环境的负载能力。因此企业在进行物流管理时不能不考虑由此产生的环境污染及由环境污染形成的巨大的社会成本。

现代物流活动是由实现物质、商品空间移动的输送、时间移动的保管、流通加工、包装、装卸等元素构成的。现代物流活动中的各个元素都在不同程度上因存在非绿色因素而对环境造成污染。

（1）输送过程的非绿色因素主要表现为两个方面：一方面，交通工具本身产生了较为严重的环境污染；另一方面，输送的商品也有可能对环境造成损害，如石油在海运过程中发生泄漏而造成大片海域污染，这样的污染常常是致命的，并且在很长时期内都无法恢复常态。

（2）保管过程中的非绿色因素主要有两个方面：一是商品保管中心必须用一些化学方法对之进行养护，如喷洒杀虫、菌剂，对周边生态环境会造成污染；另一方面，一些商品，如易燃、易爆、化学危险品，由于保管不当，爆炸或泄漏也对周边环境造成污染和破坏。

（3）流通加工对环境也有非绿色影响因素，表现为加工中资源的浪费或过度消耗，加工产生的废气、废水和废物都对环境和人体构成危害。

（4）包装过程中的非绿色因素主要表现在两个方面：一方面是包装材料的环境污染；另一方面是过度的包装或重复的包装，造成资源的浪费，不利于可持续发展，同时也无益于生态经济效益。

（5）装卸过程中的非绿色因素有：装卸不当，商品体的损坏，造成资源浪费和废弃，废弃物还有可能对环境造成污染。

可见，现代物流活动对环境的影响已经威胁到人们的日常生活。21 世纪，人类面临人口膨胀、环境恶化、资源短缺的三大危机，绿色物流将备受关注。

2）绿色物流适应世界发展和企业利益

（1）绿色物流适应了世界社会发展的潮流，是全球经济一体化的需要。随着全球经济一体化的发展，一些传统的关税和非关税壁垒逐渐淡化，环境壁垒逐渐兴起，为此，ISO 14000 成为众多企业进入国际市场的通行证。ISO 14000 的两个基本思想就是预防污染和持续改进，它要求企业建立环境管理体系，使其经营活动、产品和服务的每一个环节对环境的不良影响降到最小。

（2）绿色物流是可持续发展的一个重要环节。绿色物流与绿色制造、绿色消费共同构成了一个节约资源、保护环境的绿色经济循环系统。绿色制造是制造领域的研究热点，指以节约资源和减少污染的方式制造绿色产品，是一种生产行为。绿色消费是以消费者为主体的消费行为。三者之间是相互渗透、相互作用的。

（3）绿色物流是最大限度降低经营成本的必由之路。分析认为，产品从投产到销出，制造加工时间仅占 10%，而近 90%的时间为储运、装卸、分装、二次加工、信息处理等物流过程。因此，物流专业化无疑为降低成本奠定了基础。绿色物流强调低投入，这不仅意味着物流成本的降低，更重视的是绿色化和由此带来的节能、高效、少污染。

（4）绿色物流还有利于企业取得新的竞争优势。日益严峻的环境问题和日趋严格的环保法规，使企业为了持续发展，必须积极解决经济活动中的环境问题，改变危及企业生存和发展的生产方式，建立并完善绿色物流体系，通过绿色物流来追求高于竞争对手的相对竞争优势。

### 3．绿色物流的目标

绿色物流的目标是将环境管理导入物流的各个系统，加强物流业中各个作业环节的环境管理和监督，有效地遏止物流业发展造成的污染和能源浪费。绿色物流融合了环境保护观念，既是连接绿色制造和绿色消费之间的纽带，也是企业降低资源消耗和能源消耗、减少污染、提高竞争优势的“战略武器”。绿色物流不仅仅是为了实现经济主体的盈利、满足顾客需求、扩大市场占有率等经济利益，它还追求节约资源、保护环境的目标。

**4．绿色物流的构成**

由于物流是与节约资源、保护环境相关的流通活动主要发生的领域，故绿色物流也是绿色流通中的主要方面。

绿色物流由绿色运输、绿色包装及绿色流通加工 3 个子范畴组成。

1）绿色运输

运输过程中的燃油消耗和尾气排放，是物流活动造成环境污染的主要原因之一。绿色运输是指以节约能源、减少废气排放为特征的运输。主要途径是周密策划，合理选择运输工具和运输路线，克服迂回运输和重复运输，多快好省地完成装卸运输。

2）绿色包装

绿色包装是指采用节约资源、保护环境的包装。绿色包装的途径主要有：促进生产部门采用尽量简化的，以及由可降解材料制成的包装；在流通过程中，应采取措施实现包装的合理化与现代化，例如：包装模数化、大型化和集装化等；同时还提倡包装的多次、反复使用和废弃包装的处理以及开发新的包装材料和包装器具。

3）绿色流通加工

流通加工指物品在从生产地到使用地过程中，根据需要施加包装、分割、计量、分拣、组装、价格贴付、标签贴付、商品检验等简单作业的总称。绿色流通加工主要包括两个方面措施：一是变消费者加工为专业集中加工，以规模作业方式提高资源利用效率，减少环境污染。如饮食服务业对食品进行集中加工，以减少家庭分散烹调所带来的能源和空气污染。二是集中处理消费品加工中产生的边角废料，以减少消费者分散加工所造成的废弃物的污染，如流通部门对蔬菜集中加工，可减少居民分散加工、垃圾丢放及相应的环境治理问题。

### 4.3.4 国际物流

信息革命和电子商务的兴起，加快了世界经济一体化进程，促进了世界经济的增长，使国际物流也得到了极大的发展，2006 年—2009 年年间，我国国民生产总值年均实际增长 11.2%，对外贸易增长速度为 17.7%，同期国际物流中，集装箱货运量年均增长速度达到 35%。2009 年，我国进出口贸易额达 22 07 5.4 亿美元，进出口货运量达 23 亿吨。可见，我国国际物流量和对外贸易是同步增长的，并且远远超过了同期国民生产总值的增长速度。可以说，国际贸易的发展离不开有效的国际物流作为保证和支持。

**1．国际物流概述**

1）国际物流的概念

国际物流是一种跨国界物流概念，它是指合理组织货物在国际间流动，也就是发生在不同国家和地区间的物流活动。国际物流的实质是按照国际分工协作的原则，按照国际物流惯例和标准，利用国际物流网络、物流设施和物流技术，实现货物在国际间的流动和交换，以促进区域经济的发展和世界资源的优化配置。

国际物流是不同国家之间的物流，这种物流是国际间有型商品贸易的必然组成部分，各国之间的贸易要借助国际物流来实现。国际物流的目标是为国际贸易和跨国经营服务，即选择最佳的方式与途径，以最低的费用和最小的风险，保质，保量，适时地将货物由一国的供方运到另一国的需方。

2）国际物流的发展

物流的观念早在 20 世纪 40 年代就在美国萌生，但国际物流概念的产生和发展却是最近十几年的事，它随着国际贸易和跨国经营的发展而发展。第二次世界大战以前，国际间虽然已经有了不少的经济往来，但无论是在数量上还是质量上都没有将国际间物的流通放在主要地位。第二次世界大战后，国际间的经济交往越来越活跃，国际贸易量大增以及跨国公司的全球化经营战略对传统的货物运输提出了新的要求。在这种情况下，物流进入到国际领域。20 世纪以来，国际物流活动的发展大致经历了萌芽、起步和发展 3 个阶段。

（1）萌芽阶段（20 世纪 50 年代至 80 年代）。这一阶段物流设施和物流技术得到了极大的发展，建立了配送中心，广泛运用电子计算机进行管理，出现了立体无人仓库，一些国家还建立了本国的物流标准化体系等，物流系统的改善促进了国际贸易的发展。这一阶段的物流活动已经超出了一国的范围，但物流国际化的趋势还没有得到人们的重视。

（2）起步阶段（20 世纪 80 年代初至 90 年代初）。随着经济技术的发展和国际经济往来的日益扩大，物流国际化趋势开始成为世界性的共同问题。在物流量不断扩大的情况下出现了“精细物流”，物流的机械化、自动化水平不断提高。同时随着人们需求观念的变化，国际物流着力解决“小批量、高频度、多品种”的物流，出现了不少新技术和新方法，使物流不仅包括了大批量货物和集装货物，也涵盖了多品种货物，基本覆盖了所有物流对象。随着这一阶段的物流发展，出现了物流信息系统和电子数据交换系统（EDI）。这一阶段物流国际化的趋势局限在美国、日本和欧洲等发达国家。

（3）发展阶段（20 世纪 90 年代至今）。这一阶段国际物流的概念及重要性已为各国政府和外贸部门所普遍接受，而且越来越受到人们的重视。国际物流信息化高度发展，互联网、条形码以及全球卫星定位系统在物流领域得到普遍应用。高科技在国际物流中的应用，极大地提高了物流信息化和物流服务水平，成为物流企业保证自身竞争力的必备法宝。

3）国际物流的特点

与国内物流相比，国际物流有以下几个特点。

（1）物流环境存在差异。国际物流的一个非常重要的特点是，各国物流环境存在较大的差异，尤其是物流软环境方面的差异。不同国家的不同物流法律使国际物流的复杂性远远高于国内物流，甚至会因此阻断国际物流；不同国家、不同经济和科技发展水平使国际物流处于不同科技条件的支撑下，甚至有些地区根本无法应用某些技术而迫使国际物流系统整体水平的下降；不同国家采用不同的技术和管理标准，也造成国际间“接轨”的困难，因而使建设国际物流系统的难度加大；不同国家的风俗人文差异也使国际物流受到一定的限制。物流环境的差异使国际物流系统需要在不同的法律、人文、习俗、语言、科技、设施的环境下运行，无疑会大大增加物流的难度和系统的复杂性。

（2）物流系统范围广泛。物流本身的功能要素、系统与外界的沟通已相当复杂，国际物流又在这复杂系统上增加不同国家的要素，不仅是地域和空间的广阔，而且涉及的内外因素会更多，所需的时间更长，地理范围扩大带来的直接后果是物流的难度和复杂性增加，风险增大。国际物流的风险性主要包括政治风险、经济风险和自然风险。政治风险主要是指由于有关国家和地区的政局动荡，如战争、罢工等原因造成货物可能受到损害或灭失；经济风险又可分为利率风险和外汇风险等，主要是指从事国际物流必然要发生的资金流动和国际汇兑，因而产生的利率风险和外汇风险；自然风险则指物流过程中，因长途运输和长期储存而可能增加自然灾害影响商品质量和数量的几率，如遭遇台风、海啸、暴风雨等引起的风险。

（3）国际物流的标准化要求较高。要使国际间物流畅通起来，统一标准是非常重要的。国际物流是国际贸易的衍生物，它是随着国际贸易的发展而产生和发展起来的，是国际贸易得以继续顺利实现的必要条件。如果贸易密切的国家在物流基础设施、信息处理系统乃至物流技术方面不能形成相对统一的标准，那么就会造成国际物流资源的浪费和成本增加，最终影响产品在国际市场上的竞争能力，而且国际物流水平也难以提高。目前美国、欧洲基本实现了物流工具、设施的统一标准，大大降低了物流费用，降低了转运的难度。而不采用统一标准的国家，必然在转运等许多方面耗费较多时间和费用，从而降低其国际竞争能力。在物流信息传递技术方面，欧盟各国不仅实现了企业内部的标准化，而且实现了企业之间及欧洲统一市场的标准化，这就使欧盟各国之间的信息交流比其与亚非国家之间的交流更为简便、有效。

（4）国际物流还必须有国际化信息系统的支持。国际化信息系统是支持国际物流，尤其是国际联运的重要手段。建立国际信息系统是一项颇有难度的工作，一是管理困难，二是投资巨大，目前因特网的迅速扩展、跨洲光缆的铺设（如亚欧海底光缆、中美海底光缆等）都是国际化信息系统的重要进展。但是也应当指出，由于世界各地信息基础设施发展水平严重不平衡，发达国家经济信息化水平较高，发展中国家信息化水平较低，特别是一些低收入发展中国家的信息基础设施严重不足，信息使用水平极低，在发达国家和发展中国家之间出现了所谓的“数字鸿沟”，也影响到国际物流业务的发展。所以，要扩大国际物流业务，应当重视克服各国信息应用水平的不均衡，发达国家应向发展中国家提供必要的资金和技术支持，以缩小双方的数字差距，减少信息沟通的困难。例如，与各国海关的公共信息系统联网，及时掌握有关各个港口、机场和联运线路、站场的实际情况，为供应和销售物流提供决策支持。

4）国际物流发展趋势

（1）信息化趋势。国际物流的信息化表现为物流商品的信息化、物流信息收集的数据库化和代码化、物流信息处理的电子化和计算机化、物流信息传递的标准化和实时化、物流信息存储的数字化等。为实现物流的信息化，首先用标准化的条形码技术完成商品数据录入和数据采集，再借助自动识别技术、数据库技术、电子数据交换等现代技术手段建立仓储、保管等各类与物流业务管理有关的基本数据库；应用射频技术（RF）来进行物料跟踪、运载工具和货架识别等要求非接触数据采集交换和需要频繁改变数据内容的场合，借助便携式数据终端（PDT）随时通过RF技术把客户产品清单、发票、发运标签、该地所存产品代码和数量等数据传送到计算机管理系统；应用全球定位系统（GPS），可以全天候、连续地为无限多用户提供任何覆盖区域内目标的高精度的三维速度、位置和时间信息，从而大大提高物流路网及其运营的透明度，提供更高质量的物流服务；通过地理信息系统（GIS）能完成车辆路线模型、最短路径模型、网络物流模型、分配集合模型和设施定位模型等功能。

（2）智能化趋势。国际物流的智能化已经成为国际物流发展的一个重要方向。智能化是物流自动化、信息化的一种高层次应用，物流作业过程中大量的运筹和决策，如库存水平的确定、运输（搬运）路线的选择，自动导向车的运行轨迹和作业控制，自动分拣机的运行、物流配送中心经营管理的决策支持等问题，都可以借助专家系统、人工智能和机器人等相关技术加以解决。因此物流智能化要求物流中心必须建立物流业务流程分析系统。具体而言，物流分析系统应包括以下模型：车辆路线模型、网络物流模型、分配集合模型、设施定位模型、全球定位系统模型等。

（3）环保化趋势。物流与社会经济的发展是相辅相成的，现代物流一方面促进了国民经济从粗放型向集约型转变，另一方面又成为消费生活高度发展的支柱。然而，无论在“大量生产—大量流通—大量消费”的时代，还是在“多样化消费—有限生产—高效率流通”的时代，都需要从环境的角度对物流体系进行改进，即需要形成一个环境共生型的物流管理系统。环境共生型的物流管理就是要改变原来经济发展与物流、消费生活与物流的单向作用关系，在抑制物流对环境造成危害的同时，形成一种催促经济和消费生活同时健康发展的物流系统，即向环保型、循环型物流转变。

### 2．国际物流系统与国际物流系统网络

#### 1）国际物流功能要素系统

国际物流系统是由商品的包装、储存、运输、检验、流通加工和其前后的整理、再包装以及国际配送等子系统组成。其中，储存和运输子系统是物流的两大支柱。国际物流通过商品的储存和运输，实现其自身的时间和空间效益，满足国际贸易活动和跨国公司经营的要求。下面简单介绍一下这些子系统。

（1）国际货物运输子系统。运输的作用是将商品使用价值进行空间移动，物流系统依靠运输作业克服商品生产地和需要地间的空间距离，创造了商品的空间效益。国际货物运输是国际物流系统的核心。商品通过国际货物运输作业由卖方转移给买方。国际货物运输具有路线长、环节多、涉及面广、手续繁杂、风险性大、时间性强等特点。运输费用在国际贸易商品价格中占有很大比重。国际运输主要包括运输方式的选择、运输单据的处理以及投保等有关方面。

（2）商品仓储子系统。商品储存、保管使商品在其流通过程中处于一种或长或短的相对停滞状态，这种停滞是完全必要的。因为，商品流通是一个由分散到集中，再由集中到分散的源源不断的流通过程。国际贸易和跨国经营中的商品从生产厂家或供应部门被集中运送到装运港口，有时须临时存放一段时间，再装运出口，是一个集和散的过程。它主要是在各国的保税区和保税仓库进行的。主要涉及各国保税制度和保税仓库建设等方面。保税制度是对特定的进口货物，在进境后，尚未确定内销或复出口的最终去向前，暂缓缴纳进口税，并由海关监管的一种制度。这是各国政府为了促进对外加工贸易和转口贸易而采取的一项关税措施。保税仓库是经海关批准专门用于存放保税货物的仓库。它必须具备专门储存、堆放货物的安全设施，具备健全的仓库管理制度和详细的仓库账册，配备专门的经海关培训认可的专职管理人员。保税仓库的出现，为国际物流的海关仓储提供了既经济又便利的条件。有时会出现对货物不知最后作何处理的情况，这时买主（或卖主）将货物在保税仓库暂存一段时间。若货物最终复出口，则无须缴纳关税或其他税费；若货物将内销，可将纳税时间推迟到实际内销时为止。从物流角度看，应尽量减少储存时间、储存数量，加速货物和资金周转，实现国际物流的高效率运转。

（3）商品检验子系统。由于国际贸易和跨国经营具有投资大、风险高、周期长等特点，使得商品检验成为国际物流系统中重要的子系统。通过商品检验，确定交货品质、数量和包装条件是否符合合同规定。如发现问题，可分清责任，向有关方面索赔。在买

卖合同中，一般都订有商品检验条款，其主要内容有检验时间与地点、检验机构与检验证明、检验标准与检验方法等。

（4）商品包装子系统。杜邦定律（美国杜邦化学公司提出）认为：63%的消费者是根据商品的包装进行购买的，国际市场和消费者是通过商品来认识企业的，而商品的商标和包装就是企业的面孔，它反映了一个国家的综合科技文化水平。在考虑出口商品包装设计和具体作业过程时，应把包装、储存、装卸和运输有机联系起来统筹安排，全面规划。即从商品一开始包装就考虑到储存的方便、运输的快速等，以减少物流费用。

（5）国际物流信息子系统。国际物流信息子系统主要功能是采集、处理和传递国际物流和商流的信息情报。没有功能完善的信息系统，国际贸易和跨国经营将寸步难行。国际物流信息的主要内容包括进出口单证的作业过程、支付方式信息、客户资料信息、市场行情信息和供求信息等。国际物流信息系统的特点是信息量大，交换频繁；传递量大，时间性强；环节多，点多，线长。所以要建立技术先进的国际物流信息系统，国际贸易中 EDI 的发展是一个重要趋势。我国应该在国际物流中加强推广 EDI 的应用，建设国际贸易和跨国经营的高速公路。

上述主要系统应该和配送系统、装搬系统以及流通加工系统等有机联系起来，统筹考虑，全面规划，这样才能建立适应国际竞争要求的国际物流系统。

2）国际物流系统模式

（1）国际物流系统模式的构成。国际物流系统的一般模式包括：系统的输入部分、系统的输出部分以及将系统的输入转换成输出的转换部分。系统运作过程中或一个循环周期结束时，就有外界信息反馈回来，为原系统的完善提供改进信息，使下一次的系统运行将有所改进，如此循环往复，使系统逐步达到有序的良性循环。国际物流系统遵循一般系统模式的原理，构成自己独特的物流系统模式。

（2）国际物流系统模式分析。下面以出口物流系统模式为例，对国际物流系统输入、输出、转换 3 部分的内容加以分析，如图 4-5 所示。

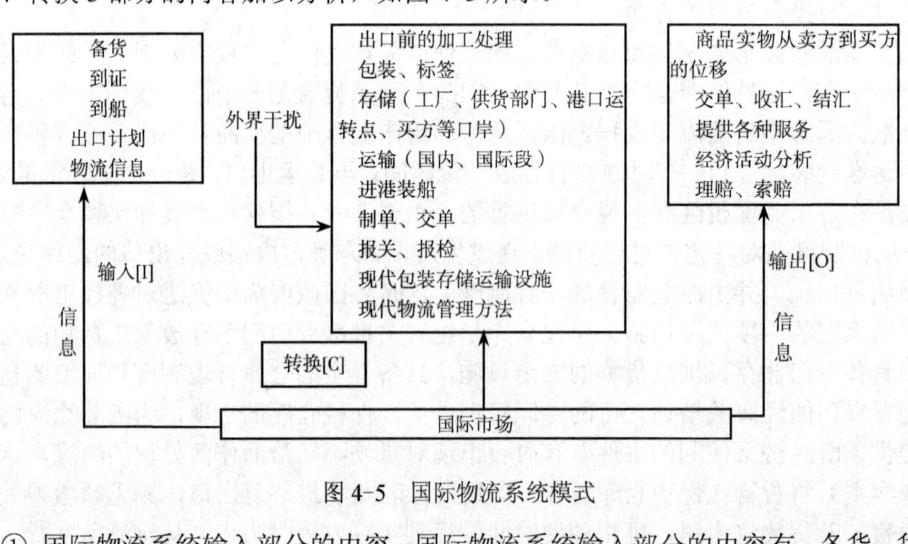


图 4-5　国际物流系统模式

① 国际物流系统输入部分的内容。国际物流系统输入部分的内容有：备货，货源落实；到证，接到买方开来的信用证；到船，买方派来的船舶；编制出口货物运输计划；其他物流信息。

② 国际物流系统输出部分的内容。国际物流系统输出部分的内容有：商品实体从卖

方经由运输送达买方手中；交齐各项出口单证，结算、收汇；提供各种物流服务；经济活动分析及理赔、索赔。

③ 国际物流系统转换过程的内容。国际物流系统转换过程包括：商品出口前的加工整理；包装、标签；存储；运输（国内、国际段）；商品进港、装船；制单、交单；报关、报验；现代管理方法、手段和现代物流设施的介入。

3）国际物流系统网络

国际物流系统网络是指由多个收发货的"节点"和它们之间的"连线"所构成的物流抽象网络以及与之相伴随的信息流网络的有机整体。

收发货节点是指进出口货物的各个交接点，如制造商仓库、中间商仓库、口岸仓库、国内外中转点仓库以及流通加工配送中心和保税区仓库。国际贸易商品就是通过这些仓库的收入和发出，并在中间存放保管，实现国际物流系统的时间效益，克服生产时间和消费时间的分离，促进国际贸易系统的顺利运行。

连线是指连接上述国内外众多收发货节点间的运输，如各种海运航线、铁路线、飞机航线以及海、陆、空联合运输航线。这些网络连线是库存货物的移动（运输）轨迹的物化形式；每一对节点有许多连线以表示不同的运输路线、不同产品的各种运输服务；各节点表示存货流动暂时停滞，其目的是为了更有效的移动（收或发）；信息流动网的连线通常包括国内外的邮件，或某些电子媒介（如电话、电传、电报以及目前的EDI电子数据交换等），其信息网络的节点则是各种物流信息汇集及处理之点，如员工处理国际订货单据、编制大量出口单证或准备提单或计算机对最新库存量的记录；物流网与信息网并非独立，它们之间的关系是密切相联的。

优秀的国际物流系统网络可以精确地确定国际贸易中的进出口货源点（或货源基地）和消费者的位置，各层级仓库及中间商批发点（零售点）的位置、规模和数量，从而使国际物流系统达到合理化。

在合理布局国际物流系统网络的前提下，国际商品由卖方向买方实体流动的方向、规模、数量就确定下来了。即国际贸易的贸易量、贸易过程（流程）的重大战略问题，进出口货物的卖出和买进的流程、流向，物流费用、国际贸易经营效益等，都一一确定出来了。

4）建立和完善国际物流系统网络应注意的问题

（1）在规划网络内建库数目、地点及规模时，都要紧密围绕商品交易计划，乃至一个国家的宏观国际贸易总体规划。

（2）明确各级仓库的供应范围、分层关系及供应或收购数量，注意各层仓库间的有机衔接。诸如生产厂家仓库与各中间商仓库、港（站、机场）区仓库以及出口装运能力的配合和协同，以保证国内外物流畅通，少出现或不出现在某一层仓库储存过多、过长的不均衡状态。

（3）国际物流网点规划要考虑现代物流技术的发展，留有余地，以备将来的扩建。为发展外向型经济，扩大国际贸易，增强商品在国际市场上的竞争力，应建立健全高效、通畅的国际物流体系，以实现国际物流合理化和国际贸易扩大化。

### 3. 电子商务条件下的我国国际物流

1）我国国际物流电子商务现状

当前中国的国际物流领域，无论是公司所有者，还是经营管理者，或是普通职员，无论主动还是被动，电子商务其实已经渗透到公司的工作流程中了。但是，电子商务并不是狭隘的企业之间的网上议价，它应该贯穿于整个交易过程当中，因为对于国际物流来说，交易价格的确定不是物流的结束，而是物流的开始。紧接着还有配载、报关报检、提箱、门点装运（送仓内装）、查验、进港、上船、提单确认签发等流程要走。这些环节的通顺与否，直接关系到货物的运输安全和利润实现。国际物流电子商务的现状按照其表现形式，大致可以分为以下几个方面。

（1）自定义格式数据交换。由于单证系统的应用远远不够深入普及，所以广大中小型外贸公司，特别是生产型外贸公司的单证还停留在利用 Word、Excel 制作的水平上。所谓自定义格式数据交换，其实就是利用 MSN、QQ 等聊天工具来传送托书或者操作进程信息。

（2）EDI 格式数据交换。上海作为我国最大的进出口口岸城市，在 EDI 系统建设上起步最早，投入最大。客观的讲，上海的 EDI 中心在港口、码头、海关、船公司等机构之间的运转还是卓有成效的，但是在货主、货代、仓库、车队、报关行之间几乎没有应用。

（3）网络论坛。比较著名的网络论坛有 Alibaba、Fob、合众等，这些论坛主要是货主寻价、寻舱位和货代发布运价的场所，类似于这些行业你买我卖的交易平台。

（4）自建网站。存在于一些比较有规模的货代公司，主要用于完成单证数据传送。

（5）专业网站。大多数仍以类似网络论坛的方式存在，同时也为客户设置了一些邮件系统、查询系统、新闻资讯等内容。

2）我国国际物流电子商务发展的不足

电子商务在国际物流中的应用越来越广泛，而我国的国际物流电子商务发展却比较缓慢，主要表现在以下几个方面。

（1）电子单据格式混乱。主要利用 Word、Excel 制作的托书从内容上来讲是差不多的，但是格式却五花八门。其中数据的重复利用，只能通过复制、粘贴完成，基本上不具有自动、共享的属性。

（2）局限于定制数据传送。到目前为止，国际物流的电子商务仍然局限于定制数据的传送，如托书数据、舱单数据等，基本上还没有涉及操作回馈数据和操作状态数据。

（3）手段落后，费用昂贵。目前所使用的 EDI 已经是一项比较过时的技术，它的缺点是显而易见的。例如，当 EDI 用户的贸易伙伴不再是几个而是几十个甚至几百个时，这种方式很费时间，需要许多重复发送。而且这种通信方式是同步的，不适于跨国家、跨行业之间的应用。再者，EDI 系统的运用，维护费用相当惊人。

（4）未能向纵深发展。国际物流任务的顺利完成，有赖于协同协调工作。非常遗憾的是，在这之前有关国际物流电子商务的探索仅仅停留在表面，未能向纵深发展。车队、仓库、报关行等直接参与国际物流的重要机构被系统排斥在外。

（5）关联性差。现存的各种系统在设计时就没有考虑信息共享、业务关联的问题。当步入 Internet 时代时，系统封闭的缺陷日渐突出。

3）电子商务环境下我国国际物流的发展战略

我国的国际物流系统网络已具有一定的规模，为了促使我国国际物流系统网络更加合理，应该采取以下措施。

（1）总体布局合理，缩短进出口商品的在途积压。合理选择和布局国内外物流网点，扩大国际贸易的范围、规模，以达到费用省、服务好、信誉高、效益高、创汇好的物流总体目标。应尽力缩短出口商品的在途积压，包括进货在途（如进货、到货的待检待进等）、销售在途（如销售待运、进出口口岸待运）、结算在途（如托收承付中的拖延等），以便节省时间，加速商品和资金的周转。

（2）增加运力，采用先进的运输方式、运输工具和运输设施。作为我国主要运输力量的海运力量不足，航线不齐，港口较少影响了进出口货物及时流进流出，特别是出口货物的运输更加不足。现有的船型结构也不尽合理，中等船舶奇缺。铁路运输全面告急，内陆出口更困难。航空运力不足，加上运价昂贵，难以适应外贸发展需要。因此，应加速进出口货物的流转。充分利用海运、多式联运方式，不断扩大集装箱运输和大陆桥运输的规模，增加物流量，扩大进出口贸易量和贸易额。并应注意改进运输路线，减少相向、迂回运输。

（3）改进包装，增加技术装载量，多装载货物，减少损失。目前，我国出口的商品包装材料主要靠进口，包装产品加工技术水平低，质量上不去。外贸企业经营者对出口商品包装缺乏现代包装观念。因此，应提高广大外贸职工对出口商品包装工作重要性的认识，树立现代包装意识和观念，尽快建立起一批出口商品包装的工业基地，以适应国际物流系统对出口包装的特殊要求。

（4）加强国际物流信息网络的建设。为了更好的实现国际物流，应注意完善国际物流信息系统的建设，强化国际物流组织过程的信息处理功能，为国际物流发展提供网络化、强有力的信息支持。重视物流信息技术的标准化问题，使国际物流和信息流的有机结合更为通畅，便于国际物流的合理组织和信息共享。加强电子商务和国际物流的结合，使物流与电子商务之间形成互相促进的关系。除此之外，还应注意改进港口装卸作业，有条件要扩大港口设施，合理利用泊位和船舶的停靠时间，尽力减少港口杂费，吸引更多的买卖双方入港；改进海运配载，避免空仓或船货不相适应的状况；综合考虑国内物流运输。在出口时，有条件要尽量采用就地就近收购、就地加工、就地包装、就地检验、直接出口的物流策略等。

可以预见，随着电子商务发展日益成熟，跨国、跨地区的物流日益重要。没有物流网络、物流设施和物流技术的支持，电子商务将受到极大抑制；没有完善的物流系统，电子商务能够降低交易费用，却无法降低物流成本，电子商务所产生的效益将大打折扣。只有大力发展电子商务，广泛发展国际物流合作，才能促进世界经济繁荣。

## 本章小结

电子商务下的物流模式主要有：企业自营物流模式、第三方物流模式、物流一体化模式等。各种物流模式各有优缺点，其中，第三方物流是电子商务物模式的首选。

企业自营物流模式在选择时要考虑的主要因素有物流子系统的战略地位、企业对物流的管理能力、对企业柔性的要求、物流系统总成本等因素。

第四方物流是一个供应链的集成商，它对公司内部和具有互补性的服务供应商所拥有的不同资源、能力和技术进行整合与管理，提供一整套供应链解决方案。按照第三方物流的定义，第四方物流仍然属于由发货人和收货人以外的第三方运作形态．所不同的是功能范围更集中于供应链的集成。

国际物流是现代物流国际化发展的领域，不仅在运作的时间和空间距离方面有所扩大，而且在运作的方式、复杂性及技术要求上与国内物流有较大的差异。

电子商务下的新型物流有电子物流和绿色物流。电子物流最显著的特点是各种软件技术与物流服务的融合应用。绿色物流就是在物流过程中抑制物流对环境造成危害，实现对物流环境的净化，使物流资源得到最充分的利用。新型的物流模式正以一种全新的面貌成为流通领域革新的先锋，代表了现代市场营销的主方向。

## 案例分析

### 【案例 1】

2005 年，明尼苏达州矿产和制造公司（Minnesota Mining and Manufacturing，3M）位列世界 500 强企业第 295 位。2006 年，3M 再次被《财富》杂志评为全球最受尊敬的 20 家公司之一。这无疑向人们说明了一个成功的全球观念。3M 公司成立的 100 多年中几乎有一半时间是投身于国际作业的。

它的收入中大约有 60%来自于美国境外。3M 公司在全球 139 个国家设立工厂，并在 35 个国家设有实验室，生产 6 万多种产品，而这些产品的制造需要 100 多种技术。全球雇员超过 69 000 人，海外员工占 61%。

3M 公司的产品成功是其在研究方面投入巨资的结果。3M 公司在 35 个国家里进行研究和开发工作，在 41 个国家开展制造和变换作业。3M 公司承诺，凡是存在产品或技术动力的地方都要建立实验场所。

3M 公司的管理部门认为，应该为其产品跨越国际市场制订不同的全球战略。例如，当欧洲一些国家向更加统一的内部市场发展时，3M 公司正在创建 3 个业务中心（实用磁带、一次性使用产品，以及汽车和飞机产品）监督研究和开发、制造、销售、营销，以及整个欧洲大陆的配送。欧洲的作业得到具有 50 个交叉功能的“欧洲管理别动队”（European Management Action Teams，EMATs）的协助，它试图用公司的全球需求方向来平衡当地的辅助需求。

在亚太地区，尽管 3M 公司在日本的研究中心也正在变得愈来愈重要，但它最主要的管理方法仍是支持作业。在拉丁美洲，国家问题成为管理方法的主流，因此，绝大多数的业务是在国家基础上而不是地区基础上处理的。在北美，3M 公司正在按照美—加自由贸易协定和北美自由贸易协定重新安排业务战略。

尽管3M公司利用了各种全球战略，但其基本战略是建立在以下一些核心原则之上的。

（1）在竞争开始前进入市场。

（2）雇用有资格的当地人员（3M 公司的 3.9 万名国际雇员中不足 200 名是美国人），并给他们大量的自治权。

（3）以适度投资的小规模起步，逐渐建立起一种当地的特色。

（4）通过一种权力分享的管理结构保持灵活性，并结合责任和交流，以便对新的机会立刻做出反应。

近年来，3M 公司和其他世界级的制造商已缩短了生产期，根据产品而不是根据工艺技术来重新组织工厂的布局，将更大的地方控制权分配给产生现场，并利用 JIT 存货方法来提高制造生产率和灵活性。这些变化提高了对顾客需求的反应能力。为了获得这些变化带来的利益，3M 公司认为，全球制造战略必须把营销和物流结合起来。

公司在广泛的区域内的制造和研究表明，它承担了一种复杂的物流支持任务。3M 公司 20 世纪 90 年代的物流形象使其成为在仓储、包装、数据处理、顾客服务以及运输方面的最佳服务公司。营造这种形象的一个主要目的是要排除多余的物流成本。例如在西欧，3M 公司投入了大量的资源通过 EDI 方式改善了订货处理，这意味着需要重新考虑次要地点的作用，因为顾客现在能够直接与制造地点打交道。该公司还通过建立更大、更有效的仓库替代大量的微型配送中心，以改善配送能力。

全球制造需要一系列影响许多国家环境的物流网络。3M 公司被认为是关心环境问题的全球主要法人公民之一。3M 公司的环境政策强调开发制造工艺要实现“零废弃物”。公司郑重提出“全面质量等于无损失”（Total Quality Equals No Loss），也即全面质量意味着无浪费。1975 年 3M 公司首先提出的 3P 规划（Pollution Prevent On Pays），即防污染投资，现在已是其集团环境政策的一个组成部分。

3P 规划可能是由公司所发起的最著名和最成功的防污染规划。事实上，3M 公司声称已从其环境政策的底线获益。减少废弃物意味着制造效率更高，危害性材料的物流运输越少，潜在的责任越少，非生产性转换的物流成本也越低。3M 公司对质量的承诺进一步得到了广泛而有效的顾客满意衡量系统的支持，该衡量系统被认为是美国商界中最优秀的系统之一。

（本文由作者根据网络资料改写，原文见 http://news.56ye.net/show-1765.html）

**【案例讨论】**

1. 3M 公司是如何在全球经营中改善物流运作的？
2. 3M 公司的物流运作是如何体现绿色物流理念的？

## 【案例 2】

冠生园集团是国内惟一一家拥有“冠生园”、“大白兔”两个驰名商标的老字号食品集团。近几年为集团生产的大白兔奶糖、蜂制品系列、酒、冷冻微波食品、面制品等新产品市场需求逐步增加，集团生产的食品总计达到了 2 000 多个品种，其中糖果销售近 4 亿元。市场需求增大了，但运输配送却跟不上。集团拥有的货运车辆近 100 辆，要承担上海市 3 000 多家大小超市和门店的配送，还有北京、太原、深圳等地的新华运输。由于长期计划经济体制造成运输配送效率低下，出现淡季运力空放，旺季忙不过来的现象，加上车辆的维修更新，每年维持车队运行的成本费用要上百万元。为此集团专门召开会议，研究如何改革运输体制，降低企业成本。

2002 年初，冠生园集团下属合资企业达能饼干公司率先做出探索，将公司产品配送运输全部交给第三方物流。物流外包，不仅配送准时准点，而且费用要比自己搞节省许多。达能公司把节约下来的资金投入到开发新品与改进包装上，使企业又上了一个新台阶。为此，集团销售部门专门组织各企业到达能公司去学习，决定在集团系统推广他们的做法。经过选择比较，集团委托上海虹鑫物流有限公司作为第三方物流机构。

虹鑫物流与冠生园签约后，通过集约化配送，极大地提高了效率。每天一早，他们在计算机上输入冠生园相关的配送数据，制订出货运最佳搭配装车作业图，安排准时、合理的车流路线，绝不让车辆走回头路。货物不管多少，就是二三箱也送。此外按照签约要求，遇到货物损坏，按规定赔偿。一次，整整一车糖果在运往河北途中翻入河中，司机掏出 5 万元，将掉入河中损耗的糖果全部“买下”做赔。

据统计，冠生园集团自委托第三方物流以来，产品的流通速度加快，原来铁路运输发往北京的货物途中需 7 天，现在虹鑫物流运输只需 2～3 天，而且实行的是门对门的配送服务。由于第三方物流配送及时周到、保质保量，使商品的流通速度加快，使集团的销售额有了较大增长。此外，更重要的是能使企业的领导从非生产性的后道工序，包装、运输中解脱出来，集中精力抓好生产产业，更好地开发新品、提高质量、改进包装。

（本文由作者根据网络资料改写，原文见 http://wenku.baidu.com/view/c8ad6924ccbff121dd368309.html）

【案例讨论】

1. 实施第三方物流为冠生园集团带来了哪些变化？

2. 第三方物流竞争的关键是什么？

## 实训

1. 通过搜索 Internet 等资源，说说你对第三方物流的发展趋势的认识。第三方物流模式会取代原有的物流模式吗？为什么？

2. 第四方物流的前景如何？谈谈如何有效地开展第四方物流。

## 本章习题

1. 电子商务下的物流模式可以分为哪几种？
2. 第三方物流有哪些特征？
3. 电子商务下的新型物流有哪些？
4. 你认为应如何构建我国的国际物流系统？

# 第5章

# 电子商务物流信息技术

## 引例　戴尔的电子商务物流

戴尔（Dell）公司电子商务化物流取得了良好效果，戴尔公司的销售基本是通过国际互联网和企业内部网进行的。在日常的经营中，Dell 仅保持两个星期的库存（行业标准超过 60 天），其存货一年可周转 30 次以上，Dell 的毛利率和资本回报率分别是 21% 和 106%。这些都是 Dell 实施电子商务化物流后取得的物流效果。以下是其电子商务化物流运作的流程。

（1）订单处理。Dell 要接收消费者的订单。消费者可以拨打免费电话，或通过 Dell 的网上商店进行订货。Dell 首先检查订单项目是否填写齐全，然后检查订单的付款条件，并按付款条件将订单分类。只有确认支付完款项的订单才会立即自动发出。零部件的订货将转入生产数据库中，订单也随即转到生产部门进行下一步作业。用户订货后，可以对产品的生产过程、发货日期甚至运输公司的发货状况等进行跟踪。

（2）预生产。Dell 在正式开始生产之前，需要等待零部件的到货，这就叫做预生产。预生产的时间因消费者所订的系统不同而不同，主要取决于供应商的仓库中是否有现成的零部件。

（3）配件准备。当订单转到生产部门时，所需的零部件清单也就自动产生，相关人员将零部件备齐传送到装配线上。

（4）配置。组装人员将装配线上传来的零部件组装成计算机，然后进入测试过程。

（5）测试。检测部门对组装好的计算机用特制的测试软件进行测试，通过测试的计算机将被送到包装间。

（6）装箱。测试完后的计算机被放到包装箱中，同时要将鼠标、键盘、电源线、说明书及其他文档一同装入相应的卡车运送给顾客。

（7）配送准备。一般在生产过程结束的次日完成送货准备，但大订单及需要特殊装运作业的订单可能花的时间要长些。

（8）发运。将顾客所订货物发出，并按订单上的日期送到指定的地点。戴尔设计了几种不同的送货方式，由顾客订货时选择。一般情况下，订货将在 2~5 个工作日送到订单上的指定地点，即送货上门，同时提供免费安装和测试服务。

戴尔的物流从确认订货开始。确认订货是以收到货款为标志的，在收到用户的货款之前，物流过程并没有开始，收到货款之后需要 2 天时间进行生产准备、生产、测试、包装、发运准备等。戴尔公司给我们提供了电子商务化物流的先河，如何实现电子商务化物流是目前企业所面临的问题，而能否提供电子商务化物流增值服务现在已成为衡量一个企业物流是否真正具有竞争力的标准。

（本文由作者根据网络资料改写，原文见 http://dlib.cnki.net/kns50/detail.aspx?QueryID=252&CurRec=1）

## 5.1　电子商务物流信息化

电子商务的发展不仅给物流带来了新的发展机遇，而且使现代物流具备了信息化、网络化、智能化、柔性化、虚拟化等一系列新特点。

### 5.1.1　电子商务物流信息

#### 1. 物流信息的概念

物流信息（Logistics Inf ormation）在物流活动中具有十分重要的作用，通过物流信息的收集、传递、存储、处理、输出等，可以掌握物流系统状态，物流信息是制订物流决策的依据，对整个物流活动起指挥、协调、支持和保障作用。

一般认为，物流信息是各种物流活动的各个环节（包装、装卸、运输、储存、流通加工、配送等）中产生并使用的各种信息，以物流知识、资料、图像、数据、文件的形式存在，是保障物流活动顺利进行不可或缺的一项内容。比如运输活动要根据供需数量和运输条件等信息确定合理运输线路、选择合适运输工具、确定经济运送批量等，装卸活动要根据运送货数量、种类、到货方式以及包装情况等信息才能确定合理的组织方式、装卸设备、装卸次序等。

目前对于物流信息的概念分为狭义和广义两个方面。狭义的物流信息一般指与物流活动有关的信息，即人们通常理解的物流信息，也称为物流系统内信息。广义的物流信息即物流系统外信息，不仅指与物流活动有关的信息，而且包括与其他物流活动有关的信息，如交易信息、市场信息、企业内部的生产、财务等部门产生的与物流有关的信息。物流信息与交易信息、市场信息之间有密切的关系，零售企业制订了订货计划，并向上游的批发或生产企业发出订货信息，批发或生产企业收到订单后根据库存状况直接发给物流部门配送信息，或者在库存不足的情况下，下达生产任务后向物流部门发出配送信息。从广义的物流信息来看，这些信息在整个物流供应链上流动，反映供应链上的生产厂家、批发商、零售商最后到消费者之间的关系，是供应链协调一致、有效控制、快速反应市场的重要条件。

#### 2. 电子商务物流信息特征

电子商务时代，随着人类需求向个性化的方向发展，物流过程也在向着多品种、少量生产和高频度、小批量配送方向发展，因此物流信息在物流过程中也呈现出很多不同的特征，如表 5-1 所示。

**表 5-1　电子商务物流信息特征**

| 项　　目 | 电子商务物流信息特征 |
|---|---|
| 信息源 | 物流信息源分布广，信息源点多 |
| 信息种类 | 种类多，信息分类、研究、筛选等难度大 |
| 信息量 | 信息量大 |
| 标准化程度 | 要求统一管理或标准化，对通用性要求高 |
| 动态性 | 动态性特别强，信息的价值衰减很快 |
| 及时性 | 对信息及时性要求很高，强调信息收集、加工、处理速度快 |
| 信息化程度 | 信息化程度高，物流信息技术应用广 |

电子商务将电子化的手段应用于物流领域，打破了原有物流行业的传统格局，建设电子商务物流体系，使物流、资金流、信息流、商流畅通无阻，实现最佳的电子商务应用效果。电子商务物流过程包括订单确认、运输、保管、装卸、包装、流通加工等主要物流环节，以及企业内部相关部门的物流信息交换，如与销售、库存、生产、采购等部门，还涉及与企业外第三方物流企业、供应方、销售方的物流信息共享和交换。

从供应链角度看，电子商务物流是个大范围的活动，电子商务物流信息源分布广，信息源点多，不仅物流系统内部各个环节有不同种类的信息，而且由于物流系统与其他系统，如生产系统、销售系统、消费系统等密切相关，因而还必须收集这些类别的信息，造成了物流信息收集难度大的特点。并且为保障整个供应链的顺利运转，对物流信息的及时性要求较高，在信息收集、加工、处理方面要求速度快，对物流信息化水平和物流信息技术的应用要求也相对较高，要求对整个供应链的物流信息统一管理，制订统一标准，否则信息缺乏通用性。

## 5.1.2　电子商务物流信息管理

**小资料**

**物流信息管理师**

物流信息管理师是物流业务信息化系统的操作、管理以及规划和设计等工作职业岗位人员。根据现代物流行业对从业人员的岗位技能要求，物流信息操作及管理技能是物流职业技能中的核心技能，能通过IT的应用技术使物流的运作和客户的服务效率得到大幅度的提度。目前以广东为例，一般物流人员的月薪在2 500元左右，真正好的物流信息管理管理人员，月薪5 000元至10 000元都不算多。

（本文由作者根据网络资料改写，原文见 http://www.shippingchina.com/html/htmlnews/temp/brmaininfo2465.html）

### 1．物流信息管理

物流信息管理是指运用计划、组织、指挥、协调、控制等基本职能对物流信息进行搜集、检索、研究、报道、交流，并以此提供服务的过程，在此过程中有效地运用人力、物力和财力等基本要素，以期达到物流管理的总体目标。原来的物流信息管理以物流企业的运输、保管、装卸、包装等功能环节为对象，以企业自身的实物流动管理为中心，与外界信息交换很少，是一种封闭的管理模式。现在和未来的物流企业注重供应链管理，以顾客服务为中心。它通过加强企业间合作，把产品生产、采购、库存、运输配送、产品销售等环节集成起来，将生产企业、配送中心、分销商网络等经营过程的各方面纳入一个紧密的供应链中。此时，物流信息就不是只在物流企业内闭环流动，信息的快速流动、交换和共享成为信息管理的新特征。

如图5-1所示，物流信息管理其实就是对物流信息的收集、整理、存储、传播到利用的过程。现在的物流信息管理主要是利用计算机技术和通信技术，对物流信息采集、共享、交换等工作进行了改进，显著地提高了物流信息的处理能力。随着电子商务的发展，要求物流信息管理应该达到迅速的进行远距离信息交换并处理大量信息的能力。

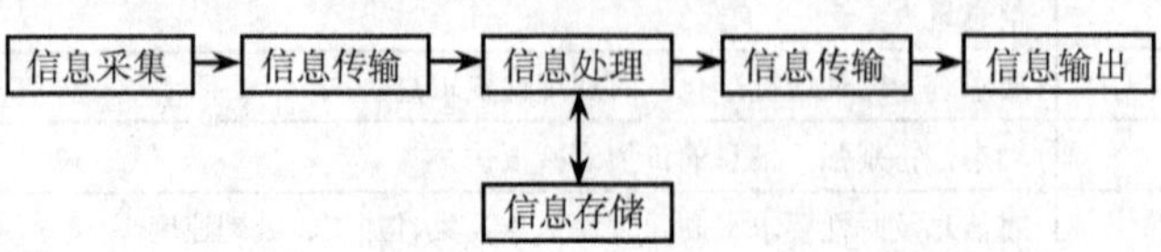


图5-1　物流信息处理环节

### 2．物流信息化

物流信息化是电子商务的必然要求。物流信息化是物流企业运用现代信息技术对物流过程中产生的物流信息进行采集、分类、传递、汇总、识别、跟踪、查询等一系列处理活动，以实现对货物流动过程的控制，从而降低成本、提高效益的管理活动。物流信息化的主要内容是将现代信息技术应用到物流信息的采集、共享和交换的过程中，即应用到物流信息管理中。

实践中大量的物流信息依赖手工录入，造成了效率低、差错率高、更新不及时等问题，条形码及条形码采集设备、电子标签、射频技术、GPS/GIS 等信息技术应用到物流信息采集过程中大大提高了工作效率。简单的说，物流信息化表现为物流信息的商品化、物流信息收集的数据库化和代码化、物流信息处理的电子化和计算机化、物流信息传递的标准化和实时化、物流信息存储的数字化等。

目前，物流信息化有两个明确的发展方向：一是横向整合，形成公共物流信息平台体系，实现物流信息的发布与共享、物流行业与其他相关机构的信息交互；二是纵向整合，形成专业化的整体解决方案。

为了实现物流信息的共享和交换，建立公共平台已经成为共识，已经成为现阶段物流信息化的重点和核心环节。国务院物流振兴规划指出，“十二五”期间国家将重点扶持物流公共信息平台的建设和发展。现阶段，全国范围内较有影响力的两家物流行业公共信息平台分别是锦程物流网和中国物通网。锦程物流网侧重于外贸物流和空中物流，经过多年的发展，业务遍布全国，尤其是在沿海地区和东部经济发达地区有广泛的影响力；中国物通网（见图 5-2）则致力于建设国内物流信息服务平台，服务涵盖了铁路、空运、公路、水运、搬家、快递等各种物流方式，40 余万名注册会员遍布全国各地，在物流行业有广泛的影响力。此外，央视网也新近开通了物流频道，可以预见，今后将有更多的竞争者加入这个行业。

图 5-2　中国物通网

**小资料**

### 西安康复路服饰批发市场物流信息平台建设

陕西国际商贸学院徐臣攀在西安服饰批发市场物流信息平台构建的研究过程中，针对康复路服装批发市场提出了其物流信息平台的建设方案，该平台将位于批发商上游的生产厂商和位于批发商下游的零售商连接起来，通过电子化的方式自动、快速、准确地实现政府部门、生产厂商、批发商和零售商之间的信息传递，几乎融合了传统服饰营销过程中的所有信息，涵盖了服饰电子营销活动的全过程。该信息平台的结构如图 5-3 所示。

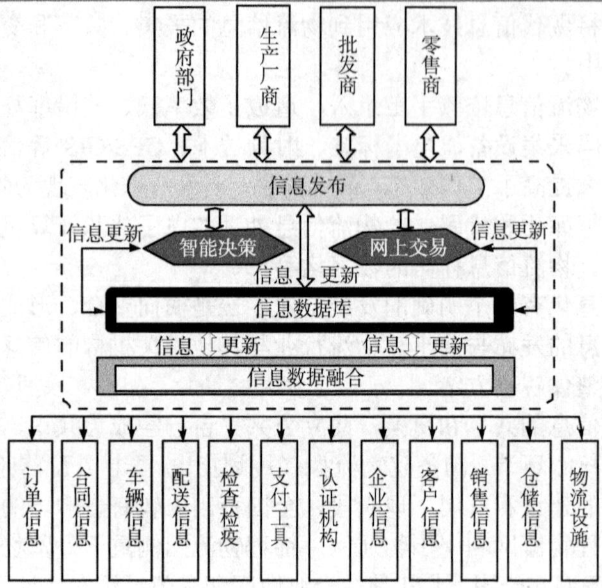


图 5-3 物流信息平台

该物流信息平台除了服务功能之外，还能够吸收供应链中的订单信息、合同信息、车辆配送信息、各运营商的供销信息、仓储信息、银行证券工作信息、政府宏观调控信息以及相关的物流基础设施信息等。通过信息数据融合技术，整合各方面的数据；优化库存管理、精简服饰订供货流程、优化配送路线、监控服饰物流运行制度，为运营厂商提供有效的智能决策支持，实现网上交易。

（本文由作者根据网络资料改写，原文见 http://wuxizazhi.cnki.net/Search/WLJS2010Z2057.html211）

### 3．电子商务物流信息化

从信息化的角度来看，电子商务物流也可以理解为一整套的电子物流解决方案，是信息网络和传统物流的有机结合，是利用物流信息化工具对物流信息进行管理的一套系统，改变了物流信息处理方式，电子商务物流是一个网络化、智能化和社会化的物流信息管理体系。

在电子商务过程中，强调信息流、商流、资金流和物流的整合。其中，信息流最为重要，它在一个更高的位置上实现对物流过程的监控。物流系统必须要有良好的信息处理能力，对电子商务物流信息进行高效的采集和传递。

**小资料**

**《商贸物流发展专项规划》**

商务部 2011 年 3 月 30 日发布了《商贸物流发展专项规划》（以下简称《规划》）通知，《规划》提出转变经济发展方式是未来 5 年我国经济社会发展的主线，要引导和鼓励企业物流服务模式创新，推进商贸物流服务的专业化、信息化、网络化、规模化发展，不断完善商贸物流服务体系。与此同时，有关研究报告显示 10 年来我国电子商务交易额超过 4 万亿，网上零售达到 4980 亿，同比增长 92.6%。商务部表示，我国电子商务交易额快速增长，预计未来 5 年将保持年均 20%以上的增长速度，2015 年将达到 12 万亿元。

《规划》中还提到了未来 5 年内的发展目标，到 2015 年，初步建立一套与商贸服务业发展相适应的高效通畅、协调配套、绿色环保的现代商贸物流服务体系，形成城市配送、城际配送、农村配送有效衔接，国内外市场相互贯通的商贸物流网络，要求提高商贸物流专业化、一体化的网络水平，大力发展第三方物流，发展专业化、网络化、全流程的物流服务，促进供应链各环节有机结合。支持大型连锁企业建设、鼓励中小企业加强合作，创新物流合作方式和服务模式，发展共同配送。支持品牌生产企业与物流企业密切合作，建立专业化的城际和国际物流配送网络。

（本文由作者根据网络资料改写，原文见 http://www.chinawuliu.com.cn/zixun/201104/21/122697.shtml）

## 5.2　电子商务物流信息系统

在电子商务环境下，制造商、供应商和现代物流企业要在电子商务平台上完成交易作业，因此要求电子商务与现代物流信息系统能够为跨系统、跨平台、跨区域甚至跨行业的不同类型的电子商务与物流信息服务，并实现对业务流程的管理和监控。

### 5.2.1　物流信息系统的组成

#### 1．物流信息系统的概念及其功能

物流信息系统（Logistics Information System，LIS）是指由人员、设备和程序组成的、为物流管理者执行计划、实施、控制等职能提供信息的交互系统，是整个物流系统的其中一个子系统。对一个企业而言，物流信息系统不是独立存在的，而是企业信息系统的一部分，即使在物流企业也是如此。物流信息系统的主要功能是进行物流信息的收集、存储、传输、加工整理、维护和输出，为物流管理者及其他组织管理人员提供战略、战术及运作决策的支持，以达到组织的战略竞优，提高物流运作的效率与效益。

物流信息系统把各层次的物流活动连接在一起，有 4 个方面的主要功能，即业务处理、管理控制、决策分析，以及制订战略规划，其应用与说明如表 5-2 所示。

表 5-2　物流信息系统的主要功能

| 主要功能 | 应用与说明 |
|---|---|
| 业务处理 | 是整个物流信息系统的基础，以标准化方式完成统计、核算、记录、票据处理等业务 |
| 管理控制 | 完成成本、资产管理，确定预算与资源配置等 |
| 决策分析 | 协助管理人员鉴别、评估和比较物流战略和策略上的可选方案，以及日常的车辆安排、存货管理等 |
| 制订战略规划 | 确定战略目标和计划 |

#### 2．物流信息系统的构成

构成物流信息系统的要素主要有硬件、软件、数据库和数据仓库、相关人员及企业管理制度，所以说物流信息系统是一个人机结合的系统。其中，数据库与数据仓库技术以及其中包括的网络数据库、关系数据库技术是物流信息系统的技术基础，除了数据库技术外，网络技术和一些编程语言也是实现物流信息系统的基础。物流信息系统的组成要素如表 5-3 所示。

表 5-3　物流信息系统组成要素

| 组成要素 | 具体说明 |
|---|---|
| 应用软件 | 企业具体的物流业务软件 |
| 系统软件 | 操作系统、网络操作系统等 |
| 数据库与数据仓库 | 存放各种物流数据，是进行决策分析和制订战略计划的数据基础 |
| 人员与管理制度 | 从事物流信息资源管理的人员，以及企业的管理规范和制度 |
| 硬件 | 包括了计算机和主要的通信设备，构成了物流信息系统的硬件平台 |

根据企业的不同需求，物流信息系统可以有不同程度的应用和不同的子系统。规模小、业务简单的企业可能只需要单一的业务软件，而另一些企业可能就使用功能强大的多功能物流信息系统。一般来说，一个完整、典型的物流信息系统可由业务处理系统、控制信息处理系统、决策支持系统 3 个子系统组成。

1）业务处理系统

物流业务信息系统由若干具体的业务子系统组成，不同的软件商开发的业务系统模块组成不尽相同。表 5-4 列示了一些主要的业务处理系统的子系统及其主要功能。

**表 5-4　业务处理系统的子系统**

| 子系统名称 | 主要功能 |
|---|---|
| 采购子系统 | 提供原材料采购信息的功能 |
| 仓储管理子系统 | 使用仓储管理系统管理储存业务的收发、分拣、摆放、补货、配送等，同时仓储管理系统可以进行库存分析与财务系统集成 |
| 库存子系统 | 提供库存管理信息的功能 |
| 生产子系统 | 提供生产产品信息的功能 |
| 销售子系统 | 提供产品销售信息的功能 |
| 管理子系统 | 提供与具体业务无关的、系统所需的功能 |
| 配送子系统 | 是指根据商品的配送类型做分类后，再按照商品重量与体积等各因素拟定的派车计划、体积装载计划以及配送行程计划等作业系统 |
| 运输子系统 | 提供产品运输信息的功能 |
| 财务子系统 | 提供财务管理信息的功能 |
| 决策支持子系统 | 使物流信息系统达到一个更高的层次 |

业务信息系统在物流信息技术的支持下，可以更加的智能化、自动化。

图 5-4 展示了物流信息系统与物流信息技术的整合方式，工作站 1～$n$ 是物流信息系统的应用单位，地理上可以不在同一个地方，它们以各种方式接入后台服务器群，服务器作为集中式物流业务系统，可以应用业务系统的各子系统处理物流业务。服务器群由 Mail 服务器、数据库、Web 以及业务服务器构成，负责不同的具体事务。数据自动采集系统通过条形码等各种物流信息技术将采集到的物流信息，发送至服务器。存储系统以各种存储方式将物流信息存储起来。安全设施为整个信息系统提供安全防卫。

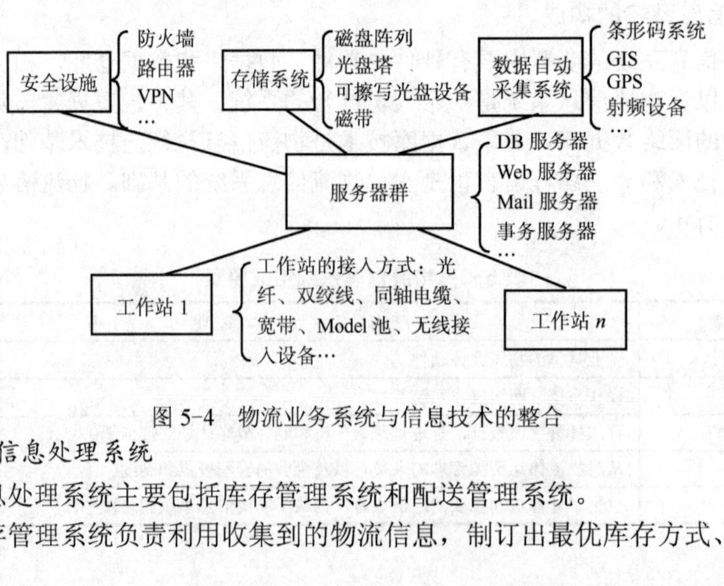


图 5-4　物流业务系统与信息技术的整合

2）控制信息处理系统

控制信息处理系统主要包括库存管理系统和配送管理系统。

（1）库存管理系统负责利用收集到的物流信息，制订出最优库存方式、库存量、库存品种以及安全防范措施等。

（2）配送系统则将商品按配送方向、配送要求分类，制订科学、合理、经济的运输工具调配计划和配送路线计划等。

3）决策支持系统

物流决策支持系统（LDSS）是为管理层提供的信息系统资源，给决策过程提供所需要的信息、数据支持、方案选择支持。决策支持系统一般应用于非常规、非结构化问题的决策，但该系统只是一套计算机化的工具，可以帮助管理者更好的决策，但不能代替管理者决策。

小资料

**宝供物流信息系统**

宝供储运有限公司（www.pgl-world.com，简称宝供）是一家物流公司，近年来业务扩展迅速。目前，宝供在全国 40 多个城市建立了 6 个分公司，形成了一个覆盖全国，并向美国、澳大利亚、泰国等国家和地区延伸的物流运作网络。2002 年，在美智公司对中国物流行业的认知度调查中，宝供以 40%的认知度居中国物流企业之首。公司的物流管理采用北京英泰奈特科技有限公司开发的物流管理信息系统。宝供在广州、北京等地已经拥有 5 个基地，还有 5 个在建基地。基地借鉴国际先进物流基地的建设理念，引进国际先进的仓库管理系统（WMS-EXE）、全面订单管理系统（TOM）、运输调度管理系统（TM）和自动扫描系统（RF），再加上宝供集团现有的运作网络和信息网络，运用最先进的物流设备与设施，从供应链的优化角度，为客户提供集商品的储存、分拣、配送、加工、包装、订单处理、库存管理、分销覆盖、交叉作业、国际集装箱集散、信息处理等综合一体化服务。对于宝供而言，信息系统已经不仅仅是实现业务的自动化手段，而且也已成为企业的核心竞争资源。

**1. 物流业务信息系统的功能**

初期的宝供由于没有信息系统，未能让客户及时准确了解真实的物流信息，为此，它所服务的宝洁公司连续多次向宝供投诉，指责他们到货时间不准、破损率上升的问题，对他们不能准确及时提供库存信息极为不满。

北京英泰奈特科技有限公司于 1997 年底开始为宝供公司开发了一套物流管理信息系统，该信息系统为供宝带来了一个新的营运模式。由于摆脱了过去传统的手工操作，通过数据库网络、网络传递等计算机辅助手段实现对数据的核对和整理，宝供的营运质量有了很大提高，以前货物从广州到北京需要 15 天，采用物流管理信息系统后只要 10 天。

**2. 模块及功能**

接单模块。可以接收因特网上包括 EDI 电子数据在内的电子单据，货主只要将托运或托管的货物的电子文档以 E-mail 方式，发给物流服务公司，即可完成双方的交接单工作。2001 年，宝供与飞利浦实现了 EDI 电子数据对接，运作效率得到了大幅度提升。

发送模块。完美的配车功能和凑货功能，辅助管理人员完成发送前烦琐的准备工作。

运输过程控制模块。包括货物跟踪和甩货控制，可以实时反馈货物的在途运输情况，跟踪被甩货物的状况。

运输系统管理模块。针对承运人、承运工具的管理信息系统。

仓位管理模块。根据优化原则，自动安排每种进仓货物的存放位置，自动提示出仓时应到哪个仓位提货，并可以提供实时仓位图。

库存及出库管理模块。自动计算仓库中每种货品的库存量及存放位置，并按先进先出原则提货。

客户服务模块。为客户提供所有质量评估信息和与自己货物相关的所有信息，客户服务模块分为储运质量评估模块、统计报表模块、查询模块等。

系统采用集中数据存储，各个分公司对于数据的保有权是有时效限制的。所有最终数据的维护均由公司的信息中心负责进行。

该系统基于 Intranet 技术，采用标准浏览器，因特网环境中实现安全、标准的 EDI 交换。使用 SET 技术保证信息传递过程中的安全性。使用 Java 技术，实现系统的跨平台运作。企业拥有自己的企业内部网（Intranet），通过一个接口与因特网连接，实现信息的发布，业务的协作。

（本文由作者根据网络资料改写，原文见 http://www.examw.com/wuliu/anli/2006-11/200618495.html）

## 5.2.2　电子商务物流信息系统的特点、构成及应用

### 1．电子商务物流信息系统的特点

由于电子商务的发展，网络技术及相关的关系型数据库、条形码技术、EDI 技术等在物流领域被广泛应用，使物流管理发生了巨大变化。电子商务和物流管理系统的开发技术日益成熟，构成了一个以因特网为基础的物流系统，它综合了电子商务交易平台和物流信息系统的特点，创造整个供应链的竞争优势。

由于电子商务物流是信息网络和传统物流的有机结合，物流企业本身正以崭新的模块化方式进行要素重组，所以电子商务物流管理信息系统不仅仅是一个管理系统，更是一个实时化、网络化、系统化、规模化、专业化、集成化、智能化及社会化的系统。

### 2．电子商务物流信息系统的构成

电子商务物流信息系统具有物流信息系统的基本特征和结构，能够实现企业物流或物流企业的管理需要。由于电子商务物流本身所具备的网络化、集成化、智能化特点，电子商务物流信息系统更强调网络特性和物流数据的交换共享性质。在电子商务环境下，交易各方在电子商务平台上完成交易活动，其业务不但是物流、资金流、商流、信息流的集合，更包含了电子商务特有的认证、支付活动。

结合电子商务物流信息系统的特点，电子商务物流信息系统应该能够支持跨系统、跨平台、跨区域甚至跨行业的不同类型的电子商务与物流信息服务。电子商务物流信息系统除了能够实现电子交易、货物跟踪、电子支付、信息认证，实现统一的信息发布、即时的业务作业点信息查询、透明的单证跟踪外，同时应将电子商务交易中商户、客户、物流服务商、认证机构、银行和政府机构的数据与业务有机地集成到一个统一的平台上，支持交易信息、物流信息、支付信息、认证信息的交换与集成。

目前，对电子商务物流信息系统的构成还处在探讨阶段，不同的开发商的产品也不尽相同。这里在物流信息化的基础上，根据电子商务物流信息化的特点提出电子商务物流信息系统的基本构成，该信息系统由网络平台、数据平台、软件、网站、安全系统和物流标准体系构成，如表 5-5 所示。

**表 5-5　电子商务物流信息系统结构**

<table>
<tr><td rowspan="6">网络安全<br>管理体系</td><td>电子商务物流门户网站</td><td rowspan="6">电子商务<br>物流标准<br>规范体系</td></tr>
<tr><td>业务信息系统、控制信息系统、决策信息系统</td></tr>
<tr><td>数据共享与交换平台</td></tr>
<tr><td>数据库</td></tr>
<tr><td>网络硬件平台</td></tr>
<tr><td>物流信息技术数据接口</td></tr>
</table>

网络硬件平台是电子商务物流信息系统的技术基础之一，构成电子商务物流信息系

统的运行基础，并且与各物流信息技术接口进行连接，使条形码、EDI、GPS、GIS、RFID等信息技术采集的物流数据能够进行传输、存储并进一步在业务系统中进行处理。

数据库技术也是电子商务物流信息系统的主要技术基础之一，在电子商务物流信息系统中，除了数据库、数据仓库等物流信息技术外，更强调网络数据库和关系数据库技术的应用。

数据共享和交换是电子商务物流的一个重要特点，电子商务物流更强调供应链管理，需要在整个供应链共享和交换物流信息，数据共享交换平台为实现应用层各种应用系统的搭建和运行提供支撑服务，包括目录服务系统、交换服务系统、平台管理系统等，满足供应链管理的需求。

应用系统满足物流管理的日常需要，包括了业务系统、决策系统和控制系统。内容涵盖物流各项活动，电子商务物流信息系统的业务和决策子系统能够动态集成和协调对业务执行和决策至关重要的信息，以统一的视图和接口提供给各方应用，使跨系统的业务流程能够基于一致的信息和知识来运行。控制系统对业务协同过程的主要协作环节如采购、管理、运输与配送、库存、订单处理和销售、供应商关系、认证以及支付等，分析逻辑运行关系，控制流程的运行，实现业务流程管理，在业务流程执行过程中，提供各流程节点的操作提示和系统通知、预　等信息。

电子商务环境下，通过构建信息密集型企业可以打通企业与用户间的商流信息，从而实现企业整个信息流的通畅，降低甚至消除物料业务链上的“滞留”。比如：仓库是企业物流的核心部分，一方面它是企业的物料存放地，是企业供应链上的关键环节之一；另一方面它又是企业资金大量占用的部门，对仓库的管理好坏会直接影响企业的生存与发展。因此，好的库存管理系统对企业的物流配送有着重要的作用，库存管理系统是管理系统中开发难度最大、工作量最多的子系统。物流业务应用系统的好坏关键在于其各个子系统之间的集成及与质检及财务等部门之间的集成是否完善，仓库作为企业对物流进行控制与管理的直接部门，它与销售、采购、生产等系统的集成显得尤为重要。首先，通过出入库管理，实现对采购、外协、生产、销售计划执行情况的跟踪与控制。这样，一个生产计划可能由多次出入库操作来完成，在每次出入库时都必须对该生产计划做是否结案的判断，同时，将某一计划的出入库数据（执行情况）形成视图，供相应的计划模块查询。通过计划制订者与计划执行者之间的信息共享，实现企业的科学管理。其次，需要通过出入库的严格管理，实现对企业成本做到“事前控制”。

在完善的应用系统基础上构建电子商务物流门户网站，并与应用系统完成整合，使网站成为数据采集的渠道之一。综合性门户网站的建立基于开放性技术和标准的门户框架，主要用于提供门户界面的定制服务，通过个性化、交互式、多渠道的访问方式，为电子商务中商户、客户、物流服务商、认证机构、银行和政府机构提供访问信息的集中门户，实现不同系统的复合应用。

由于电子商务物流信息系统更强调因特网应用，网络安全成为非常重要的一环，为整个系统构建完善的安全管理体系是保证该信息系统顺便运行的基础。

电子商务打破了地域、时间的限制，电子商务物流活动也因此具备跨地域、跨时间的特点，为保证在整个供应链上物流信息的共享和交换，标准化和规范体系是必不可少的，当前国际上没有完全成熟的标准体系，物流标准化是以物流为一个大系统，分别制订系统内部各个环节的工作标准、技术标准和服务标准，各　位实行责任制。以系统为出发点，研究各个分系统与分领域中各个标准的配合性，按其要求，统一整个物流系统的标准、计量单位标准等。实现物流标准化是发展物流技术、实施大系统物流管理的有效保证。

### 3．电子商务物流信息系统的应用

小资料

**贝塔斯曼书店的电子商务物流信息系统**

eLogisitcs 物流配送系统是方正永泰（方正数码和香港永泰集团合资于 2000 年 2 月成立）APS 解决方之一。eLogisitcs 系统是一个基于 Web 的中央控制的网上物流及配送系统，分为 6 大模块，分别是销售及服务、供应及采购、仓库运作、分发运作、存货控制和财务系统。支持多公司、多场所和多语言的物流业务。

总部位于上海的中国贝塔斯曼在线（BOLChina）与方正永泰合作，使用其 eLogistics 进行电子商务物流信息系统的建设和应用。

**1．销售及服务**

购书者要想从贝塔斯曼网上书店买书，首先要成为贝塔斯曼在线的会员，需要向贝塔斯曼提供姓名、送货地址、电子邮箱地址等信息。贝塔斯曼的客户数据库系统专门用来管理客户资料，购书者在贝塔斯曼的账号是书店对客户的跟踪主线，任何一个购书者的购书过程，从买书到付款，从订单到发票，还有客户信用等级，都会在个人账号下一线贯穿。

购书者找到自己喜爱的书，把书放入虚拟的网上提货篮，一张虚拟的网上购书订单就此生成。除了书的数量和种类以外，购书者还需要选择付款方式和送货方式。系统会把购书者的付款方式和送货方式存入数据库，并且传递到财务部门。如果购书者选择邮汇付款方式，书店要等到邮款到位以后发书，邮款倘若不到位，系统又会通过网络向购书者发出付款提醒；如果是信用卡付款，书店会通过与银行的网络收取书款然后发书。书送到客户手中以后，财务系统会监督书款的到位情况，并根据这一情况评定客户的信用。客户的购书订单一旦生成，系统就把这张订单传递到下一个模块：供应及采购模块。

**2．供应及采购**

收到客户的需求订单以后，贝塔斯曼在线就要和另一端的出版商联系。贝塔斯曼在线其实是一个网上中间平台，一头牵起供应商，一头牵着购书者，贝塔斯曼要用最快捷有效的方法把这两头连接起来。

据于物流的 JIT（Just In Time）原则，门店不会长时间备有所有的图书，所以在收到购书者的订单以后，一旦发现缺书，书店要立刻寻找供应商发出采购订单。贝塔斯曼在线的计算机系统建有所有供应商的系统资料，包括出版商名称、书目、折扣级等不同信息。购书者的采购订单传到 eLogistics 系统后，系统会根据书名或书的其他信息找到相应书目的所有出版商。

一本书可能有多个供应商，系统会根据不同供应商的折扣级、信誉级等情况排出采购的优先等级，然后向最优先的供应商发出订单，如果缺书，就顺序向第二个供应商购买。

书的分类管理、供应商的报价及遴选、订单的发送，都由系统自动完成。供应及采购模块还同时与仓库和财务系统相连，仓库要根据供应系统所采购的书目收货，财务则要根据采购订单在一定期限内付款给供应商。

**3．仓库运作**

仓库管理所有的工作都以购书者的订单为基础。收到供应商的来书以后，仓库人员会根据订单号入库。收齐同一订单下的所有书以后，系统自动提示发书，后面的工作就是拣货和包装。一张订单下的书全部出运以后，订单就会在仓库系统中结束。贝塔斯曼在线把外送这一块业务全部外包，由专业货运公司代理，所以 eLogistics 的分发运作模块在贝塔斯曼在线相对较为简单。虽然不是亲自负责送货，但书店的配送系统需要对出货计划进行管理。出书计划同时要考虑送书时间限制、送书路线等多种因素，然后由系统统一做出计划。

eLogistics 配送系统的存货控制模块在贝塔斯曼在线也较为简单。书店不能没有存书，但为了避免积压，又不能维持过多的存书。存货的控制需要有更多的人力根据图书的需求情况作调整，但系统会保有所有存书的目录和数量，以便在购书者购买时及时发送。

#### 4. 财务系统

财务系统和销售模块、采购模块都是相连的。财务系统需要从销售模块传过来的订单中获取客户的付款方式，然后根据不同的付款方式与客户进行结算。同时要从采购模块中获取采购订单信息，在一定期限内对供应商进行付款。财务系统还会从其他模块获取送货成及其他成本等数据，定期进行赢利结算。系统有效地节省了人力资本，并且能及时准确地完成财务结算，大大提高了财务效率。

（本文由作者根据网络资料改写，原文见 http://ec.yidaba.com/wsxs/wlys/5421468-2.shtml）

电子商务物流信息系统以其独有的特点，更符合现代化物流信息管理的需要，国际上很多企业已经在积极开展电子商务物流信息系统的推广和应用，如 UPS 等。目前，基于电子商务物流信息系统的集成技术与平台的研究虽然已经在国内外相关领域开展，但各种相关技术和理论还没有完善发展起来，新的问题和情况还会在实际中不断出现。

## 5.3 信息技术在电子商务物流中的应用

电子商务时代，物流信息化是电子商务的必然要求。条形码技术（Bar Code）、数据库技术（Database）、电子定货系统（EOS）、电子数据交换（EDI）、快速反应（QR）及有效的客户反映（ECR）、企业资源计划（ERP）等技术与观念在物流中将会得到普遍应用。信息技术及计算机技术在物流中的应用将会彻底改变世界物流的面貌。

### 5.3.1 条形码技术

#### 1. 条形码技术概述

条形码（Bar Code）是指由一组按一定编码规则排列的条、空符号，用以表示一定的字符、数字及符号组成的信息。这些宽度不同、反射率不同的条和空，按照一定的编码规则（码制）编制而成，条形码扫描设备发出的光照射到黑 相间的条形码上时，反射光 回照射到光电转换器上，光电转换器接收到与 条和黑条相应的强弱不同的反射光信号，并转换成相应的电信号（0 或 1）输出到放大整形电路． 条、黑条的宽度不同，相应的电信号持续时间长短也不同。因此可以用条形码表达一组数字或字母符号信息。条形码的码制很多，有的码制只能标识一个内容，有的码制则能标识很多内容。

条形码技术是为实现对信息的自动扫描而设计的，是实现快速、准确而可靠地采集数据的有效手段，解决了数据录入和数据采集的瓶颈问题，具体包括条形码的编码技术、条形码标识符号的设计、快速识别技术和计算机管理技术。在数据录入和采集过程中应用条形码技术可以使信息的输入速度快、可靠性高，而且条形码标签易于制作，成本低，使用方面操作简单，因此被广泛应用在零售业、邮政、制造业、贸易、物流、军工、药品、政府机关、学校、税务、海关、金融等诸多领域。

#### 2. 条形码的分类

条形码按照不同的分类方法、不同的编码规则可以分成许多种，国际上广泛使用的条形码标准多达十余种。条形码的分类主要依据条形码的编码结构和条形码的性质来决定，种类很多，通常按条形码的维数性质分为一维条形码和二维条形码，目前仍然以一维条形码应用为主。一维条形码主要有商品条形码和物流条形码两种，二维条形码主要有行列式条形码和　　式条形码两种。

1）一维条形码——商品条形码

商品条形码，是指由一组规则排列的条、空及其对应代码组成的、表示特定信息的全球统一商品标识，目前常用的商品码仍是一维码，即传统条形码，仅在水平方向表达信息，数据容量较小，最大约 30 个字符，而且只能包含字母和数字，不能编码汉字，条形码一旦被损坏就不能阅读。国际上广泛使用的有 EAN（European A rticle N umbering Association）码和 UPC（Uniform Product Code）码，属不同的编码系统。两种条形码虽然只能表示 0～9 共 10 个数字，但具有高度的查核能力，扫描操作简单可靠。

UPC 条形码是由美国和加拿大共同组织的统一编码委员会（Universal Code Council，UCC）选定以 IBM 公司提出的 Dalta-Distance 为基础而制订的。UPC 码是应用于美、加地区的产品标识符，本国产品销往美国，加拿大应使用 UPC 码，而出口到其他国家和地区则需使用 EAN 码。

EAN 条形码是欧共体的欧洲物品编码协会在 UPC 的基础上确立的，除欧洲外，亚洲许多国家也使用此码，是目前国际上使用最广泛的一种商品条形码。我国于 1991 年 7 月参加该协会，开始在国内推行使用的也是这种商品条形码。EAN 条形码分为 EAN 13（标准版）和 EAN　8（缩短版）两种。EAN 主要应用于超市和其他零售业，因此这种是我们比较常见的条形码，也是当今世界上应用最广泛的商品条形码，已成为电子数据（EDI）的基础。

商品条形码包括零售商品条形码、非零售商品条形码和物流单元条形码 3 大类。其中，零售商品条形码就是用于零售扫描结算的 EAN/UCC 商品条形码，非零售商品条形码是指用于批发单元外包装上的 ITF-14 条形码、UCC/EAN-128 条形码等，物流单元条形码是指用于物流单元外包装上的 UCC/EAN-128 条形码。

一般的一维商品条形码都是由两侧空　区、起始符、数据符、校验符（可选）和终止符组成。两侧空　区没有任何条形码信息，其作用是提示阅读器或扫描器准备扫描条形码。条形码的第一位字符是起始符，用于识别一个条形码符号的开始。数据符用来代表一定的原始数据信息。条形码的最后一位字符是终止符，用于识别一个条形码的结束，避免了不完整信息的输入。当采用校验符时，终止符还指示扫描器对数据符实施校验计算。有限码制的校验符是必需的，有些码制的校验符则是可选的，校验符通过对数据字符进行一种算术运算而确定，用于说明读入信息的有效性。起始符、终止符、空　区通常是不对称的二进制序列，并允许扫描器双向扫描，当条形码被反向扫描时，扫描器会在进行校验计算和传输信息前把条形码各字符重新排列为正确的顺序。以 EAN-13（标准版）商品条形码为例，该码只能使用数字。一个模块宽度为 0.33 mm，标准码尺寸为 37.29 mm×26.26 mm，放大系数取值范围是 0.80～2.00，间隔为 0.05。定长（由 13 位数字构成），如图 5-5 所示 EAN-13 条形码的符号结构。

图 5-5 EAN-1 3 条形码的符号结

690 表示国家代码，即中华人民共和国。EAN 分配给国家（地区）编码组织。中国的前　码为 690～695。

2018 表示生产商代码，由中国物品编码中心负责分配和管理，具有法人资格的企业可以提出申请。

99426 表示产品代码，由厂商自行编制，产品的基本特征不同，其商品项目代码也不同。

计算其校验符的过程为：

奇数和：6 + 0 + 0 + 8 + 9 + 2 = 25

偶数和：9 + 2 + 1 + 9 + 4 + 6 = 31

将奇数和与偶数和的三倍相加：25 + 31 × 3 = 118

取结果的个位数：118 的个位数为 8

用 10 减去这个个位数：10 - 8 = 2

所以校验码为 2（注：如果取结果的个位数为 0，那么校验码不是为 10 (10 - 0 = 10)，而是 0）。

除了这样的商品码以外，还有为便于商品在店内管理而对商品自行编制的临时性代码及条形码标识即店内码。如超市里的肉、　、水果、蔬菜等商品一般按　计价，售量随机，包装后用专用设备称重并自动编码制成店内码，再粘贴在外包装上。店内码只限在店内部的信息系统内使用，只能用于商店自己的结算、库存、配送和商品管理。

2）一维条形码——物流条形码

物流条形码是条形码中的一个重要组成部分，它是供应链中用以标识物流领域中具体实物的一组特殊代码。

物流条形码是指由 EAN·UCC 制定并用于物流单元的全球统一标识的条形码。目前国际上通用和公认的物流条形码只有 3 种：EAN-13 码、ITF-14 码、UCC / EAN -128 码。EAN-13 码是常用在单个大件商品的包装箱上的，如一台洗衣机、冰箱等，不过更多地是用在消费单元的商品销售包装上，如一瓶饮料。

ITF-14 码（属于交叉 25 码）表示的是 EAN/UCC-14 的数据，如图 5-6 所示，在非零售的或不通过 POS 系统的贸易项目上使用，是企业在商品外包装箱上使用的储运单元（为便于搬运、仓储、订货、运输等，由消费单元组成的商品包装单元）条形码（俗称箱码），ITF 条形码是一种连续型、定长、具有自校验功能，并且条、空都表示信息的双向条形码。对印刷精度要求不高，比较适合直接印制（热转印或喷墨）于表面不够光　、受力后尺寸易变形的包装材料，如　　纸或　维板上。ITF-14 条形码由左侧空　区、起始符、7 对表示数据的符号字符、终止符、右侧空　区、保护框及供人识别字符组成。14 位代码的最后一位是校验码，是根据前 13 位数字按一定规则得出。

图 5-6 ITF-14　条形码结构

当对独立包装但又不适合通过 POS 扫描结算的商品项目，如独立包装的冰箱、洗衣机、钢　、成套的家庭影院音箱等往往使用 ITF-14 条形码。如果商品使用了 EAN-13 进行标识，在商品的 EAN-13 码前加 0，就构成 ITF-14 码。

每个完整的非零售商品包装上至少应有一个条形码符号，该条形码符号到任何一个直立边的间距应不小于 50 mm。运输过程中的包装项目上最好使用两个条形码符号，放置在相邻的两个面上——短的面和长的面右侧各放一个，如图 5-7 所示。

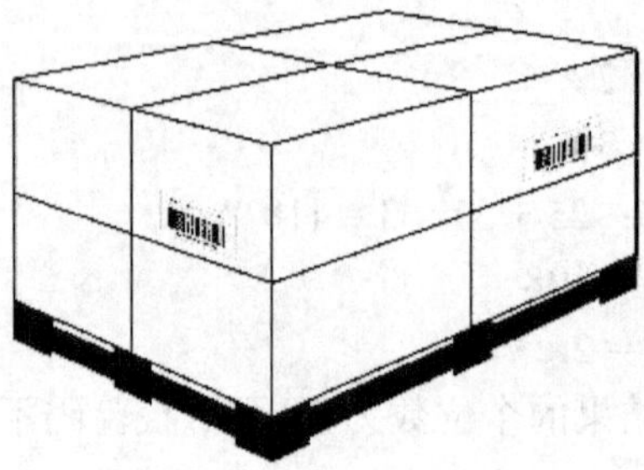


图 5-7　物流条形码标签的张贴位置

UCC / EAN-1 28 码是一种长度可变、连续性的字母数字条形码，它弥补了 EAN-13 码和 ITF-14 条形码的不足，能够更多地标识物流单元的信息，如产品批号、数量、规格、生产日期、有效期、交货地等，使物流条形码成为贸易中的重要工具。UCC/EAN-128 条形码由左侧空　区、一个起始符（StartA、StartB 或 StartC）和一个 FNC1 字符组成的双字符起始符、数据字符（包括应用标识符）、一个符号校验字符、终止符、右侧空　区及供人识别字符组成，如图 5-8 所示。

图 5-8 UCC/EAN-128　条形码结构

UCC/EAN-128 条形码的长度是可变的，但是编码的数据字符不能超过 48 个，整个符号的物理长度不能超过 165 mm。联结时，变长数据　后加分隔符（FNC1 字符），定长数据　后不加，最后一个数据　后面也不加，也可以不加任何分隔符。图 5-9 和图 5-10 分别为有分隔符和无分隔符的 UCC/EAN-128 条形码。

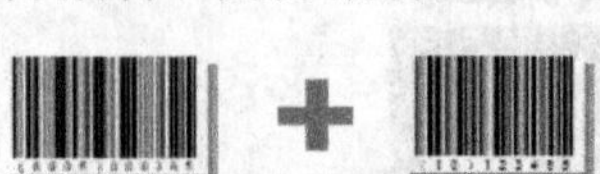

图 5-9　有分隔符的 UCC/EAN-128 条形码

图 5-10　无分隔符的 UCC/EAN-128 条形码

### 3. 商品码与物流码的关系

按照条形码的应用领域，条形码分为商品条形码和物流条形码两种。从供应链的角度出发，生产厂家生产出每个单位产品，对其进行条形码标识，常用 EAN/UPC 码进行编码，如一瓶饮料外包装上的条形码。非零售商品即按一定规格包装的零售商品，如把 24 瓶饮料包装成一箱，形成包装箱，这个包装单位不用于直接销售给最终消费者，到了物流过程，物流单元即完全按照物流的需要组成的包装单位，如一个集装箱等，以方便运输，这时常用物流条形码进行标识，如 EAN/UCC 码、ITF 码等。在整个供应链的过程中，其条形码编码也在随着发送变化，其中零售商品的条形码是非零售商品和物流单元的基础。常用物流条形码：ITF-14，EAN/CODE-128；常用商品码：EAN-13，UPC。两者偏向的领域不一样，物流条形码根据自己对产品的归类，有自己的编码原则，易于区分和追 ，商品条形码只是不同厂家根据自己的产品所做的条形码标示。

与商品条形码相比较，物流条形码有如下特点：

1）储运单元的唯一标识

商品条形码是最终消费品，通常是单个商品的唯一标识，用于零售业现代化的管理；物流条形码是储运单元的唯一标识，通常标识多个或多种类商品的集合，用于物流的现代化管理。

2）服务于供应链全过程

商品条形码服务于消费环节：商品一经出售到最终用户手里，商品条形码就完成了其存在的价值，商品条形码在零售业的 POS 系统中起到了单个商品的自动识别、自动寻址、自动结账等作用，是零售业现代化、信息化管理的基础；物流条形码服务于供应链全过程，生产厂家生产出产品，经过包装、运输、仓储、分拣、配送，直到零售商店，中间经过若干环节，物流条形码是这些环节中的唯一标识，因此它涉及更广，是多种行业共享的通用数据。

3）信息多

通常，商品条形码是一个无含义的 13 位数字条形码；物流条形码则是一个可变的，可表示多种含义、多种信息的条形码，是无含义的货运包装的唯一标识，可表示货物的体积、重量、生产日期、批号等信息，是贸易伙伴根据在贸易过程中共同的需求，经过协商统一制订的。

4）可变性

商品条形码是一个国际化、通用化、标准化的商品的唯一标识，是零售业的国际化语言；物流条形码是随着国际贸易的不断发展，贸易伙伴对各种信息需求的不断增加应运而生的，其应用在不断扩大，内容也在不断丰富。

5）维护性

物流条形码的相关标准是一个需要经常维护的标准。及时沟通用户需求，传达标准化机构有关条形码应用的变更内容，是确保国际贸易中物流现代化、信息化管理的重要保障之一。

目前现存的条形码码制多种多样，但国际上通用的和公认的物流条形码码制只有三种：ITF-14 条形码、UCC/EAN-128 条形码及 EAN-13 条形码。选用条形码时，要根据货物的不同和商品包装的不同，采用不同的条形码码制。单个大件商品，如电视机、电冰箱、洗衣机等商品的包装箱往往采用 EAN-13 条形码。储运包装箱常常采用 ITF-14 条形码或 UCC/EAN-128 应用标识条形码，包装箱内可以是单一商品，也可以是不同的商品或多件头商品小包装。

比如火腿　，单品上有 EAN-13 条形码。外箱由于数量并不是很大，也可能用于超市的零售，所以外箱也同样编有 EAN-13，但与内部的单品上的 EAN-13 条形码值是不同的。然而，外箱也同样是仓储单元，所以外箱上也要印 ITF-14。就是在外箱 EAN-13 码的基础上补 0。

供应链各环节条形码关系如图 5-11 所示。

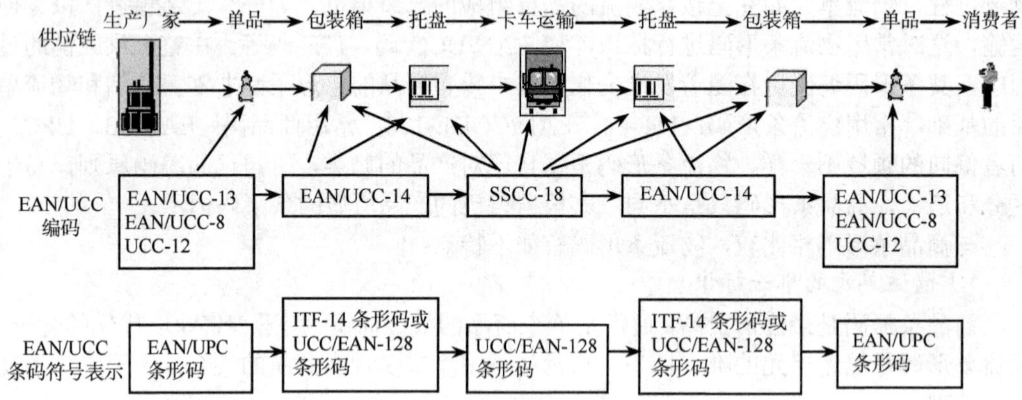


图 5-11　供应链各环节条形码关系

## 4．二维码

二维码是用某种特定的几何图形按一定规律在平面上（二维方向上）分布的黑　相间的图形记录数据符号信息。二维码能够在横向和纵向两个方位同时表达信息，因此能在很小的面积内表达大量的信息。它具有条形码技术的一些共性：每种码制有其特定的字符集；每个字符占有一定的宽度；具有一定的校验功能等。与一维条形码相比，二维条形码数据容量更大、超越了字母数字的限制、条形码相对尺寸小、具有抗损毁能力。

在目前几十种二维条形码中，常用的码制有：PDF417 二维条形码，Datamatrix 二维条形码，Maxicode 二维条形码，QR Code，Code 49，Code 16K，Code one 等，除了这些常见的二维条形码之外，还有 Vericode 条形码、CP 条形码、Codablock F 条形码、田字码、Ultracode 条形码，Aztec 条形码。

二维码目前广泛应用于单证管理（公文单证、订购单、报关单、商业单证、护照、身份证、　驶执照）；物流中心、仓储中心等的物品盘点；会议资料、生产零件、客户服务、邮购运送、维修记录、危险物品等的资料追踪。二维码可以分为邮政码、堆叠式/行排式和　　式。

（1）邮政码是通过不同长度的条进行编码，如：Postnet、BPO 4-State。

（2）堆叠式/行排式二维条形码又称堆积式二维条形码或层排式二维条形码，其编码原理是建立在一维条形码基础之上，按需要堆积成两行或多行。它在编码设计、校验原理、识读方式等方面继承了一维条形码的一些特点，识读设备与条形码印刷与一维条形码技术兼容。但由于行数的增加，需要对行进行判定，其译码算法与软件与一维条码不完全相同。有代表性的行排式二维条形码有：Code 16K、Code 49、PDF417等。以 PDF417 为例，这是一种堆叠式二维条形码，目前应用最为广泛。PDF417 条形码是由美国 SYMBOL 公司发明的，PDF（Portable Data File）意为“便携数据文件”。组成条形码的每一个条形码字符由 4 个条和 4 个空，共 17 个模块构成，故称为 PDF417 条形码。PDF417

条形码可表示数字、字母或二进制数据，也可表示汉字。一个 PDF417 条形码最多可容纳 1 850 个字符或 1 108 个字节的二进制数据，如果只表示数字则可容纳 2 710 个数字。PDF417 的纠错能力分为 9 级，级别越高，纠正能力越强。由于这种纠错功能，使得污损的 417 条形码也可以正确读出。我国目前已制定了 PDF417 码的国家标准。PDF417 条形码需要有 417 解码功能的条形码阅读器才能识别。PDF417 条形码最大的优势在于其庞大的数据容量和极强的纠错能力。当 PDF417 条形码用于防伪时，并不是 PDF417 条形码不能被复制，而是由于使用 PDF417 条形码可以将大量的数据快速读入计算机，使得大规模的防伪检验成为可能。图 5-12 所示为 PDF417 条形码。

（3） 式二维条形码（又称 盘式二维条形码）是在一个 形空间通过黑、 像素在 中的不同分布进行编码。在 相应元素位置上，用点（方点、圆点或其他形状）的出现表示二进制“1”，点的不出现表示二进制的“0”，点的排列组合确定了 式二维条形码所代表的意义。 式二维条形码是建立在计算机图像处理技术、组合编码原理等基础上的一种新型图形符号自动识读处理码制。具有代表性的 式二维条形码有：Code One、Maxi 码、QR 码、Data Matrix 等。QR（Quick Response）码比普通条形码可储存更多资料。QR 原本是为了在汽车制造厂便于追踪零件而设计，今日 QR 码已广泛使用在各行各业的存货管理。使用者亦可通过设有 RS-232C 界面的个人计算机及解码程序，连接扫描器或 影机取得 QR 码中的资料，十分适合应用在食品物流、隐形眼 、服装等领域。近年来 QR 码在日本、韩国的应用越来越普及，这其中日本 NTT Docomo 的贡献不得不提，其手机内置的 QR 码解码软件让更多的消费者了解、使用了基于 QR 码所提供的服务，中国移动也推出了 QR 码的离线业务，此举使 QR 码从企业级的应用走向平民的生活。QR 码如今被越来越广泛地应用于电子票务领域，电影票、电子优惠券等，2009 年 12 月，广州机场已经开始使用电子机票了，无需登机牌，一条二维码短信就可以轻松登机。图 5-13 为快速 QR 码。

图 5-12 PDF4 17 条形码

图 5-13 快速 QR 码

**小资料**

**服装产品的运输控制系统 QR 码应用**

服装商品的多样性（款色，颜色、尺码）决定了商品管理的难度较大。如果销售渠道多，销售链稍长的话，难度会更大。再加上季节性的退货，在商品管理中往往会出现混乱。而条形码和 POS 系统的应用，可以在很大程度上解决这个问题。

条形码在服装物流系统中的应用广泛，主要表现在以下几方面。

**1. 销售信息系统**（POS 系统）

在商品上贴上条形码就能快速，准确地利用计算机进行销售和配送管理。通过计算机处理，掌握进、销、存的数据。

2. 库存系统

在库存物资上应用条形码技术，尤其是规格包装、集装，托盘货物上，入库时自动扫描并输入计算机，由计算机处理后形成库存的信息，并输出入库区位、货架、货位的指令，出库程序则和 POS 系统条形码应用一样。

3. 分货拣选系统

在配送和仓库出货时，采用分货、拣选方式，需要快速处理大量的货物，利用条形码技术可自动进行分货拣选，实现有关管理。

比如，在服装产品的运单上有一个 QR 码，它包含了目的地、产品编号、颜色、尺寸等相关信息。这些数据被用于运输控制。通过手持终端及时收集运输数据，防止运输错误，如图 5-14 所示。

图 5-14 QR 码的应用

（本文由作者根据网络资料改写，原文见 http://www.lenx.cn/qr1.htm）

### 5. 条形码技术在电子商务物流中的应用

条形码技术在我国电子商务物流行业的应用是从 20 世纪 90 年代才开始的，大致可分为表 5-6 所示的 3 个阶段。

表 5-6　条形码技术在我国物流行业的应用

| 时　间 | 应用状况 |
|---|---|
| 20 世纪 90 年代 | 国内部分物流服务企业已经开始认识到条形码技术对物流管理与运作的影响，条形码技术已开始受到关注 |
| 20 世纪末至 21 世纪初 | 条形码技术在这几年开始受到物流行业的普遍关注，并开始应用于一些新建的现代化物流中心 |
| 21 世纪初至今 | 条形码技术对现代物流的影响已深入人心，绝大多数企业都已认识到这一技术的优势，认识到没有条形码技术的应用，就无法实现物流信息化，企业也开始向国家有关部门与机构咨询有关条形码的标准，条形码技术正处于一个快速发展阶段 |

小资料

条形码技术在沃尔玛电子商务物流中的应用

在利用商品条形码上，沃尔玛凭借自己的计算机网络通信系统，又走在了其他零售商的前面。采用商品条形码可以代替大量手工劳动，不仅缩短了顾客结账等候时间，而且更有利于计算机跟踪商品从进货到库存、配货、送货、上架、售出的全过程，及时掌握商品销售和补货信息，加快了商品流转的速度。

1981 年，沃尔玛开始试验利用商品条形码和电子扫描器实现存货自动控制。公司先选定几家商店，在收款台安装读取商品条形码的设备。两年后，试验范围扩大到 25 家店；1984 年，试验范围扩大到 70 家店；1985 年，公司宣布将在所有的商店安装条形码识别系统。到 20 世纪 80 年代末，沃尔玛所有商店和配送中心都安装了电子条形码扫描系统。

沃尔玛为配合计算机网络系统，充分利用了商品条形码技术，实现了存货自动控制。通过应用条形码技术，沃尔玛在对商品的整个处理过程中，总共节省了 60%左右的人工。商品条形码加上便携式扫描仪，还可以用于控制门店内存货水平，方便地记录下商品种类、数量、进价、销售价格等信息，使公司能更快地规划存货需求，节约再订货过程所需要的时间。

有了商品的条形码，沃尔玛总部的计算机和各个发货中心及各家分店的计算机联接，商店付款台上的激光扫描器会把每件货物的条形码输入计算机，再由计算机进行分类统计。当某一货品库存减少到一定数量时，计算机会发出信号，提醒商店及时向总部要求进货。

总部安排货源后，送往离商店最近的一个发货中心，再由发货中心的计算机安排发送时间和路线。这样，从商店发出订单到接到货物并把货物提上货架销售，一整套工作只要 36 个小时就能完成，这就保证了沃尔玛在拥有巨大规模的同时仍保持高效运转。

（本文由作者根据网络资料改写，原文见 http://jp.zzuli.edu.cn/dzsw/res/anli/anli-3.html）

### 5.3.2　射频识别技术

2004 年起，包括　尔　、宝　、波音公司在内的商业巨头都积极推动 RFID 在制造、物流、零售、交通等行业的应用。RFID 技术已经认为是本世纪最具潜力的技术之一，它的发展和应用推广将是自动识别行业的一场技术革命，如今，智能化管理已经走进了人们的生活，人们使用的门　卡、第二代身份证、公交卡等正在改变人们的生活方式，这些卡片都使用了射频识别技术。

#### 1. 射频识别技术的概念及类型

射频识别技术（Radio Frequency Identification，RFID），常称为感应式电子　片或近接卡、感应卡、非接触卡、电子标签、电子条形码等。射频是一种高频交流变化电磁波，射频识别技术是一种非接触式的自动识别技术，利用无线射频方式在阅读器和射频卡之间进行非接触双向数据传输，以达到目标识别和数据交换的目的。射频识别技术的发展得益于多项技术的综合发展。所涉及的关键技术大致包括：芯片技术、天线技术、无线收发技术、数据变换与编码技术、电磁传播特性。RFID 需要利用无线电频率资源，必须遵守无线电频率管理的诸多规范。

RFID 具有数据的读写功能。通过 RFID 读写器，甚至无需接触（读写距离可以从十米至几十米）即可直接读取射频卡内的数据信息，也可以将处理的数据状态写入电子标签。所使用的电子标签不受大小与形状限制，并向小型化发展，便于嵌入到不同物品内，可重复使用。由于 RFID 为电子数据，可以反复读写，因此可以回收标签重复使用，提高利用率，降低成本，且数据的记　容量大。

**小资料**

**射频识别技术的发展**

RFID 技术起源于第二次世界大战时期的飞机雷达探测技术。雷达应用电磁能量在空间的传播实现对物体的识别。“二战”期间，英军为了区别盟军和德军的飞机，在盟军的飞机上装备了一个无线电收发器。战斗中控制塔上的探询器向空中的飞机发射一个询问信号，当飞机上的收发器接收到这个信号后，回传一个信号给探询器，探询器根据接收到的回传信号来识别是否己方飞机。这一技术至今还在商业和私人航空控制系统中使用。

雷达的改进和应用催生了 RFID 技术。1945 年，Leon Theremin 发明了第一个基于 RFID 技术的间谍用装置。1948 年 Harry Stockman 发表的论文《利用反射功率的通信》奠定了射频识别的理论基础。Harry stockman 同时预言，在能量反射通信中还有许多问题需要解决，在开辟 RFID 的实际应用领域之前，还要做相当多的研究和开发工作。20 世纪 50 年代是 RFID 技术研究和应用的探索阶段，远距离信号转发器的发明扩大了敌我识别系统的识别范围。D.B.Harris 提出了信号模式化的理论及被动标签的概念。

直到 20 世纪 70 年代，RFID 技术终于走出实验室进入了应用阶段。很快，RFID 技术与产品得到了发展，各种测试技术加速发展，出现了早期的规模化应用。20 世纪 80 年代以来，集成电路、微处理器等技术的发展加速了 RFID 的发展，各种规模化应用发展起来，封闭系统应用开始成形。

在 1991 年，美国奥克拉荷马州出现了世界上第一个开放式公路自动收费系统。而近几年来，随着自动收费、门禁、身份卡片等的应用，RFID 技术已经走入了人们的生活。RFID 技术的发展可按 10 年期划分如下。

1941—1950 年：雷达的改进和应用催生了 RFID 技术，1948 年奠定了 RFID 技术的理论基础。

1951—1960 年：早期 RFID 技术的探索阶段，主要处于实验室实验研究。

1961—1970 年：RFID 技术的理论得到了发展，开始了一些应用尝试。

1971—1980 年：RFID 技术与产品研发处于一个大发展的时期，各种 RFID 技术测试得到加速，出现了一些最早的 RFID 应用。

1981—1990 年：RFID 技术及产品进入商业应用阶段，各种规模应用开始出现。

1991—2000 年：RFID 技术标准化问题日趋得到重视，RFID 产品得到广泛采用，RFID 产品逐渐成为人们生活中的一部分。

2001 年以后，标准化问题日趋为人们所重视，RFID 产品种类更加丰富，有源电子标签、无源电子标签及半无源电子标签均得到发展，电子标签成本不断降低，规模应用行业扩大，RFID 技术的理论得到丰富和完善，单芯片电子标签、多电子标签识读、无线可读可写、无源电子标签的远距离识别、适应高速移动物体的 RFID 正在成为现实。

在我国 RFID 市场的发展中，政府相关应用占据了 RFID 应用领域中最大的份额。第二代身份证是近年我国 RFID 市场规模得以迅速扩大的重要原因之一。除了身份证，政府在城市交通、铁路、网吧、危险物品管理等方面都推动了 RFID 的应用，主要利用 RFID 读取的方便性和安全性。政府的推动不仅拓展了我国 RFID 市场，同时也带动了相关产业的发展，有助于发展配套环节、完善产业链，为 RFID 的进一步发展提供条件。

（本文由作者根据网络资料改写，原文见 http://book.51cto.com/art/201012/237284.htm）

**2．射频识别系统的构成及工作原理**

不论是简单的 RFID 系统还是复杂的 RFID 系统，都包含一些基本组件，一般包括 3 个主要的组成组件，分别是标签、读写器和天线。

1）标签

也称为电子标签，是由耦合元件及芯片组成，每个标签具有唯一的电子编码，附着在物体上用来标识目标对象。电子标签不同于条形码，电子标签有写入信息或更新内存的能力，而条形码的内存不能更改，标签特有的读写器不能被复制。两者之间最大的区别是条形码是“可视技术”，扫描仪只能扫描可见的条形码，而射频标签只要在接受器的作用范围内就可以被读取。另外，条形码只能识别生产者和产品，并不能辨认具体的商品，而且贴在所有同一种产品包装上的条形码都一样，但是条形码的成本远远低于电子标签。RFID 标签可以贴在或安装在不同物品上，由安装在不同地理位置的读写器读取存储于标签中的数据，实现对物品的自动识别。按照不同的分类标准，RFID 电子标签有许多不同的分类。

（1）低频段、中高频段、超高频段电子标签。

低频段电子标签简称为低频标签，其工作频率范围为 30～300 kHz。典型工作频率有：125 kHz，133 kHz。低频标签一般为无源标签，低频标签的阅读距离一般情况下小于 1 m。低频标签主要用于动物、容器识别以及电子闭锁防盗（带有内置应答器的汽车）等。低频标签省电、成本低，穿透性强，但是标签存储数据量较少。

中高频段电子标签一般也采用无源方式，其工作能量来源同低频标签一样，主要用作电子车票、电子身份证、电子闭锁防盗（电子　控门锁控制器）等。

超高频电子标签也称为微波电子标签，分为有源标签与无源标签两类。其典型工作频率有，433.92 MHz，862（902）～928 MHz，2.45 GHz，5.8 GHz。阅读距离一般大于 1 m，典型情况为 4～7 m，最大可达 10 m 以上。阅读器天线一般均为定向天线，只有在阅读器天线定向波束范围内的电子标签可被读/写。其数据存储容量一般限定在 2 kbit 以内，主要用于移动车辆识别、电子身份证、仓储物流应用、电子闭锁防盗（电子　控门锁控制器）等。

（2）主动与被动标签。

主动标签也称为有源标签，标签自带电　为芯片上的电路提供电源，以便发送信息给读写器。被动标签不带电　，通过电磁感应从阅读机的无线电波中收集能量，供电给其上的芯片。主动标签具有较远的识别距离（可达 100 m），但是成本较高，适合用来追踪高价值的物品如货　和火车车　。被动成本较低廉，但识别距离通常小于 10 m。

（3）只读与可读写标签。

只读标签上的信息不能被改写或写入新的信息，只能被阅读，且一旦写入，就不能改写，只有在刚出厂启用时，可以写入产品序列号等；可读写标签上的信息既可以被阅读也可以被改写或写入新的信息。

图 5-15 为各式各样的射频电子标签。

图 5-15　各式各样的射频电子标签

2）读写器（Reader）或识读器

识读器也称为查询器、信号接收机等，是用于读取（有时还可以写入）标签信息的设备。可设计为手持式或固定式，有些系统还通过阅读器的 RS232 或 RS485 接口与外部计算机连接，进行数据交换。图 5-16 和图 5-17 分别为固定式和手持式识读器。

3）天线

天线是在标签和读取器间传递射频信号的。

在射频系统运作时，首先识读器通过发射天线发送一定频率的射频信号，当射频卡进入发射天线工作区域时产生感应电流，射频卡获得能量被激活；射频卡将自身编码等信息通过卡内置发送天线发送出去；系统接收天线接收到从射频卡发送来的载波信号，经天线调节器传送到识读器，识读器对接收的信号进行解调和解码后送到后台主系统进

行相关处理；主系统根据逻辑运算判断该卡的合法性，针对不同的设置做出相应的处理和控制，发出指令信号控制执行机

图 5-18 为 RFID 系统构成及识别原理。

图 5-16　固定式非接触 IC 卡识读器

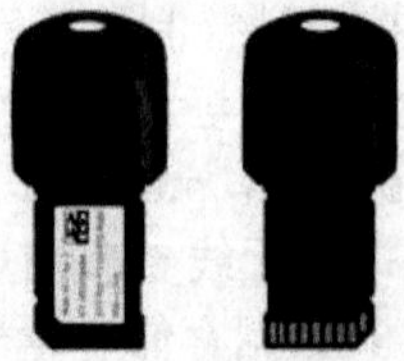

图 5-17　手持式识读器

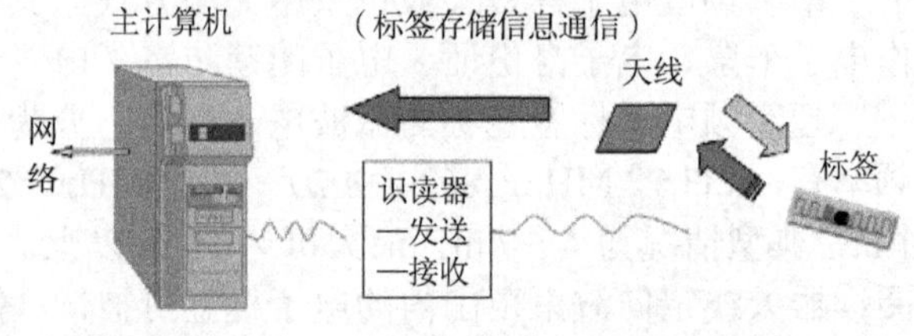


图 5-18 RFI D 系统构成及识别原理

3. 射频识别技术在物流领域的应用

**小资料**

**RFID 在物流领域的应用**

物流的应用上，厂商导入 RFID 技术时会分成 4 阶段来实施。

单个产品阶段。在每一个产品上以 RFID 取代商品条形码，每一个 RFID 上以商品编号加上序号，来识别每一个货品的唯一性，利用这个方式来辨识进行盘点、收货及销售点的收款机作业，由于每一个产品具有唯一的辨别码，可以将所有商品以最小的单位进行管理。由于可以对最小单位的货物进行控制，对于零售端的销售更有利，包括货架上的促销、防窃、消费者行为分析等均能做个别产品的管理。

包装容器阶段。单项产品成打或成箱包装，在纸箱或其包箱容器上设置 RFID，来追踪及辨识纸箱或容器的形状、位置及交接货物的数量。除了对需求/供应规划所提供的信息更细致之外，也增加了再包装的可视性，对于整板进货却需要以箱为单位的出货操作而言，比小单位的拣货、包装与出货更为方便。

托盘阶段。在托盘上固定 RFID 进行辨识读取，以追踪辨识物流装载工具如托盘、笼车、配送台车等。提供供货商及时的补货信息，有利于供货商做生产规划。物流中心更可加快收货作业时间，实现验货与上架的信息化，有效管理存货控制。

集装箱阶段。在货柜上固定 RFID 进行辨识读取，以追踪辨识集装箱、空运盘柜等。目前应用于国际货柜运送货物上最多，除了有助于在全球化运作时对货物掌控能力增加之外，通过集装箱、货柜 RFID 的追踪，对于国家安全也提供了另一项保证。

（本文由作者根据网络资料改写，原文见 http://csl.chinawuliu.com.cn/CSLDisplay/ReportContent.aspx?ID=5ec9c0b9-b7d9-487b-9ccd-8d58e9a096e2）

射频识别技术以其独特的优势，逐渐被广泛应用于工业自动化、商业自动化和交通运输控制管理等领域。随着大规模集成电路技术的进步以及生产规模的不断扩大，射频识别产品的成本将不断的降低，其应用将越来越广泛。表 5-7 列举了射频识别技术几个典型的应用。

表 5-7　射频识别在物流领域的应用

| 物流应用 | 应用现状 | 应用案例 |
| --- | --- | --- |
| 车辆自动识别管理 | 铁路车号自动识别，集装箱的识别 | 1995 年北美铁路系统在 150 万辆货车、1 400 个地点安装了射频识别装置 |

续表

| 物流应用 | 应用现状 | 应用案例 |
| --- | --- | --- |
| 货物跟踪、管理及监控 | RFID 技术为货物的跟踪、管理和监控提供了快捷、准确、自动化的手段。以 RFID 技术为核心的集装箱自动识别，成为全球范围最大的货物跟踪管理应用 | 大利亚和英国的西思　机场将射频识别技术应用于旅客行李管理中，大大提高了分拣效率，降低了出错率 |
| 仓储、配送等物流环节 | RFID 技术目前在仓储、配送等物流环节已有许多成功的应用 | 智能货架贴有电子标签的物件放在配有扫描器的货架上，这些扫描仪可以通过无线局域网直接和货物管理系统联系 |
| 高速公路收费及智能交通系统 | 高速公路自动收费系统是 RFID 技术最成功的应用之一 | 港“　易通”在车辆高速通过收费站的同时完成缴费，解决了交通的瓶颈问题 |
| 交通运输控制管理 | 实现集装箱的动态跟踪与管理 | 日照港将 RFID 系统结合计算机生产管理系统以及信息数据库管理系统，提高管理水平 |
| 改善物流流程 | 应用 RFID 技术对物料流动的整个过程进行全程监控，使整个物流过程“透明化”，确保准确 | 希　Diakinisis 物流公司应用 RFID 技术可以在托盘抵达后直接送往货架，避免了时间浪费和重复操作 |

## 5.3.3 EDI

**小资料**

**EDI 在沃尔玛应用**

沃尔玛的成功在于它将传统与现代经营模式成功地结合在一起 e 化了传统企业，从而得以在新兴数码时代纵横驰骋，所向披靡。沃尔玛采取了快速高效的现代化供应链管理，通过对信息流、物流、资金流的有效调控，早在 1970 年，沃尔玛就建立了第一间配送中心，由公司总部负责将统一订来的商品全部送到指定的配送中心，而每家分店只是一个纯粹的卖场。当时沃尔玛在它的配送中心应用了两项最新的物流技术——“交叉作业”和“电子数据交换（EDI）”。沃尔玛特别投入 4 亿美元的巨资，委托休斯公司发射了一颗商用卫星，实现了全球联网，以先进的信息技术为其高效的配送系统提供保证。

“交叉作业”和“电子数据交换”（EDI）。“交叉作业”在配送方面的两项最新技术，可以使供货商在将货物运到配送中心之后，配送中心即可根据每个分店的需求量对商品进行就地筛选、重新打包。

2002 年 IBM 为沃尔玛搭建了利用互联网传输传统的电子数据交换（EDI）信息，沃尔玛鼓励供应商接受基于互联网的 EDI 系统（EDIINT）。通过关键业务流程间的相互协作以及支持信息的共享，为更广泛的关键合作伙伴提供战略商业关系的支持。

（本文由作者根据网络资料改写，原文见 http://www.cmwin.com/CBPResource/StageHtmlPage/46/A29920088261613846.htm）

信息技术、网络技术日益广泛用于物流领域，物流与电子商务日益融合。20 世纪 70 年代电子数据交换技术（EDI）在物流领域的应用曾简化了物流过程中烦琐、耗时的订单处理过程，使得供需双方的物流信息得以即时沟通，物流过程中的各个环节得以精确衔接，极大地提高了物流效率。

### 1. EDI 的概念

EDI（Electronic Data Interchange，电子数据交换）也常被称为无纸化贸易，是 20 世纪 80 年代发展起来的一种新颖的电子化贸易工具，是计算机、通信和现代管理技术相结合的产物。ISO（国际标准化组织）认为 EDI 是“将商业或行政事务处理按照一个公认的标准，形成结构化的事务处理或消息报文格式，是从计算机到计算机的数据传输方法”。EDI 用一种国际公认的标准格式，通过计算机通信网络在公司之间将订单、发票到货通知、财务报告、报关等作业文件，贸易、运输、保险、银行和海关等行业信息，以文字、图表、图像或声音的形式传输，实现各有关部门或公司与企业之间的数据共享和处理。使用 EDI 可以保证数据、图表、图像等信息通过网络正确地传送，无需打印、邮寄、传真以及重新录入，而且 EDI 与企业的管理信息系统的密切结合，可以大大提高工作效率，节省时间和经费。

EDI 的应用范围不断扩展，已延伸到 POS 销售信息传送业务、库存管理业务、发货送货信息和支付信息的传送业务等。近年 EDI 在物流中广泛应用，被称为物流 EDI。

在供应链管理的应用中，通过 EDI，可以快速获得信息，提供更好的服务，降低成本，改善与客户的关系，提高对客户的响应等好处，同时 EDI 将分散的物流信息系统连接起来，美国的福特公司把 EDI 视为“精细调整 JIT 的关键”；DEC 公司也是把 EDI 和 MRP 连接起来，使 MRP 系统实现了电子化，公司库存因而减少 80%，交货时间减少 50%。GE 通用电器公司通过采用 EDI，采购部门的工作效率提高了，节约了订货费用和人力成本。

### 2．EDI 的构成和技术原理

EDI 系统的主要包括：通信网络、数据标准化、EDI 软件和 EDI 硬件。

（1）通信网络。通信网络是 EDI 系统必不可少的组成部分之一。从 EDI 所依托的计算机网络通信技术的发展演变看，最初是点到点方式，随后是增值网络（VAN）的方式，进而是电子邮件（E-mail）方式，当今则演变为 Internet 模式。Internet 模式的 EDI 大大方便了那些中小型企业，不用购买和维护 EDI 软件，不用进行 EDI 单证和应用程序接口（Application Programming Interface，API）开发，只需利用浏览软件即可应用，而有关表格制作和单证翻译等工作由 EDI 中心或商业伙伴完成。

（2）数据标准化。EDI 技术标准可分成两大类：一类是表示信息含义的语言，称为 EDI 语言标准，主要用于描述结构化信息；另一类是载运信息语言的规则，称为通信标准，它的作用是负责将数据从一台计算机传输到另一台计算机。

（3）EDI 软件。EDI 软件的作用是将组织内部的非结构化格式的信息（数据）翻译成结构化的 EDI 格式，然后传送 EDI 报文。这是针对“信息发送方”而言的。对“信息接收方”来说，则需要把所接收到的标准 EDI 报文，翻译成在该部门内部使用的非结构化格式的信息。根据这样的要求，EDI 软件应具有 3 方面的基本功能：数据转换、数据格式化和报文通信。

（4）EDI 硬件。实际中并没有专门用于 EDI 的硬件设备。EDI 硬件，是指在 EDI 的应用中所使用到的硬件设备。对于 EDI 的小型用户，有计算机和调制解调器即可，而对大型企业，需要先建立一个计算机局域或广域网及相关网络设备。

### 3．EDI 的工作流程

一个典型的贸易过程及文件流程如图 5-19 所示。EDI 将所有贸易单证的传送由 EDI 通信网络实现，并且买卖双方单证的处理全部（或大部分）由计算机自动完成。EDI 的工作流程可以划分为 3 大部分。

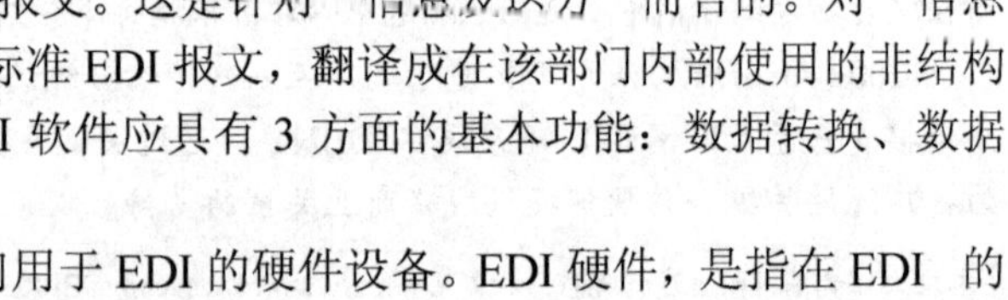


图 5-19 EDI 的工作流程

1）文件的结构化和标准化处理

用户首先将原始的纸面商业或行政文件，经计算机处理，形成符合 EDI 标准的，具有标准格式的 EDI 数据文件。

2）传输和交换

用户用自己的本地计算机系统将形成的标准数据文件，经过 EDI 数据通信和交换网，传送到登录的 EDI 服务中心，继而转发到对方用户的计算机系统。

3）文件的接收和自动处理

对方用户计算机系统收到发来的报文之后，立即按照特定的程序自动进行处理，愈是自动化程度高的系统，人的干预愈少，如有必要，则输出纸面文件。

### 4. EDI 在物流领域的应用

使用 EDI 的优点在于供应链组成各方基于标准化的信息格式和处理方法，共同分享信息、提高流通效率、降低物流成本，从参与物流活动的各方来看，都从 EDI 的使用中获得好处。

1）零售企业

应用 EDI 系统可以大大降低进货作业的出错率，节省进货商品检验的时间和成本，能迅速核对订货与到货的数据，易于发现差错。使用 EDI 将零售企业与供货商联系起来，是发货、生产效率更高。EDI 的最大特点是网络化的自动传输和自动处理，可以利用其网络化优势来建立和强化合作伙伴关系，并有助于改善整个供应链的效率，使供应链上的各企业均取得长期的战略利益。

上海联华各门店在每天晚上 12 点之前汇总当天牛　的销售和库存信息，并在次日 9 点前将该数据传送至联华采购中心 EDI 系统，数据经汇总后于当天 12 点加载到　业企业有效客户反应系统（ECR）。　业企业收到数据后，做发货准备，在第三天上　6 点半以前将所订的牛　送到联华各门店。

2）制造企业

利用 EDI 可以及时、准确地掌握供需状况。按照 JIT 的要求，上下游产业之间实现决算、检验、库存的电子化，采购可以很快做出决策。

3）第三方物流企业

在第三方物流的市场发展中，物流企业需要突出物流设计、物流信息及运作管理的竞争优势。使用 EDI 使得第三方物流企业实现在配送中更加集约化，从而能够极大地减少和压缩库存，甚至实现零库存。

新加　港务局推行港口 EDI 系统，使航运公司、货运代理商、贸易伙伴和监管机构的有关运输文件以电子数据的格式统一起来，从而使新加　成为世界上成功规范各种运输文件和数据的第一个国家。港口提高了集装箱装卸效率，优化了堆场和船舶调度，加快了船舶周转和货物通关时间。

EDI 作为供应链信息化建设的重要部分，与生产过程控制信息化建设、企业管理信息化建设一起，通过各种信息系统网络加工生成新的信息资源，提供给各层次的人们洞悉、观察各类动态业务中的一切信息，优化配置企业资源，做出有利于生产要素组合优化的合理决策，使企业适应瞬息万变的市场经济竞争环境，从而求得最大的经济效益。

另外，在物流活动中存在着大量的数据单证的传递，实际工作中，一个物流企业的输入信息一大部分是其他单位的输出，如果实现物流伙伴群体集成化信息资源管理，每一单位所需采集的信息将大大减少，每一单位间信息传递的时间也将达到最短的优化状态。

EDI 的应用促成供应链上各个企业的物流作业流程简化、促进了物流行业体系调整，致使物流环境改变，改善企业流程。

## 5.3.4 GPS

### 1. GPS 概述

全球定位系统（Global Positioning System，GPS），是 20 世纪 70 年代由美国陆海空三军联合研制的新一代空间卫星导航定位系统。其主要目的是为陆、海、空三大领域提供实时、全天候和全球性的导航服务，并用于情报收集、核爆监测和应急通信等一些军事目的，是美国独　全球战略的重要组成。经过 20 余年的研究实验，耗资 300 亿美元，到 1994 年 3 月，全球覆盖率高达 98%的 24　　GPS 卫星已布设完成，目前应用很广泛。

### 2. GPS 的构成及工作原理

GPS 是一个由覆盖全球的 24　　卫星组成的卫星系统。能够提供实时、全天候和全球性的导航服务。说的简单点，用户通过 GPS 接收卫星信号，经信号处理而获得用户位置、速度等信息，最终实现利用 GPS 进行导航和定位的目的。GPS 全球卫星定位系统由空间部分、地面控制部分和用户设备部分组成。

1）空间部分

GPS 的空间部分是由 24　　工作卫星组成，卫星的分布使得在全球任何地方、任何时间都能够保持良好定位解算精度的几何图像。GPS 卫星分布图如图 5-20 所示。

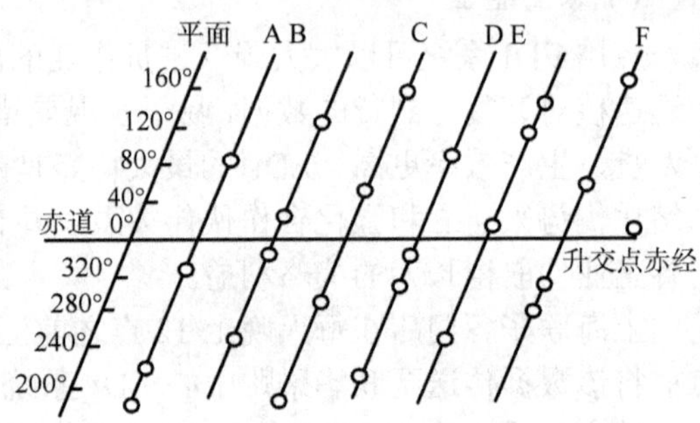


图 5-20 GPS　卫星分布图

2）地面控制部分

地面控制系统由监测站、主控站、注入站所组成，主控制站位于美国科　拉多州春田市（Colorado Spring）。GPS 地面控制原理如图 5-21 所示。

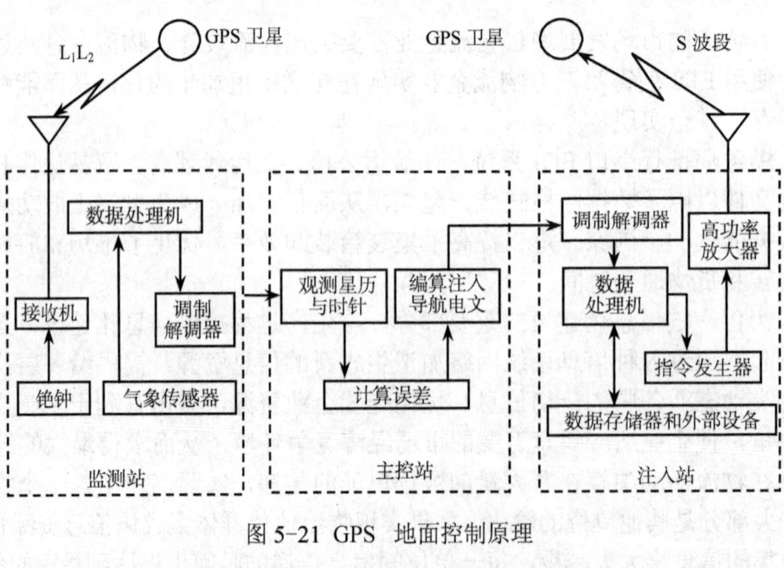


图 5-21 GPS　地面控制原理

监测站均配装有精密的　和能够连续测量到所有可见卫星的接受机。监测站将取得的卫星观测数据，包括电离层和气象数据，经过初步处理后，传送到主控站。主控站从各监测站收集跟踪数据，计算出卫星的轨道和时　参数，然后将结果送到 3 个地面控制站。注入站在每　卫星运行至上空时，把这些导航数据及主控站指令注入到卫星。每天对每　GPS 卫星注入一次，并在卫星离开注入站作用范围之前进行最后的注入。如果某地面站发生故障，那么在卫星中预存的导航信息还可用一段时间，但导航精度会逐渐降低。

3）用户设备部分

用户设备部分即 GPS 信号接收机。GPS 卫星发送的导航定位信号，是一种可供无数用户共享的信息资源。对于陆地、海洋和空间的广大用户，只要用户拥有能够接收、跟踪、变换和测量 GPS 信号的接收设备，即 GPS 信号接收机，可以在任何时候用 GPS 信号进行导航定位测量。根据使用目的的不同，用户要求的 GPS 信号接收机也各有差异。目前世界上已有几十家工厂生产 GPS 接收机，产品也有几百种。码相关型接收机是利用码相关技术得到伪距观测值。平方型接收机是利用载波信号的平方技术去掉调制信号，来恢复完整的载波信号，通过相位计测定接收机内产生的载波信号与接收到的载波信号之间的相位差，测定伪距观测值。混合型接收机是综合上述两种接收机的优点，既可以得到码相位伪距，也可以得到载波相位观测值。干涉型接收机是将 GPS 卫星作为射电源，采用干涉测量方法，测定两个测站间距离。

GPS 接收机的结构分为天线单元和接收单元两部分。接收机一般采用机内和机外两种直流电源。设置机内电源的目的在于更换外电源时不中断连续观测。在用机外电源时机内电　自动充电。关机后，机内电　为 RAM 存储器供电，以防止数据丢失。目前各种类型的接受机体积越来越小，重量越来越轻，便于野外观测使用。

### 3. GPS 在物流领域的应用

1）对货运车辆的管理

货运车辆是一种大范围活动的移动目标，对物流公司来讲，GPS 对货运车辆的监控管理主要体现在以下几个方面：车辆、司机和货物的安全；对车辆（货物）位置和状态的及时掌握；及时与车辆进行信息沟通。要解决上述问题，就必须建立一个定位系统，使调度中心能随时监控车辆（货物）的位置，保证整个供应链正常运转。客户可以做到真正实时地了解司机和货物在运输途中情况，推算出到达目的地所需要花费的时间，解决了传统物流中存在的“货物一发出，什么都不知”的弊端。

2）海事巡航救助应用

我国的 GPS 监控系统主要有重庆市港航管理局开发的“重庆市水上交通管理监控系统”、长江海事局开发的“长江水上交通安全 GPS 系统”以及三　通航管理局开发的“长江三　水上 GPS 综合应用系统”。这类系统都是采用 GPS 或 CDMA1X（移动通信技术）、GIS（地理信息技术）和计算机网络技术为一体的水上交通管理综合系统，采用 B/S 结构，互联网连接，为开放式平台。

3）物流调度与管理

工业级 GPS 定位系统不仅能有效提高调度管理工作的效率，而且操作起来简单轻松，管理人员只要预设好运输路线，车内 GPS 硬件设备就能将在途信息数据实时打包发回监控中心服务器，客户　在家中就能对自己的货物进行有效监控管理，在电子地图上如若发现偏移预设线路将会立即紧急报　。

4）防盗反劫

当遭遇　匪时，司机只需按下报　开关，中心将会及时进入处　状态；同时司机还可以通过手机对车辆进行断油断电处理，迫使　　放弃　　计划，保证了人身及财产的安全。另外，通过 GPS 的超速统计功能，可以大大加强　驶员的行车安全性，最大可能地减少车辆因超速而引发的交通事故和爆　率，从而做到安全快捷地将货物运送到指定地点。

**小资料**

**美国凤凰城国际机场采用 RFID 和 GPS 技术跟踪车辆**

凤凰城的 Sky Harbor 国际机场选择 TransCore 公司为其设计和完善首例车辆跟踪系统。这个系统采用的是 RFID 识别技术结合 GPS 定位系统，使机场可以对数百辆各种车辆进行最佳跟踪。

TransCore 公司从事 RFID 机场车辆管理技术开发已经多年，主要用于车辆出入管理、无线和信用卡事务处理。1989 年在洛杉矶国际机场安装第一个系统，实现收益增加 250%、交通堵塞减少 20%的效果。此后已经有 60 个机场安装类似的系统。根据盐湖城国际机场的估计，如果没有这种无线跟踪系统，机场的工作人员至少要增加一倍甚至两倍，才能满足联邦航空管理总局的临时强化安检要求。

凤凰城 Sky Harbor 国际机场是美国排名第六的最繁忙机场。由于城市人口持续以每年 30%以上的速度增加，所以机场需要提高管理水平。该系统计划用于新增业务以及用于分析、监视、收集各种车辆的使用情况，从停机坪到新的巴士中心往返接送旅客的机场内部交通车也包括在内。该系统可以为各种运营车辆排定服务顺序，为机场今后的管理升级和加强对车辆跟踪和安检做好准备。机场的地面交通服务有 4 种：定时班车、的士、预约服务以及城间交通。在机场范围的路面上每天大约有 1 500 个从业人员在从事各种作业。

支持 TransCore 公司这个项目的是 Bridge Technology 公司，它是凤凰城的一家公司，通过互联网的自动车辆定位系统就是这家公司的产品。这个定位系统采用 GPS 定位技术。这样，机场交通车、大众与私人车辆的管理部门以及城市交通管理部门就可以随时监管他们的车辆，从而确保安全与改善旅客服务。Bridge T echnology 公司的软件可以让监管部门在地图上确定车辆行驶线路，并且对其进行监管。也可以根据安全需要进行定时监管或者满足其他特殊要求。公司的第一个自动车辆定位系统 2002 年安装在奥克兰国际机场。这个系统可以跟踪 20 辆大巴，有 7 个显示屏以及广播喇叭，4 个对空安检设施，3 个地面安检设施以及 2 辆服务车。现在需要跟踪的车辆又增加 41 辆，其中 28 辆是出租中心的大巴。

Gatekeeper Systems 公司是 TransCore 公司航空市场开发战略合作伙伴之一，将为此项目提供机场专家软件。

（本文由作者根据网络资料改写，原文见 http://www.situo.net/onews.asp?id=737）

### 5.3.5 GIS

#### 1. GIS 概述

地理信息系统（Geographic I nformation Sy stem，GIS）是一个基于数据库管理系统（DBMS）的分析和管理空间对象的信息系统。简单的说，地理信息系统就是综合处理和分析地理空间数据的一种技术系统。经过多年的发展，到今天已经逐渐成为一门相当成熟的技术，并且得到了极广泛的应用。尤其是近些年，GIS 更以其强大的地理信息空间分析功能，在 GPS 及路径优化中发挥着越来越重要的作用。

GIS 是一种计算机系统，它具备一般计算机系统所具有的功能，如采集、管理、分析和表达数据等功能。其次，GIS 处理的数据都和地理信息有着直接或间接的关系。地理信息是有关地理实体的性质、特征、运动状态的表征和一切有用的知识，而地理数据则是各种地理特征和现象间关系的符号化表示，包括空间位置、属性特征（简称属性）及时域特征 3 部分。空间位置数据描述地物或现象所在位置；属性数据有时又称作非空间数据，是属于一定地物或现象、描述其特征的定性或定量指标；时域特征是指地理数据采集或地理现象发生的时刻或时段。由此，可以简单地定义地理信息系统为用于采集、模拟、处理、检索、分析和表达地理空间数据的计算机信息系统。地理信息系统是有关空间数据管理和空间信息分析的计算机系统。依照其应用领域，地理信息系统可分为土地信息系统、资源管理信息系统、地学信息系统等；根据其使用的数据模型，可分为矢量、 格和混合型信息系统；根据其服务对象，可分为专题信息系统和区域信息系统等。与一般的管理信息系统相比，地理信息系统具有以下特征。

（1）地理信息系统在分析处理问题中使用了空间数据与属性数据，并通过数据库管理系统将两者联系在一起共同管理、分析和应用，从而提供了认识地理现象的一种新的思维方法；而管理信息系统则只有属性数据库的管理，即使存储了图形，也往往以文件形式等机械形式存储，不能进行有关空间数据的操作，如空间查询、检索、相邻分析等，更无法进行复杂的空间分析。

（2）地理信息系统强调空间分析，通过利用空间解析式模型来分析空间数据，地理信息系统的成功应用依赖于空间分析模型的研究与设计。

地理信息系统由硬件、软件、数据、人员和方法 5 部分组成。硬件主要包括计算机和网络设备，存储设备，数据输入、显示和输出的外围设备等。软件主要包括以下几类：操作系统软件、数据库管理软件、系统开发软件、GIS 软件等。数据是 GIS 的重要内容，也是 GIS 系统的灵 和生命。人员是 GIS 系统的能动部分，人员的技术水平和组织管理能力是决定系统建设成败的重要因素。方法指系统需要采用何种技术路线，采用何种解决方案来实现系统目标。各个部分齐心协力、分工协作是 GIS 系统成功建设的重要保证。

### 2. GIS 在物流领域的应用

在物流领域，主要利用 GIS 强大的地理数据功能来完善物流分析技术。辅以车辆路线模型、最短路径模型、网络物流模型、分配集合模型和设施定位模型等，能够建立功能强大的物流信息系统，使物流信息变得实时并且成本最优。GIS 与 GPS 结合使用，使企业日常运作数字化，提高车辆运作效率，降低物流费用；结合物流企业的决策模型库的支持，根据物流企业的实际仓储情况，并且由 GPS 获取的实时道路信息，可以计算出最佳物流路径，给运输设备导航，减少运行时间，降低运行费用；对车辆进行实时定位、跟踪、报 、通信等，满足掌握车辆基本信息、对车辆进行远程管理，有效避免车辆的空载现象，同时客户也能通过互联网技术，了解自己货物在运输过程中的细节情况；有效地监控司机的行为，杜绝私自拉货，途中私自停留等现象，降低空载率。

将地理信息系统（GIS）、卫星定位系统（GPS）、无线通信（WAP）与互联网技术（Web）集成一体，应用于物流和供应链管理信息技术领域，国内还没有完全成熟，但是一些有远见的企业已经开发了一系列的产品。

**小资料**

**海尔集团利用 GIS 大力降低服务成本**

2006 年，海尔引入了中科院旗下的超图公司的 SuperMap GIS 地理信息系统的空间分析功能，在售后服务系统中增加了地理信息处理能力。GIS 系统包含了全国所有的县级道路网和 200 个城市的详细道路信息，还记录了全国 100 多万条地址信息。在如此海量的地理信息基础上，售后服务系统可以在很短时间内计算出距离用户最近的网点，以及网点到用户家的详细路径描述和距离，并及时将这些信息派送到最合理的服务网点。

应用 GIS 之后，海尔的售后服务流程变为这样：用户打电话报修，之后接线员登记用户信息，关键是位置信息。接线员记录后，系统自动匹配用户地址，计算出距离用户最近的网点，之后自动将维修信息派送到网点，网点维修工程师再上门服务。整个地址匹配和服务商挑选工作由系统自动完成，无需手工操作，堵住了服务漏洞。而同时，系统的快速也远不是手工能比的，以前要花几十秒甚至几分钟翻信息，现在系统自己匹配，每次处理的时间缩短到 0.1 s 以内，大大提高了客服部门的效率。在 GIS 系统的支持下，海尔客服部门现在每天可以处理 10 万次左右的服务请求，以满足全国用户的需求。

作为海尔售后服务 GIS 系统的平台软件供应商，超图地理信息技术有限公司统计软件事业部总经理安凯博士认为，因为数据量和计算量很大，因此，类似海尔这样的用户在选择 GIS 平台时要充分考虑系统性能和稳定性。从性能上来说，如果输入数据很久都查不出相关信息，GIS 系统反而会成为负担，影响客服质量；而稳定性不高更可怕——该到派单时派不出去，影响的就不仅仅是客服质量，甚至会遭遇投诉问题了。

（本文由作者根据网络资料改写，原文见 http://media.ccidnet.com/art/2615/20070114/1000329_1.html）

## 本章小结

在电子商务模式下，由于信息流、商流、资金流都可以在网上快速实现，决定电子商务系统成功的关键是要建立一个覆盖面大、反应快速、成本有效的物流网络。只有应用物流信息技术，完成物流各作业流程的信息化、网络化、自动化的目标才有可能实现。物流信息技术是用现代化手段来采集、处理物流信息的方法，在物流各作业环节中的应用，包括条形码、GIS（地理信息系统）、GPS（全球卫星定位系统）、EDI（电子数据交换）、RFID 等，物流信息技术与物流信息系统结合，是电子商务物流的重要实现方式，进一步促进了物流产业的信息化进程，从而从真正意义上提高了现代物流技术和管理水平。

本章通过对电子商务物流中物流信息、物流信息化、物流信息系统的基础知识的学习，对目前主要应用的物流信息技术原理进行了详细的阐述，并通过大量的案例说明了物流信息技术在物流行业的应用状况。通过本章的学习，对电子商务物流信息化有较为全面的认识，对基本概念、信息技术和信息系统有较为综合的了解。

## 案例分析

### 【案例 1】

#### 麦德龙集团 RFID 系统应用案例分析

2005 年 3 月，麦德龙决定在其位于德国 Unna 最繁忙的配送中心，建立一个全面的 RFID 托盘跟踪中心。麦德龙在该中心部署了多项 RFID 应用，其中包括可以识别衣架上衣服的系统，其每小时的物品处理量超过 8 000 件。

麦德龙决定再度与 Intermec 合作，在上述计划使用其 RFID 读写器。目前已经有超过 40 台 Intermec 的固定式、手持式和最新的叉车用车载式 RFID 读写器被采用。

托盘跟踪是这个配送中心的 RFID 系统的基础。大约 20 家麦德龙的供应商（到 2005 年底时已增加至 100 家）在运送到配送中心的货箱和托盘上使用了 RFID 标签。进入仓库的托盘都要经过一个安装了 Intermec IF5 读写器的门户。IF5 读写器是固定式的智能数据采集设备，它采集托盘标签上的序列运输容器代码（SSCC），过滤托盘上来自货箱标签的数据。然后 SSCC 就被自动的报告到麦德龙的 SAP 企业系统内，与麦德龙收到的预先发货通知（ASN）的电子数据交换（EDI）交易记录相核对，符合麦德龙系统订单的托盘将被批准接受，有关内容将随着物品的入库自动进行记录，库存系统记录得以更新。

麦德龙还利用了 IF5 读写器的输入／输出端口，整合了移动传感器。当传感器探测到一个正逐渐移近的托盘时，读写器将自动开启并发出读取信号，不经人工操作便可发送读取信号，大大降低了人力成本，而且信号是在有需要的时候才发出，协助麦德龙符合环境保护及放射性方面的法规。输出端口控制着一个指示灯，当托盘清点完毕后将亮绿灯，亮红灯则指示有问题发生。

待系统确定接受托盘后，它会通过 802.11 无线 LAN 将指示传输到叉车上的 Intermec CV60 车载计算机上，从而告知叉车操作员进行入库作业。为了保证处理正确的托盘，操作员会用 Intermec IF4 读写器来读 SSCC 标签。由于叉车只能从两边驶近欧洲规格的托盘，这要求读写器围着托盘的角落来读取标签。麦德龙和 Intermec 通过试验以不同的标签和读写器放置方法解决了这个问题。

当叉车操作员到达货品待处理区，车载系统将自动读取永久性货位标签。系统自动核对计划货位和读取到的指示信息，以防放错位置。然后，操作员再通过无线 LAN 接收下一个放置或提货任务。

根据麦德龙的统计，使用 RFID 系统识别托盘、发货确认和入库处理后，每辆货车检查及卸载的时间缩短了 15～20 分钟。时间节省提高了工人的生产力。未到位的发货会立即被发现，因此大大改善了库存准确度，使得麦德龙能够把缺货情况减少 11%。与此同时，相反的运作流程也保证了仓库能准确、迅速地把货品送交零售店。

麦德龙 Cash & Carry 是自助批发店中的佼佼者，它采用了一套先进的第二代 RFID 设施，包括 Intermec 的第二代 IF5 UHF RFID 识读器和 IBM 的中间件。应用于麦德龙 Cash & Carry 商店的 Intermec 第二代 RFID 技术构建了一个令各种 RFID 产品及系统兼容协作的平台，有效协助追踪托盘的去向，从而改进存货管理。

在麦德龙 Cash & Carry 商店使用 Intermec 第二代 RFID 技术来追踪托盘只是该集团有关计划的首项举措，麦德龙和 Intermec 正探讨把第二代 RFID 技术应用于其追踪货箱。

（本文由作者根据网络资料改写，原文见.http://www.enet.com.cn/article/2007/0122/A20070122406866.shtml）

【案例讨论】

与第一代 RFID 技术相比较，其第二代做了哪些改善，应用情况如何？

## 【案例 2】

### 移动技术在物流领域的应用

基于 GPS/GIS 技术和 GSM 无线通信技术，移动“物流通”是集全球卫星定位系统（GPS）、地理信息系统（GIS）、无线通信（GSM）、移动位置服务（MPS）以及车辆安全、货物防盗、人员调度等技术于一体的软、硬件综合管理系统，实现对物流配送人员、物流车辆、物流货物的跟踪、调度、监督、历史记录查询、报警等多种用途。

这种移动终端事实上是一台集 GPS、PDA、摄像头和条形码扫描器于一体的移动电话，人们可以用基于 Windows Mobile 平台的多普达手机为例来看看移动物流通的强大功能。

利用多普达 200 万像素摄像头，移动物流通可以对任何一维（1D）条形码即时解码，记录受损货品及客户签收盖章，并将拍摄图片保存；利用支持 EDGE GPRS/GSM 的网络，结合物流企业呼叫中心（Call Centr e）系统，物流通让多普达手机轻松实现图片对指定终端的快速传输，同时，为工作人员提供对电子邮件、短信、网络，以及公司业务系统连接的能力，这方面也正是多普达手机的强项。

此外，一些新终端的功能诸如语音通话服务，数据采集及 GPRS 数据传输服务，WLAN 无线上网服务。软、硬件不断提升的多普达让移动物流通具备了传统数据采集器不能具备的功能和优势。

（本文由作者根据网络资料改写，原文见 http://dlib.cnki.net/kns50/detail.aspx?QueryID=109&CurRec=1）

**【案例讨论】**

1. 除了书中介绍的信息技术外，在电子商务物流发展中还有哪些信息化技术，应用情况如何？
2. 移动信息技术应用在物流行业有何优势？
3. 举例说明移动技术在物流方面的应用情况。

## 本章习题

1. 在建立射频识别系统时，要注意解决哪些问题？
2. 论述现代物流信息技术在电子商务中的重要作用。
3. 物流信息系统包含哪些部分，每个部分有哪些主要功能？
4. 电子商务物流信息系统有哪些特点？

# 第6章

# 电子商务物流服务与成本管理

## 引例　上海北芳储运实业有限公司的物流服务

上海北芳储运实业有限公司在上海总部拥有 9.8 万平方米的仓储基地，并具有一支有丰富实践经验的仓储管理队伍，该公司自 1996 年起向飞利浦亚明照明有限公司提供市内货物配送，逐步增加物流服务项目，在整个物流服务过程中，由于北芳公司优质的服务质量与诚信的服务态度，得到了飞利浦亚明公司的认可与信任。为此飞利浦亚明公司决定将其公司原材料仓库设立在北芳公司的仓储基地内，由北芳公司向飞利浦公司提供从原材料端起的供应链物流服务。

飞利浦亚明公司采用 JIT 即时制生产方式，要求实现“零库存”管理，如生产灯泡的玻壳、灯丝等需要从市内外及世界有关城市采购而来，运到仓库储存起来，然后根据每天各班次的生产安排所需的原料配送到车间，不能提前也不能推迟，因此，北芳公司向飞利浦实施 24 小时四班制的作业制和轮休制，法定的节假日与需求方实施同步休息的方法以满足市场和客户对物流服务的需求，保证了全天候物流服务。向飞利浦公司提供一体化物流服务的主要运作内容如下。

（1）北芳公司计算机端口与“飞利浦 MRPII 系统”对接，实现实时（Real-time）数据交换。

（2）根据 MRPII 系统生成的 BOM（物流清单）即时将所需原材料送到生产线。

（3）依据生产计划采购周期来确立原材料仓库安全库存容量，当低于安全库存最低储存量时，自动对供应商下采购订单，安排运输计划；当高于安全库存最高线时则停止采购与运输计划。

（4）根据销售商的订单需求，由北芳公司对各个销售商直接配送货物，并根据不同的需求量、需求时间与运输路线选择最佳的配载分送方案，直接降低了运输成本。

通过和北芳公司的合作，飞利浦集中力量做自己最擅长的业务，实现精益生产的目标。物流供应商在运作过程中，其物流信息管理能向生产企业提供正确可靠的各类采购、生产与销售的信息，无需生产销售企业内部自行进行分析，并通过物流供应商根据生产销售企业的需求集中向有关供应商提出供货需求，这种集中的管理、采购、分配运送模式，不但为生产销售企业节约了人力物力，同时通过统一集中的采购而降低了分次采购与分次运送的相关费用，实现了零库存，大大降低了成本。

北芳公司提供整个物流供应链服务，以客户的需求为基础，以向客户提供个性化增值服务为原则，使客户得到更加高效、优质的物流服务，降低运营风险，以确保及时、准确、连续的市场供应，同时北芳物流的信息平台有助于客户降低成品库存成本，使物流信息及时、连续。

（本文由作者根据网络资料改写，原文见 http://www.sbf56.com/chinese/service/index.html）

## 6.1　电子商务物流服务

在电子商务环境下，物流业是介于供货方和购货方之间的第三方，是以服务作为第一宗旨的行业。优质和系统的服务使物流企业与货主企业结成战略伙伴关系（或称策略联盟），一方面有助于货主企业的产品迅速进入市场，提高竞争力；另一方面则使物流企业有稳定的资源。对货主企业而言，服务质量和服务水平正逐渐成为比价格更为重要的选择因素。

### 6.1.1　电子商务物流服务概述

**1．物流服务及其内容**

1）物流服务的概念

物流服务是为了满足客户的物流需求，开展的一系列物流活动的结果。物流服务是联结厂家、批发商、零售商的纽带，也是体现企业经营差别化的重要一环。物流服务水准的确立对经营绩效具有重大影响，归根到底，物流服务的本质是满足顾客的需求。物流服务方式的选择对降低物流成本具有重要影响。

2）物流服务的内容

工商企业和专业物流企业的物流服务内容有一定的差别。

工商企业的物流服务是其客户服务的一部分，是由企业向顾客提供的，能够使交易中的商品增值的服务。工商业物流服务要求达到一定的库存保有率，缩短订货周期，提高配送准确率和商品完好率。企业物流是企业的重要组成部分，是提高企业核心竞争力的关键，同时也是物流业发展的需求基础。调查显示，从原材料到产成品，一般产品加工制造的时间不超过 10%，而 90%以上的时间处于仓储、运输、搬运、包装和配送等物流环节。据中国物流与采购联合会统计，2006 年我国工业品物流总额占全国社会物流总额的比重高达 86.7%（来源：喜阅网）所以完善企业物流服务是非常重要的一项活动。企业物流就是由 7 个“适当”（7R 表达法）组成，即适当的产品（Right Product）、适当的数量（Right Quantity）、适当的条件（Right Condition）、适当的地点（Right Place）、适当的时间（Right Time）、适当的顾客（Right Customer）和适当的成本（Right Cost），7 个“适当”描述了企业物流服务的基本内容，强调了成本与服务的重要性。企业物流服务具体包括了采购、运输、存储、搬运、生产计划、订单处理、包装、客户服务以及存货预测等内容。

专业物流企业的物流服务的常规内容主要有运输、储存、配送、包装、流通加工、物流系统设计及网络化物流服务、信息咨询等。随着第三方物流的发展，提供增值物流服务将成为第三方物流发展的趋势，国外公司在此方面已先行一步。目前世界上很多规模大的跨国物流配送公司，如UPS、FedEx等第三方物流企业都在各行业积极开展增值物流服务，提高服务的附加值水平，并获得了可观的经济效益。随着我国这几年物流行业的迅猛发展，国内有些学者、工商企业及物流公司逐渐开始认识到开展增值物流的巨大意义，并开始注重这方面的研究。例如有些第三方物流企业，根据客户的需要，代客户完成如订单处理、流通加工、库存管理、JIT 物料配送、保税仓储、报关服务、信息通信服务、售后维修服务等增值工作，并从中获取了不亚于传统物流服务的利润。

**小资料**

**上海友谊集团物流有限公司为联合利华提供物流增值服务**

上海友谊集团物流有限公司自 20 世纪 90 年代初便为国际上最大的日用消费品公司——联合利华有限公司提供专业的物流服务，并与其建立了良好的物流合作伙伴关系。为联合利华公司提供个性化的物流增值服务，具体作法如下。

（1）改变作业时间。由于联合利华采用JIT即时制生产方式，要求实现“零库存”管理。因此，友谊物流改革了传统储运的白天上班，夜间、双休日休息的惯例，实施 24 小时作业制和双休日轮休制、法定节假日与物流需求方实施同步休息的方法来满足市场和客户对物流服务的需求，保证了全天候物流服务。

（2）流通加工。根据市场需要和购销企业的要求，对储存保管的一些商品进行再加工包装，提高商品附加值。为此友谊物流专门辟出了 1 000 平方米加工场地为联合利华进行诸如贴标签、热塑封包装、促销赠品搭配等再加工工作。这样的流通加工作业在物流企业内进行，能把需加工的商品最大限度地集中起来，统一做加工处理，以达到从运输包装改为销售包装、礼品包装或促销包装的要求，从而使商品出库后能直接在超市、各商店上架，可使供应商、制造商、商店、超市各门店节省相当可观的人力和时间成本。

（3）信息服务。友谊物流除了每天进行记帐、销帐、制作各类业务报表外，还按单价、品类、颜色、销售包装等分门别类作出商品统计，将每天的进出货动态输入计算机，及时将库存信息传送给联合利华，使之能够随时了解销售情况及库存状态，为其提供增值服务。

（4）退货整理。退货与坏货作业是物流企业对客户的后续服务。借鉴国外先进经验，这两年来友谊物流专门设立了退货整理专仓，将联合利华全国各地的退货全部集中起来，组织人员进行整理、分类，对选拣出来无质量问题的商品重新打包成箱，将坏品选拣出来，以便集中处理。设立退货整理专仓，解除了客户对能否退货的后顾之忧，改善了供求关系，同时也提高了供应商成品的完好率。

（本文由作者根据网络资料改写，原文见 http://wiki.mbalib.com/）

### 2．电子商务物流服务及其特点

电子商务物流是基于互联网技术的推动物流行业发展的一种新商业模式。通过互联网，物流公司能够被更大范围内的客户主动找到，能够在全国乃至世界范围内拓展业务。目前已经有越来越多的企业通过网上物流交易市场找到了客户、合作伙伴、海外代理。电子商务物流最大价值就在于为整个行业提供了更多的机会。

物流企业是以服务作为第一宗旨的，因此，如何提供高质量的服务便成了物流企业管理的中心课题。物流企业要具备运输、仓储、进出口贸易等一系列知识，深入研究客户的生产经营发展流程设计，以便为客户提供全方位系统的优质服务。美、日等国物流企业成功的要诀，就在于他们都十分重视客户服务的研究。

在电子商务环境下，当前的物流服务正向信息化、网络化、智能化和全球化的方向发展。

1）信息化

电子商务时代，物流信息化是电子商务的必然要求，电子商务物流服务在各种物流信息化技术与观念的支持下，工作方式、手段和流程都发生了很大的变化，改变了物流服务的面貌。在第五章中已经介绍了很多物流信息技术和信息系统在各类物流服务中的应用，从实例中可以看到，国内外的物流行业在电子商务背景下都十分重视物流信息化的发展，以信息化手段提升物流服务水平。

2）网络化

物流服务的网络化是电子商务物流服务的主要特征之一。电子商务的基础就是网络，通过建设物流配送系统的计算机通信网络，使物流企业、工商企业的联系通过计算机网络进行，同时物流企业内部网也通过内联网（Intranet）技术进行互联，提高了分布在各个配送点的信息共享和交换效率。当今世界 Internet 等全球网络资源的可用性及网络技术的普及为物流的网络化服务提供了良好的外部环境。

3）智能化

物流服务过程需要进行大量的运筹和决策，如库存水平的确定、运输路线选择、车辆调度、物流配送中心经营管理的决策支持等问题都需要借助于大量的知识才能解决。

通过物流智能化技术，如决策支持、数据库和数据仓库、机器人等相关技术的研究成果，有效提高物流现代化的水平。物流服务的智能化已经成为电子商务下物流发展的一个新趋势。

4）全球化

全球化把物流企业和生产企业更紧密地联系在一起，形成了新的社会大分工。生产厂集中制造产品、物流企业专精物流服务，但是比起传统的物流服务，全球化下的电子商务物流服务对物流企业的要求更高，更强调物流增值服务。例如，在配送中心，实现对进口商品的代理报关业务、暂时储存、搬运和配送，必要的流通加工，从商品进口到送交消费者手中的一条龙服务。

全球化下，物流企业从许多不同的国家收集所需要资源，再加工后向各国出口，在运输问题、仓库建设问题方面就带来了很多的难题。物流信息共享和交换也成为迫切需要解决的问题。很多企业都有自己的商业机密，物流企业很难与之打交道，因此，如何建立信息处理系统，以及时获得必要的信息，对物流企业来说，是个难题。另一个困难是需要素质较好、水平较高的管理人员，因为有大量牵涉到合作伙伴的贸易问题。电子商务的全球化特点，给电子商务物流服务带来了很大的挑战。

除上述内容外，物流设施、商品包装的标准化，物流的社会化、共同化也都是电子商务下物流服务的新特点。

小资料

**一站式电子商务物流服务**

发网（http://www.fineex.com）成立于 2006 年，目前已经发展成为国内最专业的电子商务物流服务提供商。通过货运热线电话、网络平台和物流网关的方式为电子商务企业提供物流配送服务，具体包括仓储分拣、包装加工、代开销售票据、包裹配送、代收货款、全程跟踪、实时查询、安全控制和保险理赔服务。发网目前在上海，广州，北京三地设有区域运营中心，为超过 500 家电子商务用户提供便捷可靠的优质物流服务。

**1. 发网服务**

仓储及分拣服务：发网提供仓储服务，也提供包装，分拣和再加工服务。

异地仓储服务：货物放到发网在三大城市的操作中心，提高配送时效，降低发货费用，缩短回款周期。在上海，发网还可以提供恒温仓储服务。

全国配送服务：提供全国范围内的及时准确的配送服务。

代收货款服务：发网建立了覆盖全国的专有的代收货款服务网络，确保货款安全。

保险和保险理赔服务：发网为事故提供全程理赔服务，理赔周期短，赔付率高。

物流系统支持服务：专业的物流管理软件系统供客户使用，为客户做好信息的跟踪与查询。

EMS 代收货款服务：发网目前与 EMS 合作，提供全国 1 875 个县市的代收货款服务。

**2. 发网服务特色**

（1）物流服务一站式。

发网在上海设立了专业的客户服务中心、理赔服务中心和结算中心，北京、上海和广州设立了区域运营中心。发网通过这些机构，为客户提供业务受理、配送路线优化调度、运单跟踪查询、事故理赔、费用结算和信息系统支持的全面物流服务。让商家全程无忧，运筹帷幄。

（2）全国性物流服务体系。

发网通过 3 年的运作和优质配送资源的逐渐整合，已经建立起一个覆盖全国的公共物流配送体系，可以处理普通快递、代收货款、EMS 以及零担快运业务，价格合理，在代收货款领域目前在全国处于领先地位。

① 代收货款：COD配送服务体系，覆盖全国1 900个城市，多渠道达到，安全可靠。

② 普通快递：普通快递服务体系，可到达全国各地，代理EMS、E邮宝，经济快捷。

③ 批发服务：零担快运服务体系，整合主要线路的精品专线运输公司和全国性的网络快运公司，提供覆盖全国主要经济发达区域的批发业务的零担运输服务，安全方便。

（3）异地仓储配送服务。

发网在国内电子商务和网络购物最发达的三大经济区域构建了区域运营中心，3个中心均设计仓储功能，可以帮助客户在三地建立分仓，发网提供按销售订单进行分拣包装和配送服务，既可提高配送时效，还可降低配送成本。

① 上海：覆盖长三角的华东运作中心。

③ 广州：覆盖珠三角的华南运作中心。

③ 北京：覆盖京津塘的华北运作中心。

（4）物流服务信息化。

发网秉承以物流技术提升物流服务的理念，帮助商家全程管理物流过程，实现销售订单到物流订单的全程控制，做到物流信息清晰明了，运费货款结算准确，事故理赔及时可查。

（5）物流安全全面升级。

发网建立了严格的物流安全监控机制，操作环节环环控制，岗位人员加强教育管理，并辅以信息化手段加以控制，确保客户的货物、货款以及客户数据的安全。

① 货物安全，全程跟踪，全程理赔。

② 货款安全，系统对帐，准确及时。

③ 数据安全，数据查看岗位化，关键信息代码化。

（本文由作者根据网络资料改写，原文见 http://www.haolaba.com/guangzhou/kuaidi/2139521.html）

## 6.1.2 物流服务中的客户关系管理

### 1. 客户关系管理

1）客户关系管理的概念及发展

客户关系管理（Customer Relationship Management，CRM）是由Gartner Group在美国首先提出的。客户关系管理是一个不断加强与客户交流，不断了解客户需求，并不断对产品及服务进行改进和提高，以满足客户的需求的连续的过程。CRM通过向企业的销售、市场、服务等部门和人员提供全面及个性化的客户资料，并强化跟踪服务和信息分析能力，使他们能够协同建立和维护一系列与客户以及商业伙伴之间卓有成效的“一对一关系”，从而使企业得以提供更快捷和周到的优质服务，提高客户满意度，吸引和保持更多的客户，从而增加营业额，并通过信息共享和优化商业流程有效地降低企业经营成本。对于CRM的内涵的界定，专家们众说纷纭，或将其定义为一种营销策略，即为一对一营销；或定义为一种技术和过程，包含数据库和数据挖掘、呼叫中心，专家系统等；或者在客户生命周期内的管理手段的综合。但是不管定义怎样，客户关系管理的最终目的只有一个，那就是使得企业降低成本和增加盈利，获取更大的竞争优势。CRM的核心思想是将企业的客户（包括最终客户、分销商和合作伙伴）视为最重要的企业资产，通过完善的客户服务和深入的客户分析来满足客户的个性化需求，提高客户的满意度和忠诚度，进而保证客户终生价值和企业利润增长的实现。

其实，客户关系管理不是什么新概念，它只是在新形势下获得了新内涵。例如，小吃店的老板会征询你的意见，要不要加辣椒，但如果你到一个大型的快餐店（有 300 个座位）时，就不会得到这种待遇了。最重要的原因是，快餐店无法识别每一个客户，快餐店要搜集和处理的客户信息量是小吃店的很多倍，超出了企业的信息搜集和处理能力，而信息技术的发展使得这种信息应用成为可能。所以现在人们提到客户关系管理常常说的就是 CRM 软件，它就是利用软件、硬件和网络技术，为企业建立一个客户信息收集、管理、分析、利用的信息系统。

CRM 的主要含义就是通过对客户详细资料的深入分析，来提高客户满意程度，从而提高企业的竞争力的一种手段，它主要包含以下几个主要方面（简称 7P）。

（1）客户概况分析（Profiling）：包括客户的层次、风险、爱好、习惯等。

（2）客户忠诚度分析（Persistency）：指客户对某个产品或商业机构的忠实程度、持久性、变动情况等。

（3）客户利润分析（Profitability）：指不同客户所消费的产品的边缘利润、总利润额、净利润等。

（4）客户性能分析（Performance）：指不同客户所消费的产品按种类、渠道、销售地点等指标划分的销售额。

（5）客户未来分析（Prospecting）：包括客户数量、类别等情况的未来发展趋势、争取客户的手段等。

（6）客户产品分析（Product）：包括产品设计、关联性、供应链等。

（7）客户促销分析（Promotion）：包括广告、宣传等促销活动的管理。

CRM 的概念产生于 20 世纪 80 年代，到目前只有短短 30 多年的发展历程（见表 6-1），但是发展速度很快，并已经应用在很多企业的管理中，取得了较好的效益。CRM 强调以客户为中心，CRM 对所有的企业都适用，因为以客户为中心的管理思想是永远不会过时的。

**表 6-1　CRM 的发展**

| 时　间 | 具体说明 |
|---|---|
| 20 世纪 80 年代 | 企业意识到发现客户在服务方面提出的问题多，能否及时、合理解决对企业影响很大，产生了接触管理 |
| 20 世纪 90 年代初 | 解决部门之间的解决方案，未提供完整的加强企业与个体客户之间关系的手段 |
| 20 世纪 90 年代中期 | 推出了整体交叉功能的 CRM 解决方案，把内部数据处理、销售跟踪、国外市场，客户服务请求等融为一体 |
| 20 世纪 90 年代后期 | 在大企业中广泛应用，随着互联网技术的进步，CRM 的能力得到大大拓展 |

2）客户关系管理软件

CRM 本质上是一种综合的管理方法，它借助于信息技术，迅速地发展成为一个融合了多种功能、使用了多种渠道的组合软件。其主要范围包括销售自动化（Sales Automation，SA）、客户服务与支持（Customer Service and Support，CS&S）和营销自动化（Marketing Automation，MA）、呼叫中心（Call Center，CC）等。很多时候提到 CRM 就认为它是一套管理软件。开发 CRM 软件的企业有很多，其产品设计、界面、技术等都有很多差别，但总体来说，CRM 软件分为 3 层次：接触层、业务层和分析层（见图 6-1）。

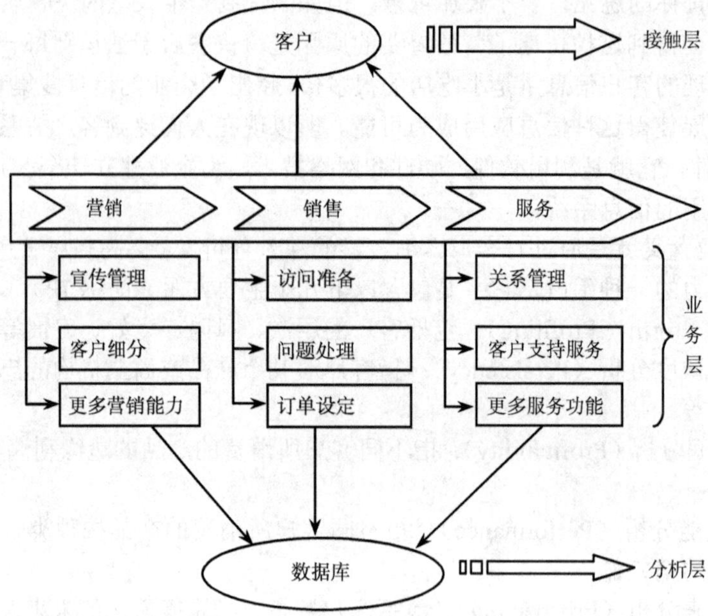


图 6-1 CRM 系统结构图

接触层：是 CRM 系统与用户和客户信息交互的接口，通过简明的界面操作，客户可以提出要求或反馈信息；用户一方面可以接收到客户发出的信息，另一方面可以对CRM系统提出自己的要求，同时还可以通过接触层对CRM系统整体工作进行掌控；CRM系统则获取各方信息后做出相应的处理并在界面处输出结果。

业务层：由处理 CRM 业务流程的各子系统构成，包括市场销售管理、客户营销管理、客户服务与支持管理三大功能模块，这三者又包括若干具体的子业务，它们之间既有区别又互相联系，业务层内部既有一定的顺序，相互之间又是并列的。

分析层：是 CRM 系统分析处理各信息的后台数据库管理系统，其中数据包括客户基本数据、产品数据、客户互动数据以及各种商业竞争情报数据等，分析层需要各种最新的信息技术的支持，是保证整个 CRM 系统正常运作的基础。

通过客户关系管理软件的应用，客户可通过电话、传真、网络等访问企业，进行业务往来。员工随时访问企业的业务处理系统，获得客户信息，全面了解客户关系，根据客户需求进行交易，了解如何对客户进行纵向和横向销售，记录自己获得的客户信息，对各种销售活动进行追踪，提高工作效率，占领更多的市场份额，提高客户的满意度，帮助企业保留更多的老客户，并更好的吸引新客户。

CRM 软件是个综合的实施项目，它的实施可以分为 3 步，即应用业务集成，业务数据分析和决策执行。

（1）应用业务集成：将独立的市场管理、销售管理与售后服务进行集成，提供统一的运作平台。将多渠道来源的数据进行整合，实现业务数据的集成与共享。这一环节的实现，使系统使用者可以在系统内得到各类数据的忠实记录，代表目前真实发生的业务状况。

（2）业务数据分析：对 CRM 系统中的数据进行加工、处理与分析将使企业受益匪浅。对数据的分析可以采用联机分析处理（OLAP）的方式进行，生成各类报告；也可以采用业务数据仓库（Business Information Warehouse）的处理手段，对数据做进一步的加工与数据挖掘，分析各数据指标间的关联关系，建立关联性的数据模型用于模拟和预测。这一步所取得的结果是非常重要的，它不但反映业务目前状况，同时也对未来业务计划的调整起到指导作用。

（3）决策执行：依据数据分析所提供的可预见性的分析报告，企业可以将在业务过程中所学到的知识加以总结利用，对业务过程和业务计划等做出调整。通过调整达到增强与客户之间的联系，使业务运作更适应市场要求的目的。

小资料

**用友 TurboCRM 客户关系管理软件功能**

2008 年用友公司通过资产并购将原 TurboCRM 公司业务与用友公司的全线产品整合，并作为独立的业务线持续运营发展。目前用友 TurboCRM 获得优秀级认证的 CRM 系统并且连续 7 年获得中国 CRM 市场份额第一。2009 年 4 月用友 TurboCRM 6.0 客户关系管理系统正式发行，它能充分满足中大型企业 CRM 管理需求。

用友 TurboCRM 6.0 客户关系管理系统主要功能包括 5 个方面：客户信息整合、客户价值管理、营销管理、销售管理以及服务管理。

客户信息整合：在系统中除了整合公司客户的基本静态信息和联系人信息外，还全面整合客户需求信息、联系历史、交易过程、价值信息等动态业务信息；整合多种客户接触手段，自动完成批量的客户沟通，同时可自动归档客户接触信息；提供关系图，充分挖掘客户之间的关系，方便业务开展；对客户的生命周期进行管理。

客户价值管理：根据 80/20 理论，综合客户特征、交易情况、财务贡献、联络状况等方面的指标识别公司的价值客户并予以重视；在现有销售业务的基础上展开向上销售、交叉销售、重复销售，提高公司销售业绩。

营销管理：系统整合多种常用搜索竞价排名系统，并通过邮件管理和短信管理来主动挖掘商机；抓住浏览网站的机会用户、参与网络会议、管理市场活动进行互动营销；通过量化的评估手段来衡量每次营销活动的效果，并建立持续的市场策略及优化机制。

销售管理：多维度制订销售计划，根据制订的计划动态对比销售计划的完成情况；系统提供从销售机会设置、进度安排、资源计划、执行控制、费用管理、团队协作到分析的全程管理机制；可提供直观的工作流程图示，实现对销售人员日常行为的提示和指导；实现信息内部共享；可进行动态、量化的销售预测分析。

服务管理：全面管理服务请求相关客户信息，通过服务请求流程设定功能，结合服务机制提高服务请求响应效率；服务过程成本有效控制；挖掘主动服务计划，通过现场服务或非现场服务手段对客户进行主动服务，提高客户满意度并挖掘新的销售机会。

用友 TurboCRM 6.0 客户关系管理系统使用了 B/S 架构，在客户端使用标准的 Web 页面浏览器（如 Internet Explorer 等）；所有的业务数据都保存在服务器（Server）端，确保了业务的安全；同时，为系统与电子商务的整合与扩展打下了坚实的技术基础。

用友 TurboCRM 支持 Microsoft SQL Server、Oracle 等多种后台数据库系统，支持多种类型的客户端，如 Web Browser、Wap Browser 等，用友 TurboCRM 独立的 Application 层使得企业业务逻辑的更新和扩展更为方便和容易。同时，基于这种多层结构，应用智能负载均衡与集群等技术实现系统服务能力的扩展。

用友 TurboCRM 6.0 为企业提供最佳经营管理平台，它能够与企业现已实施的 U8 ERP 无缝整合，在销售跟踪方面做得比较好。同时，还支持集团矩阵式的管理应用，满足企业业务扩展的要求。

（本文由作者根据网络资料改写，原文见 http://www.soft6.com/index.php?homepage=ufsoft&file=sell&itemid=5815）

### 2. 物流客户关系管理

物流企业的客户基本不受行业和企业特点限制，可以接受几乎所有的行业、企业和自然人。我国物流企业的客户资源按照目前的业务类别可划分为：经纪客户、投资客户、资产管理客户、战略联盟客户、社会友好团体（或个人）。这些客户数量多、地域分布广，客户对增值服务需要多。

但是，目前我国物流企业在客户关系管理方面存在很多问题，首要的一点就是客户意识淡薄。在工商企业，对物流客户关系管理方面也存在很多不足，到目前为止，工商企业内部尚未形成“以客户为中心”的管理理念和组织结构；其次，客户信息在各部门间不能互通；再次，产品生产、营销部门间的沟通渠道不畅。营销部门不知道生产部门正在生产什么，客户状况如何，生产部门不知道什么产品最畅销。

实施 CRM 系统不但是物流企业的必然选择，也是工商企业物流管理的必然趋势，CRM 可以帮助企业建立先进的“以客户为中心”的发展战略和经营理念，优化企业组织体系和职能架构，形成生产销售高效运行的管理系统和通畅的信息系统，从而为培育和提高物流企业核心竞争力提供全面保障。

**小资料**

**中远洋客户关系管理**

对比国内外的物流企业运作，有一点是肯定的：外国的综合实力雄厚的大公司正在运用成熟的 CRM 制造更大的优势。虽然国内企业意识到了 CRM 的重要性，并积累了一定的客户信息，但理论落后、资金匮乏、技术限制、体制不健全，造成实施不彻底，企业内部客户信息无法共享，各部门不能统一进程，不能充分整合内部资源，致使成本居高不下，顾客总价值不能得到提高，从而影响了顾客满意度和忠诚度，进而企业的利润增加就无从谈起。令人欣慰的是，国内也有少数的企业正逐步向现代物流靠近，2005 年中国企业 500 强中，中远洋、中海运、中外运等超大型物流企业的排名稳中有进，大中型物流企业数量增加，它们通过提供高附加值的个性化服务，利用原有的客户资源，不断扩大着自己的市场份额。以中远洋为例，它的崛起很大程度上依赖于它的客户服务质量，中远洋运用先进的 CRM 理念，将客户服务作为重点工作，开发和实施了“中国远洋物流有限公司客户完全满意度测评系统（TCSS）”，在全系统内展开了创立服务品牌、提高服务质量的各项工作，全面提升了企业的核心竞争力，也给其他物流企业很好的启示。

据易观国际《中国物流行业信息化年度综合报告 2006》数据统计，47%以上的物流企业选择管理信息化建设方向的最迫切需求是客户关系管理。

（本文由作者根据网络资料改写，原文见 http://www.cnki.com.cn/Article/CJFDTotal-YYHW200411032.htm）

对专门从事物流服务的物流企业来说，物流客户关系管理是很重要的，其物流客户关系管理的具体内容如表 6-2 所示。

**表 6-2　物流企业客户关系管理的主要内容**

| 项　目 | 具 体 内 容 |
|---|---|
| 物流客户识别与管理 | 客户信息资料的收集、整理与分类、分析、交流与反馈、服务管理、时间管理 |
| 物流客户满意度管理 | 评价客户满意度、确立以客户为中心的理念、提供个性化、及时化服务、增强客户体验、重视客户关怀 |
| 物流服务客户的开发 | 建立良好的物流服务体系、进行精确的物流市场定位、开展多样的物流服务促销活动 |
| 巩固物流客户 | 建立物流服务品牌、提高物流客户满意度、实施忠诚客户计划、强化内部客户管理、开发物流服务新产品 |

客户关系管理对物流行业的意义重大，主要体现在：

（1）利用 CRM 系统在收集、处理客户数据与挖掘客户价值时具有集成企业其他信息资源的能力，将通过 E-mail、电话、传真以及邮件等方式收集的信息整合到一起，克服了交易系统、财务系统和办公自动化等系统相互分割的局限，它把从企业内部、外部和不同信息终端收集到的数据进行过滤、转换和整合，保证了数据形式的一致性、时效性，为有效利用客户数据提供了方便，将客户转化为公司的战略性资产为公司所利用。

（2）CRM 系统能够方便物流企业与客户的互动沟通。首先，物流企业通过广告、交易等的记录获得客户数据；其次，客户通过主动交流向企业告知他们的需求，以及对某种产品或服务的意见和建议。这些通过不同渠道发来的数据都被集成到 CRM 系统中随时供企业内的用户查询。通过多种渠道，物流企业能够在提供客户服务时高效地与客户沟通，了解客户的个性化需求，测定客户的满意度。同时客户也可以参与企业的新产品研发和选择恰当的服务方式。这就进一步巩固了企业的客户资源，从而使企业的竞争力大幅提高。

（3）通过促进技术平台对接，物流企业可以实现信息标准化，达到内部资源共享。一方面，CRM 结合了公司的各个方面，包括销售、服务以及营销团队等部门；另一方面，CRM 可以使企业的各个部门和员工之间实现对客户数据和有关信息的共享，以保证部门间和员工间的工作衔接，这些部门充分了解客户以获得关于客户关系的全方位视角。如此一来，不仅保证为客户解决好问题或提供优质服务，而且也保证从企业全局利益去考虑与客户建立关系。

### 3. 物流客户关系管理系统

我国物流行业 CRM 系统的应用已经有了一定的发展，但是它依然存在着很大的发展空间。在以客户为中心的商业模式下，想在竞争激烈的物流行业继续生存和发展，物流行业 CRM 系统的应用是必不可少的。

物流行业有其特殊性，主要表现在客户的特殊性和客户关系的特殊性，物流行业的 CRM 应该体现这个特殊性。2003 年，我国学者马玉超、齐冰等人对物流企业实施 CRM 的难点进行了分析，认为物流企业比其他企业更需要 CRM，在论述物流企业实施 CRM 难点时谈到了在组织与管理、技术、观念、资金和人才等方面存在困难之处。2007 年，我国学者胡理增等在其发表的《物流企业客户关系管理研究综述与展望》一文中，通过将物流企业与制造企业、商业企业对比，总结了物流企业 CRM 的特点。

（1）在物流企业 CRM 中，交易双方都重视彼此关系的发展。

（2）衡量“企业—客户”关系价值的角度和标准不一样：在“企业—消费者”的关系中，企业方衡量的标准是利润现值，消费者衡量的标准是让渡价值；而在物流企业关注的不仅是利润现值，还有生存、社会形象等因素，接受物流服务的企业不仅考虑成本，还有效率、服务等因素。

（3）物流企业有完整的“物流、资金流、信息流”，对物流管理的要求特别严格，而制造企业、商业企业可以低要求于物流管理（因为可以外包物流）。

（4）对物流供应企业有多种复杂的要求。物流企业的客户对物流服务的需求因自身条件、经营目标、产品或服务特征、市场范围、物流意识的不同而表现各异。有些要求帮助其管理整个供应链，包括供货信息、仓储、运输、包装、货代、通关、集中、分拆、退货、直递、现场信息反馈；有些特别关注物品在整个供应链的位置，以便对市场随时做出反应，实现生产和流通的“零库存”、“零距离”、“零运营成本”；有些因生产和服务涉足全球，希望能提供全球物流服务等。

而目前，我国对物流企业客户关系管理系统的研究还比较有限，目前的客户关系管理软件对物流企业针对性不强。总的来说，物流行业的客户关系管理系统只是 CRM 大家庭中的一个特例，就行业本身而言，它也遵循一般企业的客户关系管理系统的一般结构和方法，但在实施物流企业客户关系管理时需要更多地考虑本行业的特点（服务的及时性、快速性和准确性），这样才能使企业的客户服务水平更加提高，吸引客户、留住客户，确保企业的利润源泉，实现企业利润的最大化。

### 6.1.3　电子商务物流客户关系管理的特点及应用

#### 1. 电子商务物流客户关系管理的特点

在传统企业引入电子商务后，企业关注的重点由提高内部效率向尊重外部客户转移。而 CRM 理念正是基于对客户的尊重，要求企业完整地认识整个客户生命周期，提供与客户沟通的统一平台，提高员工与客户接触的效率和客户反馈率。电子商务物流客户关系管理与物流客户关系管理从根本上并没有本质的区别，但是，由于电子商务物流服务本身所具有的信息化、网络化、智能化、全球化等特点，使电子商务物流客户关系管理具有一些新的特点与优势。物流客户关系管理是一种“以客户为中心”的经营理念，基于电子商务的物流客户关系管理是一个完整的收集、分析、开发和利用各种客户资源的系统，它的新特点有：

（1）提高物流客户信息的共享和交换程度。通过电子商务形式，客户关系管理系统集中了企业内部原来分散的各种客户数据，形成了正确、完整、统一的客户信息为各部门所共享。

（2）保障客户信息的一致性和正确性。通过电子商务手段，企业各个部门都能在客户关系管理系统中得到统一形式的客户信息，增强了客户信息的管理。

（3）信息高度集成，客户服务方式多样化。通过电子商务客户关系管理系统，客户可选择电子邮件、电话、传真等多种方式与企业联系，因为在企业内部的信息处理是高度集成的，充分提高了企业工作效率及客户满意度。

（4）满足客户个性化需求。电子商务手段的应用，使原来的物流客户关系管理系统能够更方便地收集和整理客户与公司交往的各种信息，通过数据的处理，能最大限度地满足客户个性化的需求，提出适合物流客户的个性化服务方案。

（5）企业可以充分利用客户关系管理系统，可以准确判断客户的需求特性，以便有的放矢的开展客户服务，提高客户忠诚度。

#### 2. 电子商务物流客户关系管理的实施和应用

Schmid 等人指出，客户关系管理的主要内容及组成部分包括 3 个流程：营销、销售和服务。电子商务在这 3 个流程中的应用可以帮助物流客户关系管理水平得到不断提升，创造出更多的价值，使客户的满意度得到显著的提高。

（1）充分利用网络营销工具。电子商务的一个重要特点就是强交互性，这就使得企业可以通过网络，了解并获取到更多的客户资料信息，与客户信息共享，改善同顾客的关系。无论是物流企业还是其他行业都可以借助网络如网站、电子邮件、博客、电子公告、搜索引擎等，展示自己的服务或产品的信息，吸引更多客户的注意。与此同时企业也可以获取到与客户相关的消费信息，便于其进行消费者行为分析，制订相应的营销策略。

（2）电子化、自动化销售处理。电子商务可以实现在线销售的功能，让客户直接登录网站就能完成物流服务的订购，或者产品的订购。在客户订购之后，销售商就能实现订购信息的共享，针对订购信息及时组织服务、备货或生产。在销售出服务或产品以后，通过网站，可以使客户对货物的物流信息进行跟踪。

（3）提高客户服务水平。电子商务技术应用于物流客户关系管理，使客户服务的自动化程度得到了提高。通过网站企业可以为客户提供在线服务，比如在线支付及售后信息反馈等，基于电子商务的企业，无论是物流企业还是其他企业可以在第一时间为客户服务，解决客户的要求。

目前，电子商务技术已经在物流客户关系管理中广泛应用。DHL（中外运敦豪国际航空有限公司）是全球快递、物流业的领导者，DHL 的服务网络覆盖全球 220 多个国家和地区。作为国际物流行业的领导者，DHL 长期以来都以提升客户满意度为目标。DHL 客户服务中心不断追求卓越的客户服务品质，从而为客户创造更多价值。凭借其客户服务中心蓬勃建设、高效的运营管理和电子商务技术，DHL 提高了客户对服务的满意度和对品牌的信赖。2005 年 DHL 全面整合客户服务资源，在北京、上海和广州分别建立大型客户服务中心为全国客户提供服务。目前 DHL 客户服务部拥有前线座席 493 个，约 700 名专业客户服务人员每天为客户提供电话接听和快件查询的服务。DHL 客户服务中心通过免费客户服务热线向客户提供多联络渠道、一站式、全天候和个性化服务，同时他们致力于不断追求业界最佳服务水平，创造最佳客户服务体验、提升客户满意度。

**小资料**

### UPS 的客户关系管理

拥有 90 多年历史的 UPS，对客户关系管理的概念有着自己的定位。UPS 认为，最重要的是让已经拥有的客户感到 100%的满意。而为了实现这句说起来很简单的话，UPS 每年都要在技术上投入 10 亿美元以上的资金。

UPS 在全球各地的天上地下，平均每一天会有 1 360 万件大大小小的包裹在传递。而让人惊叹的是，作为 UPS 的客户，你可以随时通过 UPS 来查询在其中的任何一个包裹，UPS 会告诉你它在什么地方，处于什么样的状态。这原本是 UPS 为了自己精良运作而不惜血本建立的，但是 UPS 知道它对自己的客户同样有很大的价值，甚至，UPS 会给自己的客户送上一台专用的 PC，让客户从把包裹交给 UPS 的那一刻起，就可以看着它传递到接收者手中。显然，这种业务运行的透明化，是 UPS 获取客户满意度的重要手段。而在其背后，则是不被客户所知的，位于美国本土的世界上数一数二的巨大“动态数据处理中心”。

这个数据中心当然不仅仅是用来给客户查包裹的。实际上，每一个客户每一次的交易，都被记录进去，进入了 UPS 自己建立的 ICRS 系统（国际顾客关系管理系统）。

UPS 对客户信息的收集也很有特点，比如：一个新顾客下了一个订单，UPS 去送账单的时候就会首先记录客户的基本信息。并且建立一个客户档案，以后一旦需要，计算机会自动生成报告，很清楚地告诉 UPS，这个顾客每个月花了多少钱在邮包寄送方面，而这些钱里面包括了多少件邮包。几个数据一交叉，就会产生一系列复杂的客户信息。比如，UPS 借此就知道客户一般寄的邮包有多重，一般要求的时间是多少天，主要的寄送地点是哪里，甚至包裹里面是什么类型的物品也可以知道。而且，根据企业客户与 UPS 结账的时间来看，竟然还可以分析出客户的财务运转状况。

UPS 当然不会拿着这些宝贵的客户信息看着玩，这些信息都对 UPS 的服务有直接的指导作用。比如在 ICRS 系统中发现，这个客户是自己比较稳定的客户，那么 UPS 就会把一个与 UPS 直接连接的 PC 送上门去。这样，客户以后每次寄东西都不用打电话了，打开计算机 5 分钟就解决了。对客户来说这是一种方便，而对 UPS 来说，更是一种省力的管理手段，因为从一开始的原始信息就是数字化和规范化的。

UPS 能够做到这些，显然与其强大的 IT 能力直接相关。有意思的是，以前 UPS 称自己是一个物流公司，但是拥有强大的 IT 能力。近几年，这种说法已经倒过来了。UPS 开始自称是一个 IT 公

> 司，但是拥有强大的物流能力。而今天，UPS说的最多得是："我们要做世界商业的赋能者（enabler），来enable全球的贸易活动。"这句话虽然很短，但是却把UPS的能力充分的体现了出来。
>
> （本文由作者根据网络资料改写，原文见 http://www.emkt.com.cn/article/53/5381-10.html）

## 6.2 电子商务物流成本

2010年中国物流总费用占国内生产总值比重约18%左右，比发达国家要高出一倍。物流成本高，且服务水平参差不齐，已经成为影响电子商务业发展的最大瓶颈。

### 6.2.1 物流成本的概念

在企业经营活动中，物流是渗透到各项经营活动之中的活动。然而长期以来，人们对物流重视不够，大部分物流成本得不到揭示，使物流方面的浪费很严重。因此，加强物流成本管理，对自身物流资源进行优化配置，实施管理和决策，以期用最小的成本带来最大的效益，这些无论是对企业物流还是对物流企业，都是它们所面临的最重要问题之一。

**1．物流成本的概念**

物流成本（Logistics Cost）主要是指随着物流活动而发生的费用，是物流活动中消耗的物化活动和活劳动的货币表现。但是，企业物流成本由于所考虑的费用范围不统一，会产生各种广义、狭义的物流成本概念。狭义的物流成本是指由于物品实体的场所或位置发生改变而引起的有关运输、包装、装卸等成本。广义的物流成本是指包括生产、流通、消费全过程的物品实体与价值变化而发生的全部成本，具体的说，它包括了从生产企业内部原材料协作件的采购、供应开始，经过生产制造过程中的半成品存放、搬运、装卸、成品包装及运送到流通领域，进入仓库验收、分类储存、保管、配送、运输，到最后到消费者手中的全过程，发生的所有成本，其内容如图6-2所示。而物流管理就是对所有这些成本进行计划、分析、核算、控制与优化，以达到降低物流成本的目的。

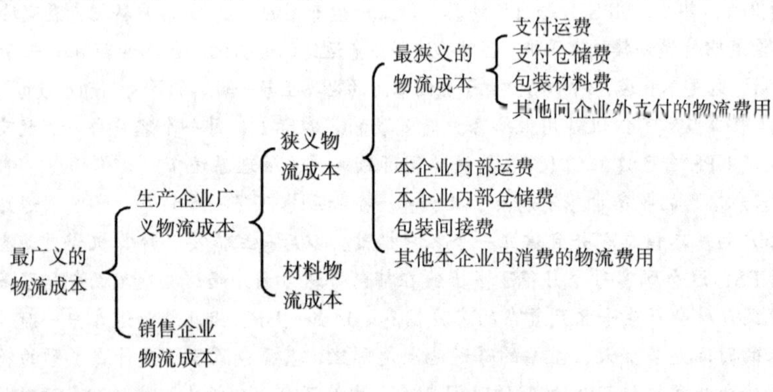


图6-2 广义的企业物流成本内容

**2．物流成本的构成**

按照成本的表现形态，一般物流成本由3部分构成：第一部分是物流活动成本，它是伴随着物资的物理性流通活动发生的费用以及从事这些活动所必需的设备、设施和费用；第二部分是物流信息处理成本，它是完成物流信息的传送和处理活动所发生的费用以及从事这些活动所必需的设备、设施的费用；第三部分是物流管理成本，是对上述活动进行综合管理所发生的费用。物流成本的基本构成如图 6-3 所示。

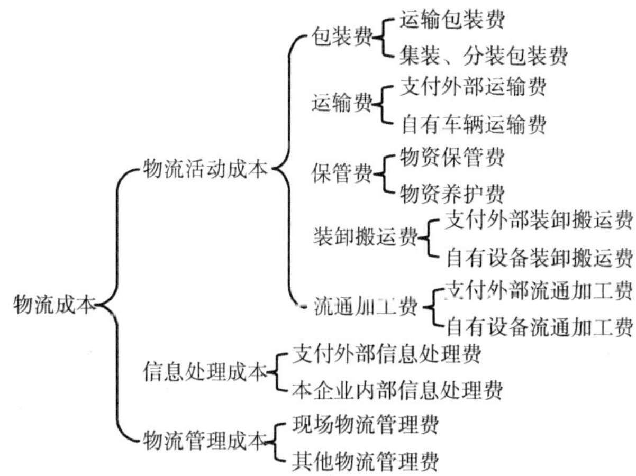


图 6-3　物流成本的基本构成

然而，进行物流成本管理，必须明确物流成本计算的范围和对象。虽然有对物流成本基本构成的分析，但是物流成本一般是按实体的不同而区别对待的，物流成本从其所处的领域看一般可以分为社会物流成本、生产和流通企业物流成本、物流企业物流成本。

社会物流成本是核算一个国家在一定时期内发生的物流总成本，是不同性质企业微观物流成本的总和。

流通企业物流成本、生产企业物流成本，物流企业的物流成本三者在成本的具体组成方面，有一定的区别。

（1）流通企业：企业员工工资及福利；支付给有关部门的服务费，如运杂费、邮电费等；经营过程的合理消耗，如商品消耗、固定资产折旧等；支付的贷款利息；经营过程中的各种管理成本，如办公费、差旅费等。

（2）生产企业：生产要素采购费，包括运费、通联费、采购人员工资；供应、销售人员工资及福利费；产品的推销广告费；企业内部仓库保管费、维护费、搬运费；有关设备及仓库折旧费；物流信息费；贷款利息费；回收废弃物的物流费。

（3）物流企业：从事物流工作人员的工资、资金及各种补贴；企业内部仓库保管费，如维护费、搬运费等；有关物流设施、仓库的折旧费；物流过程中的物质消耗，如包装材料、电力、燃料的消耗等；物流管理过程中发生的费用，如办公费、差旅费等、支付银行贷款的利息等；物流信息费，如物流系统的软件费等；销售费用，包括销售人员的工资和佣金，广告费和售后服务费。

流通企业物流成本是指在组织物品购入、运输、保管、销售等一系列活动中所耗费的人力、物力和财力的货币表现。对一般的制造企业来说，物流成本的范围更广，贯穿于企业经营活动的全过程，包括从原材料供应开始到将商品送达消费者手中所发生的全部物流费用。物流成本按不同的标准有不同的分类，按产生物流成本主体的不同，可以分为企业自身物流成本和委托第三方从事物流业务所发生的费用，即委托物流费用。

对物流企业来说，目前所提供的物流服务主要有 7 个基本环节，即：运输、仓储、装卸搬运、配送、包装、流通加工、信息服务等，还有诸如代理报关、财务结算等更多的针对不同客户提供的具有特色的其他服务，物流企业的物流成本一般包含了其各种活动所涉及的费用。

3．物流成本与物流服务的关系

所谓“二律背反”是指两个相互排斥而又被认为是同样正确的命题之间的矛盾。对与错、正与反也叫“二律背反”。物流的若干功能要素之间存在着“二律背反”，即某一功能要素的优化和利益发生的同时，必然会存在另一个或几个功能要素的利益损失，反之也如此。主要包括物流成本与服务水平的“二律背反”和物流各功能活动的“二律背反”。

服务与成本总是矛盾的，用户总希望少付费用而满足自己所有的服务要求，而供应商则希望在高质量服务时能够得到高的效益回报。这两个矛盾逻辑上服从二律背反规律。一般的来讲，高质量的商品一定是与较高的价格相关联，提高质量要求，价格随之上升；优质物流服务与物流成本相关联，提高物流服务水平，物流成本随之上升。既要充分考虑压价对服务质量的影响，同时还要充分考虑物流成本对价格的影响，否则，有可能导致服务水平的下降，最终损害用户和企业双方的整体利益。

降低物流成本必须在一定服务水平的前提下考虑，从这个意义上说，物流服务水平，是降低物流成本的依据。从与物流服务的关系着眼考虑物流成本，一味强调降低成本是毫无意义的。应当在维持物流服务水平的前提下，降低物流成本。

物流部门应定期对物流服务进行评估。检查销售部门或顾客有没有索赔、有没有事故、破损等；通过征求顾客意见等办法了解服务水平是否已经达到标准；成本的合理化达到何种程度，是否有更合理的办法等。

物流服务质量是物流服务效果的集中反映，可以用物流时间、物流费用、物流效率来衡量，其变化突出表现在减少物流时间、降低物流成本、提高物流效率等方面。

## 6.2.2　物流成本管理

1．物流成本管理的概念

近年来，随着物流科学在我国的兴起和发展，人们对物流成本也从一般性概念认识阶段逐渐进入到初步的研究和管理阶段，降低物流成本已成为物流管理的一项重要任务，加之全球经济一体化形成了市场竞争的新格局，物流这个“第三利润源”更是引起了社会和企业的极大兴趣。进入21世纪，我国对物流成本管理理论和方法的研究又进入了一个新的阶段，出现了一些关于物流成本管理的专著和论文，企业对物流成本的关心程度不断提高，很多企业开始重视物流成本的预算和管理。

物流成本管理（Logistics Cost Control）是对物流相关费用进行的计划、协调与控制。物流成本管理是通过成本去管理物流，即管理的对象是物流而不是成本。物流成本管理的意义在于，通过对物流成本的有效把握，利用物流要素之间的效益背反关系，科学、合理地组织物流活动，加强对物流活动过程中费用支出的有效控制，降低物流活动中的物化劳动和活劳动的消耗，从而达到降低物流总成本，提高企业和社会经济效益的目的。

2．物流成本管理主要内容

1）物流成本核算

根据企业确定的成本计算对象，采用相应的成本计算方法，按照规定的成本项目，通过一系列物流费用的汇集与分配，从而计算出各物流环节成本计算对象的实际总成本和单位成本。

2）物流成本控制

所谓物流成本控制是采用特定的理论、方法、制度等对物流各环节发生的费用进行有效的计划和管理。包括了绝对成本控制法和相对成本控制法，对物流活动进行日常控制和协调。物流成本控制的具体形式主要有：

（1）以物流成本的形成阶段作为控制对象，就是对供应物流成本、生产物流成本、销售物流成本以及废弃物物流成本作为成本控制的对象。

（2）以物流服务的不同功能来作为成本控制对象，从仓储、运输、包装、装卸、流通加工等各个物流作业或物流功能的角度来寻求物流管理水平的提高和物流技术的创新，控制和降低物流成本。

（3）以物流成本的不同项目作为物流成本的控制对象，以材料费、人工费、燃油费、差旅费、办公费、折旧费、利息费、委托物流费及其他物流费等物流成本项目为控制对象。

3）物流成本分析

物流成本分析是在成本核算及其他有关资料的基础上，运用一定的方法，揭示物流成本水平的变动，进一步查明影响物流成本变动的各种因素。物流成本分析的主要目的是在实现既定的顾客服务水平的条件下降低企业的物流成本，提高企业的竞争能力。包括事前成本分析，即事前预计和测算有关因素对成本的影响程度；事中成本控制分析，即以物流成本预算为依据，通过分析实际成本与计划成本或定额成本的差异，对成本进行分析控制；事后成本分析，即产品生产过程中发生的实际成本与计划成本的比较，对产生的差异进行分析，找出成本升降原因，是成本分析的主要形式。

4）物流成本绩效评价

为达到降低企业物流成本的目的，采取相应的评价模型和评价计算方法，对企业物流系统的投入和产效（产出和效益）做出客观、公正和准确的评判。

上述各项物流成本管理活动的内容是互相配合、相互依存的一个有机整体。物流成本核算为物流成本预测提供基础资料，物流成本预测是成本决策的前提，物流成本预算是成本决策所确定目标的具体化，物流成本控制是对物流成本预算的实施进行监督，以保证目标的实现。物流成本核算与分析又是对目标是否实现的检验。

### 3．物流成本管理方法

物流成本管理方法很多，主要集中在对成本的控制方面，总的来说，具体有以下几类方法。

1）物流成本横向管理法

物流成本横向管理即对物流成本进行预测和编制计划。物流成本预测是在编制物流计划之前进行的。它是对本年度物流成本进行分析，在充分挖掘降低物流成本潜力的基础上，寻求降低物流成本的有关技术经济措施，以保证物流成本计划的先进性和可靠性。

2）物流成本纵向管理法

物流成本纵向管理即对物流过程的优化管理。物流过程是一个创造时间性和空间性价值的经济活动过程。为使其能提供最佳的价值效能，就必须保证物流各个环节的合理化和物流过程的迅速、通畅。物流系统是一个庞大而复杂的系统，要对它进行优化，需要借助于先进的管理方法和管理手段。

（1）用线性规划、非线性规划制订最优运输计划，实现物品运输优化。物流过程中遇到最多的是运输问题。例如，某产品现由某几个企业生产，又需供应某几个客户，怎样才能使企业生产的产品运到客户所在地时总运费最小？假定这种产品在企业中的生产成本为已知，从某企业到消费地的单位运费和运输距离，以及各企业的生产能力和消费量都已确定，则可用线性规划来解决。如果企业的生产数量发生变化，生产费用函数是非线性的，就应使用非线性规划来解决。

（2）运用系统分析技术，选择货物最佳的配比和配送线路，实现货物配送优化。配送线路是指各送货车辆向各个客户送货时所要经过的路线，它的合理与否，对配送速度、车辆的利用效率和配送费用都有直接影响。目前较成熟的优化配送线路的方法是节约法，也称节约里程法。

（3）运用存储论确定经济合理的库存量，实现存储优化。存储是物流系统的中心环节。物资从生产到客户之间需要经过几个阶段，几乎在每一个阶段都需要存储，究竟在每个阶段库存量保持多少为合理？为了保证供给，需隔多长时间补充库存？一次进货多少才能达到费用最省的目的？这些都是确定库存量的问题，也都可以在存储论中找到解决的方法。其中，应用较广泛的方法是经济订购批量模型，即 EOQ 模型。

（4）运用模拟技术对整个物流系统进行研究，实现物流系统的最优化。例如，克莱顿希尔模型，是一种采用逐次逼近法的模拟模型，这个方法提出了物流系统的三项目标，即最高的服务水平、最小的物流费用、最快的信息反馈。在模拟过程中采用逐次逼近的方法来求解下列决策变量：流通中心的数目、对客户的服务水平、流通中心收发货时间的长短、库存分布、系统整体的优化。

3）计算机系统管理法

计算机管理系统将物流成本的横向与纵向连接起来，形成一个不断优化的物流系统的循环。通过一次次循环、计算、评价，使整个物流系统得以不断地优化，最终找出其总成本最低的最佳方案。

目前主要的应用系统有 DRP（Distribution Reso urce Planning）分销资源计划，该系统是管理企业的分销网络的系统，是分销需求计划的延伸部分，涉及分销系统中的关键资源，如仓储空间、劳动力、货币资金、运输工具等的计划。通过互联网将供应商与经销商有机地联系在一起，DRP 为企业的业务经营及与贸易伙伴的合作提供了一种全新的模式，供应商和经销商之间可以实时地提交订单，查询产品供应和库存状况并获得市场销售信息及客户支持，实现了供应商与经销商之间端到端的供应链管理，有效地缩短了供应链，构建 B2B 电子商务平台，扩展现有业务和销售能力，实现零风险库存，大大降低分销成本，提高周转效率，确保 获得领先一步的竞争优势。

## 6.2.3 电子商务物流成本管理

电子商务物流成本管理主要研究的是电子商务和现代科学技术条件下，各类企业包括物流企业在物流成本管理方面的运作。

### 1. 电子商务物流成本管理的特点

1）管理手段智能化

电子商务物流的实物位移自动化、半自动化程度高，物流供应链过程处于实时监控之中，而物流系统中的传统管理内容，如人事、财务、计划和物流控制等全部都是智能化。如一家物流公司在每辆配送车辆上都安装了 GPS 定位系统，而且在每件货物的包装中嵌入 RFID 芯片，通过芯片，物流公司和客户都由网络了解货物所处的位置和环境。同时在运输过程中，物流公司可根据客户的要求，对货物进行及时的调整和调配，实时全程监控货物，防止货物遗失、误送等，优化物流运输路线，缩短中间环节，减少运输时间。通过货物上的芯片，装载时自动收集货物信息，卸货检验后，用嵌有 RFID 的托盘，经过读取的通道，放置到具有读取设备的货架，物品信息就自动记入了信息系统，实现精确定位，缩短了物流作业时间，提高物流运营效率，最终降低物流成本。新技术使整个物流供应链更加透明化。通过智能化技术，物流仓库的管理变得高效、准确，物流人力需求大大节约。在大型高等级物流仓库，甚至可以实现除了入口收、验货人员，物流仓库内“无人”全自动化操作，仓库可仅安排计算机屏幕前的监控人员。另外，管理手段智能化有助于实现“零”库存，降低资金占用成本。

2）采集手段信息化

物流信息化是电子商务的必然要求。没有物流的信息化，任何先进的技术设备都无法在物流领域得以应用，物流信息化表现为物流信息的商品化、物流信息传递的标准化和实时化、物流信息存储的数字化等。因此，条形码（Bar Code）技术、数据库（Database）技术等信息技术在我国物流中的普遍应用，彻底改变了物流管理的面貌，提高了物流工作效率，降低了采购成本、员工成本。

3）物流作业自动化

自动化的外在表现是无人化，自动化的效果是省力化，另外还可以扩大物流作业能力、提高劳动生产率、减少物流作业的差错等。物流自动化的设施非常多，如自动分拣系统、自动存取系统等。这些设施在发达国家已普遍用于物流作业流程中，对节约人力成本有很大的帮助。另外，物流作业自动化帮助制造企业提高劳动生产效率。

4）管理方式网络化

网络化有两方面的含义：一是物流配送系统的计算机通信网络，包括物流配送中心与供应商、配送中心与顾客联系的计算机网络，该网络使企业生产更好地适应市场变化，扩大范围经营，增强了联合或协作，降低交易费用、广告费用，增强品牌形象；二是企业内部网（Intranet），该网络带来了纸张成本的节约、经营成本的节省。物流的网络化是物流信息化的必然结果，是电子商务时代物流活动的主要特征之一，信息技术和通信技术的发展为物流网络化提供了良好的外部环境。物流企业通过网络化改善了内部办公和客户关系服务，明显降低了企业的运行成本，管理成本比例明显下降。

### 2. 电子商务物流成本构成

（1）系统构建成本：电子商务技术的投入使用，带来了新的人、财、物投入，构建各类自动化、网络化、信息化系统，投入的成本会在企业运营各期进行分摊。

（2）技术支持和维护成本：主要是各类电子商务技术系统的设计、运行、维护、管理、租赁等费用。

（3）运营管理成本：即企业物流管理运行的基本成本，主要涉及交易成本、人力投入成本、物流配送成本、企业管理成本、其他成本等。

（4）安全及风险成本：电子商务系统最大的特点就是网络化和计算机化，这势必会给企业带来计算机和网络安全方面的问题，比起传统的物流成本管理，电子商务物流成本管理还需对系统安全和风险成本进行必要的管理。

**小资料**

**提高出货效率就能省钱**

杭州奥普电器有限公司把700只光暖彩色浴霸运到上海市场，这些供应春节市场的浴霸在当地售价为每只350元，其中的物流成本平均为每只5元，占售价的1.4%，主要包括运输保险费、汽油和人工费用等直接成本。

奥普电器副总经理孙立军说，这个百分比是比较稳定的，不论在四川、北京还是新疆，运价提升后，总的售价也有相应提升。从全国各地市场计算，每只物流成本在5～7元之间。

通常情况下，商品成本中约有8成以上是流通成本，而流通成本中又有80%是物流成本，物流占商品成本的64%以上。商品从开始生产到最终用户所需的时间中，加工仅需5%，而其余95%均用于物流环节。

从5年前起，企业开始引进物流管理，从自身合理调配至第三方物流企业的兴起，奥普电器的平均物流成本从10元降至5元。考虑到物流成本主要由库存费用、运输费用和管理费用3部分组成，而运输保险费、油价等支出逐年上涨，企业省钱只能从库存和管理上腾出空间。

“以前起码要两天以上，光找车就要一天时间，而现在一两个小时就搞定了”，杭州共速达物流公司行政高级主管王存良说，以前从杭州去厦门一趟，一辆5吨车固定费用达3 300元，现在只要1 500元，省了一大半，原因在于调度和管理水平提高了。

举个明显的例子，奥普公司把700只电器运到上海市场，杭州当地的仓储费用大约为每天1 000元，如果产品下午下线不需耽搁就能直接上路，即使油价和人工支出涨价500元，企业还是节约了500元的物流成本。由此可见，利润的源泉更集中在降低库存、加速资金周转方面。

由于周围有康桥等物流基地，包括奥普电器在内，位于九堡镇、祥符桥的企业的原材料、产品进出的速度明显加快。要知道，现在从传化物流基地出发，运送一车5.5吨的进口棉布到南京，从托运方下单到货物运抵目的地，总共不到32个小时，这在以前是不可想象的。

（本文由作者根据网络资料改写，原文见 http://finance.sina.com.cn/roll/20060118/0130502033.shtml）

## 6.3 物流成本核算

从我国的财务管理过程看，由于处于社会再生产的不同领域，物流成本在具体核算时分为流通企业物流成本、生产企业物流成本和物流企业物流成本。这里，主要以生产企业的物流成本和物流企业的物流成本核算为学习内容。

通过物流成本核算能够起到促进企业加强物流管理、提高管理水平、创新物流技术、提高物流效益的作用。具体体现在以下几个方面：

（1）通过对企业物流成本的全面计算，弄清物流成本的高低，从而提高企业内部对物流重要性的认识。

（2）通过对某一具体物流活动的成本计算，弄清物流活动中存在的问题，为物流运营决策提供依据。

（3）按不同的物流部门组织计算，计算各物流部门的责任成本，评价各物流部门的业绩。

（4）通过对某一物流设备或机械（如单台运输卡车）的成本计算，弄清其消耗情况，谋求提高设备效率、降低物流成本的途径。

（5）通过对每个客户物流成本的分解核算，为物流服务收费水平的制订以及有效的客户管理提供决策依据。

（6）通过对某一成本项目的计算，确定本期物流成本与上年同期成本的差异，查明成本超出或降低的原因。

（7）按照物流成本计算的口径计算本期物流实际成本，评价物流成本预算的执行情况。

### 6.3.1 企业物流成本核算

#### 1. 企业物流成本核算的特点

在不少企业中，物流成本在企业销售成本中占了很大的比例，但是由于目前会计制度的规定，这些成本往往没有单独列示，而是和企业的其他成本混合在一些，这给企业物流成本管理带来了一定的难度，目前企业物流成本核算主要有以下特点。

（1）在通常的企业会计报表中，物流成本核算的是企业对外部运输业者所支付的运输费用，或向仓库支付的商品保管费等传统的物流成本；对于企业内与物流中心相关的人员费、设备折旧费等各种费用，则与企业其他经营费用统一计算。因而，从现代物流管理的角度来看，企业难以正确把握实际的物流成本。

（2）在一般的物流成本中，物流部门完全无法掌握的成本很多，如保管费中过量进货、过量生产、销售残次品的在库维持及紧急输送等产生的费用等，从而增加了物流成本管理的难度。

（3）从销售关联的角度来看，物流成本中过量服务所产生的成本与标准服务所产生的成本是混同在一起的，例如，很多企业将促销费都算在物流成本中。

（4）物流在企业会计制度中没有单独的项目，一般所有成本都列在费用一栏中，较难对企业发生的各项物流成本做出明确、全面的计算与分析。

（5）对物流成本的计算与控制，各企业通常是分散进行的。也就是说，各企业根据自己不同的理解和认识来把握物流成本，这样就带来了一个管理上的问题，即企业间无法就物流成本进行比较分析，也无法得出产业平均物流成本值。

（6）各类物流成本之间具有背反关系，一类物流成本的下降往往以其他物流成本的上升为代价。

### 2. 会计核算方法下的物流成本计算

会计方式的物流成本核算，是要通过凭证、账户和报表的完整体系，对物流耗费予以连续、系统、全面地记录的计算方法。这种核算方法可分为 4 种具体形式。

1）独立的物流成本核算体系

把物流成本核算与财务会计核算体系分开，单独建立起物流成本的凭证、账户和报表体系。但这个计算模式的工作量较大，在目前财会人员数量不多，素质有限的情况下容易引起核算人员的不满。

2）结合财务会计体系的物流成本计算

（1）在产品成本计算的基础上增设一个“物流成本”科目，并按物流运作成本、存货相关成本分别设置二级、三级明细账，按费用形态设置专栏。

如分别按包装、配送、保管、搬运、信息、物流管理等功能来核算物流费用。从这种方法可以看出哪种功能更耗费成本，比按形态计算成本的方法能更进一步找出实现物流合理化的症结。而且可以计算出标准物流成本（单位个数、质量、容器的成本）进行作业管理，设定合理化目标。为了准确、方便地核算物流成本，企业可以设置“物流成本”和“委托物流费”科目及相应账簿。这两个科目属于成本（费用）类科目，分别用以核算、记录企业自身从事物流业务所发生的费用，以及企业委托第三方从事物流业务所发生的费用。其借方登记本期发生的物流费用，贷方登记计入成本对象的物流费用。明细科目可根据物流功能设置。表 6-3 所示为按物流功能划分的成本项目。

（2）物流成本二级账户（或辅助账户）核算形式。指在不影响当前财务会计核算流程的前提下，通过在相应的成本费用账户下设置物流成本二级账户，进行独立的物流成本二级核算统计。

表 6-3 物流功能成本构成

| 一级明细科目 | 二级明细科目 | 三级明细科目 | 内 容 说 明 |
|---|---|---|---|
| 物流成本 | 物流运作成本 | 运输成本 | 一定时期内，企业为完成货物运输业务而发生的全部费用，包括从事货物运输业务的人员费用、车辆（包括其他运输工具）的燃料费、折旧费、维修保养费、租赁费、养路费、过路费、年检费、事故损失费、相关税金等 |
| | | 仓储成本 | 一定时期内，企业为完成货物储存业务而发生的全部费用，包括仓储业务人员费用，仓储设施的折旧费、维修保养费、水电费、燃料与动力消耗等 |
| | | 包装成本 | 一定时期内，企业为完成货物包装业务而发生的全部费用，包括包装业务人员费用，包装材料消耗，包装设施折旧费、维修保养费，包装技术设计、实施费用以及包装标记的设计、印刷等辅助费用 |
| | | 装卸搬运成本 | 一定时期内，企业为完成装卸搬运业务而发生的全部费用，包括装卸搬运业务人员费用，装卸搬运设施折旧费、维修保养费、燃料与动力消耗等 |
| | | 流通加工成本 | 一定时期内，企业为完成货物流通加工业务而发生的全部费用，包括流通加工业务人员费用，流通加工材料消耗，加工设施折旧费、维修保养费，燃料与动力消耗费等 |
| | | 物流信息成本 | 一定时期内，企业为采集、传输、处理物流信息而发生的全部费用，指与订货处理、储存管理、客户服务有关的费用，具体包括物流信息人员费用，软硬件折旧费、维护保养费、通信费等 |
| | | 物流管理成本 | 一定时期内，企业物流管理部门及物流作业现场所发生的管理费用，具体包括管理人员费用，差旅费、办公费、会议费等 |
| | 存货相关成本 | 资金占用成本 | 一定时期内，企业在物流活动过程中负债融资所发生的利息支出（显性成本）和占用内部资金所发生的机会成本（隐性成本） |
| | | 物品损耗成本 | 一定时期内，企业在物流活动过程中所发生的物品跌价、损耗、毁损、盘亏等损失 |
| | | 保险和税收成本 | 一定时期内，企业支付的与存货相关的财产保险费以及因购进和销售物品应交纳的税金支出 |

把物流成本分别按应付工资、营业费用等支付形态记账。从中可以了解物流成本总额，也可以了解什么经费项目花费最多。例如，在“营业费用”科目下设置“营业费用-物流费用”和“营业费用-非物流费用”明细科目，分别用来核算企业在物流业务和非物流业务时中发生的营业费用。

在计算物流成本时，只需将各个成本费用科目的物流成本费用明细科目加以汇总，即可计算出企业发生的物流成本。这样进行会计核算，既不违反现行财务会计制度关于成本费用核算的规定，又可以方便、有效地进行物流成本费用的核算。这是生产企业多采用的一种会计核算方法。

### 3. 统计计算方法下的物流成本计算

统计计算方法下的物流成本计算是指在不影响当前财务会计核算体系的基础上，通过对有关物流业务的原始凭证和单据进行再次的归类整理，对现行成本核算资料进行解剖分析，从中抽出物流成本的部分，然后再按物流管理的要求对上述费用按不同的物流成本核算对象进行重新归类、分配、汇总，加工成物流管理所需的成本信息。例如，从销售费用中统计出销售物流成本部分，该部分包括销售过程发生的运输、包装、装卸、保管、流通加工等费用。

由于这种计算方式不能对物流成本进行连续、系统和全面的追踪反映，所以得到的信息精确程度受到很大影响，而且易于流于形式，使人认为物流成本管理是权宜之计，容易削弱物流管理的意识。

### 4. ABC 成本法

ABC（Activity Based Costing）即作业成本法，是以作业为基础，把企业消耗的资源按资源动因分配到作业，以及把作业收集的作业成本按作业动因分配到成本对象的核算方法。其理论基础是：生产导致作业的发生，作业消耗资源并导致成本的发生，产品消耗作业，因此，作业成本法下成本计算程序就是把各种资源库成本分配给各作业，再将各作业成本库的成本分配给最终产品或劳务。其计算逻辑如图 6-4 所示。

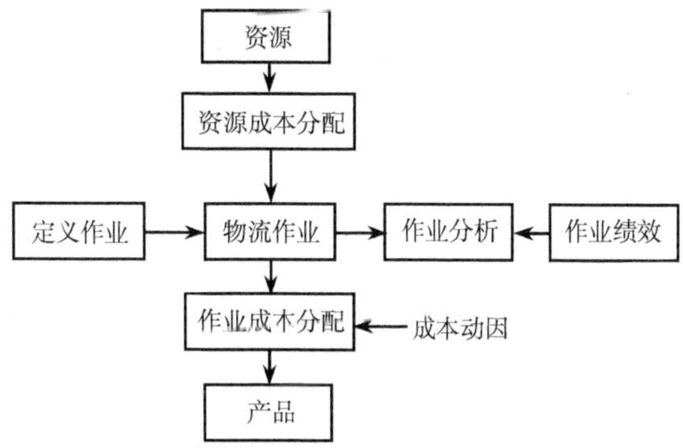


图 6-4　作业成本法计算物流成本的逻辑图

假设物流企业同时承做两项物流业务，在营运成本法下，物流企业的成本核算思路是：找到应计入某一物流业务成本的直接费用，同时将不能直接计入各项物流业务的间接费用选择合适的数量分配标准分配计入两项物流业务的成本。由此，某一物流业务的成本包括直接费用和分配计入的间接费用。但是在作业成本法下间接费用的分配工作做得很细，需要很细致的成本核算基础工作。其成本核算思路是：将整个物流业务运作过程细分为多个作业，如运输作业或仓储作业等；根据运输资源的耗费和运输作业量计算单位作业成本；确定不同物流项目实际耗用不同作业的数量；根据单位作业成本和物流项目耗用的作业量即得物流项目的作业成本。

ABC 与传统的成本计算之间是交叉关系，传统的成本计算是从投入要素的角度计算成本的大小；ABC 是从作业环节的角度将所有的投入要素进行汇总得出在某个作业环节上的费用支出。ABC 将传统成本计算中所无法看到的物流中心内部的“实态”用成本的形式表现出来，以作业为中心，不仅能提供相对准确的成本信息，而且还能提供改善作业的非财务信息。以作业为纽带，能把成本信息和非财务信息很好地结合起来，即以作业为基础分配成本，同时以作业为基础进行成本分析和管理。

## 6.3.2 物流企业物流成本核算

### 1. 物流企业物流成本的核算内容

物流企业在运营过程中发生的各项费用，都可以看成是物流成本。因此，可以说物流企业的物流成本包括了物流企业的所有各项成本和费用。实际上，从另一个角度看，当货主企业把物流业务外包给物流企业运营时，物流企业发生的各项支出构成了它的物流成本，而物流企业向货主企业的收费（包括了物流企业的成本费用、税金以及一定的利润）就构成了货主企业的物流成本。物流企业的全部运营成本费用都可以看作广义上的物流成本。

物流企业经营过程中发生的所有费用按其属性可以划分为物流业务成本和期间费用两大类，前者属于物流劳务成本，后者属于期间费用直接计入当期损益。物流成本项目是对计入物流业务成本的费用按其经济用途所作的划分。物流业务成本项目的确定有赖于对物流业务费用属性的分析，而物流业务费用的发生与物流业务的具体运作模式密切相关。

从物流业务发生费用的属性来看，物流业务的成本包括直接费用和间接费用两部分。其中直接费用包括直接运输费、直接仓储费、直接装卸费、直接增值作业费；间接费用包括运输共同费用、仓储共同费用、装卸共同费用、增值作业共同费用和营运间接费用。

从物流业务发生费用的用途来看，物流业务的成本可分为运输费、仓储费、装卸费、增值作业费和营运间接费用 5 个项目。其中运输费、仓储费、装卸费、增值作业费又分别由直接费用与间接费用构成。

具体而言，物流企业物流成本主要由 3 个部分构成。

1）营业税金及附加

（1）物流业涉及的营业税税目税率主要有：

① 交通运输业，税率 3%，征收范围包括：陆路运输、水路运输、航空运输、管道运输、装卸搬运。

② 邮电通信业，税率 3%，本税目的征收范围包括：邮政、电信。单位和个人从事函件、包件的快递业务按“邮电通信业”税目征收营业税。

③ 服务业，税率 5%，本税目的征收范围包括：代理业、旅店业、饮食业、旅游业、仓储业、租赁业、广告业、其他服务业。物流业中的代理、仓储属于本税目征收范围。

需要注意的是，单位和个人开展物流业务应按其收入性质分别核算，提供运输劳务取得的运输收入按“交通运输业”税目征收营业税并开具货物运输发票；提供其他服务业劳务取得的收入按“服务业”税目征收营业税并开具服务业发票。凡未按规定分别核算不同税目营业额的，一律从高适用税率征收营业税。

例如，某汽车运输公司 6 月取得运输业务收入 20 万元，装卸业务收入 4 万元，仓储业务收入 3 万元，计算该公司 6 月应纳营业税。

按照税法规定：运输、装卸业务收入属于“交通运输业”税目，按 3%的税率缴纳营业税。应纳税额＝（20＋4）×3%＝0.72（万元）。

仓储业务收入属于“服务业”税目，按 5%税率纳税，应纳税额＝3×5%＝0.15（万元）。

该公司 6 月业务收入应纳税额＝0.72＋0.15＝0.87（万元）。

（2）物流业计税依据

① 交通运输业计税依据。交通运输业的营业额，是指从事交通运输的纳税人提供交通劳务所取得的全部运营收入，包括全部价款和价外费用。陆路、水路、航空、装卸搬运等的计税依据均应按此原则确定。

纳税人将承揽的运输业务分给其他单位或者个人的，以其取得的全部价款和价外费用扣除其支付给其他单位或者个人的运输费后的余额为营业额。公路、内河货物运输代开发票纳税人从事联运业务的，其计征营业税的营业额为代开的货物运输业发票注明的营业税应税收入，不得减除支付给其他联运合作方的各种费用。

中国国际航空股份有限公司（简称国航）与中国国际货运航空有限公司（简称货航）开展客运飞机腹舱联运业务时，国航以收到的腹舱收入为营业额；货航以其收到的货运收入扣除支付给国航的腹舱收入的余额为营业额。

某（自开票纳税人）运输公司 2003 年 5 月份取得货运收入 58 000 元（其中含 1%的保险费用），其中付给其他联营运输公司运费 18 000 元，该公司当月应纳营业税额=（58 000-18 000）×3%=1 200（元）。

② 代理业计税依据。纳税人从事货物运输代理业务，其营业额为其向客户收取的全部价款和价外费用扣除支付给其他单位的港口费用、运输费、保管费、出入境检疫费、

熏蒸费、仓储费、装卸费及其他代理费用。上述所称“其他代理费用”是指：支付给海空陆港的港口建设费、铁路建设基金；支付给海关的报关费；支付的集装箱费用（包括堆存费、提箱费、装箱费、拆箱费、洗箱费）；支付的货物保险费；支付给运输代理单位的代理费；经省地方税务局确认的其他费用。

国税发[2000]139 号规定，对航空运输企业从事包机业务向包机公司收取的包机费，按“交通运输业”税目征收营业税；对包机公司向旅客或货主收取的运营收入，应按“服务业-代理业”项目征收营业税，其营业额为向旅客或货主收取的全部价款和价外费用减除支付给航空运输企业的包机费后的余额。

国税函[2006]1312 号规定，无船承运业务应按照“服务业-代理业”税目征收营业税。纳税人从事无船承运业务，以其向委托人收取的全部价款和价外费用扣除其支付的海运费及报关、港杂、装卸费用后的余额为计税营业额申报缴纳营业税。

③ 仓储业计税依据。对试点物流企业开展物流业务营业税征税问题，国税发[2005]208 号规定，自 2006 年 1 月 1 日起，试点企业将承揽的仓储业务分给其他单位并由其统一收取价款的，应以该企业取得的全部收入减去付给其他仓储合作方的仓储费后的余额为营业额计算征收营业税。

2）经营成本

经营成本可以看成是与企业的经营业务直接相关的各项费用，如运输费、装卸费、包装费、广告费、营销人员的人工费、差旅费等。

物流业务的作业职能部门主要是物流中心和下属分支机构，主要负责物流业务合同签订后的各个物流业务环节的具体运作，如货物的二次分拨、仓储、干线运输、装卸、配送运输等。根据目前物流企业的业务运作现状，物流业务的作业职能部门无论是物流中心还是下属分支机构发生的机构费用、人员费用等都是因承做物流业务而发生的，所以应将其计入物流业务的成本。如果仅服务于某一物流业务，则发生的机构和人员相关费用应作为直接费用计入该项物流业务的成本。如果服务于不同的物流业务，其发生的相关费用在制造业，被界定为制造费用，通过一定的方法计入被生产的产品成本中；在交通运输业，被界定为营运间接费用，通过一定的方法计入不同的运输业务成本中。考虑到物流企业与交通运输企业的相关性，可以把这一类费用归属为营运间接费用，通过选择合适的分配标准分配计入不同的物流业务成本。

3）管理费用

管理费用一般是指企业为组织和管理整个企业的生产经营活动而发生的费用，包括行政管理部门管理人员的人工费、修理费、办公费、差旅费等。

管理职能部门主要负责物流业务的承揽工作和客户服务工作，前者主要包括物流业务的询价、物流方案的设计、物流方案的投标、物流业务的合同签订等，后者主要包括与客户关系的维护、处理客户的投诉等。物流业务管理职能部门所负责的物流业务的承揽工作实质上就是物流业务的前期开发工作，会发生相应的耗费，如办公场所相关费用、人员薪金相关费用、物流方案设计费用、承揽过程的业务费等。物流企业的物流业务管理职能部门可被视为物流市场营销部，其发生的费用与制造企业的营销费用属性相同。为此，可以将物流业务上述前期开发费用（或承揽费用）计入营业费用。

### 2. 物流企业物流成本核算方法

总体来讲，现阶段使用的物流成本核算方法主要有营运成本法和作业成本法。

1）营运成本法

物流企业的营运成本法要求必须将物流企业的所有成本费用划分直接成本和间接费用两大类。营运成本法下物流企业物流成本的核算程序是先归集发生的物流成本，划分为直接成本和间接费用，直接成本直接计入某一物流业务的成本中，而间接费用则采用一定的分配方法分摊计入某一物流业务的成本中。最后，某一物流业务的成本中由其直接成本和应负担的间接费用共同组成。

2）作业成本法

作业成本法的详细概念前文已做介绍，不再赘述。从适用范围看，营运成本法根据较为单一的分配标准分配间接费用，但是简单易操作，适用于间接费用数额相对较小的物流企业，但是对于那些间接费用比重占物流业务成本比重很高的物流企业，则会扭曲物流业务的成本。而作业成本法将单一的间接费用分配标准改为多标准分配间接费用，提高了间接费用分配的准确性，进而提高了物流业务成本信息的相对准确性，因此，作业成本法能够满足高比重间接费用的物流企业准确地提供成本信息的要求，但实施复杂。

选择哪种成本核算方法进行成本核算还需要根据物流企业的企业战略目标的定位、物流业务成本特征与物流企业人员素质和管理信息系统等因素做出综合判断。

### 6.3.3 电子商务物流成本的核算

电子商务物流主要的特点是电子商务技术在物流活动中的应用，特别是信息技术、自动化技术和网络技术，这些技术的应用改变了物流成本管理方式方法，物流成本核算也受到了一定的影响。

#### 1. 增加了成本项目

电子商务虽然没有改变物流成本核算的性质和内涵，因此对物流成本核算项目而言无本质影响，但相对于传统的物流活动，电子商务的引入，改变了物流活动的形式，提高了物流活动的效率，因此传统的物流成本核算项目不能完全满足电子商务物流成本核算的需要。从电子商务物流的成本构成方面来看，电子商务物流成本核算在原有的3类物流成本项目之上增加了物流管理信息系统成本的核算。

物流管理信息系统的投入方式主要有两种：是自行开发物流管理信息系统；另一是外购物流管理信息系统。

在物流企业自行开发物流管理信息系统的情况下，开发物流管理信息系统的职能部门一般为信息技术部，由其负责信息系统开发项目管理和信息系统日常维护等工作，所发生的耗费主要为硬件设施和各种软件工具、开发人员相关费用等。由于物流管理信息系统的开发是否能够成功具有不确定性，并且物流管理信息系统自行开发与现行软件业的软件自行开发具有类似性，为此，可以把物流管理信息系统自行开发产生的耗费作为期间费用，列为管理费用。

在物流企业从外部购入物流管理信息系统的情况下，根据目前企业把软件购置支出一般都作为期间费用列为管理费用的实际操作，也可将购入物流管理信息系统的费用作为管理费用处理。但需注意，一些物流企业外购的物流管理信息系统支出如果与某一特定的物流业务作业环节相关，则将其作为该项物流业务成本更为合理。例如，物流企业对某一物流业务的特定物流服务内容采用自营的方式，如果物流企业的仓储中心负责某一物流业务的仓储作业环节，那么根据仓储中心仓储作业信息管理的需要，企业购买了仓储管理系统，此时应该将该项支出计入该项物流业务成本。如果存在多个物流业务同时需要使用该信息系统，则应将这项购置支出选择合适的分配标准分配计入不同的物流业务成本。

### 2．机会成本和隐性成本受重视

电子商务物流成本管理比较注重对电子商务网站硬件、软件成本的节省，运输、配送成本的节省以及培训维护和顾客服务成本等显性成本的节省上面，电子商务物流的隐性成本和机会成本一直以来没有得到足够的重视。事实上，显性成本的节省往往是以牺牲长远利益为代价的。因此，关注的焦点应该转移到隐性成本和机会成本的核算和分析上来。例如：订单处理成本、获得顾客与留住顾客的费用、通过战略联盟组合营销及规模经济控制成本及重视逆向物流等。

### 3．作业成本核算法被接受

由于电子商务改善了整个物流系统的管理效率，包括成本的计算效率，因此，作业成本法，这种更加精确的成本计算方法受到青睐。各种信息系统的应用，使这种成本核算方法在企业的应用变得更加方便。

### 4．成本管理会计发挥更大的作用

成本核算的目的是为了更好地进行成本管理。电子商务物流成本核算通过多方面的改进和完善，其具体的核算被计算机代替，准确性、及时性都得到了提高，因此成本管理会计受到企业的重视，通过成本核算结果，结合各类成本管理会计方法进行决策分析、方案评估成为企业物流成本管理的发展趋势。

## 本章小结

本章主要阐述了电子商务物流服务与成本管理的主要内容，在研习物流服务和物流成本管理的相关概念基础上，介绍了电子商务环境下两者的变化和特点，通过本章的学习，可以全面认识到物流企业及企业物流活动所涉及的客户服务、成本管理的各种问题，并学习目前处理这些问题的对策和方法。

## 案例分析

### 一家饺子馆的物流成本管理

三年前，胡小艾在南肖埠开了家饺子馆，如今生意还算火爆。不少周围的小区住户常来光顾小店，有些老顾客一气儿能吃半斤饺子。胡经理说：“别看现在生意还不错，开业这一段时间，让我头疼的就是每天怎么进货，很多利润被物流吃掉了。”

刚开始卖出一客 10 个烤饺，定价为 5 元钱，直接成本为饺子馅、饺子皮、佐料和燃料，每个饺子成本大约 2 角钱。虽然存在价差空间，可是胡经理的小店老赚不了钱，原因在于每天都有大量剩余原料，这些采购的原料不能隔天使用，算上人工、水电、房租等经营成本，饺子的成本都接近 4 角钱了。

胡经理很有感慨，如果一天卖出 1 000 只饺子，同时多余 500 个饺子的原料，相当于亏损了 100 元左右，每个饺子的物流成本最高时有 1 角钱，加上前年年初粮食涨价，因此利润越来越薄。

关键在于控制数量，准确供货。其实做饺子的数量挺难掌握。做少了吧，有的时候人家来买没有，也等不及现做，眼看着要到手的钱飞走了；做多了吧，就要剩下。

从理论上说，一般有两种供应方式：每天定量供应，一般早上 10 点开始，晚上 9 点结束，这样可能会损失客流量；根据以往的经验作预测，面粉每天的用量比较大，因为不管包什么馅儿都得用面粉呀，所以这部分的需求量相对比较固定。

后来胡经理又开了两家连锁店，原料供货就更需统筹安排了。饺子馅的原料要根据头天用量进行每日预测，然后根据原料清单进行采购。一日采购两次，下午会根据上午的消耗进行补货，晚上采购第二天的需求量。

麻雀虽小，五脏俱全。一个饺子馆的物流管理同样容不得差错。胡经理咨询了一些物流专家，这是波动的需求和有限的生产能力之间的冲突。在大企业里，他们通常会提高生产柔性去适应瞬息万变的市场需求。

可是对于经营规模有限的小店来说，要做到这点太难。所以有些人建议想办法调整顾客的需求以配合有限的生产能力，用物流专业名词说，叫作平衡物流。比如用餐高峰期大概在每天 12:00—13:00 和 19:00—20:00 这两个时段，胡经理就选择在 11:00—11:45 和 18: 00—18: 45 推出 9 折优惠计划，吸引了部分对价格比较敏感的顾客，有效分散了需求。

如果碰到需求波动比较大的情况，也就是说某一种饺子的需求量非常大的时候，比如客户要的白菜馅儿没有了，胡经理就要求店员推销牛肉馅儿或者羊肉馅儿，同时改进店面环境，安上空调，提供杂志报纸，使顾客在店里的等待时间平均从 5 分钟延长到 10 分钟。

胡经理做了三年的水饺生意，从最初每个饺子分摊大约 1 角钱的物流成本，到去年的 5 分钱，而今年成本就更低了。由于做饺子的时间长了，需求的种类和数量相对固定下来，每个饺子的物流成本得到有效控制，大约在 2 分钱左右，主要就是采购人工、运输车辆的支出。

（本文由作者根据网络资料改写，原文见 http://wenku.baidu.com/view/6cf4b71fc281e53a5802ffad.html）

**【案例讨论】**

1. 该饺子馆的物流成本都有哪些内容构成？
2. 该饺子馆物流成本降低的原因有哪些？

## 本章习题

（1）简述物流客户服务的基本特点。

（2）何谓“物流成本冰山”说、“黑大陆”说、“第三利润源”说？“物流成本冰山”说存在的原因是什么？

（3）简述物流作业成本法的基本思路及基本步骤。

# 第7章 电子商务物流配送分析与设计

## 引例 物流配送——我国电子商务企业发展的“瓶颈”

电子商务=网上信息传递+网上交易+网上结算+物流配送=鼠标+车轮。电子商务的整个运作过程是信息流、商流、资金流和物流的流动过程，其优势体现在信息资源的充分共享和运作方式的高效率上。通过互联网进行商业交易，毕竟是“虚拟”的经济过程，最终的资源配置还需要通过商品实体的转移来实现。只有通过物流配送，将商品或服务真正转移到消费者手中，商务活动才能结束，物流实际上是以商流的后续者和服务者的姿态出现的，而物流配送效率也就成为客户评价电子商务满意程度的重要指标。高效率的物流配送，既是实现电子商务的重要环节和基本保证，又是建立和保持企业成本优势的重要一环，还是赢得和扩大用户满意度的关键因素。

近年来，国内电子商务迅速发展，据中国快递协会统计，至2010年10月，电子商务每天产生的快件量已突破500万件，占我国日发送快件总量的一半左右。但是国内物流发展水平却远远不能满足电子商务发展的需求。尤其是2010年下半年到春节前后，快递公司频频出现“爆仓”现象，快递也变成了“慢递”，电商与消费者的投诉不断。在2011年的“3·15”消费者权益日中，因为网购引起的投诉已经成为焦点，投诉意见中多数也是关于到货慢、货物丢失、货物损毁、送货不到位等物流配送服务问题。

“我想淘宝明年冲一万亿的营业额，最大的障碍就是物流。”阿里巴巴集团主席和首席执行官马云的一席话说出了无数电商人的心声。

“没有高效物流配送系统的电子商务，只能是沙滩上的楼阁。”

（本文由作者根据网络资料改写，原文见 http://www.cnhubei.com/news/ctdsb/ctdsbsgk/ctdsb54/201104/t1669542.shtml）

## 7.1 电子商务物流配送概述

配送是电子商务中不可缺少的重要经济活动，电子商务背景下的新型物流配送代表现代市场营销的主方向，能使商品流通较传统的物流配送方式更容易实现信息化、自动化、现代化、社会化、智能化、合理化、简单化，使货流通畅，物尽其用。

### 7.1.1 电子商务物流配送的业务流程

电子商务物流配送流程与传统意义上的物流配送存在着显著区别，即从货物输入配送中心到货物送达客户手中的整个业务流程都处于信息的监控中，是在信息驱动下开展实体作业。因而比起传统的物流配送活动，具有更高的效率与服务质量。虽然因配送对象的性质、特点、企业状况及客户要求不同而有所不同，但在一般情况下，电子商务物流配送的实体作业流程由进货、储存、分拣、配货、分放、配装、送货等步骤组成备货、理货、送货和退货及后续处理4个基本环节，如图7-1所示。

#### 1. 备货

备货是指准备货物的一系列活动。它是配送的基本环节，是决定配送成败的初期工作。备货工作包括筹集资源、订货或购货、集货及有关的质量检验、结算、交接等具体步骤，如图7-2所示。

备货工作的两项具体核心活动为：筹集货物和储存货物。

（1）筹集货物。在不同的经济体制下，筹集货物（或者说组织货源）是由不同的行为主体去完成的。筹集货物的工作会出现两种情况：其一，由提供配送服务的配送企业直接承担，一般是通过向生产企业订货或购货完成此项工作；其二，选择商流、物流分开的模式进行配送，订货、购货等筹集货物的工作通常是由货主（如生产企业）自己去做，配送组织只负责进货和集货（集中货物）等工作，货物所有权属于事主（接受配送服务的需求者）。然而，不管具体做法如何进行，就总体活动而言，筹集货物都是由订货（或购货）、进货、集货及相关的验货、结算等一系列活动组成的。配送的优势之一，就是可以集中用户的需求进行一定规模的备货。

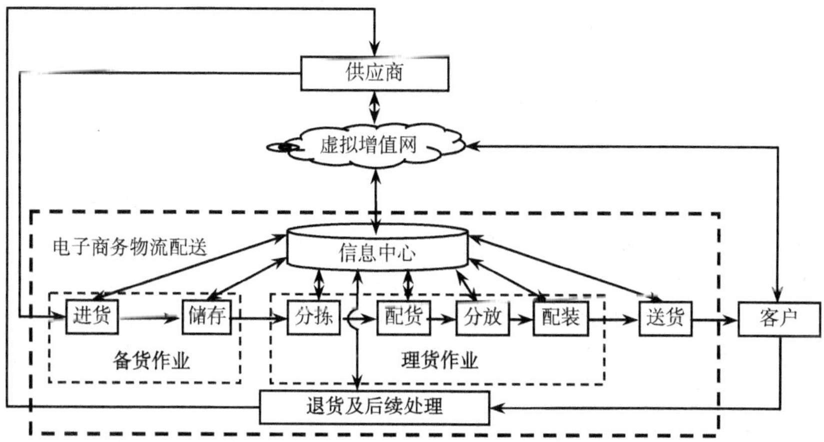


图 7-1　电子商务物流配送的一般业务流程

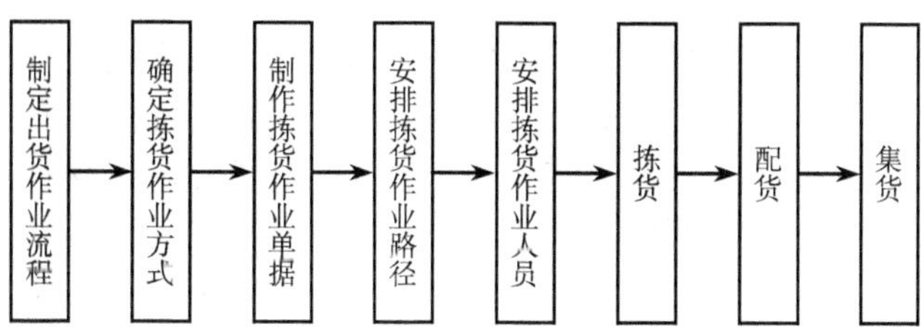


图 7-2　备货作业步骤

（2）储存货物。储存货物是购货、进货活动的延续。在配送活动中，货物储存有两种表现形态：一种是暂存形态；另一种是储备（包括保险储备和周转储备）形态。暂存形态的储存是按照分拣、配货工序要求，在理货场地储存少量货物。这种形态的货物储存是为了适应“日配”、“即时配送”需要而设置的，其数量多少对下一个环节的工作方便与否会产生很大的影响，但不会影响储存活动的总体效益。储备形态的货物是按照一定时期配送活动要求和根据货源的到货情况（到货周期）有计划地确定的，它是配送持续运作的资源保证。如上所述，用于支持配送的货物储备有两种具体形态：周转储备和保险储备，不管是哪一种形态的储备，相对来说，数量都比较多。因此，货物储备合理与否，会直接影响配送的整体效益。

以上所讲的备货是决定配送成败与否、规模大小的最基础环节。同时，它也是决定配送效益高低的关键环节，如果备货不及时、不合理、成本高，就会大大降低配送的整体效益。

### 2．理货

理货是配送的一项重要内容，也是配送区别于一般送货的重要标志。理货包括货物分拣、配货和包装等经济活动。分拣及配货是完善送货、支持送货的准备性工作，是不同配送企业在送货时进行竞争和提高自身经济效益的必然延伸，是送货向高级形式发展的必然要求，是决定整个配送系统水平的关键要素。电子商务物流配送中的分拣及配货多采用自动化、机械化的方式操作。分拣作业的具体步骤如图 7-3 所示。

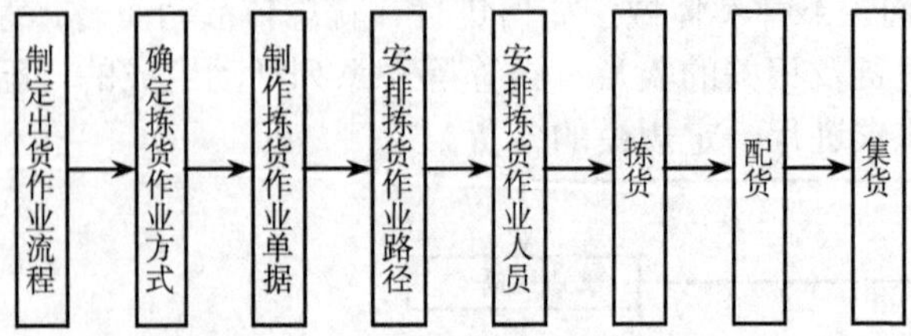


图 7-3　分拣作业步骤

货物分拣即采用适当的方式和手段，从储存的货物中分出（或拣选）用户所需要的货物。分拣货物一般采用两种方式来操作：其一是摘取式，其二是播种式。

（1）摘取式分拣就像在果园中摘果子那样去拣货物。具体做法是：作业人员拉着集货箱在排列整齐的仓库货架间巡回走动，按照配送单上所列的品种、规格、数量等客户所需的货物拣出及装入集货箱内。在一般情况下，每次拣选只为一个客户装配；在特殊情况下，也可以为两个以上的客户装配。

（2）播种式分拣类似于田野中的播种操作。其具体做法是：将数量多的同种货物集中运发到发货场，然后根据每个货位货物的发送量分别取出货物，并分别投放到每个代表用户的货位上，直至配货完毕。

目前，随着自动化分拣技术的发展和推广，自动化分拣设施已经进入和应用领域，如钢带推出式分拣机、胶带浮出式分拣机、盘式和翻板式分拣机、滑块式分拣机、托盘式分拣机、悬挂式分拣机、滚柱式分拣机等，大大提高了分拣作业的劳动效率。在理货作业中，为了完好无损地运送货物和便于识别装备好的货物，有些已经经过分拣、装配好的货物还需重新包装，并且要在包装上贴上标签，记载货物的品种、数量、收货人的姓名、地址及运抵时间等。

此外，在理货作业中，根据用户要求或配送对象（产品）的特点，有时需要在未配货之前先对货物进行加工（如钢材剪切、木材截锯等），以求提高配送质量，更好地满足用户需要。融合在配送中的货物加工是流通加工的一种特殊形式，其主要目的是使配送的货物完全适合用户的需要和提高资源的利用率。

### 3．送货

送货是配送活动的核心，也是备货和理货工序的延伸。在物流运动中，送货实际上就是货物的运输（或运送），因此，常常以运输代表送货。但是，组成配送活动的运输（也称"配送运输"）与通常所讲的"干线运输"是有很大区别的，其通常是一种短距离、小批量、高频率的运输形式。电子商务环境下的送货部门通常由业务管理部门进行统一配送调度，根据客户的具体要求，打印相应的送货单，在运输途中可通过 GIS 信息查询系统、GPS 车辆定位系统进行实时监控，及时沟通和反馈配送信息，并在货物到达目的地，经客户确认签字无误后，凭回单向业务管理部门确认。

由于配送中的货物需面对众多的客户，并且要多方向运动，因此，高效的配送需要在配送调度和配送运输、交货等具体操作方面进行整合优化。其优化方案的具体内容包括：制定运输工具的统一标准，加强物流基础设施配套建设，提高现代物流的专业化水平；设计合理的统筹规划路线模型系统。制单员在每次制单时，运用配送路线模型确定路线，不必考虑运输工具的差异性，只需在配送路线模型中输入几个需要配送的地点，每个点需要配送货物的数量，模型就会自动选出几条可供选择的路线，让调度人员根据所在区域的交通流来灵活选择，确定配送点的合理配送路线，从而做到尽可能不安排配送跨度很大的车次。路线的合理安排，可以大大缩短配送员耗费在途中的配送时间，提高了工作效率。可见，在送货过程中，如何集中车辆调度、组合最佳路线、确定送货顺序、完成车辆积载是配送活动中送货组织需要加以解决的主要问题。到达目的地后，配送员根据送货单上客户的详细地址和联系电话，就可以很容易地联系到客户。

**4. 退货及后续处理**

退货及后续处理作业流程是物流配送流程的最后一个环节。客户因某种原因可能请求退货，企业应制订相应的退货处理政策。很多企业都认为货物配送出去，货款收回，电子商务过程就可终结。但面对竞争激烈的市场环境，售后服务已成为企业竞争策略的重要内容，越来越多的企业都开展了售后服务业务。因此必须对物流的后续处理给予应有的重视。退货可集中由配送企业送回原仓储地点，由专人清理、登记、查明原因，如是产品质量问题应进行抽样检验，超出相应标准则及时通知采购作业流程停止订货，并通知网站管理部门将网页上有关货物的信息及时删除，尚未超标则作为验收不合格物品，进行退货处理。如退货还可继续使用，可进入库存，重新开始新的仓储管理配送过程。

除此之外，企业还应建立客户满意度调查和投诉反馈系统，对物流配送系统进行监督和考核。电子商务企业将物流配送业务外包给专业物流配送企业，如果缺少必要的监督和约束手段，物流配送往往会成为电子商务顺利运行的障碍。客户满意度调查一般包括客户请求的响应速度，响应时间和服务质量等。顾客忠诚度对从事电子商务的企业至关重要，顾客满意度也是电子商务企业维持老顾客、吸引新顾客的重要因素。但如果企业物流配送服务不到位，顾客忠诚度与满意度就无从谈起。如果顾客已经通过网络成功下单，完成支付手续，却由于物流配送没有与其他业务活动协调好，致使企业承诺的配送服务没有实现，会使顾客对企业的服务产生不满，要求退货或以后不再购买。因此，一定要建立方便宽松的客户满意度调查和投诉反馈系统，及时对顾客的反馈意见给予回复，应积极主动邀请顾客进行货物及配送服务评价，并将该系统信息通过网络公开，以便吸引更多老顾客和潜在消费者。值得注意的是，客户满意度调查和投诉反馈系统不是一个独立的业务步骤，这项工作与订单管理、仓储分拨、运输、退货管理等环节有密切联系。

## 7.1.2　电子商务物流配送的模式

电子商务物流配送模式是配送企业对配送采取的基本战略和方法。根据国内外的发展经验及我国配送理论与实践的开展，当前主要形成了以下几种配送模式。

**1. 按集散程度划分**

按集散程度划分，电子商务物流配送模式可分为集货型配送模式、散货型配送模式、混合型配送模式。

1）集货型配送模式

该种模式主要针对上家的采购物流过程进行创新而形成。配送中心上游生产具有相互关联性，下游互相独立，上游对配送中心的储存度明显大于下游，上游相对集中，而下游相对分散。同时，这类配送中心也强调其加工功能，多适用于成品或半成品物资的配送，如汽车配送中心。

2）散货型配送模式

这种模式主要是对下游的供货物流进行优化而形成的。上游对配送中心的存储度小于下游，而且配送中心的下游相对集中或有利益共享（如连锁业）。采用此类配送模式的流通企业，其上游竞争激烈，下游需求以多品种、小批量为主特征，适于原材料或半成品配送，如机电产品配送中心。

3）混合型配送模式

这种模式综合了上述两种配送模式的优点，并对商品的流通全过程进行有效控制，采用这种配送的流通企业，规模较大，具有相当的设备投资，如区域性物流配送中心。该模式是电子商务环境下电子商务物流配送的主要发展方向。

#### 2. 按配送主体划分

按配送主体划分，电子商务物流配送模式可以分为自营配送模式、第三方配送模式、共同配送模式及互用配送模式。

1）自营配送模式

企业通过组建独立的配送中心，实现对企业内部物品的供应、配送。一般而言，采用自营配送模式的企业都是规模较大的集团公司。最具代表性的是连锁业的配送业务，包括对企业内部各场、店的配送和企业外部客户的配送。

2）第三方配送模式

采用社会化、专业化的配送机构提供配送服务。作为专业性的物流配送机构，第三方物流服务提供商凭借专业优势、规模优势，能够为需求方提供高效率、低成本的配送服务，并且能够依据客户的要求提供个性化的增值性服务。在当前我国企业普遍以中小规模为主的条件下，第三方物流配送模式是更加符合我国企业实际需求的配送模式。

3）共同配送模式

物流企业为了在短时期内提升其物流能力，扩大市场业务领域，以联合共同体的形式对市场提供共同配送服务，从而获取各自利益的增长。这类配送模式最大的优点是由于形成共同体的各方均为专业性的物流企业（如运输企业、仓储企业等），有着丰富的物流运营经验与完善的物流设施设备，彼此之间的物流功能相互互补，以共同体的形式对外提供物流服务，能够更好地满足客户的需求，提高物流效率。不过，共同配送也对参与共同体的各方在企业的协调、管理上提出了挑战。如何让各功能性物流企业在业务上能保持无缝化衔接是开展共同配送模式获得成功的关键。

4）互用配送模式

互用配送模式也是当前符合我国国情的较为可行的配送模式之一。计划经济下的“大而全、小而全”使得多数企业仍旧保留有各自的物流系统。但利用效率一直较为低下。通过互用模式能够将闲置的物流资源充分利用起来，并且快速地拓展企业的配送网络。与共同配送一样，采用互用模式的企业也需要有较强的企业协调能力。

### 7.1.3 电子商务物流配送方案的设计

#### 1. 电子商务物流配送的能力

在设计电子商务物流配送能力时，需要从以下几方面进行考虑。

1）配送的商品品种

并非所有的商品都适合采用电子商务这种形式，需要考虑不同商品的消费特点及流通特点来确定电子商务配送中心需要准备的商品品种。音乐、歌曲、电影、游戏、图片、图书、计算机软件等比较适合采用电子商务销售。卓越亚马逊和珠穆朗玛公司都是从销售这类商品开始的。从流通本身的规律来看，需要进行商品定位，没有一个公司能够经营所有的商品，总是要确定最适合自己销售的商品，为其服务的配送中心也就需要配合其经营品种和未来发展规划来确定配送能力。

2）商品的配送数量与库存量

配送中心商品的出货量是经常变化的，因此充分考虑商品的进出异动是设计配送能力时必须重视的问题。发出商品进出异动的原因很多，例如货款结算问题、年节的高峰问题及商品市场流行性的转变等都可能造成进出货量的变动。如果以最高量来考虑配送能力，会造成资源的浪费；如果以最低量来考虑，会造成高峰时的不足。因此如何取得有效的平衡非常重要。这就需要借助现代化的商业管理信息系统有效地分析配送中心商品进出异动的情况，并以此为依据分析确定配送中心所需的能力，进而有效利用外协仓库及各种应急方式来应对不同的变化。

3）配送细节

同有形市场一样，电子商务这种无店铺销售方式的物流方案中，配送环节是完成物流过程并产生成本的重要环节，需要精心设计配送细节。一个好的配送方案应该考虑以下内容：库存的可供性（Stock Availability）、反应速度（Responsiveness）、首次报修修复率（First Call Fix Rate）、送货频率（Frequency OF Delivery）、送货的可靠性（Delivery Reliability）、配送文档的质量（Documentation Quality）。同时还要设计配套的投诉程序（Claim Procedure），提供技术支持（Technical Support）和订货状况信息（Order Status Information）等。

4）配送成本

电子商务的配送成本可能比有店铺销售方式的配送成本高，因为电子商务的配送更加具有“多品种、小批量、多批次、短周期”的特点。由于很难单独考虑配送的经济规模，因而配送成本较高。当采用电子商务方式销售时，公司很难将消费者的订货在一个比较短的时间内集中起来并配装在一台送货车里，这样就会造成送货次数的分散、送货批量的降低，直接导致配送成本的提高。而配送成本一般是由单个消费者负担的，所以威胁到电子商务这种形式的存在与发展。因此，配送中心必须达到一定配送规模，以争取降低成本、保证生存。

5）配送模式

电子商务配送体系的建立模式有多种，主要有以下几种：

（1）电子商务与普通商务活动共用一套配送系统。

（2）ISP、ICP 自己建立配送系统或利用社会化的配送服务。

（3）第三方配送企业建立电子商务系统。

在不同的模式下，配送能力的确定各不相同。

### 2. 物流配送需求的预测方法

纵观国内外物流中心规划、布局、建设的实际情况，物流配送存在以下两类模式。

（1）功能模式。这种模式强调其职能，如报关职能、倒装职能、分类职能、加工与装卸职能、配送职能、情报职能，并以满足基本功能需求和协调城市、地区主要功能需求为布局的依据。

（2）费用模式。这种模式以物流费用最少作为布局依据，基于此，在运筹学与物流学的理论研究中，曾出现过大量关于选址问题的研究，如多级库存模型、Baumol-Wolfe 模型、ELSON 模型，以及 SAD（System Accommodation and Development，系统分析与设计）法和 GPSS（General Purpose Simulation System，仿真语言）模拟等。

然而随着经济的市场化、国际化、信息化，物流的需求量及其需求结构日益成为物流中心规划、布局、建设的核心问题，如同运输供需关系一样，供需之间的平衡成为物流中心建设可行与否的重要因素。根据运输需求 OD 预测的原理与方法，以及货流预测方面的实践，这里介绍物流配送需求预测的 OD 预测法。

（1）源货流 OD 调查。在研究范围内对各区产生货流的货源点和运送货物的运输过程进行抽样调查。

① 调查对象：各行业、各企事业单位的各类物资。

② 抽样率：根据行业物质性质的规模不同，抽样率可在 30%~100%之间。

③ 调查方法：主要是发调查表，也可采用走访调查、电话调查等方法。

④ 调查内容：地址、设施、面积、职员、行业、产品（物资）、产值（营业额）、运输方式等。

⑤ 调查结果：该地区目前社会、经济、货源点、货物品种、数量、流向的主要资料。

（2）货流产生预测。根据现在各类各区的货流发生与吸引量、社会经济指标，找出它们之间的相互关系，然后根据未来各区的社会经济发展情况，预测其发生、吸引货流量。常用的方法是多元线性回归分析。其模型如下：

$Y=K_0+K_1X_1+K_2X_2+\cdots+K_iX_j$

其中：

$Y$ 为预测区的货源产生（发生或吸引）量。

$K_i$=（$i$=1，2，…，$n$）为影响货源产生的因素，如人口、职工人数、工厂建筑面积、仓库面积、GDP、车辆数等。确定参数 $K$ 时，$X_j$ 取现值；预测 $Y$ 时，$X_j$ 取未来规划值。

$X_j$=（$j$=1，2，…，$n$）为参数，根据现状资料由最小二乘法确定。

（3）货流分布预测。根据各区现状的货流交换量，以及各区未来的发生吸引量，找出各区未来的空间交换量。常用的方法有两大类：增长系数法和综合法。其中重力模型最常用，按其阻抗分，有行程时间模型、相互影响模型、分布系数模型 3 类；按约束条件分，又有无约束、产生受约、吸引受约、完全受约 4 种模型。

（4）物流中心货流分配量。在分布预测的基础上，根据物流中心的位置、影响范围（含功能、服务能力与水平）等就可确定物流中心的模型、分布，从而就可确定各中心的分配量。常用的方法有全有全无法、静态多路径法、概率分配法、动态多路径法等模拟方法。

### 3. 配送方案制订

在制订配送方案时，应重点考虑以下因素。

#### 1）合理定位配送区域

由于企业客户分布不集中，送货地点分散，加之物流网络覆盖范围有限，很难合理经济地组织送货。所以，物流经营者应根据客户特征，如配送产品特性、地理分布等，合理定位配送区域，同时对不同的配送区域可采取差别性的配送服务政策。例如，对客户相对集中的大城市，因订货比较集中，应及时组织送货，做到高效准确；而对于偏远地区，送货期限可酌情延长。

2）用节约法制订配送方案

物流方案中配送环节占据着至关重要的地位，它既是物流过程的重要组成部分，又是产生成本的重要环节，同时也是制约物流发展的一大瓶颈。因此，物流经营者必须精心策划配送方案。配送方案必须明确的项目包括如下内容：配送区域，每一个目标配送方式，配送时间，时间的准确性和配送费用预算等。

一般来讲，节约法是制订详细的配送方案时比较常见的思想。节约法是启发式算法中具有代表性的一种算法。目前，根据该方法及其改进方法，西方的计算机软件公司开发了许多成功的车辆优化调度软件，在实际应用中获得了良好的经济效益。中国目前在这个方面的研究和应用也有一定的进步。

除此之外，在制订配送方案时，还应注意规划好运输方案，做到运输工具、运输方式等合理有效配置。

### 4．配送实施控制

1）信息化控制

配送实施控制应该建立在统一的信息管理系统上，实施信息化控制。信息化控制是指通过流通增值网（VAN）与制造商、批发商、零售商等联机，构成完整的信息网络，进行信息交换和处理，控制着从接受到订货、发货的整个物流过程，以确保对客户实施准时配送，并合理控制商品库存，减少库存商品的资金积压和节约物流费用。

配送信息管理系统应该包括仓储管理系统（WMS）、车辆调度（跟踪）系统、配货系统和财务会计系统。企业选择配送信息管理系统的标准包括：

（1）功能实用，同本企业管理思想吻合。

（2）系统稳定性好。

（3）软件公司人员构成稳定，售后服务能力强。

2）合理化库存控制

库存控制历来是配送管理中最难的课题，控制合理的库存是保障服务水平和降低成本的重要条件。库存控制的目的是：减少超额库存投资，降低库存成本，保护财产，防止延迟或缺货和减少滞留商品。

（1）库存控制的关键决策：

① 何时补充库存（订货点问题）。

② 应该补充多少库存（订货量问题）。

③ 应维持多少库存量（库存基准问题）。

（2）库存控制决策应考虑的因素：

① 商品的重要性。

② 商品的季节性。

③ 商品的可替代性。

④ 政策或自然条件影响。

⑤ 是否搞促销活动。

⑥ 厂商生产情况及和厂商的关系。

（3）库存管理效益的评价指标：

① 库存周转率。

② 损益率。

③ 重点商品缺货率。

④ 库存成本。

由于客户需求的不确定性，有时会遇到很复杂的库存控制问题。目前国际制造业和销售业采用的较为规范的库存控制技术是根据对实时数据、历史数据的分析，参照模型对未来需求进行长期预测或短期预测，或侧重于对时点数据的分析。库存控制技术的不同会带来库存政策的不同，进而导致库存成本及对销售的保证程度等方面的不同。

3）配送流程控制

经营者必须不断改进配送流程，减少不必要的配送环节以提高运作效率。

下面分别介绍配送各环节的控制要点。

（1）收货入库控制。收货入库流程：卸货→入库准备→商品验收→商品堆垛→更新库存。其中，商品验收是一个重要控制环节。商品验收的主要内容包括：

① 商品名称是否与订单内容相符。

② 商品数量是否与订单内容相符，有无缺货。

③ 商品质量验收。

④ 商品包装验收。

（2）储存控制。具体内容包括储位管理、储位指派原则和盘点作业控制等。

① 储位管理为了便于对商品的存取，通常对储位采取编码管理的方式。其通常采取的编码方式是：分区×行×列×层数。分区是指按照商品储存的要求不同或商品类别不同而将大的仓库划分成的存储区域或库房，建立了储位编码系统后，将商品存放位置与储位建立起一一对应关系。

② 储位指派原则。包括：重点商品原则，即将周转率高的商品安排在靠近出口或易于存取的地方；大类管理原则，即安排储位时尽量将属于同一类别的商品放在一起；先进先出原则，即先进库的商品先出库。

③ 盘点作业控制。为了有效控制库存货物数量而对各库存场所的货物进行数量清点的工作，称为盘点。盘点作业的目的是：确定现存量，并修正库存；检查商品储存管理情况，发现潜在的问题；对库存管理水平进行评估，发现管理上的问题。盘点结果评估指标包括：盘点数量差错，盘点金额差错，盘点数量差错率，盘点品项差错率和单品差错率。

（3）拣货、分拣作业控制。拣货、分拣作业主要根据订单拣选方式来决策，决策标准包括客户 ABC 分类管理、订单满足时间、订单满足率、拣选路径的最短化等。

（4）出货检查。指对照出货单，把拣取的货物按客户、车次等逐一核对货物的品名及数量，并检查包装与质量，可利用条形码与计算机辅助出货作业。

（5）运输配送控制。运输配送服务要点包括时效性、可靠性、沟通性、便利性和经济性。提高运输配送服务效率的措施包括：消除交错运输；利用回程车，降低车辆空驶率；直接运送；输配送工具的变换使用；建立完善的信息系统；改善运送车辆的通信；控制出货量；共同配送等。

### 5．电子商务物流器具、信息单据、作业过程的标准化

1）物流器具

对于物流器具，应根据有关技术标准，实行标准化。包括以下几个方面：

（1）货运车船标准。物流系统中从事空间位移的各种运输设备，如火车、货船、拖挂车、卡车、配送车等应遵循车厢、船舱尺寸标准，载重能力标准，运输环境条件标准，以及与之相应的噪声等级标准，废气排放标准等。

（2）搬运车辆标准。对象是物流设施内部使用的各种搬运车辆，如叉车、台车等。具体包括尺寸、运行方式、作业范围、搬运重量、作业速度等方面的技术标准。

（3）传输机具标准。它包括水平、垂直输送的各种机械、起重机、装载机、提升机的尺寸、传输能力等标准。

（4）货架、储罐标准。它包括货架净空间、载重能力、储罐容积、尺寸标准等。

2）信息单据

应用信息系统的设计方法，设计标准单据，并将单据的输入、输出、传递过程标准化。

3）作业过程的标准化

严格按照制订的作业流程及管理流程进行作业。

## 7.2 电子商务物流配送中心的规划与设计

电子商务物流配送中心就是指电子商务环境下的配送中心。配送是实现电子商务的重要保证，配送中心是配送活动的主要承担者。在电子商务环境下，信息技术的全面应用和管理方法的不断完善是现代配送中心的主要特点。

### 7.2.1 电子商务物流配送中心的内涵、特征及应具备的条件

#### 1. 电子商务物流配送中心的内涵

电子商务物流配送中心的形成和发展是电子商务这种先进商务形式在社会经济中的普及与深入的必然结果，是物流系统化和现代化的必然趋势。所谓电子商务物流配送中心是指基于先进的电子商务软件系统及其硬件设备而从事货物配备（集货、加工、分货、拣选、配货）和组织对用户的送货，以高水平实现销售或供应的现代流通设施或组织。

（1）先进的电子商务软件系统及硬件设备是其开展配送业务的重要手段。在电子商务物流配送中心除了有传统的物流设备、设施外，物流信息系统及电子化、机械化的物流设施与设备是其借以开展业务的重要手段。这些设施、设备与配送中心的中央数据库连接在一起，中央数据库不仅接收和处理上下游企业传递进来的信息，同时也接收配送中心内部的各种信息，并向各作业环节发送指令引导作业过程。因此，电子商务物流配送中心是一个由信息驱动的物流场所或组织。

（2）流配送中心的“货物配备”是其独特工作。货物进入配送中心后按客户的意图进行拣选、加工、配装等作业，最后由运输系统将配装好的货物送达客户指定的地点。

（3）强调了配送活动和销售、供应等经营活动的结合，是经营的一种手段，而不是单纯的物流活动。

（4）电子商务物流配送中心不仅是空间的概念，同时还是配送活动的组织者。作为实物与信息的聚集和发散中心，配送中心负责协调和控制上游企业、下游客户以及配送中心内部各作业环节之间的协作，确保整个配送系统能够平稳、有序、高效的运行。

#### 2. 电子商务物流配送中心的特征

一般来说，电子商务物流配送中心具有以下几方面特征。

1）手段信息化

信息是电子商务物流配送中心的第一生产要素，与传统物流配送中心相比，电子商务物流配送中心的运作更加依赖信息的作用，信息系统与实物作业系统紧密相连。一方面通过信息系统接收来自供应商和客户的产品信息、订单信息，经过处理后发送给配送

中心内部的各个作业环节，由各个作业环节的作业人员通过信息接收设备如手持式数据终端接收命令等开展作业活动；另一方面，配送中心内部的货物库存信息、产品的出入库频率等信息也由各数据终端通过无线技术或信息子系统传回配送中心的后台信息系统。信息系统与实物作业系统之间的相互匹配使得电子商务物流中心的运作更加高效。

2）经营社会化

随着物流外包趋势的流行，越来越多的企业将非核心的物流业务交由专业物流服务提供商来操作。电子商务物流配送中心正是这样一种独立的、社会化的专业物流机构。它通过市场机制向所有需要配送服务的需求方提供专业化的物流配送服务，并且能够站在需求方的角度为其提供量体裁衣式的定制方案，与客户形成双赢的战略伙伴关系。

3）组织网络化

为保证对市场需求快速、全方位的物流支持，电子商务物流配送中心有着完善、健全的物流配送网络体系，网络上节点与节点之间的物流配送活动保持着系统性、一致性，保证了整个物流配送网络有最优的库存总水平及库存分布，运输与配送快捷、机动，既能铺开又能收拢。

4）目标系统化

电子商务物流配送中心从系统的角度统筹规划客户整体的各种物流配送活动，处理好物流配送活动与商流活动及客户企业目标之间、物流配送与物流配送活动之间的关系，以求整体活动的效益最优化。

5）服务系列化

电子商务物流配送中心除了强调物流配送服务功能的恰当定位与完善，以及传统的存储、运输、包装、流通加工等服务外，还在外延上向上扩展至市场调查与预测、采购及订单处理，向下延伸至物流咨询、物流配送方案选择与规划、库存控制策略建议、货款回收与结算、物流教育培训等增值服务。

6）反应快速化

借助先进的电子商务软硬件技术，电子商务物流配送中心在向上游、下游的物流配送需求方提供服务时，反应越来越快，前置时间越来越短，物流配送的速度越来越快，商品周转次数越来越多，有效地支撑了企业的“JIT 生产”与“零库存”策略的开展。

7）作业规范化

由于电子商务物流配送中心采用了条形码技术、EOS、EDI 等电子商务技术、配送中心作业更加标准化和程序化，从而使得复杂的作业变成了简单的、易于推广与考核的运作。

### 3. 电子商务物流配送中心应具备的条件

1）高水平的企业管理

电子商务物流配送中心作为一种全新的流通模式和运作结构，其管理水平要达到科学化和现代化。只有通过合理的科学管理制度、现代化的管理方法和手段，才能确保物流配送中心基本功能和作用的发挥，从而保障相关企业和用户整体效益的实现。管理科学的发展为流通管理的现代化、科学化提供了条件，能够促进流通产业的有序发展。同时，还要加强对市场的监督和调控力度，使之有序化和规范化。总之，一切以市场为向导，以管理为保障，以服务为中心，加快科技进步是电子商务物流配送中心的根本出路。

2）高素质的人员配置

电子商务物流配送中心能否充分发挥其各项功能和作用，完成其应承担的任务，人才配置是关键。电子商务物流配送中心的人才配置要求必须配备数量合理并且具备一定专业知识和较强组织能力的决策人员、管理人员、技术人员和操作人员，从事经营、管理、科研、仓储、配送、流通加工、通信设备和计算机系统维护、贸易等业务，以确保电子商务物流配送中心的高效运转。因此，电子商务物流配送中心必须加大人才的投入，培养和引进大批掌握先进科技知识的人才，并给其以施展才华的机会；还应对现有职工进行有计划的定期培训，形成系统的学习科技知识的制度；在企业里引入竞争机制，形成能上能下的局面。注重提高员工的科技创新意识，培养企业对知识的吸纳能力，促进物流产业的人力资源得到开发和利用，造就大批符合知识经济时代要求的物流配送人才，利用各种先进的科学技术和科学方法，促进物流配送产业向知识密集型方向发展。

3）高水平的装备配置

电子商务物流配送中心面对着成千上万的供应厂商和消费者，以及瞬息万变的市场，承担着为多数用户配送商品和及时满足不同需求的任务。这要求配送中心必须配备现代化装备和应用管理系统等必要的物质条件，如计算机网络系统、自动分拣输送系统、自动化仓库、自动旋转货架、自动装卸系统、自动导向系统、自动起重机、商品条形码分类系统、输送机等新型高效的物流配送机械化系统等。只有采用现代化的配送设施和配送网络，才会逐渐形成社会化大流通的格局。

### 7.2.2　电子商务物流配送中心的运作类型

物流配送是流通部门连结生产和消费，使时间和场所产生效益的中心，提高物流配送的运作效率是降低流通成本的关键所在。物流配送是一项复杂的科学系统工程，涉及生产、批发、电子商务、配送和消费者的整体结构，运作类型也形形色色。电子商务物流配送中心按运营主体的不同，大致有 4 种类型。

#### 1．以制造商为主体的配送中心

这种配送中心里的商品 100%是由制造商自己生产制造，配送中心用以降低流通费用、提高售后服务质量和及时地将预先配齐的成组元器件运送到规定的加工和装配工位。从商品制造到生产出来后条形码和包装的配合等多方面都较易控制，所以按照现代化、自动化的配送中心设计比较容易，但不具备社会化的要求。

#### 2．以批发商为主体的配送中心

商品从制造者到消费者手中之间的传统流通有一个环节叫批发。一般是按部门或商品类别的不同，把每个制造厂的商品集中起来，然后以单一品种或搭配向消费地的零售商进行配送。这种配送中心的商品来自各个制造商，它所进行的一项重要的活动是对商品进行汇总和再销售，而它的全部进货和出货都是社会配送的，社会化程度高。

#### 3．以零售商为主体的配进中心

零售商发展到一定规模后，就可以考虑建立自己的配送中心，为专业商品零售店、超级市场、百货商店、建材商场、粮油食品商店、宾馆饭店等服务。社会化程度介于前两者之间。

#### 4．以仓储运输业者为主体的配送中心

这种配送中心最强的是运输配送能力，地理位置优越，位于港湾、铁路和公路枢纽，可迅速将到达的货物配送给用户。它提供仓储储位给制造商或供应商，而配送中心的货物仍属于制造商或供应商所有，配送中心只是提供仓储管理和运输配送服务。这种配送中心的现代化程度往往较高。

### 7.2.3 电子商务物流配送中心的建设模式

根据建设主体的不同，电子商务物流配送中心的建立主要有自建、改建、联建和代理4种模式。

**1. 自建型电子商务物流配送中心**

对于一些物流管理能力较强且物流活动对企业经营较为重要的大型企业来说，可以自行建立新的电子商务物流配送中心。这种形式一般需要投入较大的资金和设备，并且需要有较强的物流管理能力，否则极易造成社会资源的浪费和产生高昂的运作成本。因此，在目前条件下这不是一种最优的选择，一般只适用于大型连锁企业或企业集团。

**2. 改建型电子商务物流配送中心**

这是指充分利用原有储运企业、配送企业的场地、设备和购销渠道优势，对其进行技术改造、管理创新、功能完善，使之转化为现代化的电子商务物流配送中心。对于实力雄厚、集散能力强、设施条件好的企业和物流配送企业来说，由于企业在长期的市场运营过程中购置了较为完善的设备设施，积累了较为丰富的物流实践经验，具备较强的物流管理能力，所以在此基础上，只需要投入部分资金来进行企业的信息化改造，强化在电子商务方面的功能，从而成为新型的电子商务物流配送中心。

**3. 联建型电子商务物流配送中心**

“联建”顾名思义就是联合建立。联合建立的途径有多种：第一种形式是由物流企业与物流企业联合建立，通过双方的功能互补，增强单个企业的物流能力；第二种形式是由物流企业与生产企业联合建立，通过双边治理结构为生产企业提供专业化的电子商务物流配送服务；第三种形式是由生产企业与生产企业联合建立，双方在物流配送上有共同的需求，但单个企业由于受资金、技术、人才等方面的制约无法独自建立配送中心，因此联合建立是一种可行的选择；第四种形式是由物流企业、生产企业和电子商务企业联合建立，其实质是通过建立企业间的供应链合作伙伴关系，由专业物流企业负责生产企业的物料和电子商务企业的产品销售配送，通过合作达到共赢；第五种形式是由电子商务企业和生产企业联合建立；第六种形式是由物流企业与电子商务企业联合建立。

联合建立这种形式既可以增强传统物流企业在信息技术方面的不足，又可以使电子商务企业快速解决物流渠道不畅的“瓶颈”问题，使双方的优势都得到增强。发展联建形式的电子商务物流配送中心与我国当前的流通体制改革及以中小企业为主的市场现状相匹配，不失为一种理想模式。

**4. 代理型电子商务物流配送中心**

代理型电子商务物流配送中心是指由物流配送服务的需求方之外的独立的物流机构（即第三方）来进行建设，建成后向社会开放，成为物流配送服务需求企业的物流配送代理机构。其市场机制是物流配送服务的需求方（生产企业、商贸流通企业、电子商务企业等）与物流配送服务的代理方（独立的电子商务物流配送中心）签订合约，在合约中规定双方的权利和义务，由物流配送服务的代理方负责相应的物流配送服务。随着市场竞争的日趋激烈，越来越多的企业将非核心的物流业务交由市场上的专业化物流企业来承担，而将自身有限的资源和精力重点放在企业的核心业务上，通过与合作企业建立战略伙伴关系，实现共赢。

小资料

**联邦快递（FedEx）公司物流配送案例分析**

总部位于美国的 FedEx 公司成立于 1973 年 4 月，是全球规模最大的快递公司之一。它的物流网络覆盖了占全世界 GDP 90%的国家和地区。该公司拥有营运货机 624 架，货车 42 500 辆，全球员工 145 000 人，为全球用户提供 24～48 小时之内的门到门配送服务。公司通过信息网络与 100 多万个客户保持联系，全球使用统一的 FedEx 物流管理软件。FedEx 建立了大约 1 400 个全球服务中心，大约 34 000 个投递箱，7 000 个授权服务中心及附属机构，7 000 个授权寄件中心。运输量每天大约 9 400 吨，平均处理通话次数每天超过 50 万次，平均电子传输次数每天大约 63 亿份。FedEx 主要以第三方物流、配送企业的身份参与电子商务。该公司认为，既然公司已经具备了从信息、销售到配送所需的全部资源和经验，那么公司就必须拓展电子商务业务。FedEx 完全可以获得电子商务方面的成功，因为 FedEx 控制了电子商务最为重要的环节——配送，这是其他多数电子商务公司无法比拟的。

（本文由作者根据网络资料改写，原文见 http://ecourse.ciir.edu.cn/excellent/dzsw/lianbangkuaidi%20dianzishangwuanlifenxi.htm）

从国内外的市场发展情况来看，第三方物流和物流一体化已成为国际物流发展的主流，而配送中心的发展与完善更是物流产业发展成熟和进入高级阶段的标志。代理型电子商务物流配送中心凭借其专业优势，能够站在委托方的立场为其打造定制物流解决方案，使得原本是委托方薄弱环节的物流成为其第三方利润源，进一步增强了委托方的核心竞争力。

### 7.2.4　电子商务物流配送中心的规划原则与程序

#### 1．构建电子商务物流配送中心的基本原则

随着社会的发展，科学技术的不断进步，计算机技术和网络技术的普及，将出现一批自动化、现代化、智能化的综合型配送中心。为了降低成本，合理利用资金，使电子商务物流配送中心发挥最大作用，并及时收回投资，必须对新建配送中心进行科学的规划和布置。根据不同行业的需要而构建的配送中心系统，虽然配送中心的作业内容、设备型号、营业范围是不同的，但在对电子商务环境下的配送中心系统进行设计和构建时，必须把握以下基本原则。

1）系统工程原则

根据系统的概念，运用系统的分析方法求得整体优化。电子商务物流配送中心的工作包括收验货、搬运、储存、装卸、分拣、配货、送货、信息处理以及与供应商、连锁商场等店铺的连接，如何使它们之间均衡、协调运转，对电子商务环境下的物流配送功能的实现极其重要，其规划是一个系统工程，由不同的物流子系统规划构成。因此，全局优化是电子商务物流配送中心规划与设计的出发点，同时也要把定性分析、定量分析和专家经验结合起来，实现配送中心内外子系统间的协调与互补。

2）价值工程原则

在激烈的市场竞争中，配送活动的及时性和服务优质化等方面的要求越来越高。在满足商务服务高质量的同时，又必须考虑物流成本的最小化。尤其是配送中心的构建，不管是从企业个体还是从社会资源的合理利用角度来看，都是一项耗资巨大的工程，必须对建设项目进行可行性研究，并对多个方案进行技术、经济比较，以求获得最大的企业效益和社会效益。

3）贯穿流动观点的原则

以流动的观点作为配送中心规划的出发点，并贯穿在配送中心规划的始终。因为电

子商务物流配送中心是一个集商流、信息流、资金流、物流于一体的综合物流节点，各种流的活动贯穿于电子商务物流配送中心活动过程的始终，因此，必须以流动的观点进行规划与设计才能达到合理规划的目的。

4）满足工艺、设备、管理科学化的原则

为了使配送中心系统能更好地服务于客户，加速商品流转，实现电子商务的配送功能，提高经济效益和现代化管理水平，配送中心应广泛采用电子计算机、网络信息技术，合理地选择、使用各种先进的物流机械化、自动化设备。

5）精益化原则

精益化是电子商务物流配送中心规划与设计的目标之一。只有在时间上缩短作业周期，在空间上减少面积占用，减少物品在配送中心的作业环节，减少物品在配送中心的停留、搬运和库存，才能保证投入资金最少、生产成本最低，才能实现电子商务物流配送中心精益化的目标。

6）满足配送活动柔性化的原则

在进行现代化配送中心系统的构建时，要求所构建的配送中心根据消费者需求“多品种、小批量、多批次、短周期”的特点，做到系统内的设备、工艺管理科学、合理，而且灵活、多样，满足电子商务物流配送活动的柔性化要求。

7）可持续发展的原则

在规划、构建配送中心系统时，无论是配送中心地址的选择、建筑物的设计、信息处理系统的设计，还是机械设备的选择，都要考虑到较强的应变能力，以适应配送量扩大、经营范围的拓展。

8）以人为本的原则

电子商务物流配送中心的规划与设计必须重视人的因素。人是一切企业生存的最关键因素，电子商务物流配送中心的软硬件设施设备功效的发挥与实现程度离不开高素质的使用者。因此，在电子商务物流配送中心的规划与设计过程中，必须要注重人-机-环境的综合设计，才能达到事半功倍的效果。

### 2. 电子商务物流配送中心规划的程序

1）前期准备

前期准备工作是为配送中心规划提供必要的基础资料，主要内容包括：

（1）收集配送中心建设的内部条件、外部条件以及潜在的客户信息。

（2）分析配送中心经营商品的品种、货源、流量及流向。

（3）调查物流服务的供需情况、物流产业的发展状况等。

2）确定目标及原则

确定配送中心建设的目标是配送中心规划的第一步，主要是依据前期准备工作的资料确定配送中心建设的近期、中期、远期目标。目标规划可以分为两个层次：一是根据企业组织战略目标，对配送中心的经营功能进行定位，如明确配送中心服务的客户对象、服务的物品对象、服务的地域范围，同时结合分销策略与生产策略制订相应的物流策略；二是在此基础上明确配送中心所要实现的目标，体现为一定的客户服务水平。

3）功能规划

功能规划是将配送中心作为一个整体的物流系统来考虑，依据确定的目标，规划配送中心为完成业务而应该具备的物流功能。作为电子商务物流配送中心，除了传统的物流功能外，还应该具备独特的电子商务功能，通过前台商务系统与后台资源管理系统将企业的内外部连接起来，使电子商务配送中心在信息流的带动下实现商流、物流、资金流的合理流动。

4）选址规划

配送中心拥有众多的建筑物、构筑物以及固定机械设备，一旦建成就很难搬迁，如果选择不当，将付出巨大代价。因此配送中心选址规划是配送中心规划中至关重要的一步。

为保证选址的合理性、科学性，在选址规划时应遵循以下原则：

（1）适应性原则。配送中心选址应当与国家以及省、市的经济发展状况、政策相适应，与国家物流资源分布和需求分布相适应，与国民经济和社会发展相适应。

（2）协调性原则。配送中心选择应将国家物流网络作为一个大系统来考虑，使配送中心的设施设备在地域分布、物流作业生产力、技术水平等方面互相协调。

（3）经济性原则。在配送中心的发展过程中，与选址有关的费用，主要包括建设费用及物流费用（经营费用）两部分。配送中心的选址定在市区、近郊或远郊，其未来的物流辅助设施建设费用以及运费等物流费用是不同的，选址时应以总费用最低作为配送中心选址的经济性原则。

（4）战略性原则。配送中心的选址应具有战略眼光。一是考虑全局，二是要考虑长远。局部要服从于全局，当前利益要服从于长远利益，既要考虑当前的市场实际需求，又要考虑日后发展的可能。

选址规划的主要内容包括：

（1）分析约束条件。包括自然环境因素，如气象条件、地质条件、水文条件、地形条件等；经营环境因素，如经营环境、服务水平等；基础设施状况，如交通条件、公共设施状况等；其他因素，如国土资源利用、环境保护要求、防火要求等。

（2）确定评价标准。选址方案的评价标准主要包括经济指标、物流合理化指标和社会发展指标等。

（3）选择选址方法。对单设施选址方法有重心法、因素分析法；对多设施的选址方法有 Baumol-Wolfe 模型、P-中值模型、ELSON 混合整数规划模型等；对于零售设施选址模型一般采用赫夫模型。

**小资料**

**物流中心选址的成功案例**

当我们学习国外先进的物流管理模式，感叹其高度信息化、现代化、社会化时，我们是否应该从简单而重要的部分入手，学习他们的物流管理技术？

物流中心是集货中心、分货中心、加工中心功能之总和，其地理位置与整体布局对未来运营成本的影响显著。国外已有的节点布局案例，为我们提供了选址时主要的考虑方向。

**1．西欧跨国仓库系统的选址**（1980）

背景：英、法、意、德预计未来十年内，社会对备件、部件的需求将增加 3 倍。故在 20 世纪 70 年代末建设了机械类工厂跨国仓库系统。该系统涉及 5 个供货厂、3 类产品、22 个仓库备选地（备选地有新建、扩建、拆除 3 种选择）、14 个用户（按地区），面对如此复杂的问题，为了获得最优的仓库布局方案，专家选用定量技术，将问题抽象为数学模型，取得了良好的布局效果，其主模型称为 ELSON 模型——混合整数规划。

目标：总费用最小。

费用包括：工厂到仓库的运输费用、仓库到需求点的运输费用、仓库总可变费用、新仓库建设费与仓库固定费用之和、已有仓库扩建费用、仓库未来再扩建费用、关闭仓库节省的固定费用与投资回收费的总和。

约束条件：

可供资源、需求、物流平衡、库容、扩容上限、可能的交集情形（关闭与重建、关闭与扩容）。

结果：

伦敦、巴黎、里昂、法兰克福和汉堡作为物流中心。

伦敦、巴黎、里昂、法兰克福和汉堡不新建。

伦敦、巴黎、里昂、法兰克福和汉堡不扩建。

汉堡分两阶段扩容。

2. Rank Zealokes 复印机公司的流通系统

背景：德国的一家生产和销售复印机的公司，在德国占有很大的市场份额，产品质量上乘。其成功的营销策略之一是售后服务“24 小时到达”。高品质和服务成功地阻止了日产复印机的进入。

优良售后服务的有利条件：德国境内的铁路和高速公路网，先进的通信手段，管理信息系统的完善。

问题：如何合理配置部件仓库，使随时待命的维修工程师在接到任务后迅速确定去哪个仓库取备件最合理。在满足顾客要求的条件下，流通服务系统的费用最省——决策规则。

优化结果：18 个特定地点建有人仓库，38 个建无人仓库，且每个无人仓库为 6 名工程师提供服务。系统总费用比以前降低 30%。

（本文由作者根据网络资料改写，原文见 http://blog.sina.com.cn/s/blog_4fc9f6d001000axt.html）

5）作业流程规划

作业流程规划是配送中心规划的重要步骤，决定了配送中心作业的详细要求，如设施设备、场所分区等，对持续的建设具有重要影响。对传统物流企业作业流程进行重组，提高物流作业效率，降低物流成本，是传统物流配送中心向电子商务物流配送中心转变的重要途径。不同类型的配送中心，其作业流程有着较大的差别，因此，在实际的规划过程中应结合具体的配送中心类型及客户的需求进行。

6）信息系统规划

信息系统规划是电子商务配送物流中心规划的核心环节，是关系到配送中心今后作业效率与功能实现的前提保证。配送中心的信息系统规划既要考虑到中心内部作业的要求，以提高物流作业效率，也要考虑到与外部信息系统的衔接，方便实现配送中心及时获取和处理各种经营信息。一般来讲，信息系统规划主要包括：

（1）配送中心的网络平台架构。

（2）配送中心内部的管理信息系统分析与设计。

7）设施设备规划

设施设备是保证配送中心正常运转的硬件支撑，设施设备规划涉及建筑模式、空间布局、设备安置等多方面问题，需要运用系统分析的方法以获得整体效果最优。在进行设施设备规划时应注意尽量减少货物在中心内部的搬运，简化操作流程，减少不必要的成本发生。配送中心的设施设备规划一般包括以下几方面工作：

（1）原有设施设备分析。

（2）配送中心的功能划分。

（3）设施的内部布局。

（4）设备规划。

（5）公用设施规划。

### 3. 选址方法介绍

1）单设施选址模型

重心法是单一设施选址模型的代表。重心法是一种静态的选址方法，将运输成本作为唯一的选址决策因素。给定供给点和需求点的坐标以及节点之间的运输量，则单一节点选择应当使得配送总成本最小，即

$$\mathrm{TC}_{\min}=\sum V_i R_i d_i \tag{7-1}$$

式中：TC——配送总成本；

$V_i$——节点 $i$ 的配送总量；

$R_i$——待选设施到节点 $i$ 的配送费率；

$d_i$——待选设施到节点 $i$ 的距离。

则配送中心的选择坐标通过下面一组方程来确定。

$$\overline{x}=\frac{\sum V_i R_i x_i/d_i}{\sum V_i R_i/d_i} \tag{7-2}$$

$$\overline{y}=\frac{\sum V_i R_i y_i/d_i}{\sum V_i R_i/d_i} \tag{7-3}$$

式中：$\overline{x}$、$\overline{y}$ —— 待配送中心的坐标；

$x_i$ 、$y_i$ ——已知的供给点与需求点的坐标。

距离 $i$ 的计算方式：

$$d_i=k(x_i-\overline{x})^2+(y_i-\overline{y})^2 \tag{7-4}$$

式中：$k$——模型中坐标单位与实际空间距离的比例尺（如 1=10 km，则 $k$=10）。

求解步骤：

（1）确定已知的供给点与需求点的坐标，运输量及线性运输费率。

（2）忽略距离 $d_i$，根据中心公式求得待选配送中心的初始坐标$(\overline{x}_0,\overline{y}_0)$。

$$\overline{x}_0=\frac{\sum V_i R_i x_i}{\sum V_i R_i} \tag{7-5}$$

$$\overline{y}_0=\frac{\sum V_i R_i y_i}{\sum V_i R_i} \tag{7-6}$$

（3）根据第 2 步求得的$(\overline{x}_0,\overline{y}_0)$计算出 $d_i$，其中比例系数 $k$ 暂不考虑。

（4）将 $d_i$ 代入式（7-2）和式（7-3）中，求出修正的（$\overline{x}$，$\overline{y}$）；

（5）根据修正的（$\overline{x}$，$\overline{y}$）重新计算 $d_i$。

（6）重复第 4 步与第 5 步，直到（$\overline{x}$，$\overline{y}$）的变动小于理想的精度。

（7）根据求得的最佳选址计算配送总成本。

2）多设施选址模型

对于大多数企业而言，往往需要同时决定两个或多个设施的位置。在物流网络规划中，较为常见的多设施选址问题就是对物流中心的选址。物流中心在物流系统中起着承上启下的枢纽作用，是连接供应商与客户的桥梁。物流中心的选址决策结果会影响物流

系统的运输、库存决策。在物流中心选址中存在着如图 7-4 所示的成本背反规律。一方面，物流系统中物流中心数量增加，库存以及由此引起的库存成本往往也会增加，可以减少运输距离，降低运输成本，但是，当物流中心增加到一定数量的时候，运输频次会增加。物流中心的固定成本则随物流中心数量的增加呈阶梯式上升。

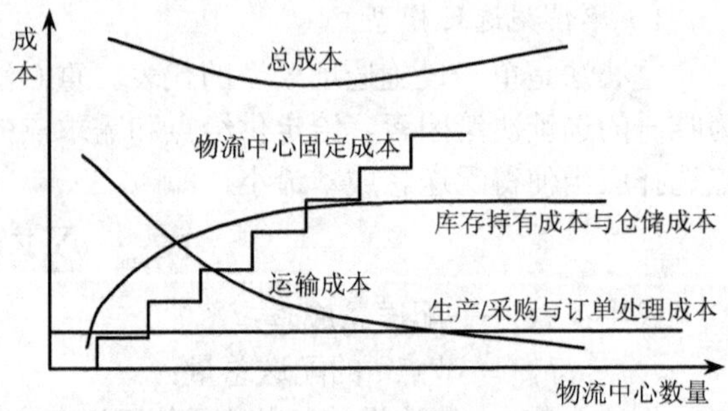


图 7-4　成本背反规律

由于物流中心选址问题是企业普遍遇到的问题，该问题可作为多设施选址的一类普遍问题来加以研究。物流中心选址一般可以归为这样几个基本问题。

（1）物流网络中应该有多少个物流中心，这些物流中心应该有多大规模，应该位于什么地点？

（2）哪些客户指定有物流中心负责供应？各个工厂、供应商应指定有哪些物流中心负责？

（3）各个物流中心应该存放哪些产品？哪些产品应从工厂、供应商或港口直接运送到客户手中？

以下是几个多设施选址的典型模型：

（1）Baumol-Wolfe 模型。这个模型所考虑的问题是，各个工厂向哪些仓库运输多少货物？各个仓库向哪些客户发送多少货物？然后根据物流量的大小，来决定仓库的容量。该模型是在满足供应及需求约束下，追求由运输费用（工厂到仓库的运输费用）、输送费（仓库到客户的运输费用）及可变费用组成的总费用最低，以此选定物流中心。该模型的优点是：将物流中心运营时的可变费用表示为凹函数，即考虑了批量效益；可以估计选定的物流中心的流量。该模型的不足在于未考虑物流中心的固定费用及容量限制。

模型中包含以下参数和变量：

$c_{ki}$——从工厂 $k$ 到仓库 $i$ 每单位运量的运输费。

$h_{ij}$——从仓库 $i$ 向客户 $j$ 发送单位运货量的发送费。

$c_{ijk}$——从工厂 $k$ 通过仓库 $i$ 向客户运送单位运量的运费，即 $c_{ijk}=c_{ki}+h_{ij}$。

$X_{ijk}$——从工厂 $k$ 通过仓库 $i$ 向客户 $j$ 运送的运量。

$W_i$——通过仓库 $i$ 的运量，即 $W_i=\sum\limits_{j\cdot k}X_{ijk}$。

$v_i$——仓库 $i$ 的单位用量的可变费用。

$F_i$——仓库 $i$ 的固定费用（与仓库规模无关的固定费用）。

目标函数为：

$$\min\left\{\sum_{i,j,k}\left(c_{ki}+h_{ij}\right)X_{ijk}+\sum_{i}v_i\left(W_i\right)^{\theta}+\sum_{i}F_{ir}\left(W_i\right)\right\} \tag{7-7}$$

式中：

$$0<\theta<1,\quad r(W_i)=\begin{cases}0, W_i=0\\1, W_i>0\end{cases}$$

目标函数的第一项是运输费和发送费，第二项是仓库的可变费用，第三项是仓库的固定费用（这项费用函数是非线性的）。

（2）P-中值模型。P-中值模型是指在一个给定数量和位置的需求集合和一个候选设施位置的集合下，分别为 P 个设施找到合适的位置并指派每个需求点到一个特定的设施，目的是达到在工厂需求点之间的运输费用最低。

目标函数为：

$$\min\sum_{i\in N}\sum_{j\in M}d_i c_{ij} y_{ij} \tag{7-8}$$

约束条件为：

$$\sum_{j\in M} y_{ij}=1, i\in N$$

$$\sum_{j\in M} x_i = p$$

$$y_{ij}\leqslant x_j, j\in M$$

$$x_i\in(0,1), j\subset M$$

$$y_{ij}\in(0,1), i\in N, j\in M$$

模型中的参数和变量如下：

$N$——$N$={1，2，…，$n$}，系统中的第 $n$ 个客户（需求点）。

$d_i$——第 $i$ 个客户的需求。

$M$——$M$={1，2，…，$m$}，$m$ 个投建设施的选址地点。

$c_{ij}$——从地点 $i$ 到 $j$ 的单位运输费用。

$$x_j=\begin{cases}1, & \text{假如在}j\in M\text{建立设施}\\0, & \text{其他情形}\end{cases}$$

$$x_{ij}=\begin{cases}1, & \text{假如客户}i\in N\text{，由设施 }j\in N\text{提供服务}\\0, & \text{其他情形}\end{cases}$$

$P$——可以建立的设施的总数（$p<m$）。

第一个约束条件保证了每个客户只有一个设施来提供相应的服务，第二个约束条件限制了总的设施数目为 $p$ 个，第三个约束条件保证了没有设施的地点不会出现客户需求。

P-中值模型一般是用于工厂或仓库的选址问题，例如要求在它们和零售商或者顾客之间的费用最小。

（3）ELSON 混合整数规划模型。该模型有以下假设条件：

① 仅在一定的设备地点范围内考虑新的物流中心位置。

② 客户的需求量按区域总计。

③ 用服务水平来表示不同的运输手段。

④ 运费和运输量成正比。

⑤ 对于需要扩建的仓库，首先扩建到预先确定的最小扩建容量，然后，根据提高经济效益的要求，允许在最小扩建容量与最大扩建容量之间继续扩建，这时所需扩建费与扩建容量成正比。

⑥ 新建仓库应保证开业时的容量，允许以后扩大到预定的最大可能容量为止。

⑦ 对于计划投资，按投资收益率来判断其是否合理。

模型的参数和变量如下：

$I'$——可能新建的仓库的集合。

$I''$——已建仓库的集合。

$I = I' \cup I''$，$i \in I$。

$A_{kl}$——工厂 $k$ 对产品 $l$ 的供货能力。

$D_{ils}$——$j$ 第对产品 $l$ 的服务水平 $s$ 的需要量。

$A_i$——仓库 $i$ 的通过能力，$i \in I$。

$B_i$——仓库 $i$ 的通过能力的最小扩充值，$i \in I''$。

$Q_i$——仓库 $i$ 的通过能力的最大扩充量，$i \in I$。

$c_{ikl}$——从 $k$ 到 $i$ 运输产品 $l$ 的单价。

$h_{ijls}$——从仓库 $i$，用服务水平 $s$，向需求点 $j$ 运送产品 $l$ 的单价。

$NI_i$——新建仓库 $i$ 的基本投资，$i \in I'$。

$IE_i$——仓库 $i$ 扩大到最小扩大容量时的扩建费用，$i \in I''$。

$CT_i$——仓库 $i$ 继续扩大的单位扩建费用，$i \in I''$。

$KX_i$——关闭仓库 $i$ 将节省的费用，$i \in I''$。

$g_{il}$——产品 $l$ 流经仓库 $i$ 的单位管理费用，$i \in I$。

$F_i$——仓库 $i$ 的固定管理费用，$i \in I$。

$X_{ikl}$——从工厂 $k$ 到仓库 $i$ 运送货品的数量。

$W_{ikls}$——用服务水平 $s$，从仓库 $i$ 向需求点 $j$ 运送产品的数量。

$$I_i = \begin{cases} 1, \text{新仓库}i\text{被选建} \\ 0, \text{其他情况} \end{cases} \quad i \in I'$$

$$J_i = \begin{cases} 1, \text{将仓库}i\text{扩建到最小的容量} \\ 0, \text{其他情况} \end{cases} \quad i \in I''$$

$$K_i = \begin{cases} 1, \text{将仓库}i\text{被关闭} \\ 0, \text{其他情况} \end{cases} \quad i \in I''$$

$Y_i$——超过最小扩大容量后，$i$ 仓库还继续扩建时的扩建量。

目标函数为：

$$\min \left\{ \begin{aligned} &\sum_{i\in I}\sum_{k\in K}\sum_{l\in L} c_{ikl}X_{ikl} + \sum_{i\in I}\sum_{j\in J}\sum_{l\in L} h_{ijls}W_{ikls} + \sum_{i\in I}\sum_{k\in K}\sum_{l\in L} g_{il}X_{ikl} + \sum_{i\in I'}\left(NI_i + F_i\right)I_i + \\ &\sum_{i\in I''} IE_i J_i + \sum_{i\in I} CT_i Y_I - \sum_{i\in I''}\left(KX_i + F_i\right)K_i \end{aligned} \right\} \tag{7-9}$$

约束条件：

$$\sum_{i\in I} X_{iKL} \leqslant A_{kl}, k \in K, l \in L \qquad \langle 1 \rangle$$

$$\sum_{i\in I} W_{ijLs} \geqslant D_{ils}, j \in J, l \in L, s \in S \qquad \langle 2 \rangle$$

$$\sum_{k\in K} X_{ikl} = \sum_{j\in J}\sum_{s\in S} W_{ijl}, i \notin I, l \in L \qquad \langle 3 \rangle$$

$$\sum_{k\in K}\sum_{l\in L}X_{ikl}\leqslant A_{kl}+B_iJ_i-A_{kl}K_i-Y_i,i\in I'' \qquad <4>$$

$$Q_i-B_i\left(Q_i-B_i\right)J_i-Y_i,\geqslant 0,i\in I'' \qquad <5>$$

$$J_i+K_i\leqslant 1,i\in I'' \qquad <6>$$

$$\sum_{k\in K}\sum_{l\in L}X_{ikl}\leqslant A_iI_i+Y_i,i\in I' \qquad <7>$$

$$Q_i-Y_i,\geqslant 0,i\in I' \qquad <8>$$

式（7-9）中，$L$ 是产品的集合，$K$ 是工厂的集合，$I$ 是仓库的集合，$J$ 是需求点集合，$S$ 是服务水平集合。式子中所有变量都不得小于零。

目标函数中的第一项是工厂与仓库之间的运输总费用，第二项是仓库与需求点间的运输总费用，第三项是仓库的总可变费用，第四项是仓库建设总费用与仓库固定管理费用之和，第五项是仓库的最小扩建费用总和，第六项是仓库再扩建的总费用，第七项是关闭仓库可节省的固定管理费用与投资回收费用的总和。

第<1>、<2>、<3>个约束条件保证需求不会超过供给；第<4>个约束条件表示以建设的仓库 $i$ 的进货量不得超过包括扩建容量在内的总容量；第<5>个约束条件表示仓库 $i$ 的扩建总量不得超过其最大扩充量，第<6>个约束条件表示在所求的解中，一个仓库不能同时既扩大又关闭；第<7>个约束条件表示将要建设的仓库进货量不得超过其可能具有的容量；最后一个约束条件表示仓库 $i$ 的再扩充量不得超过其最大的扩充量。

通过解该模型可求出应该新建、扩大或关闭的仓库数目，还可求出工厂与仓库、仓库与需求点之间各产品的运输量。

3）零售设施选址模型

零售设施是物流网络中的最后储存点，对这些点的选址分析通常会对收入、可行性等因素高度敏感，而不像工厂和仓库选址那样更重视成本因素。是否接近竞争对手、人口构成如何、顾客交通模式怎样、是否靠近互补性商店、是否方便停车、是否接近好的运输路线、社区对服务的接受程度等因素仅仅是影响零售设施选址众多因素中的一小部分。

重力模型是用来确定某位置吸引力或总体可取性的最常用模型之一，应用的是零售引力法则，该法则与牛顿的万有引力法则十分相似，其基本思想是：两座相互竞争的城市从一座介于其间的小镇吸引的贸易量与每座城市的人口成正比，而与城市与小镇之间的距离的平方成反比。尽管该模型相当简单，但在人们的使用过程中却将它逐渐丰富了起来，零售网点带来的“公众”代替了“人口”。“公众”变量指商店、在库品种数、库存保有水平或其他能吸引顾客特性的平方根。最初公式里的“距离”变成了顾客驾车到竞争性零售网点和到规划地的距离和时间对贸易的排斥作用。

赫夫（Huff）对重力的概念进行了修正，并将其带入了更有实际效用的实用模型当中。该空间相互作用模型就发展成为一个经验基础，解决消费者如何权衡备选零售点的吸引力与可达性的问题。该模型可以表示为：

$$E_{ij}=P_{ij}C_i=\frac{S_j/T_{ij}^d}{\sum_j S_j/T_{ij}^a}C_i \qquad (7\text{-}10)$$

式中：$E_{ij}$——从人口中心 $i$ 被吸引到零售点 $j$ 的预期需求。

$P_{ij}$——顾客从人口中心 $i$ 出发到零售点 $j$ 的概率。

$C_i$——人口中心 $i$ 的客户需求。

$S_j$——零售点 $j$ 的规模。

$T_{ij}$——从人口中心 $i$ 到零售点 $j$ 的出行时间。

$n$——零售点 $j$ 的数量。

$a$——经验估计参数。

规模 $S$ 可能包含所有吸引顾客到零售点去的变量（商店的吸引力、库存的可能性、价格、停车场地等）。零售点可能是单个店面或者是由一组店面组成的服务中心，譬如购物中心。出行时间 $T$ 可能包括所有排斥顾客的变量（距离、交通阻塞、进行限制、绕行等）。模型的目的在于估计不同零售和服务中心将获得的整个市场份额。

赫夫模型是空间相互作用模型的一个基础模型。多年来，很多研究者都提高了模型的表达能力，将其重新表示成更复杂的模型，并对变量提出了不同的定义，从而提高模型的预测能力。

**4. 电子商务物流配送中心内部布局规划**

1）内部总体布局

电子商务物流配送中心的内部布局因配送中心的功能类型不同而有所差异，但从总体上讲，无论哪一类型的配送中心，其内部的基本结构大体相似，都是由管理系统、信息系统和作业系统构成，如图 7-5 所示。

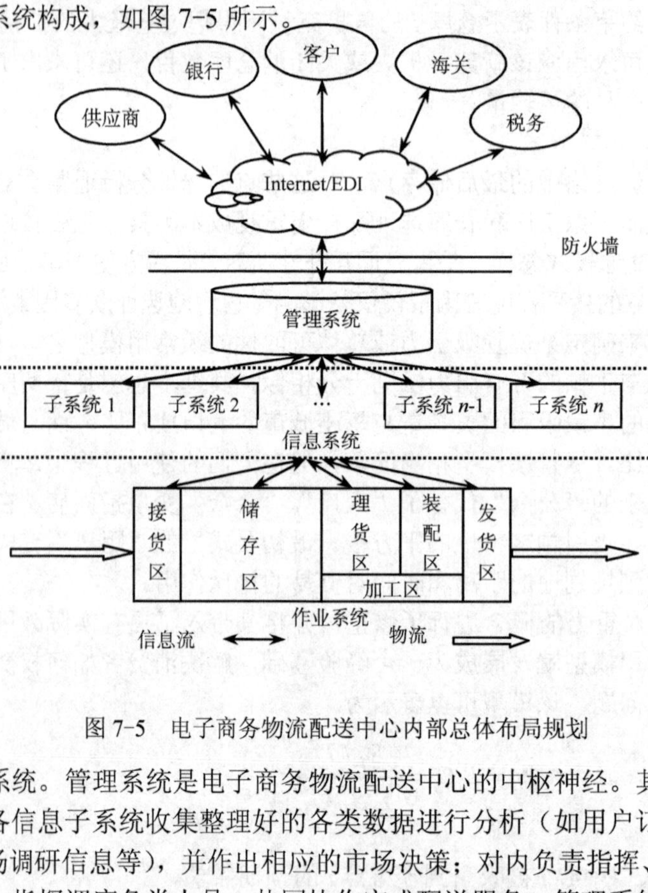


图 7-5　电子商务物流配送中心内部总体布局规划

（1）管理系统。管理系统是电子商务物流配送中心的中枢神经。其职能是：对外负责对配送中心各信息子系统收集整理好的各类数据进行分析（如用户订货信息、供应商供货信息、市场调研信息等），并作出相应的市场决策；对内负责指挥、协调、组织各职能部门的活动，指挥调度各类人员，共同协作完成配送服务。管理系统决策的效率将直接影响到配送中心的市场表现及配送中心内部的各作业系统的运行状况。

（2）信息系统。信息系统是覆盖电子商务物流配送中心各个部门及与外界沟通的重要信息传输渠道。其职能是收集、汇总、整理、传递各类外部信息（如采购信息、商品出入库信息、客户订单信息等）和内部信息（如库存信息、包装信息、加工信息、运输信息等）。信息系统是对各实体作业系统进行指挥和控制的直接管理系统，在电子商务物流配送中心的运营中上承管理系统、下接作业系统，是配送中心电子商务化的主体。在电子商务环境下，管理系统的功能与信息系统的功能往往结合在一起应用，统称管理信息系统。

（3）作业系统。作业系统即实体作业系统，是配送中心业务的具体执行系统。一般包括以下几部分。

① 接货区。这是货物进入配送中心的入口，在该区域内工作人员负责接收货物和货物入库、拣选之前的准备工作（如卸货、检验、分拣等）。货物在这一区域内停留时间较短，并且处于流动状态，故接货区的面积相对来说都不算太大。它的主要设备有铁路（公路）专用线、卸货站台和验货场等。接货区的信息通常是通过工作人员利用手持式数据终端无线传递回信息系统。接货区规划所要考虑的主要因素有进出货口是否共用、进出货口是否相邻、装卸货车辆进出频率、装卸货车辆形式、有无装卸货物配合设施、物品装载特性、装卸货车辆回车空间、每车装卸货所需时间、供货厂商数量、进货时段等。

② 储存区。这是存放货物的场所。由于储存区的货物分为周期库存和安全库存，且都需要在这一区域内停留一段时间，并占据较大的空间位置，因此相对其他作业区域来说，储存区的面积较大，往往会达到配送中心总面积的二分之一，甚至更大。它的主要设备有各种货架、叉车、吊车、AGV 小车（Automated Guided Vehicle）、输送带等。在空间布局上，储存区多设在紧靠接货站台的地方，也有的设在加工区的后面。这一区域的作业信息可通过 RFID 传回信息系统。储存区规划所要考虑的主要因素有最大库存量需求、物品特性基本资料、产品项目、储区划分原则、储位指派原则、存货管制方法、自动化程度需求、产品使用期限、未来需求变动趋势等。

③ 理货区。理货区是配送中心的工作人员进行拣货和配货的作业场所，其面积大小因配送中心的类型不同而异。对于电子商务下的“多品种、小批量、多批次、短周期”的配送要求，理货区的布局重点不在于面积大小，而在于其流畅程度，其设计应使得货物在理货区停留时间尽量缩短，保持物流通畅。它的主要设备有手推载货车、重力式货架和回转式货架、升降机、传送装置、自动分拣设备等。理货区规划主要考虑的因素有理货作业时间，凭检作业时间，有无叠、卸托盘配合设施，物品特性，每日拣货量，订单分割条件，订单处理原则，订单拣取方式等。

④ 配装区。由于各种原因，有些分拣出来并配备好的货物不能立刻装车发送，而要集中在某一场所等待统一发运，这种放置和处理待发运货物的场地就是配装区。在配装区内，配送中心的工作人员要进行配装作业，即根据每个货主的货物数量进行分放、配车和选择装运方式。由于货物在这一区域内只是稍作停留，一旦配载完成马上进入发货区发货，因此，配装区的面积不会太大。有时候配装区也和其他作业区结合在一起，如发货区、理货区。它的主要设备有手持式数据终端、小型装卸机械、小型运输工具等。

⑤ 发货区。发货区是配送中心的出口，工作人员将组配好的货物装车外运。从结构和布局上看，发货区和进货区相类似，都是由运输货物的线路和接靠载货车辆的站台、场地等组成。不同的是，发货区位于整个作业系统的末端，而进货区位于首端。发货区规划所要考虑的主要因素同接货区，同时考虑配送客户数量、配送时段等因素。

⑥ 加工区。配送中心的实体作业功能除了“配”和“送”之外，流通加工也是一项重要的功能。其设备有剪床、锯床、打包机、包装机等加工设备。加工区规划主要考虑的因素有货物特性、加工数量、加工方式等。

2）作业区域具体布置规划

在完成配送中心功能、作业流程、设施设备选用等规划后，下一步的工作就是进行作业区域具体布置规划。其主要内容有：活动关系的分析；作业区域布局规划。

（1）活动关系的分析。配送中心的各类作业区域之间存在着相关关系，如有些是程序上的关系，有些是组织上的关系，有些是功能上的关系。有些作业区域之间相关性很强，有些相关性弱。因此，在进行区域布置规划时，必须对各区域之间的关系加以分析，明确各区域之间的相关程度，作为区域布置规划的重要参考。确定各区域之间相关程度可采用关联分析法。

关联分析法的步骤是：

① 划分区域（设施）关联的等级与原因。

② 用图或表来表示区域（设施）之间的关联关系。

③ 按照关系紧密程度确定相邻布置的原则。

根据面积或其他因素进行调整。

区域（设施）的关系密切程度一般分为 6 种：绝对重要 A（Absolutely important）、特别重要 E（Especially important）、重要 I（Important）、一般 O（Ordinary）、不重要 U（Unimportant）、不宜靠近 X。

对于区域（设施）之间的关系密切的原因，不同的配送中心有不同的表现形式，表 7-1 为区域（设施）密切的原因举例。

**表 7-1　关系密切原因举例**

| 序　　号 | 关系密切的原因 | 序　　号 | 关系密切的原因 |
|---|---|---|---|
| 1 | 共用场地 | 6 | 工作流程连续 |
| 2 | 共用人员 | 7 | 做类似的工作 |
| 3 | 使用共同记录 | 8 | 共用设备 |
| 4 | 人员接触 | 9 | 其他 |
| 5 | 文件接触 | | |

（2）作业区域布局规划。电子商务物流配送中心的内部作业区域布局形式可根据接货区和发货区的关系分为以下 4 种。

① I 型布局。如图 7-6 所示，是指配送中心的进出货作业分用站台，进货站台与出货站台互不相邻。优点是作业干扰小，便于管理；缺点是设备利用率低。

② L 型布局。如图 7-7 所示，是指配送中心的进出货作业分用站台，但进货站台与出货站台相邻。优点是作业干扰小，物流流程顺直；缺点是设备利用率低。

③ U 型布局。如图 7-8 所示，是指配送中心的进出货作业共用站台，不再另设独立的进货站台与出货站台。优点是设备利用率高；缺点是作业干扰大。

④ T 型布局。如图 7-9 所示，是指进货作业单独使用一个站台，在配送中心的两侧各设置一个出货站台。优点是增强了出货能力，进出货作业干扰小；缺点是设备利用率低，出货车辆易停错泊位。

3）信息系统规划

信息系统是电子商务物流配送中心的神经中枢，它指挥着配送中心的各项作业活动。

电子商务物流配送中心的信息处理能力和信息管理能力决定了配送中心对市场的响应能力，以及对顾客提供高水平物流服务的能力。一般来讲，电子商务物流配送中心的信息系统规划主要包括：配送中心的网络平台架构；配送中心内部的管理信息系统分析与设计。

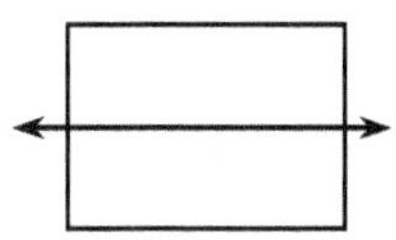
图 7-6　I 型配送中心

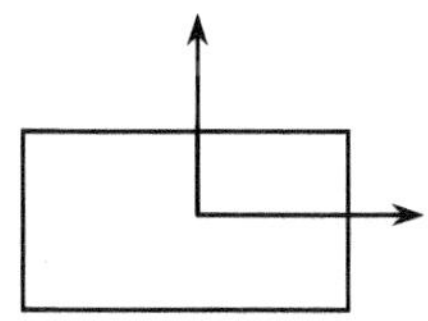
图 7-7　L 型配送中心

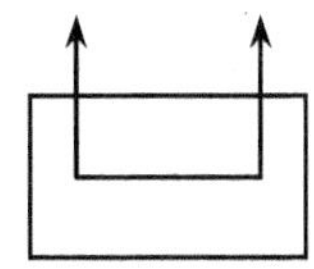
图 7-8　U 型配送中心

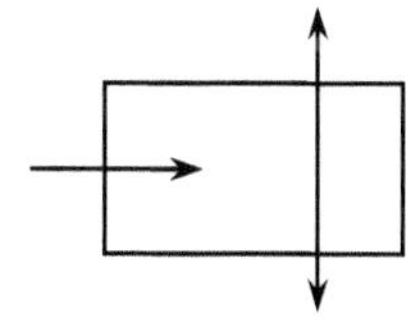
图 7-9　T 型配送中心

（1）配送中心的网络平台架构。信息的集成与交互是开展业务集成与衔接的前提。电子商务物流配送中心的网络平台为来自企业内外部的各种信息提供了汇聚与发散的渠道。作为综合性的网络信息平台，从横向的角度出发，应当涵盖各业务职能的信息，包括订货、配送、库存、流通加工、财务、设备管理、人力资源管理等方面的信息；从纵向角度出发，配送中心的网络平台应涵盖不同层次的业务部门和人员的信息，包括从业务执行层到策略运用层再到战略计划层的信息。

一般来说，电子商务物流配送中心的网络平台由 3 部分构成。

① 物流信息资源网络。物流信息资源网为配送中心网络平台的运行提供各种物流信息资源，如商品采购信息资源、商品库存信息资源、客户信息资源、配送路线信息、报关报税信息等。这些信息资源作为网络平台的“输入”，经过网络平台整理与加工后，向不同的需求方“输出”，从而实现“信息原料”的价值增值。

② 物流信息通信网络。物流信息通信网络是指为物流信息资源传递、交换提供通信链路的高速、宽带、多媒体公用通信网络系统。

③ 计算机网络。指由分布在不同地理位置的计算机、网络硬件及其他外围设备所组成的实体网络，这是配送中心信息平台得以运行的物质基础。

作为一个综合性的物流信息平台，应具有以下基本功能。

① 信息发布。平台面向企业内外的用户提供基础公共信息共享，这些信息包括了运价信息、新闻公告、货源运力、道路交通、职业培训、政策法规等。

② 数据交换。平台向不同的用户提供公共数据接口，从而实现共享平台与独有系统之间的对接，使得属于不同用户的信息资源能够在平台间实现交互。如配送企业与客户之间的订单信息交互，配送企业与海关、商检、税务等部门的信息交互，配送企业内部各作业部门之间的信息交互等。

③ 电子交易功能。配送中心网络平台最主要的功能之一就是为企业提供 B2B 电子商务交易环境。网络信息平台的信息发布与数据交换只是低层次的功能应用，在线商务交易才是高层次的电子商务应用。网络平台为供需双方提供了交易信息匹配功能，能够有效减少各方市场搜寻的成本，并为各方的进一步磋商提供了虚拟空间。当双方交易开始，网络平台能够进行电子合同的签约，并进行资金的支付结算。

④ 货物跟踪。在以往的配送服务过程中，对配送活动的监控只限于在固定的场所内，一旦货物离开固定场所，则完全处于“黑箱”状态，即配送企业和客户均无法获知当前货物所处的位置及状态。通过对 GPS、GIS、GSM 等现代物流信息技术的应用，可实现对配送过程的实时监控，并将监控信息实时发送回网络平台中心，客户及企业相关部门可根据需要向平台发出信息查询请求或是通过平台向在途配送货物发出新指令。

⑤ 决策分析。为平台用户进行包括车辆日程安排、设施选址、顾客服务分析在内的决策分析，从而帮助管理人员鉴别、评估和比较可选的物流方案。

⑥ 金融服务。电子商务物流配送中心网络平台可为供需双方提供诸如银行、税务、保险、外汇等金融服务。

（2）配送中心内部的管理信息系统分析与设计。一般来说，配送中心内部的管理信息系统主要划分为以下子系统。

① 采购进货管理子系统。该子系统的主要功能包括厂商资料建档维护、采购订单管理、货源与报价管理、采购时间管理、产品质量控制等。

② 销售发货管理子系统。该子系统的主要功能包括客户资料建档维护、销售订单管理、发货排程计划、退货与换货作业管理、客户咨询服务等。

③ 库存管理子系统。该子系统的主要功能包括商品资料建档维护、储位管理维护、库存控制管理、出入库作业管理等。

④ 配送管理子系统。该子系统的主要功能包括人车分配管理、车辆优化配载管理、配送线路决策管理、车辆技术管理等。

⑤ 财务管理子系统。该子系统的主要功能包括人事薪酬管理、一般会计处理、应收账款管理、应付账款管理、物流成本管理、物流计费管理等。

⑥ 分析决策子系统。该子系统的主要功能包括运营绩效评价、成本差异分析、市场需求预测分析、企业市场战略决策等。

作为一个集自身物流信息服务与公共物流信息服务为一体的电子商务物流配送中心信息系统，其整体的信息系统架构如图 7-10 所示。

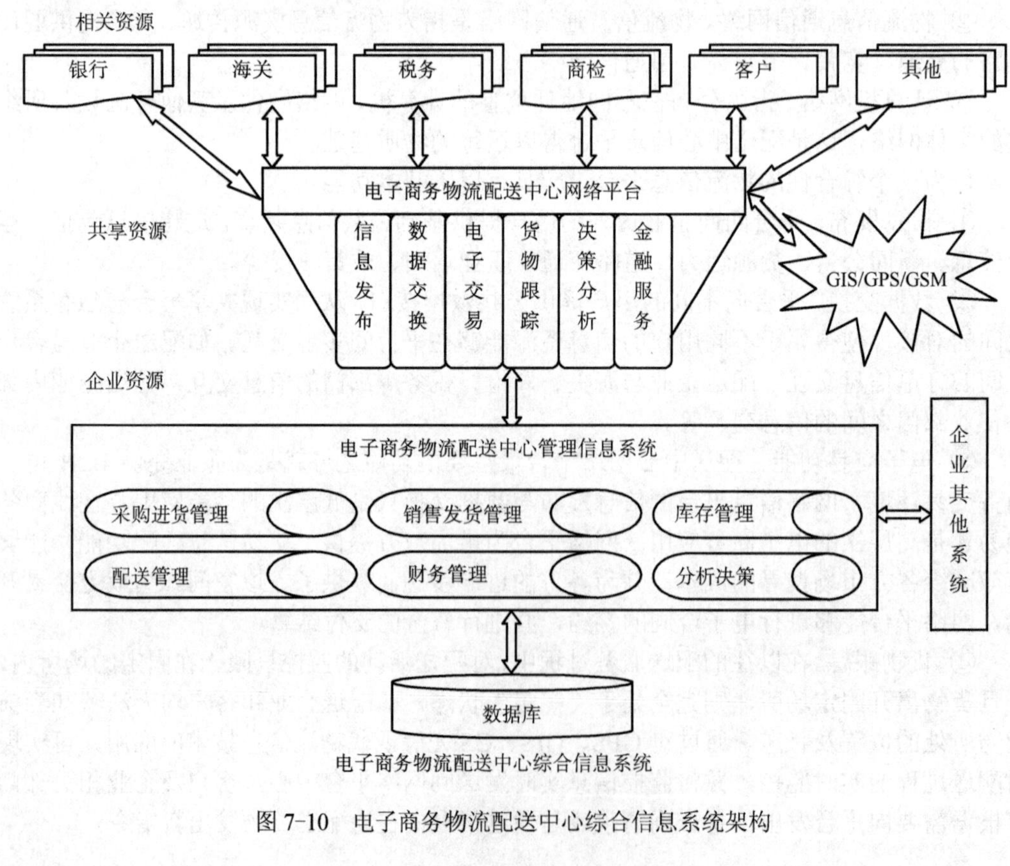


图 7-10　电子商务物流配送中心综合信息系统架构

4）储存区的布置

储存区作为电子商务物流配送中心重要的作业区，是配送中心占地面积最大的区域。合理规划储存区的目的在于做到物得其所，库尽其用，地尽其力。在规划储存区时要满足以下要求：最大限度地提高储存区的平面利用率；有利于提高物质储存的质量；符合技术作业过程的要求，便于日常查点和收发；便于机械化、自动化作业等。

储存区的布置分为平面布置和竖向布置。

（1）平面布置。

① 垂直式布置。指货架的排列与墙体或通道互相垂直。具体表现为以下几种形式：

A．横列式布置。横列式是指货架的长度与储存区的长度方向互相垂直。这种布置方式的主要优点是储存区平面利用率较高，缺点是存取货物不便，对通风、采光不利，横列式布置如图 7-11 所示。

B．纵列式布置。纵列式是指货架的长度与储存区的长度方向平行。这种布置方式的优缺点正好与横列式布置相反，其主要优点是主通管道长且宽，副通道整齐美观，对物质查点、存取方便，通风和自然采光良好，便于机械作业。其主要缺点是主通道占用面积多，储存区面积利用率受影响，纵列式布置如图 7-12 所示。

C．纵横式布置。纵横式是指在同一储存区，横列式布置与纵列式布置兼而有之，是这两种方式的结合，兼有两种方式的特点，纵横式布置如图 7-13 所示。

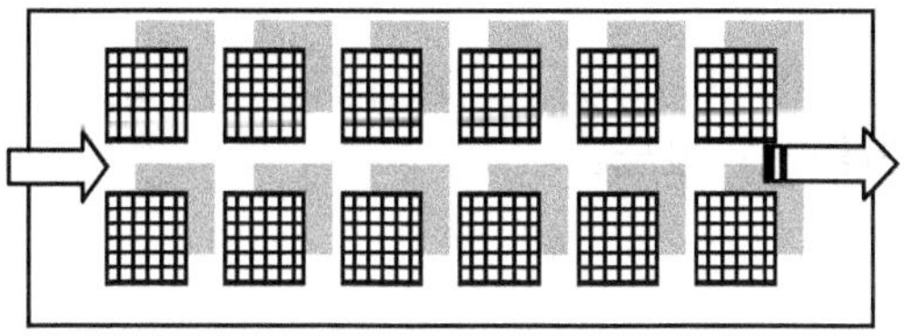

图 7-11　横列式布置

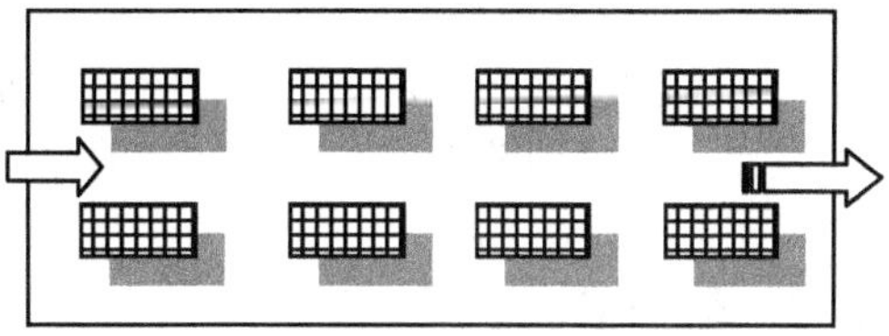

图 7-12　纵列式布置

② 倾斜式布置，是指货架与主通道之间不是互相垂直成 90°，而是成 60°、45°、30°。这种布置方式又分为货架倾斜与通道倾斜两种情况。

A．货架倾斜式。是指货架的布置与墙体和主通道之间成锐角。这种布置方式的最大优点是便于叉车配合托盘进行作业，能缩小叉车的回转角度，提高装卸搬运效率；然而最大的缺点是造成不少死角，储存区的面积不能被充分利用，货架倾斜式布置如图 7-14 所示。

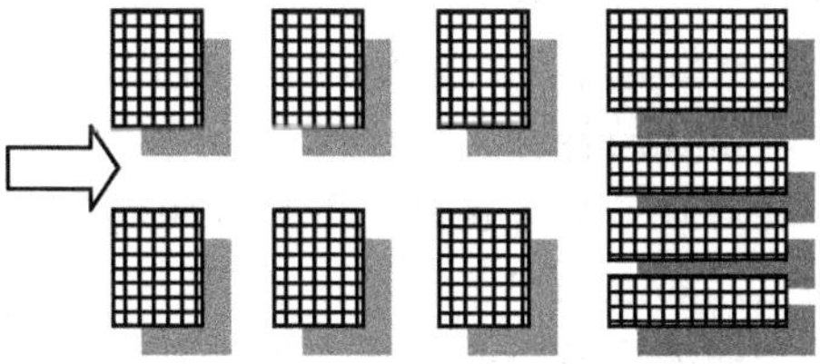

图 7-13　纵横式布置

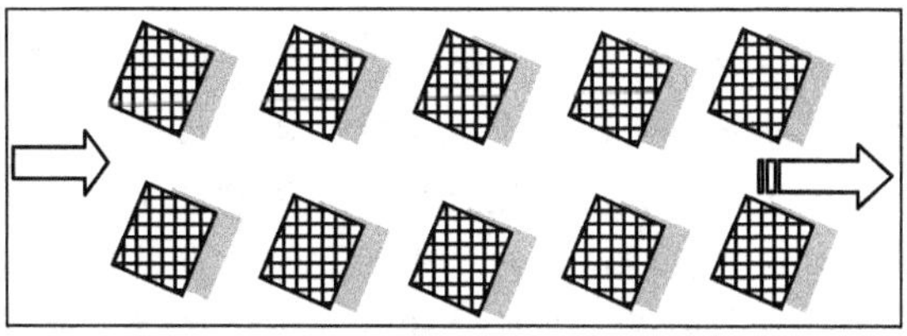

图 7-14　货架倾斜式布置

B．通道倾斜式。是指货架与墙体之间仍垂直布置，但通道与货架和墙体之间成锐角。这种布置方式的优点是避免了死角，能充分利用储存区面积，而且同样便于物资搬运，提高作业效率，通道倾斜式布置如图 7-15 所示。

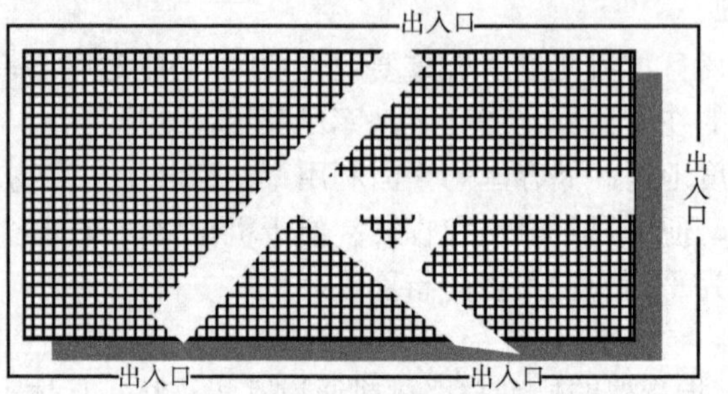


图 7-15　通道倾斜式布置

（2）竖向布置。储存区的竖向布置是指库存物资的储存区立体空间上的布置，其目的在于充分有效地利用仓库空间，便于收发和提高保管质量。竖向布置可采取以下方式：

① 就地堆垛。借助物品的外部轮廓或包装进行堆垛。

② 使用货架。将物品直接装入料箱、托盘后存入货架。

③ 托盘、集装箱堆码。将物品装入集装箱或码在托盘上，然后对集装箱或托盘进行堆码。

④ 空中悬挂。将物品悬挂在墙体或储存区的上部结构上。

⑤ 采用架上平台。在货架上方铺一层承载板，构成两层平台，可直接堆放物品或摆入货架。

储存区的竖向布置潜力很大，在不增加储存区面积的情况下，物资的存放在高度方向上发展，向空间要货位，可扩大储存能力，节约建筑投资。

## 本章小结

配送是指“在经济合理区域范围内，根据客户要求，对物品进行拣选、加工、包装、分割、组配等作业，并按时送达指定地点的物流活动”。配送是物流中一种特殊的、综合的活动形式，是商流与物流的紧密结合。对于电子商务企业，电子商务是信息传播的保证，而物流配送则是执行的保证，没有物流配送，电子商务只能是一张空头支票，物流配送能力是衡量一个电子商务企业实力的重要指标。

电子商务环境下的物流配送，就是信息化、现代化、社会化的物流配送。它是指物流配送企业采用网络化的计算机技术和现代化的硬件设备、软件系统及先进的管理手段，针对社会需求，严格地、守信用地按用户的订货要求，进行一系列分货、配货、配装、加工等作业，定时、定点、定量地交给没有范围限度的各类用户，满足其对商品的需求。电子商务物流配送具有虚拟性、实时性、个性化、增值性的特征。

电子商务物流配送流程与传统意义上的物流配送存在着显著区别，即从货物输入配送中心到货物送达客户手中的整个业务流程都处于信息的监控中，是在信息驱动下开展实体作业。因而比起传统的物流配送活动，具有更高的效率与服务质量。虽然因配送对象的性质、特点、企业状况以及客户要求不同而有所不同，但在一般情况下，电子商务物流配送的实体作业流程由进货、储存、分拣、配货、分放、配装、送货等步骤组成备货、理货、送货和退货及后续处理 4 个基本环节。电子商务物流配送模式是配送企业对配送采取的基本战略和方法。按集散程度划分，电子商务物流配送模式可分为集货型配送模式、散货型配送模式、混合型配送模式；按配送主体划分，电子商务物流配送模式可以分为自营配送模式、第三方配送模式、共同配送模式、互用配送模式。

电子商务物流配送中心是指基于先进的电子商务软件系统及其硬件设备而从事货物配备（集货、加工、分货、拣选、配货）和组织对用户的送货，以高水平实现销售或供应的现代流通设施或组织。它具有手段信息化、经营社会化、组织网络化、目标系统化、服务系列化、反应快速化、作业规范化的特征。按运营主体的不同，电子商务物流配送中心的运作大致有 4 种类型：

（1）以制造商为主体的配送中心。

（2）以批发商为主体的配送中心。

（3）以零售业为主体的配进中心。

（4）以仓储运输业者为主体的配送中心。

根据建设主体的不同，电子商务物流配送中心的建立主要有自建、改建、联建和代理 4 种模式。

电子商务物流配送中心作为一个综合系统，进行规划与设计时应遵循相应的原则和程序。一个完整的电子商务物流配送中心由管理系统、信息系统和作业系统构成。信息系统架构由网络平台与中心内部管理信息系统构成。作业系统即实体作业系统，是配送中心业务的具体执行系统，一般包括接货区、储存区、理货区、配装区、发货区、加工区。进行作业区域具体布置规划时，主要包括活动关系的分析、作业区域布局规划两方面的内容。电子商务物流配送中心的内部作业区域布局形式可根据接货区和发货区的关系分为 I 型布局、L 型布局、U 型布局、T 型布局 4 种。存储区的布局由包括垂直式和倾斜式的平面布置以及竖向布置。

## 案例分析

### 7-11 公司成功的诀窍——高效的物流配送系统

7-11 公司的业务遍及四大洲 20 多个国家及地区，共设立 32 000 多个零售点，每日为接近 3 000 万的顾客服务，稳踞全球最大连锁便利店的宝座，被公认为世界便利店的楷模。

是什么原因使得 7-11 公司取得如此骄人的成绩呢?除了其先进的经营方式与独特的品牌营销外，支撑其快速发展的另一重要因素就是其高效的物流配送系统。

#### 1．配送系统的演进

一间普通的 7-11 连锁店一般只有 100～200 平方米大小，却要提供 23 000 种食品，不同的食品有可能来自不同的供应商，运送和保存的要求也各有不同，每一种食品又不能短缺或过剩，而且还要根据顾客的不同需要随时能调整货物的品种，种种要求给连锁店的物流配送提出了很高的要求。一家便利店的成功，很大程度上取决于配送系统的成功。

7-11 的物流管理模式先后经历了三个阶段三种方式的变革。起初，7-11 并没有自己的配送中心，它的货物配送依靠的是批发商来完成的。以日本的 7-11 为例，早期日本 7-11 的供应商都有自己特定的批发商，而且每个批发商一般都只代理一家生产商，这个批发商就是联系 7-11 和其供应商间的纽带，也是 7-11 和供应商间传递货物、信息和资金的通道。供应商把自己的产品交给批发商以后，对产品的销售就不再过问，所有的配送和销售都会由批发商来完成。对于 7-11 而言，批发商就相当于自己的配送中心，它所要做的就是把供应商生产的产品迅速有效地运送到 7-11 手中。为了自身的发展，批发商需要最大限度地扩大自己的经营，尽力向更多的便利店送货，并且要对整个配送和定货系统作出规划，以满足7-11的需要。

渐渐地，这种分散化的由各个批发商分别送货的方式无法再满足规模日渐扩大的7-11便利店的需要，7-11开始和批发商及合作生产商构建统一的、集约化的配送和进货系统。在这种系统之下，7-11改变了以往由多家批发商分别向各个便利点送货的方式，改由一家在一定区域内的特定批发商统一管理该区域内的同类供应商，然后向7-11统一配货，这种方式称为集约化配送。集约化配送有效地降低了批发商的数量，减少了配送环节，为7-11节省了物流费用。

特定批发商（又称为窗口批发商）提醒了7-11，何不自己建一个配送中心？与其让别人掌控自己的经脉，不如自己把自己的脉。7-11的物流共同配送系统就这样浮出水面，共同配送中心代替了特定批发商，分别在不同的区域统一集货、统一配送。配送中心有一个计算机网络配送系统，分别与供应商及7-11店铺相连。为了保证不断货，配送中心一般会根据以往的经验保留4天左右的库存，同时，中心的计算机系统每天都会定期收到各个店铺发来的库存报告和要货报告，配送中心把这些报告集中分析，最后形成一张张向不同供应商发出的订单，由计算机网络传给供应商，而供应商则会在预定时间之内向中心派送货物。7-11配送中心在收到所有货物后，对各个店铺所需要的货物分别打包，等待发送。第二天一早，派送车就会从配送中心鱼贯而出，择路向自己区域内的店铺送货。整个配送过程就这样每天循环往复，为7-11连锁店的顺利运行修石铺路。

配送中心的优点还在于7-11从批发商手上夺回了配送的主动权，7-11能随时掌握在途商品、库存货物等数据，对财务信息和供应商的其他信息也能握于股掌之中，对于一个零售企业来说，这些数据都是至关重要的。

有了自己的配送中心，7-11就能和供应商谈价格了。7-11和供应商之间定期会有一次定价谈判，以确定未来一定时间内大部分商品的价格，其中包括供应商的运费和其他费用。一旦确定价格，7-11就省下了每次和供应商讨价还价这一环节，少了口舌之争，多了平稳运行，7-11为自己节省了时间也节省了费用。

**2. 物流配送的细化**

随着店铺的扩大和商品的增多，7-11的物流配送越来越复杂，配送时间和配送种类的细分势在必行。以中国台湾地区的7-11为例，全省的物流配送就细分为出版物、常温食品、低温食品和鲜食食品4个类别的配送，各区域的配送中心需要根据不同商品的特征和需求量每天作出不同频率的配送，以确保食品的新鲜度，以此来吸引更多的顾客。新鲜、即时、便利和不缺货是7-11的配送管理的最大特点，也是各家7-11店铺的最大卖点。

和台湾地区的配送方式一样，日本7-11也是根据食品的保存温度来建立配送体系的。日本7-11对食品的分类是：冷冻型（零下20℃），如冰淇淋等；微冷型（5℃），如牛奶、生菜等；恒温型，如罐头、饮料等；暖温型（20℃），如面包、饭食等。不同类型的食品会用不同的方法和设备配送，如各种保温车和冷藏车。由于冷藏车在上下货时经常开关门，容易引起车厢温度的变化和冷藏食品的变质，7-11还专门用一种两仓式货运车来解决这个问题，一个仓中温度的变化不会影响到另一个仓，需冷藏的食品就始终能在需要的低温下配送了。

除了配送设备，不同食品对配送时间和频率也会有不同要求。对于有特殊要求的食品如冰淇淋，7-11会绕过配送中心，由配送车早中晚3次直接从生产商门口拉到各个店铺。对于一般的商品，7-11实行的是一日三次的配送制度，早上3点到7点配送前一天晚上生产的一般食品，早上8点到11点配送前一天晚上生产的特殊食品如牛奶、新鲜蔬菜，下午 3 点到 6 点配送当天上午生产的食品，这样一日 3 次的配送频率在保证了商店不缺货的同时，也保证了食品的新鲜度。为了确保各店铺供货的万无一失，配送中心还有一个特别配送制度来和一日 3 次的配送相搭配。每个店铺都会随时碰到一些特殊情况造成缺货，这时只能向配送中心打电话告急，配送中心则会用安全库存对店铺紧急配送，如果安全库存也已告罄，中心就转而向供应商紧急要货，并且在第一时间送到缺货的店铺手中。

7-11 便利店凭借高效的物流配送系统，成功实现了物流低成本、高效率，在与其他零售企业的竞争中处于优势地位，是便利店业界的成功实例，其物流配送方略对我国便利店发展有着深刻的借鉴意义。

（本文节选自李政. 7-Eleven 成功的诀窍：高效的物流配送系统[J]. 市场周刊（新物流），2008，5）

## 实训

1. 上网收集资料，了解电子商务企业常用的物流配送方式；操作配送管理软件。
2. 通过物流管理模拟教学平台，学生分组进行角色扮演，模拟物流配送业务运作全过程。

## 本章习题

1. 简述电子商务下的物流配送特点及电子商务与物流配送的关系。
2. 比较传统物流配送与电子商务物流配送的异同点。
3. 论述我国电子商务物流配送的模式。
4. 简述电子商务物流配送方案的设计应考虑的因素。
5. 简述电子商务物流配送中心的规划与设计的原则与程序。

# 第8章

# 电子商务采购与库存管理

## 引例　海尔赢得全球供应链网络

在要么触网、要么死亡的因特网时代，海尔作为国内外一家著名的电器公司，迈出了非常重要的一步。海尔公司 2000 年 3 月开始与 SAP 公司合作，首先进行企业自身的企业资源计划（ERP）改造，随后便着手搭建电子商务采购平台（BBP）。从平台的交易量来讲，海尔集团可以说是中国最大的一家电子商务公司。

海尔集团首席执行官张瑞敏在评价该物流中心时说："在网络经济时代，一个现代企业，如果没有现代物流，就意味着没有物可流。对海尔来讲，物流不仅可以使我们实现 3 个零的目标，即零库存、零距离和零营运资本，更给了我们能够在市场竞争中取胜的核心竞争力。"在海尔，仓库不再是储存物资的水库，而是一条流动的河，河中流动的是按订单来采购生产必需的物资，也就是按订单来进行采购、制造等活动，这样从根本上消除了呆滞物资、消灭了库存。海尔通过整合内部资源，优化外部资源，使供应商由原来的 2 336 家优化至 978 家，国际化供应商的比例却上升了 20%，建立了强大的全球供应链网络，有力地保障了海尔产品的质量和交货期。不仅如此，更有一批国际化大公司已经以其高科技和新技术参与到海尔产品的前端设计中，目前可以参与产品开发的供应商比例已高达 32.5%，实现 3 个 JIT（Just In Time），即 JIT 采购、JIT 配送和 JIT 分拨物料的同步流程。

目前通过海尔的 BBP 采购平台，所有的供应商均在网上接受订单，并通过网上查询计划与库存，及时补货，实现 JIT 采购；货物入库后，物流部门可根据次日的生产计划利用 ERP 信息系统进行配料，同时根据看板管理 4 小时送料到工位，实现 JIT 配送；生产部门按照 B2B、C2C 订单的需求完成订单以后，满足用户个性化需求的定制产品，通过海尔全球配送网络送达用户手中。目前海尔在中心城市实行 8 小时配送到位，区域内 24 小时配送到位，全国 4 天以内到位的政策。

（本文由作者根据网络资料改写，原文见 http://wenku.baidu.com/view/1dc64840be1e650e52ea99c1.html）

## 8.1　电子商务采购

调查显示，应用互联网进行采购使产品成本降低 5%～10%，流程成本降低 70%，采购周期缩短 50%～70%。电子商务实现了供应链企业间跨越时间、空间的交互式、分布式交流，对采购活动产生了重大的影响。我国目前已经有不少企业及政府采用了网上采购的方式，对降低采购成本、提高采购效率、杜绝采购腐败起到了十分积极的作用，因此，应该大力提倡这一新的采购方式。

### 8.1.1　采购及采购管理

#### 1. 采购的定义与作用

狭义的采购是指买东西，扩展开来就是企业根据需求提出采购计划，审核计划，选好供应商，经过商务谈判确定价格、交货及相关条件，最终签订合同、收货、付款。广义的采购是指除采用购买方式采购货物之外，还可以用诸如租赁、租贷、交换的方式取得使用权，达到满足需求的目的。

采购是企业供应商购买货物的一种商业行为。企业经营活动所需的绝大部分货物通过采购获得，采购是企业物流的起点。低价格、高质量和良好服务是采购管理的基本要求。传统的采购管理知识只注重采购行为本身，考虑如何选好供应商，从而使企业在谈判中获利。现代物流管理告诉人们，与供应商建立一种合作伙伴关系，更有利于供需双方共同获利。

采购之所以重要是因为它的工作质量已经关系到企业的产品质量和成本。随着社会分工的进一步细化，企业经营方式向专业化、协作化发展，采购的比重呈上升趋势，它的地位也越来越重要。如今，发展成熟的企业普遍认识到企业获得利润的空间在企业内部已经很小，要进一步提高资源的利用率，只能把注意力扩大到整个供应渠道上。这是因为：其一，传统的销售方式已经走到了尽头，大而全、小而全的企业结构已越来越不能满足变化的市场需求，社会呼唤流通方式的变革。其二，人们发现在供应链所包含的系统内存在着巨大的改进空间，可以更好地利用资源，改进获利条件。虚拟企业、敏捷制造等新的概念预示新的生产方式的出现，其总的趋势是专业化分工协作，采购的重要性理所当然地上升到左右企业发展的战略高度。

### 2. 采购管理

#### 1）采购管理的定义及其重要性

采购管理是对企业采购活动的计划、组织、指挥、协调和控制的管理活动。采购管理的使命就是要保证企业的物资供应。也就是说，采购管理就是指为保障企业物资供应而对企业采购进货活动进行的管理活动。

企业采购管理的基本任务有 3 个：一是要保证企业所需的各种物资的供应；二是要从资源市场获取各种信息，为企业物资采购和生产决策提供信息支持；三是要与资源市场供应商建立友好且有效的关系，为企业营造一个宽松有效的资源环境。其中第一项是最重要、最基本的任务。

采购管理的重要性首先体现在它处于企业经营生产的中心作用上。任何一个组织，其生产运作所需要的投入都离不开物料。对于一个制造业企业来说，它需要从外部供应商那里购买所需的原材料和零部件；对于一个服务业企业来说，它需要从外部供应商那里购买各种消耗品；对于批发零售业企业来说，采购更是其整个运作活动的主要部分。不同企业的采购成本在其销售收入中的比重不尽相同，但都是不可忽视的部分。对采购的有效管理是降低企业成本、增加企业利润的重要途径。同时，采购管理与库存管理有着密切的关系。采购管理不当会造成大量多余库存，而库存会导致占用大量企业资金并发生管理成本，对企业生产的影响是至关重要的。

#### 2）采购管理的目标

由于采购管理的重要性，企业生产经营过程中就需要十分注重采购管理的有效性和合理性，通过采购管理达到降低成本、增加效益的目标。采购管理的基点是企业的整体采购，是对企业所有的采购活动进行有效管理。在此基础上，采购管理实现整个企业的物资供应，并达到适时适量、保证质量、成本最低 3 个基本目标。

（1）适时适量。适时适量是企业采购管理的首要目标。物资采购既不是越多越好，也不是越早越好。物资进少了，或者进迟了，会产生缺货，导致生产停顿；物资进多了，或者进早了，则会占用大量企业资金，增加管理成本。因此，采购管理在时间和数量方面的控制是第一目标。

（2）保证质量。采购的物资必须符合生产需要的质量标推，保证企业生产出来的产品或提供的服务也是质量合格的。采购质量直接影响了生产和服务质量。但是，并不是说采购物资的质量越高越好。质量越高，意味着更高的采购成本，质量标准过高会造成浪费。因此，采购物资的质量也需要是适度的。

（3）成本最低。在物资采购的每个环节、每个方面都要发生各种各样的费用，如购买费用、进货费用、检验费用、入库费用、搬运装卸包装费用、保管费用等。因此，在物资采购的全过程中，要运用各种采购策略，使总的采购成本最低。

3）采购管理的基本内容

（1）采购流程。采购流程是指企业选择和购买生产和经营所需的各种原材料、零部件、设备等物资的全过程。在这个过程中，作为购买方：第一，要根据内部需求拟定采购计划；第二，要寻找相应的供应商，调查其产品在数量、质量、价格、信誉等方面是否满足要求；第三，在选择确定供应商后，以订单方式传递详细的采购计划和需求信息给供应商，并商定结算方式，以便供应商能够准确按照客户的要求进行生产和供货；第四，配合库房验收供应商所供应的物资；第五，要定期对采购工作进行评价，寻找能提高效率的采购流程创新模式。上述采购流程可以表示为图 8-1。

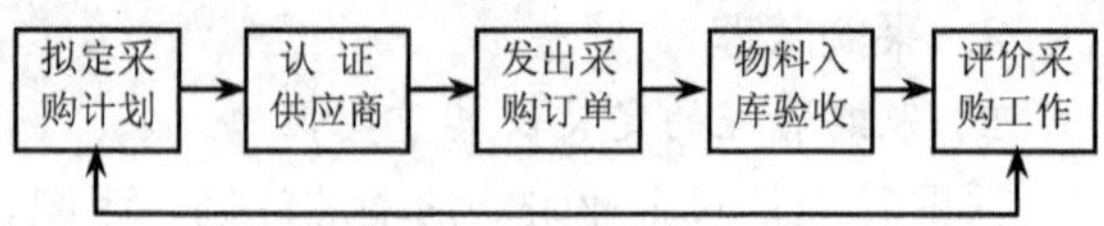


图 8-1　采购流程简图

一个完善的采购流程应满足所需求物资在价格、质量、效量、区域之间的综合平衡，即物资的价格在供应商中的合理性，物资质量在制造所允许的极限范围内，物资的数量能保证制造的连续性，物资的采购区域能实现经济性等要求。另外，采购的目的是为了制造的需要。所以，采购流程通常会跨越企业内部多个职能部门，如生产部、质检部、财务部、库房等，而一个有效的采购流程通常是这些部门相互协调一致的结果。

（2）采购管理的内容。采购管理一般包括采购计划管理、采购订单管理及发票校验 3 个部分。

① 采购计划管理。采购计划管理是指为企业制订和管理采购计划，提供及时、准确的采购计划和执行路线。采购计划包括定期采购计划（如周、月度、季度、年度）和非定期采购计划（如系统根据销售需求产生的采购需求）。采购计划管理通过对多对象、多元素的采购计划的编制、分解，将企业的采购需求变为直接的采购任务，支持企业以销定购、以销定产等多种采购应用模式，支持多种设置灵活的请购单生成。

② 采购订单管理。采购订单管理以请购单为源头，对从供应商确认订单、发货、到货、检验、入库等采购订单流转的各个环节进行准确的跟踪，实现全过程管理。通过流程配置，可进行多种采购流程的选择（如订单直接入库，或经过到货质检环节后入库等）。在整个过程中，可以实现对采购存货的计划状态、订单在途状态、到货待检状态等的监控和管理。采购订单可以直接通过电子商务系统发向对应的供应商，进行在线采购。

③ 发票校验。发票管理是采购结算管理中重要的内容。采购货物是否需要暂估、劳务采购的处理、非库存的消耗性采购处理、直运采购业务、受托代销业务等均在此进行处理。

## 8.1.2　电子商务采购概述及特点

电子商务环境为采购管理带来全新的内容。电子商务环境下，企业的采购管理采用计算机技术、网络技术和其他信息技术来提高采购效率，降低采购成本，从而创造企业新的利润。由于信息技术的充分应用，电子商务环境下的采购管理具有更为独持和崭新的性质。

### 1. 电子商务采购概述

电子商务是交易各方利用开放网络，按照一定标准进行的各类商业活动，是商务活动的电子化。电子商务的产生使传统的采购模式发生了根本性的变化。这种采购模式的变化使企业采购成本和库存量大幅下降，采购人员和供应商数量得以减少，资金流转速度得以加快，采购效率大大提高。

电子商务环境下的采购，也称网上采购，是通过电子商务交易平台发布采购信息或主动寻找供应商、寻找产品，然后通过网上洽谈、比价、竞价等谈判活动，签订网上订购合同，实现网上货款支付，最后通过实际物流进行货物的实物配送，完成整个交易过程。随着电子商务普及率和应用水平的不同，电子商务采购管理的信息化程度也有不同。如果网络环境安全机制不健全，可能无法实现网上签订合同、网上支付货款，或者可以不同程度地在网上实现。如果信息技术应用水平较高，安全机制健全，则除了实物配送环节无法电子化外，其他工作都可以在网络中完全通过电子化实现。

电子商务采购为采购者提供了一个全天候、全透明、超时空的采购环境。在电子商务环境下，采购信息可以在更广泛的范围内得以传播，吸引更多的供应商参与采购；供应商的产品也可以得到更多的采购机会；采购、供应双方的价格机制更为透明，为降低采购成本奠定了基础。

### 2. 电子商务采购的特点

因特网的应用，为商务活动提供了一个信息传递快、信息量大、成本低、范围广、公开化、透明化的电子环境，为电子商务及其采购活动提供了变革的机会和基础。电子商务环境下的采购活动，有以下较为明显的特点。

1）超越时空

采购信息、产品信息等都可实现 7×24 小时全天候发布，全球供应商可以参与更大范围的采购活动。采购信息的广泛发布，可能会引来更经济的供应商和产品。采购商可以更多地选择供应商，供应商也可以在更大范围内寻找合适的采购商。在时间、空间方面的突破，是电子商务采购最明显的特色。

2）公开性

由于因特网本身有信息公开的特点，公众或企业可以平等地获得采购信息、产品信息和招标公告，可以切实保证整个操作过程的公正、公平。

3）交互性

虽然传统采购的交互性更强，但电子商务环境下的交互性可以跨越空间的限制，而且是多种媒体、多种信息的交互，既准确又广泛，有利于大量有关信息的沟通。

4）标准化

采购流程由于信息系统的约束，减少了人工的干预，必须按照信息系统中既定的流程和规范运作，提高了流程标准化，提高了工作效率，更多地吸引劳动者参与。

5）低成本高效率

新技术的应用一般会带来成本的节约，而信息技术的应用更为采购成本的降低提供了充分的条件。网络上价格透明后，能够避免由于信息不足带来的价格歧视；电子化的流程操作，减少了用户的劳作程度，减少了办公用品的消耗；网上操作的方便性，也可减少采购管理的人力资本，省人力、省时间、省工作量，总成本最小。伴随着低成本，电子商务环境下的采购管理会得到更多的效率提高，在网上发布公告、与供应商的通信联系、供应商的投标书等都与网络相关，而因特网的信息传输成本低、速度快、效率高，决定了电子商务采购管理的高效率。

小资料

**电子化采购**

电子化采购使企业通过网络寻找合适的供应商和物品，随时了解市场行情和库存情况，编制销售计划，在线采购所需的物品，并对采购订单和采购物品进行在途、台账和库存管理，实现采购的自动统计分析，网上采购使采购流程得以优化，并在降低采购成本、提高采购效率、增加采购透明度等方面使采购企业和供应商双方受益，实现“双赢”。

（本文节选自赵莉，吴学霞.电子商务概论[M].武汉：华中科技大学出版社，2009，2）

### 8.1.3 电子采购平台、表现形式及程序和实施步骤

#### 1. 电子采购平台

实施战略采购的电子商务平台主要有以下几类：

（1）基于 Internet 的采购平台。目前战略采购的供应链解决方案提供的一般是基于 Internet 的采购，企业利用 Internet 技术建立采购平台可以降低直接采购和间接采购的成本。企业依托 Internet 技术建立采购平台，以获得信誉好的供应商和高效率、低成本的采购过程。它通过对供应商各个方面信息的分析和考察，帮助用户确定哪个供应商可以提供最符合要求的高质量的产品。用户可以将采购过程和业务决策自动化，并且可根据实际需要，随时对工作流程进行修改和调整，以适应不断变化的市场情况。通过 Internet 和 EDI 与供应商保持良好的沟通，可以使企业对供应商的状况了如指掌，同时也可以使供应商了解企业的需求，并做出迅速的反应。

（2）公共型电子采购平台，又称开放式电子采购平台。它是面向整个社会服务的，并以独立于买卖双方的第三方地位为特征，可以提供在线电子采购、在线竞标和竞拍，以及与离线战略采购相结合的战略在线采购等全方位采购服务。开放式电子采购平台有利于企业以实惠的价格在网上获得快速信息交换，有效简化供应链，从而降低整个产品成本。其好处包括：能够提高市场透明度，让购买方更全面地了解供应市场；通过大量买方和卖方聚集在线上交易，保证市场内部供求的有效衔接；能够冲破地理和语言障碍，使供应商和采购商在全球范围内寻找商业伙伴并与之交易，有利于国内供应商打进国际市场；通过信息共享改善资源分配，大大缩短供货周期，大大提高合同或订单的标准化率，同时极大地提高竞标效率和整个竞标过程的透明度和公平性。

（3）企业计算机辅助订货系统（Computer Assisted Ordering，CAO）。CAO 是指基于库存和客户需求信息，利用计算机进行自动订货管理的系统，构成电子采购平台的基本功能支持体系。

小资料

**东方希望电子采购平台**

东方希望电子采购平台（EPS）到现在，已经成功运营 500 多天了。目前东方希望集团重化工业子公司所有采购信息已经实现了 100%网上发布采购信息、供应商网上查询，网上应标，中标通知网上公告等。

东方希望集团，作为中国改革开放后建立的第一批民营企业，目前已发展成为集农业、重化工业产业链等为一体的特大型民营企业集团。2010 年 8 月，东方希望以 324 亿销售收入，名列中国民

营企业 500 家第 18 位，制造业中名列第 10 位。

面对越来越巨大的采购支出，集团采购业务人员显得越来越不够用，采购响应能力、响应效率越来越不足，采购部忙于日常的采购事务性工作而无法用心于供应商资源的分析、评估、绩效考核、成本分析等采购核心价值工作的深入……传统的电话、书面传真等采购方式，已经跟不上集团上下快速发展的步伐了。不仅如此，集团更深刻认识到占企业销售额 60%~80%的采购支出，如果能更有效的管理，控制采购成本，哪怕只是 3%的成本节约，那也是近 10 亿的企业净收益，但如果这 10 亿元的净收益想从销售端获取，可就得提高 30%以上的销售额才能实现。

集团招投标部，将采购战略价值的提升列为企业核心竞争力的重要组成部分，牵手一采通，共建东方希望电子采购平台（EPS）。东方希望电子采购平台（EPS）运营效果如下：

（1）建立了东方希望自己的采购文化，形成采购机制与方法的有效传承。

（2）采购信息的公开化。

（3）扩大了寻源范围，优化了供应商资源，建立了供应商主动竞争机制。

（4）采购效率显著提升。

（5）加强了对采购过程的有效监控。

（6）有效降低了采购成本，创造收益。

通过一采通 EPS，东方希望集团平均每年节约采购成本 3.2%，运营 500 天，平均每天节约开支 20 万，真正实现了采购部门的战略价值，让采购成为了企业盈利的新源泉。

（本文由作者根据网络资料改写，原文见 http://news.xinhuanet.com/tech/2011-07/19/c_121687749.htm）

### 2. 电子采购的表现形式

目前，电子采购主要表现为 B2B 的形式，其实现途径主要分 3 种：通过采购方的网络；通过供应方的网络；通过第三方的公共网上采购平台。通过采购方的网络实现电子采购的一般过程如下：

（1）公司员工或申请部门通过一个界面，例如，IE 浏览器填写订购要求。

（2）订单以电子方式传递给相应的管理程序，被自动审核。

（3）必要时订单被提交企业的主管人员审批。

（4）订单被批准后，以电子方式通告给供应商，并且被执行完成。

（5）订购的商品或服务接下来将登记到可支付账户的财务核算系统，并且被传递到申请人手中。

上述的电子采购过程中，在企业的内部，采购申请主要通过 Intranet 进行传递。在申请被批准并形成订单后，在企业外部的传递对网上采购的效率影响最大，途径也十分多样化。目前，国际流行的网上采购数据传送途径主要包括以下几种形式：人工向供应商发送电话或纸质文件、传真订购；向供应商发送电子邮件订单；向供应商的站点提交订单；门户网站招标；与供应商基于相同的 ERP 系统的集成；电子交易平台等。

采购方以专用的密码登录采购中心网站的管理员专页，按照既定的格式填写项目的基本信息、采购需求及开标时间，发布的信息确认后，数据被提交给网站的数据库系统，并自动向每个供应商网员单位发出采购信息的电子邮件通知，同时在供应商网员专页上进行公告，保证所有供应商网员单位及时得到采购信息。

那么，供应商是如何得到这些信息的呢？原来，这些被称之为网员单位的供应商都是经过资质认定后，拥有自己的专用密码，可以及时上网获取采购信息，并可在线填写投标信息，包括总报价、明细报价、产品的具体配置、售后服务等内容。

报价是投标胜出的关键，一旦上网岂不无密可保了吗？依赖技术手段，所有供应商网员的报价信息只有自己掌握，其他供应商网员及采购中心操作人员无法获知。由于供应商网员有网员保证金作为担保，因此不需要每次交纳投标保证金，降低了招投标手续的烦琐性。到了开标时间，供应商网员单位不能再修改项目的投标信息。采购中心工作人员以专用密码登录管理员专页进行网上开标，打开所有投标网员的报价信息。在开标现场，由临时组成的定标小组按照既定的定标办法确定中标单位。确定中标人后，系统自动向所有供应商网员单位发出采购结果电子邮件，并及时在网员专页上公布。

目前，第三方的公共网上采购平台在具体业务操作方面，除提供包括网上交易、网上竞标拍卖、电子目录采购等方式外，还提供许多增值服务，如通过连接企业生产资源规划系统来指导和控制企业的采购和流通管理、网上认证、网上支付和信贷、网上物流等，来为买卖双方提供一体化全方位服务。

**3. 电子采购的程序与实施步骤**

1）电子采购的程序

网上采购程序主要包括：采购前的准备工作、采购中供需双方的磋商、合同的制定与执行、交付与清算等环节。如图 8-2 所示。

（1）采购前的准备工作。对于采购商来说，采购前的准备过程就是向供应商进行宣传和获取有效信息的过程。在网络环境条件下，将演变成供应商积极把自己产品的信息资源（如产品价格、质量、公司状况、技术支持等）在网上发布，企业则随时上网查询并掌握自己所需要的商品信息资源。双方推拉互动，共同完成商品信息的供需实现过程。在网络环境中，信息的交流通常是通过登录和浏览对方的网站和主页完成，其速度和效率是传统方式所无法比拟的。采购前的信息交流主要是企业对供应商的产品价格和质量进行了解。因此，价格在很大程度上决定着采购决策。

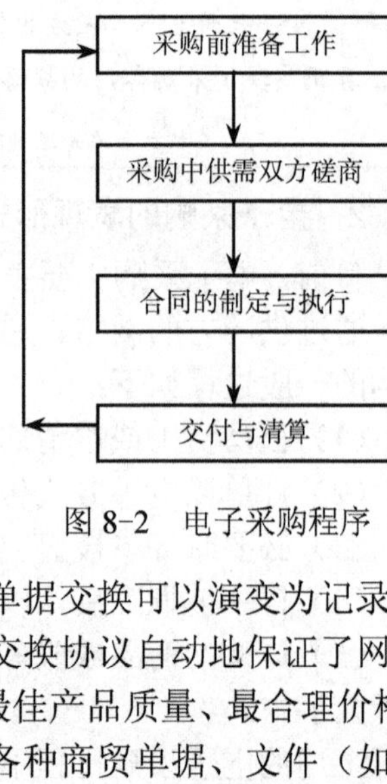

图 8-2　电子采购程序

（2）供需双方的磋商。在网络环境下，传统采购磋商的单据交换可以演变为记录、文件或报文在网络中的传输过程。各种网络工具和专用数据交换协议自动地保证了网络传递的准确性和安全可靠性。企业一旦选择了合适的能保证最佳产品质量、最合理价格、最优质服务的供应商，就可以在网上与其进行磋商、谈判。各种商贸单据、文件（如价目表、报价表、询盘、发盘、订单、订购单应答、订购单变更要求、运输说明、发货通知、付款通知、发票等）在网络交易中都变成了标准的报文形式，减少了漏洞和失误，规范了整个采购过程。

（3）合同的制定与执行。磋商过程完成之后，需要以法律文书的形式将磋商的结果确定下来，以监督合同的履行，因此双方必须以书面形式签订采购合同。这样一方面可以杜绝采购过程中的不规范行为，另一方面也可以避免因无效合同引起的经济纠纷。因为网络协议和网络商务信息工具能够保证所有采购磋商文件的准确性和安全可靠性，所以双方都可以通过磋商文件来约束采购行为和执行磋商的结果。

（4）支付与清算过程。采购完成以后，货物入库，企业要与供应商进行支付与结算活动。企业支付供应商采购价款的方式目前主要有两大类：一类是电子货币类，包括电子现金、电子钱包和电子信用卡等；另一类是电子支票类，如电子支票、电子汇款、电子划款等。前者主要用于企业与供应商之间的小额支付，比较简单；后者主要用于企业与供应商之间的大额资金结算，比较复杂。

2）电子采购的实施步骤

（1）进行采购分析与策划，对现有采购流程进行优化，制订出适宜网上交易的标准采购流程。

（2）网站是进行电子商务采购的基础平台，可以通过虚拟主机、主机托管、自建主机等方式来建立网站，特别是加入一些有实力的采购网站，通过它们的专业服务，可以享受到非常丰富的供求信息，起到事半功倍的作用。

（3）采购单位通过互联网发布招标采购信息（即发布招标书或招标公告），详细说明对物料的要求，包括质量、数量、时间、地点等，以及对供应商的资质要求等。也可以通过搜索引擎寻找供应商，主动向他们发送电子邮件，对所购物料进行询价，广泛收集报价信息。

（4）供应商登录采购单位网站，进行网上资料填写和报价。

（5）对供应商进行初步筛选，收集投标书或进行贸易洽谈。

（6）由程序按设定的标准进行自动网上评标，或由评标小组进行分析评比选择。

（7）在网上公布中标单位和价格，如有必要对供应商进行实地考察后签订采购合同。

（8）中标单位按采购订单通过运输交付货物，采购单位支付货款，处理有关善后事宜。按照供应链管理思想，供需双方需要进行战略合作，实现信息的共享。采购单位可以通过网络了解供应单位的物料质量及供应情况，供应单位可以随时掌握所供物料在采购单位中的库存情况及采购单位的生产变化需求，以便及时补货，实现准时化生产和采购。

电子商务采购是一种非常有前途的采购模式，它主要依赖于电子商务技术的发展和物流技术的提高，依赖于人们思想观念和管理理念的改变。我国目前已经有不少企业及政府采用了网上采购的方式，对降低采购成本、提高采购效率、杜绝采购腐败起到了十分积极的作用，因此应该大力提倡这一新的采购方式。

### 8.1.4　电子采购交易咨询服务平台建设

#### 1．建立电子采购咨询服务平台的重要性

信息咨询服务业是一项有着广阔前景的朝阳产业，电子采购咨询服务平台是电子采购交易体系系统进行交易知识、知识管理和基于知识库进行优质服务的核心支撑平台，在降低软件企业的开发成本与风险、提高企业的开发效率与效益方面发挥着重要的作用。

1）电子采购发展的需求

在全球性的信息化革命进程中，电子采购交易成为主力军之一。电子采购交易的推广与应用，离不开咨询服务平台的建设。电子采购咨询服务平台是电子采购发展的必然需求。

2）降低企业的交易成本

由于市场信息的不对称，企业的市场交易成本普遍较高。在现代社会，企业特别是民营企业交易成本有可能占到总成本的四分之三，而生产成本只占到其中四分之一。信息咨询服务能为企业带来及时、准确且有针对性的信息，从而降低企业过高的交易成本，以增强产品的市场竞争力。

3）降低软件企业的开发风险

在现代市场经济条件下，软件企业开发的复杂性、系统性和风险性尤为突出。在软件开发过程中，企业决策者往往不能准确地知道自己某项开发的结果，或者说，决策者对自己将要开发的软件产品所涉及的相关经济和技术变量缺乏足够的信息，面临着相当

高的开发风险。因此，如果决策者在做出决策前能够掌握更多有效的技术数据信息，就可以降低软件开发的风险。

4）提高软件企业的开发效率

随着我国市场机制的逐步完善和世界经济一体化进程的加快，软件企业间的竞争加剧。通过电子交易的信息咨询，相关软件企业可以了解自己产品在市场上的所占份额、客户对产品的满意度、产品的市场需求状况和电子采购交易相关的技术数据等对自己的产品进行完善。

5）提升软件企业的创新能力

当今世界正在经历一场全球性的科学技术革命，科技竞争日趋激烈。企业必须要把自主创新作为未来发展的战略基点，大力提高自主创新能力。而技术创新很大程度上是由信息咨询服务拉动的。没有信息咨询服务，不了解国内和国际上前沿科技的发展，企业的技术创新之路就会受阻。

### 2. 电子采购咨询服务平台的建设内容

电子采购交易领域的服务咨询平台的建设主要包括知识库的建设、数据管理系统的开发和人才团队的组建。

1）建设知识库

电子采购交易知识库是电子采购交易咨询服务平台的基础，为其提供知识服务数据。电子采购交易知识库包括法律法规库、采购业务库、专家库、质疑投诉库、代理机构库、电子采购交易论坛等。其中，电子采购业务库包括建设工程业务库、政府采购业务库、产权交易业务库、土地交易业务库等。建立与电子采购交易相关的法律法规库，为所有用户提供相关领域法律法规的咨询服务；建立业务知识体系，为中小型电子采购交易系统的开发商提供业务知识方面的咨询服务；在业务知识体系基础上，形成快速搭建电子采购交易平台的解决方案。

2）开发数据管理系统

通过对法律法规、业务流程、数学模型、公共电子交易核心平台及通用组件、数据字典等咨询知识的梳理并形成系统和统一的数据管理系统，为电子采购交易人员提供集知识采集、知识资源整合、知识管理、知识沉淀与利用、知识搜索与挖掘、知识共享与交换等功能于一体的知识管理应用环境。

3）组建人才团队

电子采购交易咨询服务平台的服务应用需要有一支专业的优秀人才团队来维护和操作，建立一支面向电子采购交易领域的咨询团队，并通过电子交易知识体系向交易用户和中小型企业提供高端咨询服务。信息咨询服务人才素质的培养是未来信息咨询业发展具有持久生命力的保障。一方面，面向电子采购交易双方，培养专业知识人才，提供平台使用、数据维护、业务疑难、系统异常之类的咨询服务；另一方面，面向中小型软件企业，培养专业技术人才，提供采用“核心组件+交易规则”这种快速集成化的动态构建电子采购交易平台的服务。

## 8.2 库存管理

库存是一种闲置资源，不仅不会在生产经营中创造价值，反而还会掩盖企业管理中的各种内外矛盾，麻痹各级管理人员思想。但是，在实际的生产经营过程中，库存又是不可避免的，有时还是十分必要的。库存管理的核心内容就是如何在满足需要的前提下，保持合理的库存水平。库存管理不当会造成大量资金的沉淀，影响到资金的正常周转，同时还会因库存过多增加市场风险，给企业经营带来负面影响。因此，必须对库存进行有效地管理，消除不必要的库存，提高库存周转率。

## 8.2.1　库存概述

### 1．库存

1）库存的定义

库存（Inventory）是指暂时闲置的用于将来目的的资源。理解这个定义需要把握 3 个关键词：暂时闲置、将来目的、资源。

这里所说的资源，不仅包括工厂里的各种原料、毛坯、工具、半成品和成品，还包括银行里的现金，运输部门的车辆等。

资源的闲置就是库存，与这种资源是否能够存放在仓库中没有关系，与资源是否处于运动状态也没有关系。

2）库存理论研究的内容

库存理论研究的内容包括在什么时间，以什么数量，从什么来源补充库存，使得保持库存和补充库存的总费用最少。在制造业和仓储业中，库存分析的目的是为了规范以下两个问题：

（1）应该什么时候进行订购？

（2）订购量应该为多少？

3）库存的作用

（1）库存使企业能够实现规模经济。

① 在采购方面，大批量的采购可以获得价格折扣，可以减少由于价格上涨而带来的损失，可以限制或降低运输成本。

② 在制造方面，库存也可能实现制造的规模经济。

（2）库存能够平衡供给与需求。

（3）库存能够预防不确定性的、随机的需求变动以及订货周期的不确定性。

（4）库存在供应链中起缓冲器的作用。

（5）库存能够消除供需双方在地理位置上的差异。

4）持有库存的利弊分析

有很多原因可以解释为什么在分销渠道中持有库存。下面来讨论为什么在流通的各个层面都需要库存，为什么又希望将库存保持在最低水平。

库存的持有与客户服务或由此间接带来的成本节约有关。简单考查以下几个持有库存的原因。

（1）改善客户服务。至少在目前的物流模式下，人们无法设计出能对客户的产品或服务需求做出即时反应的运作系统，因为这样的运作系统是很昂贵的。库存使得产品或服务保持一定的可得率，当库存位置接近客户时，就可以达到较高的客户服务水平。库存的存在不仅保证了销售活动的顺利进行，而且提高了实际销售量。例如，在超市家电的货架上，对电视机、电饭锅等中小家电均存有现货，于是可保障在顾客需要购买的同时予以供货，防止客源的流失。但对于价值高或体积庞大的产品，现货供应成本可能是昂贵的，该类产品可能存放于地区分销中心，通过特别订购予以满足。

（2）降低生产成本。虽然持有库存会产生一些成本，但也可以间接降低其他方面的营运成本，两者相抵可能还有成本的节约。首先，持有库存可以使生产的批量更大、批次更少、运作水平更高，因而可能产生更好的经济效益。库存在供求与需求之间起着缓冲器的作用，可以消除需求波动对产出的影响。

（3）降低运输成本。持有库存有助于实现运输中的成本节约。采购部门的购买量可以超过企业的即时需求量以争取价格或数量折扣。持有额外库存带来的运输成本可以被价格降低带来的收益所抵消。与之类似，企业常常可以通过增加运输批量、减少单位装卸成本来降低运输成本。但增加运输批量会导致运输渠道两端的库存水平都增加，运输成本的节约也可以抵消库存持有成本的上升。

（4）获得价格折扣。先期购买可以用当前交易的低价格购买额外数量的产品，从而不需要在未来以较高的预期价购买。这样，购买的数量比即期需求量要多，导致库存也会增多。但是，如果预期未来价格会涨，那么先期购买产生库存也是有道理的。

（5）平抑需求与运输的波动性。整个分销系统需求和运输的波动也会造成不确定性，同样会影响运作成本和客户服务水平。为抵消波动的影响，企业常常在运作渠道中的多个点持有库存以缓冲不确定因素的影响．使配送更加平稳。

（6）预防突发事件。物流系统中也会出现计划外或意外的突发事件。几种常见的情形包括：自然灾害、需求激增、供货延误等。于是，持有库存可以起到一定的保护作用。在物流渠道的关键点持有一些库存还可以使系统在一定时间内继续运作，直到突发事件过去。

但近年来，有许多人对持有库存提出批评，认为库存是不必要的浪费，对持有库存的批评主要围绕几个方面。

① 库存被认为是一种浪费。库存占用了大量的资金，且不能对产品的价值做出直接的贡献。

② 库存可能掩盖质量问题。当质量问题浮现出来，人们倾向于清理持有的库存，以保护所投入的资本。纠正质量问题的努力可能会延缓下来。

③ 持有库存鼓励人们以孤立的观点来看待物流渠道整体的管理问题。有了库存，人们常常可能将物流渠道的一个阶段与另一个阶段分离开来。将物流渠道作为一个整体来考虑的一体化决策带来的机遇可能会减少。而如果没有库存，企业不可避免地要同时对渠道中不同层次的库存进行计划和协调管理。

### 2．库存的分类

库存可以从库存产品的用途、存放地点、持有目的、来源、所处状态或从生产角度和经营角度等几个方面来分类，以下从存放地点和持有库存目的来对其分类。

#### 1）按存放地点分类

库存按其存放地点可分为制造商库存、在途库存、分销中心库存及零售商库存。

（1）制造商库存。指产品已经在制造企业中产出，存放于制造商仓库留待进入分销渠道的库存。

（2）在途库存。指正在运输途中的各种库存。

（3）分销中心库存。指在各级分销中心留待运出的各种库存。

（4）零售商库存。指零售商留待销售的库存。

#### 2）按持有库存目的分类

按持有库存的目的可以分为经常库存、安全库存、加工和运输过程库存、季节性库存、时间效用库存和沉淀库存或积压库存。

（1）经常库存。经常库存也称周转库存，是指为满足客户日常的需求而建立的库存。经常库存的目的是为了衔接供需，缓冲供需之间在时间上的矛盾，保障供需双方的经营活动都能顺利进行。这种库存的补充是按照一定的数量界限或时间间隔反复进行的。

（2）安全库存。安全库存是指为了防止由于不确定因素（如突发性大量订货或供应商延期交货）影响订货需求而准备的缓冲库存。根据资料显示，这种缓冲库存约占零售业库存的 1/3。

（3）加工和运输过程库存。加工库存是指处于流通加工或等待加工而暂时储存的商品。运输过程的库存是指处于运输状态（征途）或为了运输目的（待运）而暂时处于储存状态的商品。

（4）季节性库存。季节性库存是指为了满足特定季节中出现的特定需求而建立的库存，或者对季节性生产的商品在出产的季节大量收储所建立的库存。

（5）时间效用库存。时间效用库存是指为了避免商品价格上涨造成损失而建立的库存。

（6）沉淀库存或积压库存。沉淀库存或积压库存是指因商品品质变坏或损坏，或者因没有市场而滞销的商品库存，还包括超额储存的库存。

**小资料**

**青岛啤酒的仓库制度**

目前，青岛啤酒集团仓库面积由 7 万多平方米下降到 29 260 平方米，产成品库存量平均降到 6 000 吨，多以建筑形式呈现，储藏数量、仓库的选址、储藏方式及管理方式，都体现了库存量合理化、地点合理化、机构合理化、时间合理化的特点。

青岛啤酒的仓库制度改革：

（1）青岛啤酒集团首先成立了仓储调度中心，对全国市场区域的仓储活动进行重新规划，对产品的仓储、转库实行统一管理和控制。由提供单一的仓储服务，到对产成品的市场区域分部、流通时间等全面的调整、平衡和控制，仓储调度成为销售过程中降低成本、增加效益的重要一环。

（2）转变仓储职能，强化仓储管理。传统的仓储管理是进多少、存多少，要多少、出多少。而我们根据现代物流的要求，对仓储功能进行优化配置，在各区域市场对其产品品种及销售量做出准确预测的基础上，对仓储的库存量规定了科学的定额，并设置上下限，低于下限发出要货指令，高出上限则不安排生产，使仓储成为调节生产与销售的“平衡器”，消除了以往那种淡季库存积压，旺季市场断货的“难言之隐”，大大降低了库存，满足了产品的新鲜度要求，真正实现了以市场为导向。实施的结果是取消了原湖岛中转库（面积 2 万平方米），李村库租用面积由原来的 50 960 平方米压缩到 29 260 平方米，平均库存降低到 6 000 吨。

（3）提高产品的保鲜程度。“我们要像送鲜花一样送啤酒，把最新鲜的啤酒以最快的速度、最低的成本让消费者品尝。”青啤人如是说。

仓储部门根据销售计划和库存及时向生产企业传递要货信息；生产厂有针对性地组织生产，物流公司则及时地调度运力，确保交货质量和交货期。同时销售代理商在有了稳定的货源供应后，可以从人、财、物等方面进一步降低销售成本，增加效益。经过一年多的运转，青岛啤酒物流网已取得了阶段性成果。首先是市场销售的产品新鲜度提高，青岛及山东市场的消费者可以喝上当天酒、当周酒；省外市场的东北、广东及沿海城市的消费者，可以喝上当周酒、当月酒。其次是产成品周转速度加快，库存下降使资金占用下降了 3 500 多万元。再次仓储面积降低，仓储费用下降 187 万元，市内周转运输费降低了 189.6 元。

（本文由作者根据网络资料改写，原文见 http://www.exam8.com/zige/wuliu/anli/201007/1487935.html）

### 3．库存的成本与费用

有 3 大类库存成本对库存决策起到重要作用，即采购成本、库存持有成本和缺货成本。这些成本之间互相冲突或存在背反关系。要确定订购量补足某种产品的库存，就需对其相关成本进行全面的权衡。

1）采购成本（Procurement Costs）

补货对采购商品的相关成本往往是决定再订购数量的重要经济因素。发出补货订单后，就会产生一系列与订单处理、准备、传输、操作、购买相关的成本。确切地说，采购成本可能包括不同订货批量下产品的价格或制造成本，生产的启动成本，订单经过财务、采购部门的处理成本，订单（常常通过邮寄或电子方式）传输到供应地的成本，货物运输成本（若采购价格不含运输费用），在收货地点的所有物料搬运或商品加工成本等。如果企业由内部供货，比如企业的工厂为自己的成品库补货，采购成本就要反映生产启动成本。如果采用的是运到价格，那么就不涉及运输成本。

上述有些采购成本相对每个订单而言是固定的，不随订单订货规模而变化。其他的一些成本，如运输成本、生产成本和物料搬运成本则不同程度地随订货规模变化。分析时，需要对各种情况稍加区别对待。

2）库存持有成本（Carrying Costs）

库存持有成本是因一段时期内存储或持有商品而导致的，大致与所持有的平均库存量成正比。该成本可分为 4 种：空间成本、资金成本、库存服务成本和库存风险成本。

（1）空间成本。空间成本是因占用存储建筑内立体空间所支付的费用。如果是租借的空间，存储费用一般按一定时间内存储产品的重量或体积来计算，例如：元/立方米 •月。如果是自有仓库或合同仓库，则空间成本取决于分担的运营成本，这些运营成本都是与存储空间相关的（如供暖和照明）；同时，还取决于存储量相联系的固定成本，如建筑和存储设施成本。在计算在途库存的持有成本时，不必考虑空间成本。

（2）资金成本。资金成本指库存占用资金的成本。该项成本可占到总库存成本的 80%，同时也是各项库存持有成本中最难确定的一项。其原因有两个：第一，库存是短期资产和长期资产的混合、有些库存仅为满足季节性需求服务，而另一些则为迎合长期需求而持有。第二，从优惠利率到资金的机会成本，资金成本差异较大。

（3）库存服务成本。保险和税收也是构成库存持有成本的一部分，保险作为一种风险保护措施，可以帮助企业预防火灾、地震、风暴或偷盗等意外事件所带来的损失；税收按仓库的平均库存水平征收，一般而言，税收只占总持有成本的较小比例。

（4）库存风险成本。库存产品可能会发生污染、变质、短少（偷窃）、报废以及包装破损等情况，由此造成的损失费用为库存风险成本，它也是库存持有成本的一部分。

3）缺货成本（Out of Stock Costs）

当客户下达订单，但所订货物无法由正常所指定的仓库供货时，就产生了缺货成本。缺货成本有两种：失销成本（Lost sales costs）和保留订单成本（Back order costs）。每种都事先假定客户会做出某种反应，但由于客户的反应无法捉摸，所以准确衡量缺货成本非常困难。

当出现缺货时，如果客户选择收回他的购买要求，就产生了缺货成本。该成本就是本应获得的这次销售利润，也可能包括缺货对未来销售造成的消极影响。那些客户容易以其他竞争性品牌来进行替代的商品（如面包、汽油或软饮料等）最容易产生缺货成本。

如果客户愿意等待订单履行，那么，就不会发生失销的情况，只会出现订单履行的延期，即会产生保留订单成本。如果延期交货的订单不是通过正常的分拨渠道来履行，那么，可能由于订单处理、额外的运输和搬运成本而产生额外的办公费用和销售成本。

这些成本是实际发生的，因而衡量起来并不困难。同时，也会有无形的、失去未来销售机会的成本，这是很难衡量的。那些在客户心目中有差异的产品（如汽车和大型仪器）更容易出现保留订单的情况，而客户不会去选择替代品。

#### 4. 不同企业中的库存问题

零售企业所遇到的是与消耗品和成品有关的库存问题。零售企业从批发企业或直接从生产厂得到其所经营的商品，这些商品形成了产成品库存，为了进行正常的经营活动所需耗用的消耗品则构成了消耗品的库存。零售企业主要强调库存周转时间和周转速度，因为加快零售商品库存的周转就可以获得更多的商业利润。

批发企业从制造企业买入大批商品并把它分销给零售企业，这些商品构成产成品库存。批发企业购买大批量的商品，但小批量地出售给零售企业，因此批发企业的经济合理性，来自其有无能力以小批量向零售企业提供来自不同制造企业的不同类型的商品。在正常的经营活动中也产生对消耗品的需求，从而涉及有关消耗品的库存问题。

对制造企业来说，批发系统或直接从生产厂家购入原材料，经过生产过程使之形成特定的产成品。因此，制造企业的库存从原材料和零部件开始，包括处于生产过程中尚未完工的制品，直至以产成品告终。制造企业涉及全部 4 类库存类型（见表 8-1），其库存种类、数量较多，库存问题也最复杂。

**表 8-1　库存类型表**

| 企业类型 | 库存类型 | | | |
|---|---|---|---|---|
| | 消耗品 | 原材料 | 在制品 | 产成品 |
| 零售 | | | | |
| 批发 | | | | |
| 制造 | | | | |

### 8.2.2　库存管理概述

#### 1. 库存管理的目标

所谓库存管理，就是对于库存货物的控制、作业与管理。库存管理与仓储管理既有区别又有联系。一般仓储管理主要是指对于仓库和仓储作业的管理，库存管理主要是对库存货物进行的管理，但是二者又是紧密联系的。仓储管理中的具体内容都落实到库存货物上，都是结合库存货物进行的。

库存管理基于两点考虑：一个是顾客服务水平，即在正确时间、正确地点、供应适量的所需物品；另一个则是总成本，包括订货成本、库存持有成本、缺货成本和物品成本。

库存管理总目标是：在库存投资有限的情况下，以最低成本达到一定的顾客服务水平。为实现该目标，管理者必须对持有的库存水平、库存补充时机与补充量（即订货量）做出科学决策。评价库存管理绩效的指标包括顾客服务水平（或缺货风险）、库存投资收益率、库存周转率与天数。

顾客服务水平是满足需求的程度。一般来说，库存水平高，服务水平也高。库存投资收益率是指在一定时期内，销售收入（或利润）与库存投资的比率。库存周转率是指在给定一段时间（年）内，库存总额周转或者出售的次数。它可以用年销售额（成本）除以库存价值求得。较高的周转次数意味着一定数额的投资所带来的高销售额和相应较低的单位库存成本。即库存周转率=销售额（成本）/库存价值，而库存天数是库存周转率的倒数。

在生产企业中，仓库是为生产服务的。生产线一开，就需要原材料、零部件、设备和工具等。而且生产企业的生产线是要常年持续运行的，如果哪一个环节、哪一个时刻没有了材料供应，就会停工待料，将会给企业造成巨大损失。

在流通企业中，商店每天都有顾客来买货，每天都要给用户发货。如果仓库里没有现货供应，企业的销售就无法进行，企业就会蒙受销售利润损失。日常消费生活也是如此，保证消费稳定性和连续性的基础是源源不断的库存供给。所以，无论是生产、流通还是消费，都离不开库存货物，仓库的第一任务就是要保障供应。

要做到保障供应，一个简单的办法，就是在仓库里大量储存货物，形成很大的库存量。这样，一般不会产生缺货。但这种做法，必然需要占用大量库存资金，需要大规模的仓库，还需要多方面的保养维护，这都需要增加资金和保管费用，因而也就增大了营运成本，增加了企业负担。因此，库存管理不宜采用这样的办法，而应该千方百计降低成本。因此，仓库管理的任务就是要通过科学、有效、巧妙地运作，做到既保障供应，又降低成本，使这两个原本互相矛盾的目标最终都能得到实现。

**小资料**

**联想集团自动化立体库**

借助联想的 ERP 系统与高效率的供应链管理系统，利用自动化仓储设备、柔性自动化生产线等设施，联想在采购、生产、成品配送等环节实现了物流与信息流实时互动与无缝对接。供应商按联想综合计划系统提出的要货计划备好货后，送到联想生产厂自动化立体库，立体库自动收货、入库、上架。

联想集团北京生产厂生产线管理控制室，控制室的控制系统对联想计算机生产线的流程进行控制，并根据生产情况及时向供货商或生产厂的自动化立体库发布物料需求计划。

联想集团北京生产厂自动化立体库物料出货区，自动化立体库控制系统与联想计算机生产线系统集成并共享信息，当自动化立体库接收到生产计划要货指令后，即发布出货分拣作业指令，立体库按照要求进行分拣出货作业。

（本文由作者根据网络资料改写，原文见 http://hi.baidu.com/bjfym123/blog/item/7f395d414a3f3e3186947361.html）

### 2. 库存管理与控制分类

1）单周期库存与多周期库存

（1）所谓单周期库存即偶尔发生的对某种物品的需求，仅仅发生在较短的一段时间内或库存时间不可能太长的需求，以及经常发生的对某种生命周期短的物品不定量需求。单周期库存一般只存储一次，这些库存消耗完了之后不再重新补充，因而也被称作一次性订货量问题。

（2）多周期库存是指在足够长的时间里对某种物品的重复的、连续的需求，其库存需要不断地补充。多周期需求库存需要多次存储，即前一批货物用完之前，就需要把下一批货物重新入库，在一定时期内周而复始地存储同样的物品。

2）独立需求库存与相关需求库存

（1）独立需求库存是指用户对某种库存物品的需求与其他种类的库存无关，它表现出对这种库存需求的独立性。

（2）相关需求是指与其他需求有内在相关性的需求，根据这种相关性，企业可以精确地计算出它的需求量和需求时间，它是一种确定型需求。

3）确定型库存与随机型库存

（1）确定型是指物品需求量是已知和确定的，补充供应的前置时间是固定的，与订货批量无关。当这两个条件得不到满足时，确定型就不再适用。

（2）随机型是指物品的需求量和补充供应的前置时间至少有一个是随机变量。

### 3. 库存盘存系统

库存盘存系统有两种：定期盘存系统和永续盘存系统。在定期盘存系统中，按一定间隔期盘点库存中各种物品的实际数量，以确定各种物品的订货数量。如小型零售店经常采用这种方法。这种系统的优点是许多物品可以同时订货，使订货处理成本与运输成本更为经济。其缺点是在检查间隔期对物料缺乏控制，为防止检查间隔期缺货情况发生，需要保持额外的库存。

永续盘存系统则持续跟踪库存变化，随时掌握各种物品的当前库存水平。一般当库存水平达到预先确定的最低水平时，就进行固定数量 $Q$ 的订货，如银行的用户存取款业务。这种系统的优点是持续监控库存，有利于库存控制，及时发现缺货，减少缺货风险；此外，固定批量可以采用经济订货批量。缺点是连续记录库存水平增加了成本，而且定期也需要对库存实际水平进行盘存。永续盘存系统可采用双堆法或两仓法进行控制。两仓法是用两个容器存放库存，取用时，先从第一个仓进行，直到把它用完，然后就发出订货，第二个容器的库存满足订货期的需求。这种方法优点是不必记录每笔库存取用情况。双堆法是一种简单的及时库存记录系统，复杂的可以采用通用产品条形码和读码机自动记录物品出入库情况，使得库存记录系统能够随时提供现有库存情况，大大改善了库存管理。

永续库存系统既可以是批处理，也可以实施实时处理。在批处理系统中，库存记录被定期收集，进入系统；实时处理系统的优点是信息总是最新的。

### 4. 库存管理的过程

库存管理的过程可以分为如下几个方面。

（1）确定需求。即需求识别与需求预测。

（2）存货识别与编码。包括存货识别与合理化存货编码。物品编码的组成方式有：字母符号、字母与数字符号、数字符号。编码的方法有组码和条形码两种。

（3）订购批量与订购时间的确定。是指决定何时补充订货，补充多少数量。

（4）服务水平与安全库存的确定。

① 服务水平，指客户提出订货要求时，企业能够满足客户需求的可能性。如果能够在任何时候都能满足全部客户的订货要求，则订货服务水平为 100%；如果只能满足 80%的需求，则其订货服务水平为 80%。由于客户需求通常无法准确预测，企业常采用增大库存量的方法提高库存系统的服务水平。

② 安全库存，指在库存水平上增加一部分以满足不可预见的需求。安全库存取决于供需因素、库存策略及客观条件。安全库存可以预防预测与实际消耗之间有差异造成的损失，补充周转库存预防缺货。

（5）采购提前期管理。采购提前期又叫前置时间，它是指从订单发出到接收物品的时间间隔，它包括识别库存、确认库存、补充库存、与供应商联系、签订订单、催交货以及到货和验货时间。采购提前期可以是不变的，也可以是可变的。当采购提前期可变时，可以用某种概论分布来描述它。采购提前期的变化，常常会导致库存过多或缺货，因此在库存管理中应当重视采购提前期的管理。固定的、已知的和可靠的采购提前期通常都比变化的、较短的提前期好，因为后者会造成“放大”效应，即供应链局部小的波动会造成其他部分的很大的变化，这时对采购提前期的管理就会变得更复杂一些。

**小资料**

**沃尔玛供货系统**

沃尔玛通过 EDI（电子数据交换）系统把 POS（销售时点信息管理）数据传给供应方。供应方可以及时了解沃尔玛的销售状况、把握商品需求动向，及时调整生产计划和材料采购计划，供应方利用 EDI 系统在发货前向沃尔玛传送 ASN（预先发货清单），沃尔玛利用 EFT（电子支付系统）向供应方支付货款，把 ASN 和 POS 数据比较，就能迅速知道商品库存的信息。

沃尔玛把商品进货和库存管理职能移交给供应方，由生产厂商对沃尔玛的流通库存进行管理和控制，VMI（供应商管理库存）在流通中心保管的商品所有权属于供应方。供应方对 POS 信息和 ASN 信息进行分析，把握商品销售和沃尔玛的库存动向。在此基础上，决定什么时间、把什么商品、以什么方式发送，发货信息预先以 ASN 形式传送给沃尔玛，以多频度小数量进行 CRP（连续库存补充）。这样，供应方不仅能减少本企业的库存，还能减少沃尔玛的库存，实现整个供应链的库存水平最小化。对于沃尔玛来说，省去了商品进货业务，节约了成本，能够集中精力于销售活动，并且能够事先得知供应方的商品促销计划和商品生产计划，能够以较低价格进货。

（本文由作者根据网络资料改写，原文见 http://www.ccafm.com.cn/neikan3/wuliu.htm）

### 8.2.3　电子商务环境下的库存控制

#### 1．库存控制系统要素

1）仓库所在的地理位置

仓库所在的地理位置是库存控制系统中决定库存控制结果的最初要素。它在一定意义上是对存货供应条件的选择，即该供应条件是否能保证或满足某种方式的库存控制。

2）订货批次和订货数量

订货批次和订货数量是决定库存水平非常重要的因素。对于一个企业而言，库存控制是建立在一定要求的输出前提下，因此，需要调整的是输入，而输入的调整依赖于订货。所以，订货与库存控制关系十分密切，以至不少企业的库存控制转化为订货控制，从而解决库存问题。

3）运输

运输是库存控制的一个外部影响要素。有时候库存控制不能达到预期日标并不是控制本身或订货的问题，而是缘于运输的提前或延误。提前则提高了库存水平，延误则使库存水平下降，甚至会出现失控状态。

4）信息

在库存控制系统中，监控信息的采集、传递、反馈是控制的一个关键，它是信息要素在这个系统中的突出点。

5）管理

库存控制系统不是靠一条流水线、一种高新技术工艺等硬件系统的支持，而是靠管理，因此，管理要素的作用可能更大一些。

#### 2．传统库存控制模式

1）库存的分类管理——ABC 分类管理方法

一般来说，企业的库存物资种类繁多，每个品种的价格不同，且库存数量也不等，有的物资品种不多但价值很大，而有的物资品种很多但价值不高。由于企业的资源有限，因此，对所有库存品种均给予相同程度的重视和管理是不可能的，也是不切实际的。为了使有限的时间、资金、人力、物力等企业资源能得到更有效的利用，应对库存物资进行分类，将管理的重点放在重要的库存物资上，进行分类管理和控制，即依据库存物资重要程度的不同，分别进行不同的管理，这就是 ABC 分类方法的基本思想。

ABC 分类管理方法就是将库存物资按重要程度分为特别重要的库存（A 类库存），一般重要的库存（B 类库存）和不重要的库存（C 类库存）3 个等级，然后针对不同的级别分别进行管理和控制。ABC 分类管理方法包括两个步骤：一是如何进行分类，二是如何进行管理。

（1）如何进行分类。对库存物资通常按库存物资所占总库存资金的比例和所占库存总品种数目的比例这两个指标来分类。ABC 类库存物资的划分如图 8-3 所示。具体地说，A 类库存品种数目少但资金占用大，即 A 类库存品种约占库存品种总数的 5%~20%，而其占用资金金额占库存占用资金总额的 60%~70%。C 类库存品种数目大但资金占用小，即 C 类库存品种约占库存品种总数的 60%~70%，而其占用资金金额占库存占用资金总额的 15%以下。B 类库存介于两者之间，B 类库存品种约占库存品种总数的 20%~30%，其占用资金金额大约占库存占用资金总额的 20%左右。

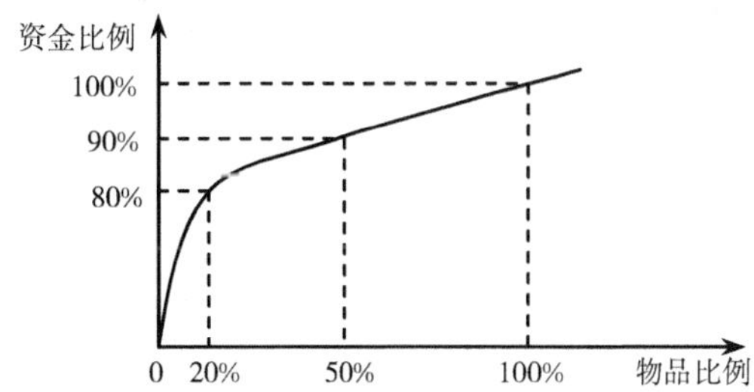

图 8-3 ABC 分类曲线图

以上按所占金额大小来分类的方法有一定的缺陷，例如，按金额来分类，可能出现某个品种被归为 C 类物资但却是生产过程中不可缺少的重要部件的现象。一旦发生缺货则会造成生产的停顿。为了弥补按金额大小分类方法的不足，研究出了重要性分析方法（Critical Value Analysis，CVA）。这种方法的基本思想是按照工作人员的主观认定对每个库存品种进行重要度打分，评出的分数称为分数值（Point Value），再依据分数值的高低将物资品种划分为 3~4 个级别，即最高优先级（Top Priority）、高优先级（High Priority）、中优先级（Medium Priority）、低优先级（Low Priority）。

（2）如何进行管理。在对库存进行 ABC 分类之后，接着便是根据企业的经营策略对不同级别的库存进行不同的管理和控制。

A 类库存：这类库存物资数量虽少但对企业却最为重要，是最需要严格管理和控制的库存。企业必须对这类库存定时进行盘点，详细记录及经常检查分析物资使用、存量增减、品质维持等信息，加强进货、发货、运送管理，在满足企业内部需要和顾客需要的前提下维持尽可能低的经常库存量和安全库存量，加强与供应链上下游企业合作降低库存水平，加快库存周转率。

B 类库存：这类库存属于一般重要的库存，对这类库存的管理强度介于 A 类库存和 C 类库存之间。对 B 类库存一般进行正常的例行管理和控制。

C 类库存：这类库存物资数量最大，但对企业的重要性最低，因而被视为不重要的库存。对于这类库存一般进行简单的管理和控制。比如，大量采购库存、减少这类库存的管理人员和设施、库存检查时间间隔长等。

对这 3 类库存的管理控制要求如表 8-2 所示。

表 8-2 ABC 分类管理

| 项目/级别 | A 类库存 | B 类库存 | C 类库存 |
|---|---|---|---|
| 控制程度 | 严格控制 | 一般控制 | 简单控制 |
| 库存量计算 | 依库存模型详细计算 | 一般计算 | 简单计算或不计算 |
| 进出记录 | 详细记录 | 一般记录 | 简单记录 |
| 存货检查频度 | 密集 | 一般 | 很低 |
| 安全库存量 | 低 | 较大 | 大量 |

2）定量订货法（订货点法）

所谓定量订货方式指当库存量下降到预定的最低库存数量（订货点）时，按规定数量（一般以经济批量 EOQ 为标准）进行订货补充的一种库存管理方式。如图 8-4 所示，当库存量下降到订货点（Reorder）时马上按预先确定的订货量（$Q$）发出货物订单，经过交纳周期（LT），收到订货，库存水平上升。采用定量订货方式必须预先确定订货点和订货量。

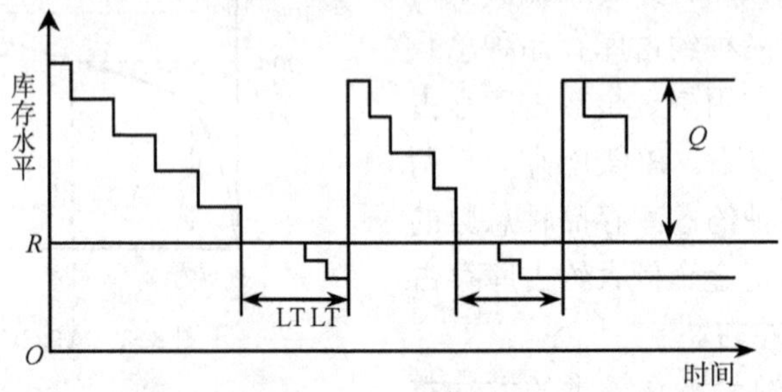


图 8-4 定量订货方式

下面介绍订货点和订货量的推导过程。

在需要是已知的和连续的、订货到货间隔时间是已知的和固定的、不发生缺货现象的条件下，设定 TC 代表每年的总库存成本，PC 代表每年的采购进货成本（包括购置价格），HC 代表每年的保管仓储成本，$D$ 代表每年的需要量，$P$ 代表货物的单位购买价格，$Q$ 代表每次订货的数量，$I$ 代表每次订货的成本，$J$ 代表单位货物的保管仓储成本，$F$ 代表单价货物的保管仓储成本与单位购买价格的比率。

则每年的平均库存量为 $Q/2$，每年的保管仓储成本为 $(Q/2)\times J$。每年订货次数为 $D/Q$，每年订货成本为 $(D/Q)\times I$，每年的采购进货成本为 $D\times P+(D/Q)\times I$，企业每年总库存成本（TC）为采购进货成本（PC）和保管仓储成本（HC）之和，经济批量模型如图 8-5 所示。

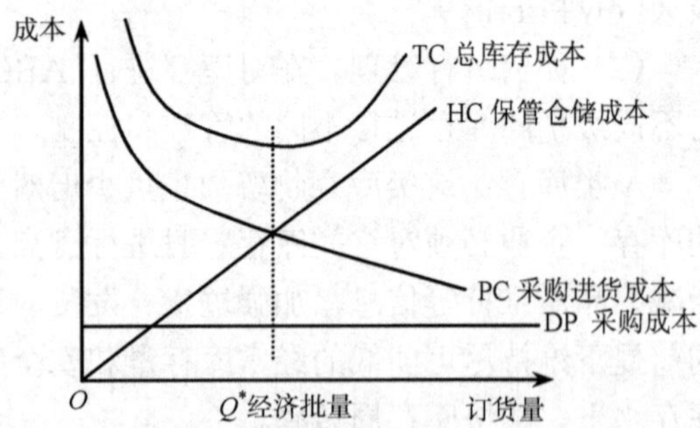


图 8-5 经济批量模型

具体方程式如下：

$$\mathrm{TC}=\mathrm{PC}+\mathrm{HC}=D\times P+(D/Q)\times I+(Q/2)\times J$$
$$=D\times P+(D/Q)\times J+(Q/2)\times F\times P$$

通过上式进行微分求导数，并令求导数后的方程式为零，通过解这个方程式所求得的订货批量就是使总库存成本最小的最佳订货量，又称为经济批量（Economic O rder Quantity，EOQ），如下式所示：

$$经济批量Q^*=\sqrt{(2D\times I)/J}=\sqrt{(2D\times \mathrm{I})/(F/P)}$$

在按经济批量进行订货的情况下，最小的库存总成本，每年订货次数和订货间隔期间分别如下所示：

$$\mathrm{TC}^*=B\times P+\sqrt{2D\times I\times J}=D\times P+\sqrt{2D\times I\times F\times R}$$

$$N=D/Q^*$$

$$T=365/N+365\times Q^*/D$$

经济批量模型中，作为参数的每次订货成本 $I$ 和单位货物的保管仓储成本 $J$ 往往难以精确地加以估算。因此需要分析各个参数的变化对结果（总库存成本）的影响程度，即需要进行灵敏度分析。如果每个参数的变化对结果的影响很大，则需要对该参数进行非常精确的估算，这样才能计算出正确的经济批量。另外，上述模型是建立在许多假设基础上的简单模型，如果考虑到实际情况的复杂性，需要对该模型进行修正。

例，宇田公司是生产某机械器具的制造企业，按计划每年采购 A 零件 10 000 个，A 零件的单位购买价格是 16 元，每次的订货成本是 100 元，每个 A 零件每年的保管仓储成本是 8 元，求 A 零件的经济批量、每年的总库存成本、每年的订货次数和每次订货之间的间隔时间。

解：

经济批量：

$$\mathrm{EOQ}=\sqrt{(2D\times I)/J}=\sqrt{2\times 10\,000\times 100/8}=500(个)$$

每年的库存总成本：

$$\mathrm{TC}=D\times P+\sqrt{2D\times I\times J}=10\,000\times 16+\sqrt{2\times 10\,000\times 100\times 8}=164\,000(元)$$

每年的订货次数：

$$N=D/Q=10\,000/500=20(次)$$

每次订货之间的间隔时间：

$$T=365/N=365/20=18.25(天)$$

3）定期订货法

所谓定期订货方式是指按预先确定的订货间隔期间进行订货补充库存的一种库存管理方式，企业根据过去的经验或经营目标预先确定一个订货间隔期间。每经过一个订货间隔期间就进行订货，每次订货数量都不同，如图 8-6 所示。

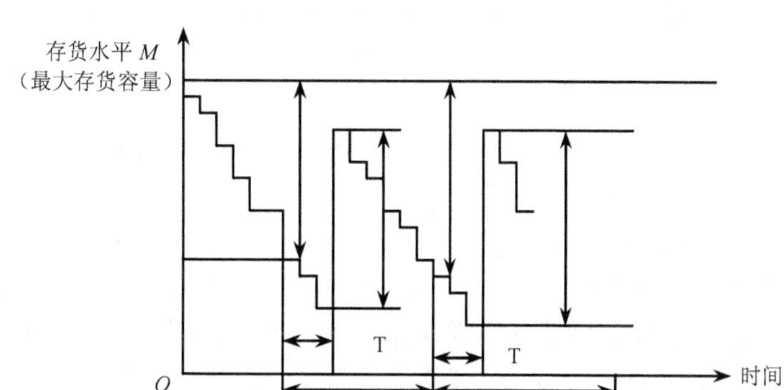


图 8-6　定期订货方式

定期订货方式中订货量的确定方法如下：

订货量=最高库存量−现有库存量−订货未到量+顾客延迟购买量

定期订货方式的优点是：由于订货间隔期间确定，因而多种货物可同时进行采购，这样不仅可以降低订单处理成本，还可降低运输成本。另外，这种方式不需要经常检查和盘点库存，可节省这方面的费用；其缺点是：由于不经常检查和盘点库存，对货物的库存动态不能及时掌握，遇到突发性的大量需要，容易造成缺货带来的损失，因而企业为了应对订货间隔期间内需要的突然变动，往往库存水平较高。定期订货方式适用于品种数量大，占用资金较少的 C 类库存和 B 类库存。

4）零库存

对于众多的制造商和分销商来说，不断增长的库存量已成为一种沉重的负担。企业管理者希望实现他们梦寐以求的“零库存”，保证物料供应和产品分配的顺畅，实现利润最大化。库存成本降低的潜力比任何市场营销环节都要大，成功的物流战略大多以尽可能低的金融资产维持存货，在对顾客承担义务的同时实现最大限度的流通量，以保证利润最大化。

（1）“零库存”的涵义。“零库存”管理是物资存储优化理论，即存储理论在管理实践中的运用。它并不是指企业所有的原材料、半成品、成品的库存为零，而是指在确保企业生产经营活动顺利进行的条件下，采用各种科学的管理方法，对库存进行合理的计算和有效的控制、尽可能降低库存量的一种方法。对有条件不设库存的原材料，应按要求由外协企业定时、定点地送到车间等有关生产单位；对资金占用量大且库存不可缺少的原材料，则通过合理的滚动计划和控制，将库存压缩到最低限度。不以库存形式存在就可以免去仓库存货的一系列问题，如仓库建设、管理费用，存货维护、保管、装卸、搬运等费用，存货占用流动资金及库存物的老化、损失、变质等问题。值得注意的是，零库存并不等于不要储备和没有储备，也就是说某些经营实体不单独设立库存和储存物资，并不等于取消其他形式的储存活动。实际上，企业（包括生产企业和流通企业）为了应付各种意外情况，如运输时间延误、到货不及时、生产和消费发生变化等，常常要储备一定数量的原材料、半成品和成品，只不过这种储备不是采取库存形式罢了。从理论上讲，经营实体储备一定数量的产品，并以此形成“保险储备”也是一种合理的行为，它与实现零库存的愿望并不矛盾。现在，有人把零库存的使用范围无限扩大，认为零库存就是“零储备”，实现零库存即意味可以从根本上取消库存，这种观点是片面的。

（2）实现企业零库存的主要方式。

① 看板方式。看板方式是准时方式中的一种简单、有效的方式，要求企业各工序之间、企业之间、生产企业与供应者之间采用固定格式的卡片作为凭证，由下一环节根据自己的节奏，逆生产流程方向，向上一环节指定供应，其主要目的是在同步化供应链计划的协调下，使制造计划、采购计划、供应计划能够同步进行，缩短用户响应时间，节约采购资源，降低原材料和外购件的价格，提高企业的适应能力。在具体操作过程中，可以通过增减看板数量的方式来控制库存量。

② 按订单生产方式。企业的一切生产活动都是按订单来进行采购、制造、配送的，仓库不再是传统意义上的储存物资的仓库，而是物资流通过程中的一个“枢纽”，是物流作业中的一个站点。物是按订单信息要求而流动的，因此从根本上消除了呆滞物资，从而也就消灭了“库存”。这与传统意义上的为“库存”而生产，生产出来产品进入“库存”后再等待订单是根本不同的。

③ JIT 配送方式。即企业及时地将按照订单生产出来的物品配送到用户手中，在此过程中，通过物品的在途运输和流通加工，减少库存。企业可以通过采用标推的 JIT 供应运作模式和合理的配送制度，使物品在运输中实现储存，从而实现零库存。以海尔为例，海尔物流本部储运部，负责整个集团的成品分拔物流，统一协调及控制运输业务，为零距离销售提供物流配送保障，实现成品的 JIT 配送，减少库存量。

④ 协作分包方式。即美国的“Sub-Contract”方式和日本的“下请”方式，主要是制造企业的一种产业结构形式，这种形式可以通过若干企业的柔性生产准时供应，使主企业供应库存为零；同时主企业的集中销售库存使若干分包劳务及销售企业的销售库存为零。在经济发达的国家，制造企业都是以一家规模很大的主企业和数以千百计的小型分包企业组成一个金字塔形结构。例如，分包零部件制造的企业可采取各种形式和库存调节形式，以保证主企业的生产，按指定时间送货到主企业，从而使主企业不再设原材料库存，同时以主企业集中的产品库存满足各分包企业的销售，使分包企业实现零库存。

⑤ 委托保管方式。即受托方接受用户的委托，利用其专业化的优势，以较高的库存管理水平、较低的库存管理费用代存代管所有权属于用户的物资，从而使用户不再设有仓库，甚至可以不再保有安全库存，从而实现零库存。这种零库存方式主要是靠库存转移实现的，并不能使库存总量降低。但是委托方省去了仓库规划、建设及库存管理的大量费用，集中力量于生产经营，体现了专业化特色，是目前国内企业发展零库存的主要趋势。

⑥ 轮动方式，也称同步方式，是指在对系统进行周密设计的前提下，使各个环节完全协调，从而根本取消甚至是工位之间暂时停滞的一种零库存、零储备形式。这种方式是在传送带式生产基础上，进行更大规模延伸形式的一种使生产与材料供应同步进行，通过传送系统供应从而实现零库存的形式。实现轮动方式是一项需要很大投资而且难度很大的系统工程。

⑦ 水龙头方式，是一种拧开自来水管的水龙头就可以取水而无须自己保有库存的零库存形式。这是日本索尼公司率先采用的。这种方式经过一定时间的演进，已发展成即时供应制度，用户可以随时提出购入要求，采取需要多少就购入多少的方式、供货者以自己的库存和有效供应系统承担即时供应的责任，从而使用户实现零库存。适于这种供应形式实现零库存的物资主要是工具及标准件。

⑧ 无库存储备。国家战略储备的物资，往往是重要物资。战略储备在关键时刻可以发挥巨大作用，所以几乎所有国家都要进行各种名义的战略储备。由于战略储备的重要性，一般这种储备都保存在条件良好的仓库中，以防止其损失，延长其保存年限。因而，实现零库存几乎是不可想象的事。无库存的储备，是仍然保持储备，但不采取库存形式，以此达到零库存。例如，有些国家将不易损失的铝这种战备物资作为隔音墙、路障等储备起来，在仓库中不再保有库存。

⑨ 配送方式。这是综合运用上述若干方式、采取配送制度保证供应，从而使用户实现零库存。

**小资料**

**美的集团的零库存梦想**

美的虽多年名列空调产业的“三甲”之位，但是不无一朝城门失守之忧。自 2000 年来，在降低市场费用、裁员、压低价格等方面，美的频繁变招，其路数始终围绕着成本与效率。在广东地区已经悄悄为终端经销商安装进销存软件，即实现“管理库存”（以下简称 VMI）和“管理经销商库存”中的一个步骤。

对于美的来说，其较为稳定供应商的共有 300 多家，其零配件（出口、内销）加起来一共有 3 万多种。从 2002 年中期，利用信息系统，美的集团在全国范围内实现了产销信息的共享。有了信息平台作保障，美的原有的 100 多个仓库精简为 8 个区域仓，在 8 小时内可以运到的目的地，全靠配送。这样一来美的集团流通环节的成本降低了 15%~20%。运输距离长（运货时间 3~5 天的）的外地，一般都会在美的的仓库里租赁一个片区（仓库所有权归美的），并把其零配件放到片区里面储备。

在美的需要用到这些零配件的时候，它就会通知，然后再进行资金划拨、取货等工作。这时，零配件的产权，才转移到美的手上——而在此之前，所有的库存成本都由供应商承担。此外，美的在 ERP（企业资源计划）基础上与建立了直接的交货平台。在自己的办公地点，通过互联网的方式就可登录到美的公司的页面上，看到美的的订单内容：品种、型号、数量和交货时间等，然后再确认信息，这样一张订单就已经合法化了。

实施 VMI 后，不需要像以前一样疲于应付美的的订单，而只需做一些适当的库存即可。不用备很多货，一般能满足 3 天的需求即可。美的零部件年库存周转率，在 2002 年上升到 70~80 次/年。其零部件库存也由原来平均的 5~7 天存货水平，大幅降低为 3 天左右，而且这 3 天的库存也是由供应商管理并承担相应成本。

库存周转率提高后，一系列相关的“风向标”也随之“由阴转晴”，让美的“欣喜不已”：资金占用降低、资金利用率提高、资金风险下降、库存成本直线下降。

（本文由作者根据网络资料改写，原文见 http://wenku.baidu.com/view/fac7f43343323968011c9231.html）

### 3．电子商务环境下供应链管理模式下的库存策略

库存管理是每个企业所面临的问题。由于库存的成本在总库存中占有相当大的比例。因此，库存的管理和控制是企业物流领域所面临的一个关键问题，对于企业物流整体功能的发挥起着非常重要的作用。

在目前的经济环境下，企业的生产目标、生产组织结构、生产方式和方法都发生了巨大的变化，这对传统的库存管理方法提出了挑战。随着计算机技术的发展，创新性的现代库存管理方法得到普及和推广。这些方法包括联合库存管理、供应商管理库存模式、协同式供应链库存管理等。

*1）协同式供应链库存管理*

供应链管理上存在着需求与供给的不确定性，即向供应商订货量的方差会大于向其客户销售量的方差，并且这种波动会沿着供应链向上游不断地扩大，这种现象称为“牛鞭效应”。供应链中的不确定性来自供应商、制造商、分销商和客户等所有成员，并沿着供应链逐级传播。供应商可能由于生产故障或运输延迟而耽误交货，导致制造商建立一定的安全库存。同时，制造过程本身也会发生许多突发事件，阻断物流过程，最终使制造商不能按时供货。为此，下游分销商不得不储备大量的库存。另一方面，分销商的供货又是不确定的，直接影响对客户的服务水平。反过来，不确定的客户需求又逆着供应链逐渐向上游传播，形成了不确定性循环。

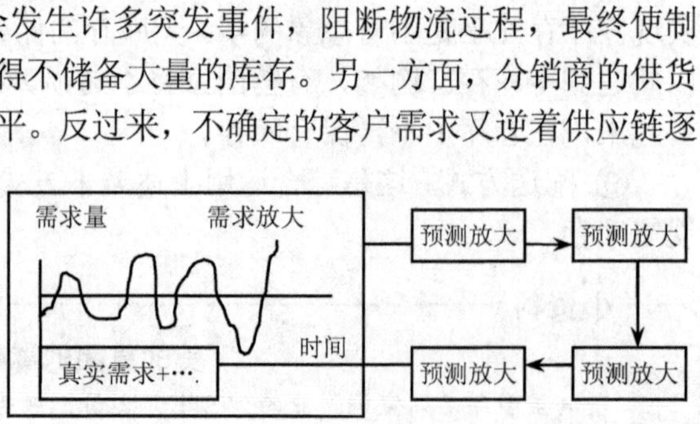

图 8-7　牛鞭效应

供应链上的不确定性已经引起众多学者的关注并展开研究，Forrester 基于系统动力学原理，首先分析了消费需求波动沿着供应链向上游企业逐级放大的系统特性，如图 8-7 所示。研究表明，供应链中产生牛鞭效应的原因主要有需求预测和库存管理、价格变动、交货周期、批量订货、经济波动与预期性订货等。

在目前的经济环境中，牛鞭效应是不能消除的，但可以借助供应链成员之间的信息共享减轻牛鞭效应带来的负面影响。信息共享能给每一个供应链成员带来减轻牛鞭效应、减少现有平均库存以及降低成本等好处，使供应链成员在库存决策方面更为主动，有效降低由于库存量过高而造成的风险。

在缺乏协调的供应链中容易导致双重边际效应、牛鞭效应等低效率行为，因此，在供应链管理过程中，一个重要的问题是如何协调供应链成员企业的行为。供应链管理研究和实践表明，增加供应链成员企业的联系和合作，提高信息共享程度，用覆盖整个供应链的决策系统代替缺乏柔性和集成度差的决策体系，使供应链各个成员企业都能清晰地观察到物流、资金流和信息流的流动状态，以达到更好地协调各个成员企业，降低供应链成本，降低各个环节的延迟时间，消除信息扭曲的“牛鞭效应”的目的，已经成为实施供应链管理的关键。通过建立基于 Internet 的供应链管理体系，为确保供应链经济、高效、合理地运营创造条件。

2）联合库存管理

近年来，在供应链成员企业之间的合作关系中，更加强调双方的互利合作关系，联合库存管理就体现了战略供应商联盟的新型企业合作关系。

（1）联合库存管理思想。联合库存管理（Joint Man aged Inv entory，JMI）是一种基于协调中心的库存管理方法，是为了解决供应链体系中的牛鞭效应，提高供应链同步化程度而提出的。

联合库存强调供应链成员企业的同时参与，共同制定库存计划，使供应链管理过程中的每个库存管理者都能从相互之间的协调性来考虑问题，保证供应商相邻的两个成员之间的库存管理者对需求的预测水平保持一致，从而消除需求变异的放大现象。任何相邻成员需求的确定都是供需双方协调的结果，库存管理不再是各自为政的独立运营过程，而是供需连接的纽带和协调中心，联合库存管理模型如图 8-8 所示。

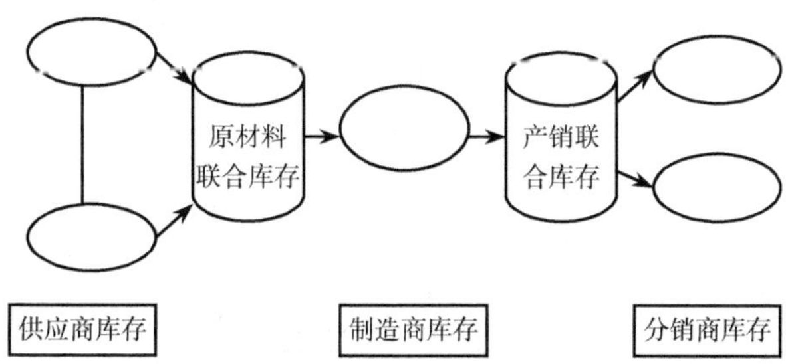


图 8-8　联合库存管理模型

（2）联合库存管理的优点。与传统的库存管理模式相比，JMI 具有如下几个方面的优点：

① 为实现供应链的同步化提供了条件和保证。

② 减少了供应链中的需求扭曲现象，降低了诸多不确定性因素的影响，提高了供应链的稳定性。

③ 库存作为供需双方信息交流和协调的纽带，可以暴露供应链管理中的缺陷，为改进供应链管理水平提供了依据。

④ 为实现零库存管理、JIT 采购及精细供应链管理创造了条件。

⑤ 进一步体现了供应链管理的资源共享和风险分担的原则。

为了发挥联合库存管理的作用，供需双方应从“双赢”的精神出发，建立供需协调管理的机制，明确各自的目标和责任，建立合作沟通的渠道，为供应链联合库存管理策略提供有效的机制。

（3）联合库存管理的实施方法。联合库存管理作为一种合作创新的管理模式，更多地体现在供需协调管理的机制上，因此，建立供应商与分销商的协调管理机制，将成为有效实施联合库存管理策略的前提。

在图 8-9 所示的协调管理机制中，可以进一步分析联合库存管理的实施方法。具体的实施方法如下。

① 建立供应链共同愿景。要建立联合库存管理模式，首先供应链各方必须本着互惠互利的原则，建立共同的合作目标。为此，要理解供需双方在市场目标中的共同之处和冲突点，通过协商形成共同的愿景。

② 建立联合库存的协调控制方法。联合库存管理中心担负着协调供应链各方利益的角色，起协调整个供应链的作用。联合库存管理中心需要对库存优化的方法进行明确确定，包括库存如何在多个需求商之间调节与分配，库存的最大量和最低库存水平、安全库存的确定，需求的预测等。

③ 建立一种信息沟通的渠道。为了提高整个供应链需求信息的一致性和稳定性，减少由于多重预测导致的需求信息扭曲，应增加供应链各方对需求信息获得的及时性和透明性。为保证需求信息在供应链中的畅通和准确性，要将条形码技术、扫描技术、POS 系统和 EDI 技术集成起来，并且要充分利用 Internet 的优势，在供需双方之间建立一个畅通的信息沟通桥梁和联系纽带。

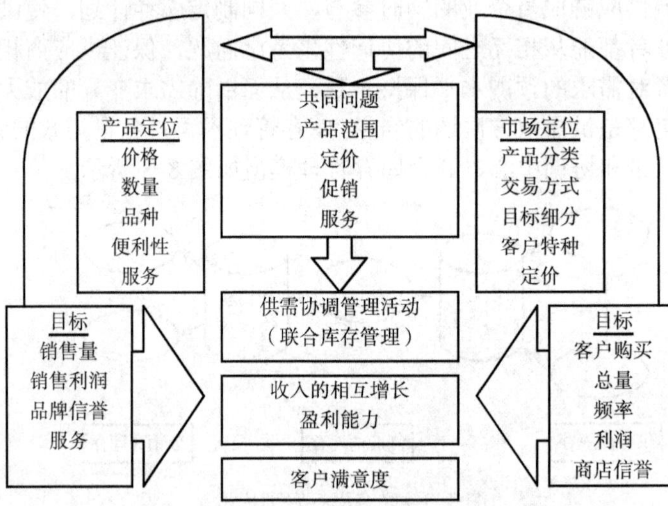


图 8-9　供应链与分销商的协调管理机制

④ 建立利益的分配、激励机制。要有效运行基于协调中心的库存管理，必须建立一种公平的利益分配制度，并对参与协调库存管理中的各个企业、各级供应部门进行有效的激励，防止机会主义行为，增加协作性和协调性。

3）供应商管理库存的模式

供应商管理库存系统能使制造商得到其上游供货商在库存上的帮助，形成信息共享，从而有效地抑制提前采购和运输的发生，降低供应链上的库存量。供应商管理库存作为一种库存管理模式，改变了传统库存管理的理念和运营模式。

（1）供应商管理库存的概念。供应商管理库存（Vendor Managed Inventory，VMI）是一种战略伙伴之间的合作性策略，它以系统的、集成的管理思想进行库存管理，使供应链系统能够同步优化运营。在这种库存控制策略下，允许上游组织对下游组织的库存策略、订货策略进行计划和管理。在已达成一致的目标框架下由供应商来管理库存，而且在一种持续改进的环境中，也会经常修改目标框架。供应商与客户企业之间实现信息交换、信息共享后，信息便代替了库存，拥有最佳的信息就可以达到最小的库存，大大降低了缺货的概率，更好地改善客户满意度和销售状况。

（2）供应商库存管理模型。在供应链管理中，VMI 模式的应用，将上游组织的库存从上游组织内部转移到下游组织，使下游组织有效地降低库存，甚至实现零库存；下游组织库存成本的转移，也使上游组织在竞争的市场环境中获得了市场份额，从而创造了更大的价值。可见，借助 VMI，下游组织和上游组织通过分享信息和共同计划可以排除或减少存货。在供应链体系中的 VMI，并不是要建立上游组织到下游组织的一对一的管理模式。存储于某个下游组织内的 VMI，作为上游组织和该组织的共享资源，可以辐射周边的相关组织，因此，VMI 在供应链管理中具有集成化管理和营销的功能，VMI 模型如图 8-10 所示。

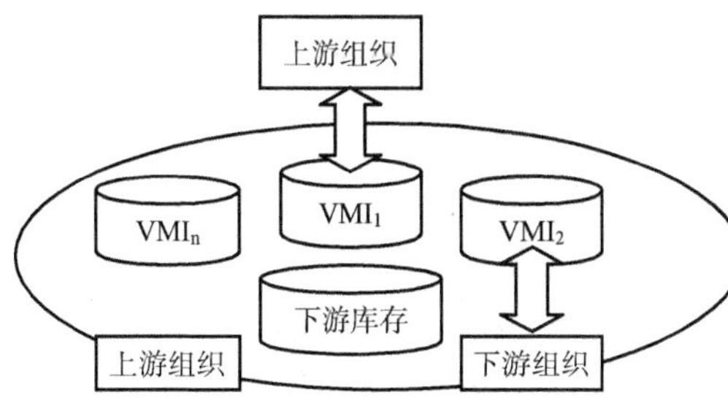


图 8-10 VMI 模型

（3）供应链库存管理的实施方法。采用 VMI 策略要求建立企业战略联盟，并从组织上促进企业间的信息共享，在信息、库存和物流等方面进行系统管理。实施供应商管理库存主要包括如下内容。

① 在行业中占主导地位的企业实施供应链管理模式成为核心企业，在核心企业的主导下完成供应链的构建，核心企业与核心企业之间连接成供应链网络。

② 建立法律和市场环境下的合作框架协议，实现贸易伙伴间的密切合作，共享利益，共担风险。共同确定补充订货点、最低订货水平参数、库存信息传递方式等。

③ 充分利用信息技术实现供应链上的信息集成，达到共享订货、库存状态、缺货状况、生产计划、运输安排、在途库存、资金结算等信息。按照商定的协议将订单、提货单、发货单、入库单等商业文件标准化和格式化，在贸易伙伴的计算机网络系统间进行数据交换和自动处理。

④ 建立完备的物流系统，实现对储存、分销和运输货物进行综合管理，使自动化系统、分销系统、存储系统和运输系统同步实现数字化管理。迅速反馈物流各个环节的信息，组织进货，指导仓储，为经营决策提供信息依据，有效地降低物流成本。

**小资料**

### 沃尔玛和宝洁 VMI 的应用

沃尔玛和宝洁公司的合作就是 VMI 的典范。沃尔玛的每日库存持有量、库存情况和销售情况通过 EDI 方式直接通知宝洁公司的区域物流中心，双方共同建立了自动发货和产品类别组合改善系统。联盟使沃尔玛的库存周期率增加了两倍，成本下降，并从宝洁的营业促销中获利；宝洁也大大提高了产品的周转率，能将当天生产的产品直接上市。更重要的是宝洁借此促进了天天低价政策的实施，降低了相同产品在不同时期的价格差别幅度，防止了虚假订货信息，使偏好宝洁品牌的客户能在任何地点、任何时间，以相同的价格购买宝洁产品，提高了客户满意度和忠诚度。

（本文由作者根据网络资料改写，原文见 http://www.linkshop.com.cn/CLUB/dispbbs.aspx?boardid=1&rootid=6511）

## 本章小结

采购是企业供应商购买货物的一种商业行为。采购之所以越来越重要，是由于采购占用的资金量大、能满足销售的需要及采购所具有的战略地位所决定的。采购管理一般包括采购计划管理、采购订单管理及发票校验3个部分。

电子商务是交易各方利用开放网络，按照一定标准进行的各类商业活动，是商务活动的电子化。电子商务的产生使传统的采购模式发生了根本性的变化。这种采购模式的变化。使企业采购成本和库存量大幅下降，采购人员和供应商数量得以减少，资金流转速度得以加快，采购效率大大提高。

库存是指暂时闲置的用于将来目的的资源。库存管理，就是对于库存货物的控制、作业与管理。库存管理与仓储管理既有区别又有联系。库存管理总目标是：在库存投资有限情况下，以最低成本达到一定的顾客服务水平。

库存控制方法有传统方法如 ABC 分类管理法、定量订货法、定期订货法、零库存等，以及现代库存控制方法如联合库存管理方法、供应商管理库存模式、协同式供应链库存管理。

## 案例分析

### 戴尔的库存管理模式

在企业生产中，库存是由于无法预测未来需求变化，而又要保持不间断的生产经营活动必须配置的资源。但是，过量的库存会诱发企业管理中诸多问题。例如，资金周转慢、产品积压等。因此很多企业往往认为，如果在采购、生产、物流、销售等经营活动中能够实现零库存，企业管理中的大部分问题就会随之解决。零库存便成了生产企业管理中一个不懈追求的目标。

#### 1. 库存谁来承担

如此看来库存显然成了一个“包袱”。目前条件下，任何一个单独的企业要向市场供货都不可能实现零库存。通常所谓的“零库存”只是节点企业的零库存，而从整个供应链的角度来说，产品从供货商到制造商最终达到销售商，库存并没有消失，只是由一方转移到另一方。成本和风险也没有消失，而是随库存在企业间的转移而转移。

戴尔计算机的“零库存”也是基于供应商的“零距离”之上的。假设戴尔的零部件来源于全球4个市场，美国市场20%，中国市场30%，日本市场30%和欧盟市场20%，然后在中国香港基地进行组装后销往全球。那么，从美国市场的供应商A到达中国香港基地，空运至少10小时，海运至少25天；从中国市场供应商B到达中国香港基地公路运输至少2天；从日本市场供应商C到达中国香港基地，空运至少4小时，海运至少2天；从欧盟市场供应商D到达中国香港，空运至少7小时，海运至少10天。若要保持戴尔在中国香港组装基地电子器件的零库存，则供应商在中国香港基地必须建立仓库，或自建或租赁，来保持一定的元器件库存量，供应商则承担了戴尔制造公司库存的风险，而且还要求戴尔制造公司与供应商之间要有及时的、频繁的信息沟通与业务协调行为。

由此，戴尔制造公司与供应商之间可能存在着两种库存管理模式：

模式Ⅰ：即戴尔制造公司在中国香港的基地有自己的存储库存。该模式要求中国香港基地的库存管理由戴尔制造公司自行负责，一旦缺货，即通知供货商 4 小时内送货入库。供应商要能及时供货必须也要建立仓库，从而导致供应商和企业双重设，库降低了整个供应链的资源利用率，也增加了制造商的成本。

模式Ⅱ：即戴尔制造公司在中国香港的制造基地不设仓库，由供货商直接根据生产制造过程中物品消耗的进度来管理库存。例如，采用准时制物流，精细物流组织模式，按销售定单排产。

该模式中的配送中心可以是 4 方供应商合建的，也可以和中国香港基地的第三方物流商合作。此时，供应商完全了解计算机组装厂的生产进度、日产量，不知不觉地参与到戴尔制造厂的生产经营活动之中，但也承担着零部件库存的风险。尤其在 PC 行业，原材料价格每星期下降 1%。而且，供应商至少要保持二级库存，即原材料采购库存和面向制造商所在地中国香港进行配送业务而必须保持的库存。面对"降低库存"这一令人头痛的问题，供应商实际上处在被动"挨宰"的地位。

在这种情况下，对供应商而言，所谓的战略合作伙伴关系以及与戴尔的双赢都是很难实现的。在供货商-制造商-销售商这根链条中，如果只有制造商实现了最大利益，而其他两方都受损，这样的链条必定解体。因为各供应商为了自身的生存，必然扩展自己新的供货合作伙件，如对宏基计算机、联想计算机制造商供货，扩大在中国香港配送基地的市场业务覆盖范围。供货商这种业务扩展策略就会降低戴尔计算机产品的市场竞争力。很显然，当几家计算机制造商都用相同的计算机元件组装时，各企业很难形成自身的产品优势，而且还有泄漏制造企业商业秘密的危险。这种缺乏共兴共荣机制的供应链关系，也必然给制造商埋下隐患。

#### 2. 双赢如何实现

实行供应链管理，提升企业的核心竞争力，关键不在于企业所采用的信息技术的先进性，而在于采用合理的管理体制和运行机制及构建整个供应链健康的利润分配机制，按法国物流专家沙卫教授的观点，戴尔计算机制造商想与其供应商建立良好的战略合作伙伴关系，就应该在多方面照顾供应商的利益，支持供应商的发展。

首先，在利润上，戴尔除了要补偿供应商的全部物流成本（包括运输、仓储、包装等费用）外，还会让其享受供货总额 3%~5%的利润，这样供应商才能有发展机会。

其次，在业务运作上，还要避免因零库存导致的采购成本上升。制造商一般都要向供应商承诺长期合作，即一年内保证预定的采购额。然而，一旦采购预测失误，制造商就应该把消化不了的采购额转移列全球别的工厂，以尽可能减轻供应商的压力，保证其利益。

再次，戴尔制造商应调动供应链上各个企业的积极性，使供应商的被动"挨宰"地位变为主动参与，从而充分发挥整个供应链的能量。比如，让各地区的供应商同时作为该地区销售代理商之一，这样供应商又可以从中得到另外一部分利润。这种由单纯的供应商身份向供货及销售代理商双重身份的转变，使物品采购供应-生产制造-产品销售各环节更加紧密结合，也真正实现了企业由商务合作向战略合作伙伴关系的转变，真正实现了风险共担、利润共享的双赢目标。

事实上，戴尔公司就是采用了这种战略，使得戴尔每年用于产品创新的支出不到 5 亿美元，平均占公司销售额的 1.5%，而其主要的竞争对手惠普公司每年用于产品创新的支出高达 40 亿美元，平均占到公司销售额的 6.3%。但是，惠普的 PC 和服务器部门 2006 年一年的亏损为 14.4 亿美元，而戴尔公司 2006 年却获利 19.8 亿美元，这说明戴尔公司的战略是正确的。这种战略联盟关系能达到以下目的。

有利于制造商新产品的研发。因为，供货商最能掌握自己熟悉的采购供货领域中计算机用电子元器件新产品的面市情况，在了解其性能／价格比之后，及时反馈给制造商，让他们选用，有利于完善产品的性能。

有利于把握客户的需求变化动态，促进生产商调整适宜的生产经营战略。

从这时起，供货商—生产商—销售商紧密地联系在一起，具有供货及销售双重身份的第三方物流公司，全面地参与了戴尔公司的供应链生产经营活动。一个可以给各方参与者都带来赢利的真正的供应链终于建立起来。至此，第三利润源得到深层次的开发，并真正实现各方的互赢。

（本文由作者根据网络资料改写，原文见 http://wenku.baidu.com/view/8c302d3467ec102de2bd8968.html）

**【案例讨论】**

1. 画图说明戴尔的库存管理模式。
2. 试分析戴尔实现“零库存”的前提条件。
3. 为实现有效的库存管理，戴尔如何管理供应商？

## 本章习题

1. 电子商务采购有哪些特点？
2. 库存的含义及分类有哪些？
3. 库存管理的含义及其目标是什么？
4. 简要阐述库存管理的过程。
5. 库存管理的方法有哪些？
6. 简述电子商务环境下的库存管理。
7. 计算题：设某企业年需某物资 1 200 单位，单价为 10 元/单位，年保管费率为 20%，每次订货成本为 300 元。求经济批量 $Q^*$ 和总库存成本。

# 第 9 章
# 电子商务与供应链

## 引例　UPS 的成功

### 1．UPS 概况

IT 技术作为供应链管理有力而且有效的推动工具，对于供应链产业的发展确实起着重要的作用。这里提供一个案例：全球最大的包裹递送公司 UPS（United Parcel Service，联合包裹服务）借用成功的无线技术更新取得巨大的经济回报。通过对成功的供应链管理应用案例，揭示出成功的 IT 与供应链管理的结合应用并不是一件简单的事情。

### 2．UPS 的特殊分布式供应链

分布式供应链网络如图 9-1 所示，又被称为“hub-and-spoke structure”。UPS 是一个包裹速递公司，它的公司支持每天完整的点到点的供应链。各条点对点的供应链由一个公司独立完成，这与一般的工业企业十分不同。UPS 针对其业务特点，形成了独特的分布式的层次供应链网络，高效地完成遍布 200 多个国家的包裹递送服务。

1）合理分配地域网络

可信赖性和高效性是管理递送供应链的关键问题。安排合理的地域性网络中心，最佳路径选择，以及尽可能避免拥塞的高效网络，可确保的时间控制，以上这些都是递送公司所追求的。尤其是跨地区的全球性供应链，无论是在科技建设和行政管理上的复杂性还是整个联络网点的连贯性，都是很大的挑战。UPS 的分布式层次供应链网络在有效控制全球供应链网络方面起到了十分重要的作用。

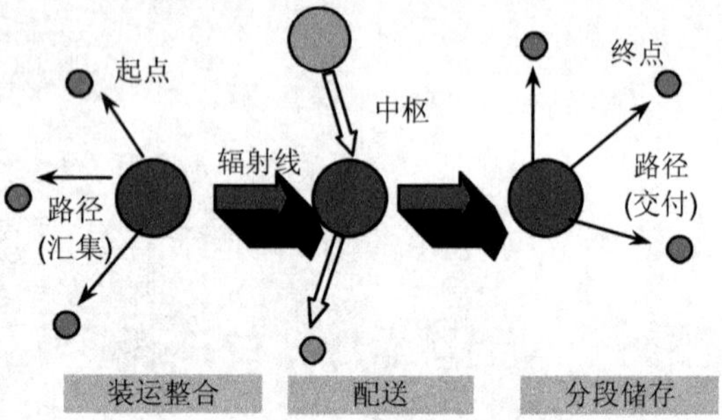

图 9-1 UPS 的分布式层次供应链网络

2）有效的组织方式

UPS 的分布式的层次供应链网络是一个分子式的网络结构。分子式结构是对未来新经济趋势预测的 12 个主题之一。简要来说，分子式结构是指在地理范围上划分成若干部分。这种分子式的组织结构比传统的企业更加灵活，是对于全球化的、动态的和知识型的经济时代唯一真正有效的组织方式。

3）高效的信息技术应用

数据和数据库技术对于 UPS 的发展起着深刻的作用。无论是在取件，分类还是递送的过程中，UPS 利用从包裹标签上得到的数据进行配送层次上的计划，根据具体的路况为驾驶者设计合理的路径，随时增减分配车辆和人员。数据的合理利用可以使 UPS 的整条供应链变得更加灵活和流畅。

4）区域中心的管理与控制

这种分级结构可以把 UPS 划分成若干区域，因此可以使 UPS 这个庞大的组织机构无论在技术上还是在行政上都变的更加容易管理和控制。UPS 是世界上最大的包裹递送公司，在全球 200 多个公家雇佣 32 700 名员工。

### 3．即时数据传输技术

UPS 利用 WI-FI、蓝牙、指环扫描仪等技术完成了数据从包裹收集、拣选、派送等一系列环节的无线传输，极大地节省了时间和人力劳动。UPS 投资 3 000 万美元于 2003

年初开始即时数据传输系统，该系统于 2007 年竣工。该系统为 UPS 带来了巨大的利润回报。

即时数据传输系统的优点有：

1）员工培训费用的减少

在该系统未投入使用前，UPS 的包裹拣选人员需要记住成百上千个地址和邮编，因此 UPS 必须花费比较多的时间来培训员工。但是通过利用该系统，只要对包裹进行扫描，扫描仪就会自动显示包裹所应该被分配的货架号码，这样极大地缩减了员工培训成本。

2）燃料费用的减少

通过蓝牙技术的无线追踪及 GPS 区域定位系统对路况的即时反映，UPS 可以对递送路径做出最合理的设计，UPS 的包裹派送车辆可以得到来自地区中心的及时指示和计划，因此 UPS 的车辆燃料费用得到极大的缩减，每年大约可以节省 1 400 加仑的燃料。

3）更加准确的资源计划

由于无线技术的跟踪，UPS 的各地区中心可以提前设计包裹派送车辆的路线，而且灵活调配任何突发状况，从而对各方面的人力资源也进行更加合理的安排。

4）工作效率的提高

UPS 位于斯坦顿机场的配送中心占地面积 300 000 平方米，目前拥有每小时 6 000 包的分选能力。相较于过去每小时 2 500 包的分选能力，现在的即时数据传输系统极大地提高了 UPS 的工作效率。

（本文由作者根据网络资料改写，原文见 http://wenku.baidu.com/view/6683246c1eb91a37f1115cc4.html）

## 9.1　电子供应链管理概述

近年来，随着电子商务的推广，供应链管理成为企业参与竞争的有力武器。在电子商务环境下，企业不再单纯从提高供应链效率或者降低成本的角度对待供应链管理问题了，而是将主要精力放在满足客户日益增长的需求上。这促使企业向以客户为中心的管理转变，提倡企业通过与供应链中的合作伙伴积极合作与经营而赢得利润。在电子商务模式中，市场竞争不再是单纯的企业与企业之间的竞争，而是供应链与供应链之间的竞争，因此提高管理不同供应链的能力显得尤为重要。

### 9.1.1　电子供应链的概念

#### 1．供应链的概念与模式

1）供应链的概念

对于供应链，目前尚未形成统一的定义，学者们对供应链的理解与定义也呈现多样化。

早期学者持有的观点为供应链是制造企业中的一个内部过程，是指把从企业外部采购的原材料和零部件，通过生产转换和销售等活动，再传递到零售商和客户的一个过程。

后来学者给定的供应链概念注意到与其他企业的联系，注意到了供应链的外部环境，认为它应该是“通过供应链中不同企业的制造、组装、分销和零售等过程将原材料转换成产品，再到最终客户的转换过程”，这个概念更为宽泛、更为系统。

而到了如今，供应链的概念含义更加广阔，其内涵更注重围绕核心企业的网链关系，该网链关系就包括核心企业与供应商、供应商的供应商乃至与一切前向的关系、核心企业与客户、客户的客户及一切后向的关系。像丰田、耐克、尼桑、麦当劳和苹果等公司的供应链管理都是从网链的角度来实施。

我国于2001年发布实施的《物流术语》国家标准（GB/T18354—2001）中对供应链的定义是：在生产及流通过程中，由设计将产品或服务提供给最终客户活动的上游与下游企业所形成的网链结构。

通过研究比较，本书采用我国知名的供应链管理研究专家马士华教授在其《供应链管理》一书中对供应链给出的定义：供应链是围绕核心企业，通过对信息流、物流和资金流的控制，从采购原材料开始，制作成中间产品及最终产品，最后由销售网络把产品送到客户手中的，将供应商、制造商、分销商、零售商直到最终客户连成一个整体的功能网络结构模式。它是一个范围更广的企业结构模式，包含了所有加盟的节点企业，从原材料的供应开始，经过供应链中不同企业的制造加工、组装和分销等过程一直到达最终客户。它不仅是一条连接供应链到客户的物料链、信息链和资金链，而且是一条增值链，物料在供应链中因加工、包装和运输等过程而增加其价值，相关企业都带来了收益。

根据以上定义，这种网链结构可以简单的归结为示意图9-2。

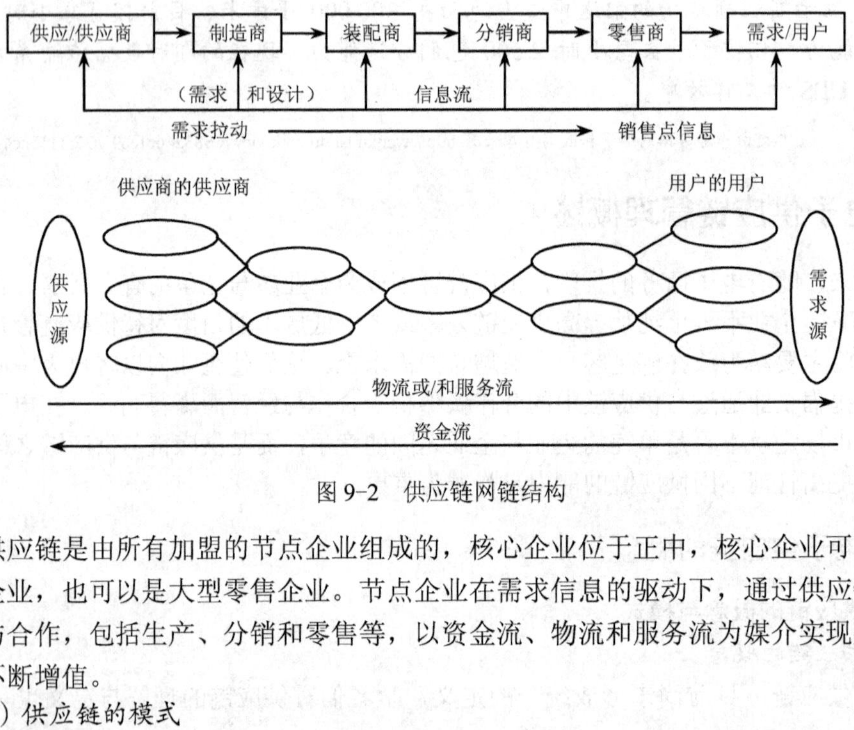


图9-2　供应链网链结构

供应链是由所有加盟的节点企业组成的，核心企业位于正中，核心企业可以是产品制造企业，也可以是大型零售企业。节点企业在需求信息的驱动下，通过供应链的职能分工与合作，包括生产、分销和零售等，以资金流、物流和服务流为媒介实现整个供应链的不断增值。

2）供应链的模式

根据供应链服务的不同对象，供应链可以被划分为以制造企业为主导的供应链、以零售企业（连锁超市）为主导的供应链和以第三方物流为主导的物流服务供应链3种模式。以下将对供应链模式进行分析图解。

供应链模式一：以制造企业为主导的供应链。

该种供应链为制造企业服务，涵盖了采购物流、生产物流、销售物流及企业物流等多种物流体系，其服务对象包括制造企业、销售商、原料供应商、运输队及消费者等。流程较为简单，模式一如图9-3所示。

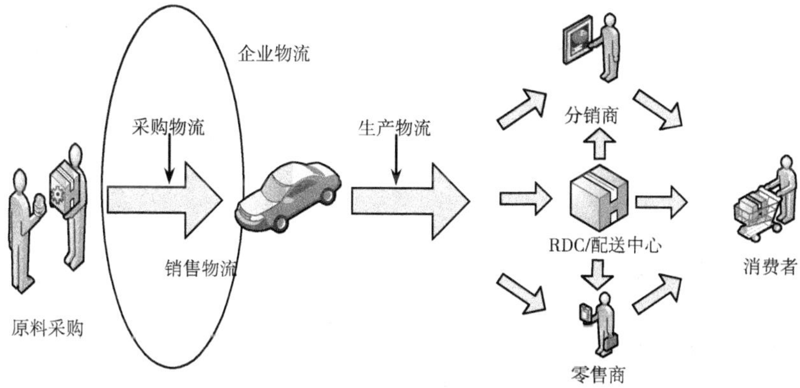


图 9-3　以制造企业为主导的供应链

供应链模式二：以零售企业（连锁超市）为主导的供应链。

该模式主要服务于以超市为代表的零售企业，零售企业作为核心，供应链的上游连接分销商、制造企业和采购等多个环节，通过订单处理连接下游的消费者，环节简单，却要求较高的信息化。模式二如图 9-4 所示。

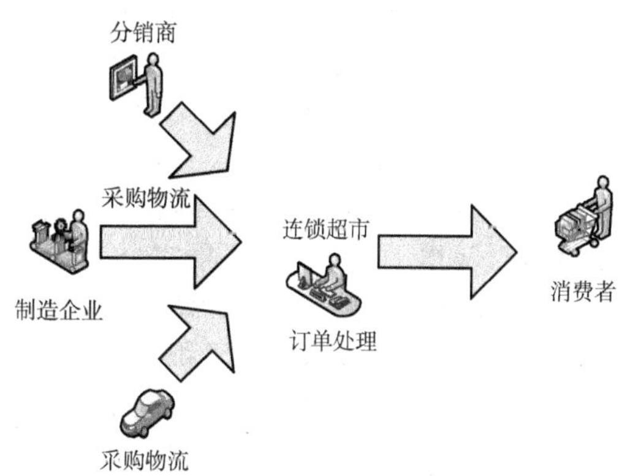


图 9-4　以零售企业（连锁超市）为主导的供应链

供应链模式三：以第三方物流为主导的物流服务供应链。

基于第三方的物流服务供应链模式是 3 种模式中最为复杂的一种，与其相关的实体包括制造企业、客户、商业企业、零售商、分销商、配送中心、RDC、连锁超市等，集成物流供应商还通过信息系统联系订单处理部门、货代公司、包装加工部门、运输车队、装卸队和仓储业主等多个部门。该种供应链模式通过信息系统的有效连接，形成了广泛的信息电子商务物流圈，使服务变得更加便捷。模式三如图 9-5 所示。

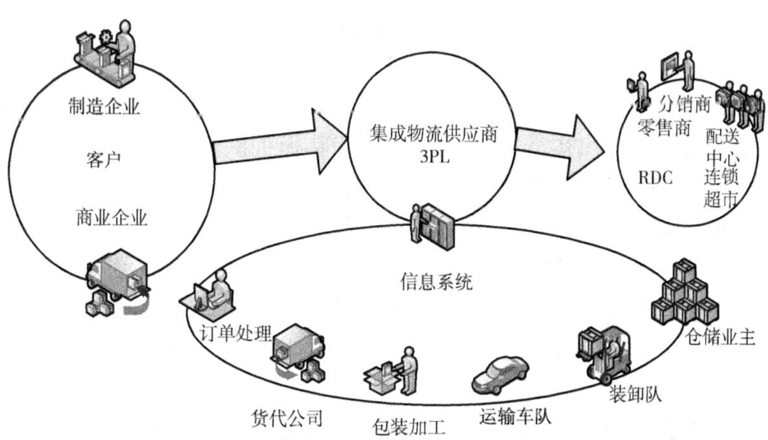


图 9-5　以第三方物流为主导的物流服务供应链

上述 3 种模式中，第三方物流企业更强调整合，更注重整个供应链的完整性，它能为客户带来如下价值：

（1）降低成本，取得竞争优势，信息畅通有利于控制和降低库存，并减少成本（包括人力成本）。

（2）提高效率，快速反应，加快资金周转，客户在自己的系统（或第三方物流系统）中，能实时看到各地最新进出仓库物资和库存数据，财务根据系统动态结果能及时开出发票，加速资金周转。

**2. 电子供应链的概念**

电子供应链是指运用现代化的电子信息技术在客户、厂商及其他贸易伙伴之间进行商务活动，为提升服务品质、降低成本、增加股票价值开辟新渠道。电子供应链通过集中协调不同企业的关键数据（订货、预测、库存状态、缺货状况、生产计划、运输安排、在途物资、销售分析、资金结算等）为管理人员迅速、准确地获得各种信息提供可能。并充分利用电子数据交换（EDI）、Internet 等技术手段，实现供需链上的信息集成，达到共享采购订单的电子接受与发送、多位置库存自动化处理和控制、批量和系列号跟踪、周期盘点等重要信息的效果。通过与电子商务的协同运用，实现企业间供应链流程集成，提高速度、敏捷性、实时控制和客户满意度。

电子供应链使交易方式发生了革命，它大大降低了交易成本，节约了交易时间，更重要的是，电子供应链使公司无论大小都可以站在同一条起跑线上。公司可以利用电子供应链即时对市场做出灵活反应，机敏地进入新市场。电子供应链创造了一个潜在蕴含几千亿美元的新市场，为企业创造了无限商机。对全球 400 位 CEO 的调查显示，有 80% 的 CEO 认为电子商务虽然不能完全但至少也能在很大程度上重构业内竞争。

电子供应链一般可以分为两类：企业对消费者（B2C）和企业对企业（B2B）。不少专家认为电子商务技术将使组织间知识的传递变得更加便捷，同时又使传送的成本降低，这样，电子商务将成为信息共享的主要管道。从公司内部的角度，更多免费的信息将在公司内部通过 Internet 流动，而通过 Internet 则可以接受外部的 E-mail 并利用外部的数据库。供应链就是这种应用的典范。

因此，企业要开始优化企业的接口以使整条供应链最佳化。为增加利润，越来越多的企业采用以客户为中心的模式，以便对客户需求做出迅速、精确、可靠的反应。这种模式对供应链的要求也越来越高。它要求信息的实时交流，如投资水平、预计数量和销售趋势等。这样不仅能对客户做出迅速应答，而且能有效降低存货，提高组织利润。供应链内不同个体之间的交易使用自动化完成的需要使 EDI（电子数据交换）得到了发展。EDI 出现于 20 世纪 70 年代初，起初是大零售商和他们的供应商之间的专有信息系统，到了 80 年代初，几乎所有的行业都有了自己的专门的 EDI 标准，导致了不同的行业有不同的 EDI 标准。所以，一个拥有属于不同行业的客户的供应商，就需要用不同的软件应付不同行业的客户。虽然 EDI 能够实现企业和供应商之间的信息交换，但它并非十全十美，它也有固有的弊端，这种弊端使交易变得非常复杂。由于各行业之间缺乏共同的标准，并且不能浏览和共享信息，同时 EDI 的应用成本非常高，因此 EDI 的使用往往只能局限于大公司。

互联网，特别是 Internet 的发展改变了这种状况。适用于整个网络的公共标准的建立，大大降低了电子商务的成本。互联网商务已经成为更加低成本、高效益进行商务活动的方式。Internet 已经开始改变公司、客户、合作伙伴、雇员在全球范围内的互动方式。Internet 以一种更具协作性的模式代替了原来的那种专有的商业流程。对于跨国公司而言，Internet 提供的是一种超越地域的优化机会。供应链中存在的快速变化要求公司更加具有灵活性，而 Internet 提供了原先不可得的灵活性。于是企业正朝着供应链的自动化和能有效利用电子商务的电子供应链方向发展。通过 Internet 的 B2B 整合是企业和它的合作伙伴的逻辑延伸。采用 Internet 这个全球通用的网络标准，商业伙伴之间能创建一个无缝的、自动的供应链。于是企业能够进行快速订货、存货跟踪与管理、有更加精确的旅行订单及对 JIT 制造的支持，从而使客户服务水平提高。Internet 提高了企业的竞争力，增加了商业环境的复杂性。只有合理运用Internet，企业才能在顾客满意度方面和毛利方面取得巨大的竞争优势。

## 9.1.2　电子供应链管理

### 1．供应链管理的概念

我国物流术语国家标准中对供应链管理的定义是：利用计算机网络技术全面规划供应链中的商流、物流、信息流、资金流等，并进行计划、组织、协调与控制。

供应链管理（Supply Chain Management，SCM）是指对整个供应链系统进行计划、协调、操作、控制和优化的各种活动和过程。人们在认识和掌握了供应链各环节内在规律和相互联系的基础上，利用管理的计划、组织、指挥、协调、控制和激励职能，对产品生产和流通过程中各个环节所涉及的物流、信息流、资金流、价值流及业务流进行的合理调控，以期达到最佳组合，发挥最大的效率，迅速以最小的成本为客户提供最大的附加值。

### 2．电子供应链管理的基本框架

电子商务包括十分广阔的内涵，有电子邮件（E-mail）、电子数据交换（EDI）、增值网（VAN）、快速响应系统（QRS）、电子转账（EFT）、交易事物处理（Transaction Processing）、联机服务及多媒体导购等。

电子供应链管理主要通过电子商务与供应链的整合来实现，整合的角度包括产品开发设计、采购和资源搜索、营销及客户服务、生产制造及日常安排、物流供应、人力资源等在内的整个组织流程。电子供应链管理的框架如图 9-6 所示。

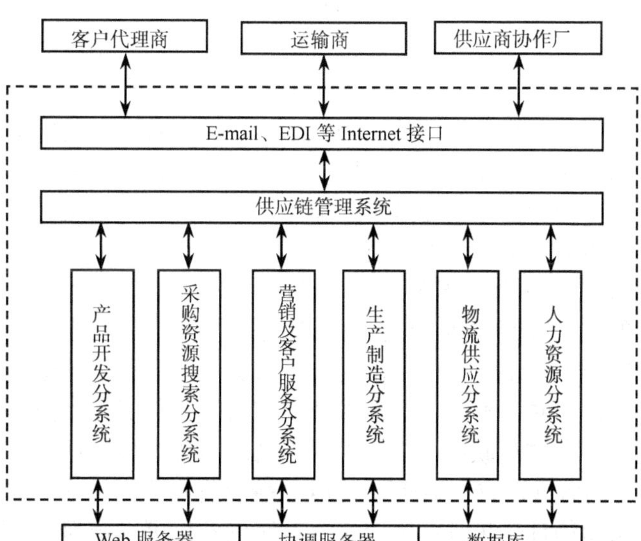


图 9-6　电子供应链管理框架

从图中可以看出，电子供应链管理的实施，有助于企业与其供应商、物料人员与仓储运输公司、销售机构与其批发商，以及公司日常活动和客户服务等多方面的协调。

此外，企业还可以通过电子供应链管理优化其流通网络与分销渠道，减少库存量，加快库存周转，从而有效地改善供应链。其中关键是要进行企业间的信息集成平台的搭建，最终达到供应链中每个成员对整体信息都可见。

### 3. 供应链管理的效益与优势

供应链管理的效益主要体现在企业内外部两个不同的方面。在企业内部，供应链的优化提高了企业对市场变化的反应速度，由于信息技术的应用，供应链过程的可见度明显提高，物流过程中库存积压、延期交货、送货不及时、库存与运输不可控等风险大大降低，从而为企业增加了效益。在企业外部，通过供应链的协调管理，企业利用现代科技手段，能够准确及时的获取信息，并依靠供应链的整体优势，迅速实现与生产厂商、客户、分公司、市场等信息的沟通，共享信息资源，降低应收账款，获得第三利润。

基于电子商务的供应链管理是电子商务与供应链管理的有机结合。它以顾客为中心，集成整个供应链过程，充分利用外部资源，实现敏捷反应，极大地降低库存水平，具有明显的优势。这些优势具体表现在：

1）有利于现有客户关系的保持及新客户与新业务的开拓

电子商务的发展使竞争从企业间的竞争逐渐演化为供应链之间的竞争。为吸引、保留现有客户，要求为其提供更快捷、成本更低的商务运作模式，达到如下目的：与客户的密切关系不断地保持和发展；使供应链提供新的业务增值；提升客户的满意度与忠诚度。而基于电子商务的供应链管理直接沟通了供应链中企业与客户的联系，并且在开放的公共网络上可以与最终消费者进行直接对话，从而有利于满足客户的各种需求、保留现有客户。实施基于电子商务的供应链管理，不仅可以实现企业的业务重组，提高整个供应链的效率，而且能够通过提供更多的功能、业务吸引新的客户加入供应链，进而产生新的业务。从本质上讲，通过实施基于电子商务的供应链管理，无论是企业还是客户都会从中获得利益，产生新的业务增值，实现“共赢”目标。

2）有利于保持现有业务增长，提高运营绩效

通过实施基于电子商务的供应链管理，可以实现供应链系统内的各相关企业对产品和业务电子化、网络化的管理。同时，供应链中各企业通过电子商务手段实现有组织、有计划的统一管理，可以减少共同环节、降低成本、提高效率，使供应链管理达到国外先进水平，促进各相关企业的业务发展。实施基于电子商务的供应链管理，还能使供应链各个企业实现全球市场和企业资源共享，缩短需求效应和市场变化时间，提高运营绩效，为客户提供全面服务，实现最大增值。

3）有利于信息共享，促进供应链中信息流的改善

基于电子商务的供应链管理涉及信息流、物流和资金流。供应链中的企业借助电子商务手段可以在互联网上实现部分或全部的供应链交易，有利于各企业掌握跨越整个供应链的各种有用信息，及时了解顾客的需求及供应商的供货情况，同时也便于顾客网上订货并跟踪订货情况。通过互联网，供应链伙伴之间的信息传递从原来的线性结构变为网状结构。这样，分销商可以方便地通过 POS 系统查看零售商的库存情况，制订购销计划，而不必根据零售商的订单来预测需求情况；制造商也可以访问分销商甚至零售商的库存数据，了解更准确的需求信息，有效地避免由于多重预测带来的信息时滞。同时，通过互联网，供应链下游成员可以借助信息技术，使企业之间交易的各种票证单据以统

一格式在网上传输，使需求信息能够快速地向上游企业传递，实现无纸的计算机辅助订货，从而提高交易效率、降低成本。同时，信息使企业与伙伴之间建立更密切的合作关系，商业运转的各个环节更加协调一致，资金流动、库存、成本、服务将获得改善。近年兴起的大规模定制就是增强对顾客反应能力的一种有意义的方式，它一方面可以充分了解顾客需求，另一方面也减少了库存。

#### 4．供应链管理的技术支撑

21 世纪网络技术的快速发展使集成化供应链管理成为企业进入 21 世纪后适应全球竞争的一种有效途径。在供应链中，所有的节点企业基于为用户提供质量最好、价值最高的产品或服务的共同目标而相互紧密地联结在一起。松散的联接不能实现增值，因为不管链中哪一点的失误，都可能导致整个供应链出现产品或服务的质量问题，而 EC、QR、ECR 等的出现与应用，则消除了用户和供应商之间的障碍。目前大多数公司都把供应链作为商业发展的核心目标，这方面的高级管理人才也不断涌现。为了达到增加利润、提高股票价值的经营目的，公司的工作重点由降低成本和提高质量逐渐转移到物流和销售以至供应链的整体性能。供应链优化（SCO）已成为公司发展的核心课题。最初的成本竞争已发展成全面改善商业行为的较量。商业行为包括计划、分析以及从最初的原材料采购、接收到最终的产品消费、回收和售后服务的全部过程。

#### 5．电子供应链管理的核心

供应链管理的内容主要包括：供应链的组织结构设计（供应商、制造商、经销商、用户的选择，信息网络的设计等）；协调管理与控制；需求预测、计划与管理；生产管理；用户管理与服务；物流管理；资金流管理；信息流管理等。

电子供应链管理里最核心的思想主要表现在 3 个方面，即供应链管理模式的 CEO：C 即 Collaborative C ommerce，表示协同商务；E 即 E-business，表示电子企业；O 即 Outsourcing，表示业务外包。

1）协同商务

传统企业的发展都是按照纵向的思维方式进行，即通常所说的“大而全、小而全”。而协同商务则提倡的是从封闭、纵向的思维方式向横向、开放思维的方式进行转变。供应商、制造商、分销商、零售商和服务商以互惠互补原则，一同面对市场竞争，企业的定位从以前企业本身向供应商、制造商、顾客三位一体的转变，现在的商业原则已经变成协调、竞争和合作。就中国特殊情况而言，实施协同商务必须具备以下 4 个条件：

（1）在行业中拥有相当的规模和主导地位。一个企业只有在本行业中具有相当的规模，才有可能建立一条供应链，进而成为供应链链主。

（2）企业管理团队重视创新且具有良好的商誉。在目前中国企业机制下做供应链管理，初期往往是比较困难的，因为推行供应链管理势必会损害采购和供应商的利益，因此企业没有创新精神就不可能完成供应链创建的艰巨任务。实现供应链管理以后，有一整套完整的供应商评估系统，而且都是网上自动地进行数据交换，形成采购订单的下达，管理的重心会发生很大的变化，良好的商誉变得至关重要。

（3）要有良好的企业文化和沟通机制。企业要发展供应链就必须协调好两方面的关系：一方面是企业内部的部门之间的协调，另一方面是供应商、分销商、服务提供商之间的协同。协同商务的理念是互惠与合作，而这一点恰恰是我国企业所欠缺的，特别是强势企业 、“供应商是靠我吃饭”的心态对协同商务的概念是一个阻力，只有消除这种心态，才有可能真正实现协同商务。

（4）专业化支持。在实施供应链管理模式的过程中，不管企业在行业中的规模有多大，实力有多强，都应请专业的顾问公司和技术伙伴来配合实施电子供应链管理。一般说来，一个企业从传统的管理模式向电子供应链管理模式转变需要3～5年时间，在这么长的过程中，需要专业顾问公司和技术伙伴来与企业一同进行改造。

2）电子企业

电子企业是实施电子供应链管理的首要前提，如果企业内部都不能完成信息化，是不可能在企业间进行电子信息共享的。

作为电子企业，必须具备3个E系统：

（1）企业信息管理系统（EIP），又称企业门户，它是建立在企业协同商务概念上的企业应用软件。主要是提供一个把信息进行集中的通道，让企业的员工，特别是分布于全国各地的员工、客户和生意伙伴进行互相的交流，加快沟通，共同协作。

（2）企业资源管理系统（ERP），关于ERP有各种各样的定义，但从供应链的角度看，ERP的本质就是企业内部的供应链管理。全球最大的供应链管理软件提供商i2科技公司提出的先建立企业外部的电子供应链管理，然后建立企业的内部供应链，但这一点值得商榷，i2的观点是，投资外部的电子供应链可以让企业马上见到收益，赚到钱然后再投资企业内部的ERP，但笔者认为内外是相辅相成的，两者要并行。

（3）电子供应链管理系统（ESCM）。在ESCM这个交换平台上，有供货商的关系管理系统（SRM）、高级生产计划排程系统（APS）、仓储管理系统（WMS）、运输管理系统（FMS）、销售管理系统（SOM）。ESCM集中不同企业的关键数据（包括：订货、预测、库存状态、缺货状况、生产计划、运输安排、在途物资、销售分析、资金结算等数据）。充分利用电子数据交换（EDI）、Internet等技术手段，实现供应链上的信息集成，达到共享采购订单的电子接收与发送、多位置库存自动化处理与控制、批量和系列号跟踪、周期盘点等重要信息。电子供应链管理平台通过EDI/XML等多种通信格式转换与EIP、ERP两套系统进行连接。企业外部分别与供应商、分销商、零售商进行连接，并且可以连接到生产线上。

电了企业的最大特征是，以前的生产都是通过预测来下达生产的计划，如果实现了企业的电子化后，可以通过收集大量的信息来组织生产，真正由客户来“拉动”产品和供应链的运作。企业的电子化是一项极其复杂的系统工程，需将商业规则、管理办法、解决方案及业务流程有效地整合，并将其流程电子化，才能有效地形成竞争优势。

3）业务外包

供应链管理的另外一个关键部分就是业务外包。业务外包的实质是利用他人的资源，资源包括他人的智慧、时间和资金3个方面。

（1）智慧。随着经济、技术的发展，企业的关键资源由资本转向信息、知识和创新能力。这样，企业能否真正获利，取决于它组合资源智慧的高低，企业的差异性也就是智慧的差异性，现在很多企业都是采用借用“外脑”的方式来提高企业的智慧。例如，亚太地区最大的银行——汇丰银行有三分之二的董事是外聘的独立董事，这里不仅是一个管理透明度增强的问题，更重要的是借外脑的智慧。国内现在做得最好的保险公司——中国平安保险公司，这两年来高速发展的过程也是通过聘用国际著名咨询公司来帮他们进行保险新产品的开发，很多高级顾问都最后被平安保险纳入旗下，成为高层管理人员。

（2）时间。由于产品的生命周期越来越短，市场的竞争的第一要素是时间，所以供应链上的企业分工合作、协同预测、协同供应、协同研发变得至关重要，以最短的时间推出新产品，是企业生存之道，也是最好利用他人时间的方法。

（3）资金。传统的经营模式，往往是企业全过程的自我投资与建设，通常项目的完工之日，也是经营面临困难的时候，企业负债率非常高，流动资金不足，设备维护和技术升级都没有保障，常见的现象是：项目完工了，技术升级了，设备也已经落后了。而业务外包可以帮助企业规避这种尴尬。

### 6．供应链管理的特征

（1）供应链就像一条包含物流、商流和信息流等内容的管道。供应链管理，在信息充分流动、共享的前提下，实现两种明显的功能，即物流功能和商流功能。物流功能是将原材料转化为最终产品，并将它们从供应链的一个节点转移到下一个节点；商流功能是确保各种产品具有一定的市场，能满足顾客的要求，并能实现价值增值。每种功能的实施都需要一定的成本。物流成本包括运输、储存、包装、装卸、流通加工、配送等费用；商流成本则包括市场购销行情预测费用、业务洽谈费用、缺货损失费用、供给超过需求的商品降价损失和企业因不能满足顾客需求所带来的负面效应而丧失的潜在顾客收入等。供应链的总成本等于物流成本与商流成本之和。

（2）物流是供应链管理的侧重点。供应链管理包括整条供应链中的物流和信息流管理，范围是供应链中的所有企业，特别是关系较近的几个企业，即由供应链成员（包括供应商、制造商、分销商、第三方物流公司和零售商）对物流实施共同管理。

（3）供应链管理与纵向一体化不同。纵向一体化是指建立一个包含生产和销售所有步骤的组织，从原材料的获取、提炼，经过产品的加工、装配，直到产品销售都集中到一个企业身上。一般而言，纵向一体化的公司独立性相当强，在生产、流通、销售的许多环节都不会依靠别的企业，因而受其他公司影响的程度也就非常低。随着经济的发展，人们逐渐认识到社会分工要求各企业集中力量发展核心事业，发挥比较成本优势，企业不擅长的方面则交给伙伴公司去做，于是，纵向一体化日渐被供应链管理所代替。实施供应链管理，可以为参与供应链的各企业带来巨大的效益，也可为消费者提供更好的服务和更大的价值。供应链管理的意义主要体现在下列几个方面：

① 降低物流费用。供应链管理物流费用的降低主要依靠降低库存成本。在实施供应链管理的企业之间，通过电子数据交换，关于生产、销售、库存、配送的信息和数据能由各方共享，这样，供应链中的每个成员便能及时、准确地掌握整条供应链中原材料、在制品和制成品的流动情况、在途运输或配送的情况、库存状况、商品销售情况和顾客需求状况，使整条供应链的透明度提高，从而不确定性因素降低。在此基础上，企业就能根据市场需求信息迅速调整生产和配送，不需要备有大量的库存。

② 降低交易费用。交易过程需要当事人投入精力、时间，信息费用等，即市场的交易是要付出代价的。科斯认为，“通过形成一个组织并让某种权力（如企业家）来支配资源，部分市场费用可以节省”。交易费用的理论同样适用于供应链，重复发生的交易费用是社会财富和企业资源的浪费。然而，在供应链管理中，上、下游企业建立的是长期、稳固的关系，能在一定程度上减少谈判和履约费用，为企业节约资金。

③ 提高物流效率。产权经济学家阿尔钦和德姆塞茨的团队生产理论认为，通过团队生产创造的总产品大于每一参与单位的分产出之和。同样，供应链管理所产生的整体效益会大于各个供应链成员单独管理物流所得到的效益之和。它能实现单个企业无法完成的任务。通过上、下游企业的合作建立快速反应系统，实施及时配送、不间断补货、有

效客户回应等项目，可以缩短订货周期，对市场和顾客需求做出更加快捷的反应，提高供应链物流工作的效率。

④ 提高顾客满意度。顾客满意度的提高有两种方法：一方面是物流成本降低后，顾客可以买到更加便宜的商品；另一方面是物流服务水平的提高，送货速度的加快、缺货次数的减少、配送可靠性的增加和满足顾客个性化需求等都能为客户创造附加价值。

**7. 电子供应链的管理模式**

电子供应链管理模式有两种：一种为推动式供应链（Push Supply Chain）管理，另一种为拉动式供应链（Pull Supply Chain）管理，如图 9-7 所示。

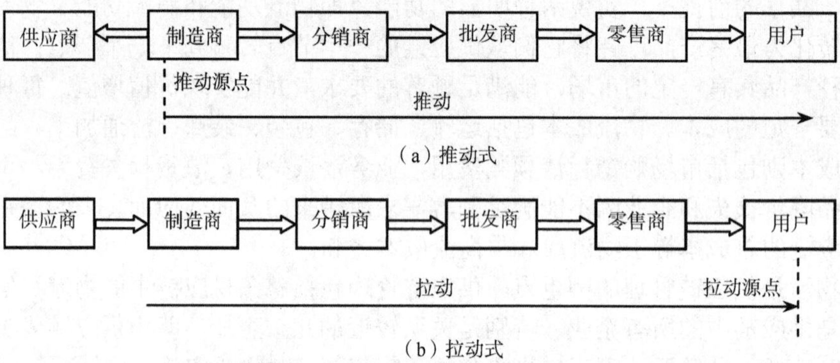


图 9-7 推动式供应链管理和拉动式供应链管理

推动式供应链是传统的供应链管理模式，它是以制造商为核心，产品生产出来后由分销商、批发商、零售商逐级推向用户。分销商和零售商处于被动接受的地位，各个企业之间的集成度较低，通常采取提高安全库存量的方法应付需求变动，因此整个供应链上的库存量较高，对需求变动的响应能力较差。

拉动式供应链管理的驱动力产生于最终用户，整个供应链的集成度较高，信息交换迅速，可以根据用户的需求实现定制化服务。相比推动式供应链而言，拉动式供应链上的库存量较低，对需求变动的响应较快。

### 9.1.3 电子供应链的发展过程

**1. 供应链的发展**

供应链的发展可以追溯到 20 世纪 90 年代，企业为了提高自身的竞争能力，已经广泛应用了柔性制造（FMS），计算机集成制造系统（CIMS），MRPⅡ/ERP，JIT、精细生产等方法。但是这些生产方式均是只考虑企业内部资源的利用问题，本企业资源的最优应用是一切工作的核心目标。这种指导思想在进入 21 世纪的市场环境中显得有些不适应，因为在当前这种市场环境中，一切都要求能够快速响应用户需求，而要达到这一目的，仅靠一个企业所拥有的资源是不够的，在这种情况下，企业必然会将资源延伸到企业以外的其他地方，借助其他企业的资源达到快速响应市场需求的目的。这样，随着管理理论的发展，人们提出了供应链的概念，所谓供应链就是一条从供应商到制造商再到分销商的贯穿所有企业的“链”。由于相邻节点企业表现出一种需求与供应的关系，当把所有相邻企业依次连接起来，便形成了供应链（Supply Chain）。这条链上的节点企业必须达到同步、协调运行，才有可能使链上的所有企业都能受益。于是便产生了供应链管理这一新的经营与运作模式。

供应链管理是指人们在认识和掌握了供应链各环节内在规律和相互联系的基础上，利用管理的计划、组织、指挥、协调、控制和激励职能，对产品生产和流通过程中各个环节所涉及的物流、信息流、资金流、价值流及业务流进行的合理调控，以期达到最佳组合，发挥最大的效益，以最小的成本、最快的速度为客户提供最大的附加值。供应链管理实际上是在现代科技环境下，产品极其丰富的条件下发展起来的一种新的管理思想，它涉及各种企业及企业管理的方方面面，是一种跨行业的管理。在这种管理模式下，企业之间作为贸易伙伴，为追求共同经济利益的最大化而共同努力。它强调的是核心企业与世界上最杰出的企业建立战略合作伙伴关系，委托这些企业完成一部分业务工作，自己则集中精力和各种资源通过技术程序重新设计，做好本企业能创造特殊价值的、必须长期控制的、比竞争对手更擅长的关键性业务工作。这样可以极大地提高企业的竞争力和经济效益。基于这一思想，供应链管理应当是围绕着核心企业，供应链中其他企业与核心企业共同合作并参与共同管理的一种模式。核心企业要把供应链作为一个不可分割的整体，打破存在于采购、生产、分销和销售之间的障碍，做到供应链的统一和协调。

**2．电子供应链与传统供应链的区别**

电子商务对现代供应链管理的影响是非常深远的，这不仅是因为它改变了商品交易的形式，同时也改变了物流、信息流和资金流。如今，几乎所有通过电子平台购物的顾客都希望在交易订单下达之后，商品能直接配送到家，并且能时刻跟踪订单。同时客户也希望物流承运方能够根据他们的需求改变运输路线、确定交付过程费用、确定变更后的交付时间，甚至要求能够根据多个交付地址拆散订单。这一切，相对于传统的供应链来讲，有很大的不同。具体来讲，电子供应链与传统的供应链主要区别反映在如下几点：

1）商品物流和承运的类型不同

在传统的供应链形式下，物流是对不同地理位置的顾客进行基于传统形式的大批量运作或批量式的空间移动，将货物用卡车运抵码头或车站，然后依靠供应链的最后一环将货物交付到最终消费者。在电子供应链状况下则不同，借助于各种信息技术和互联网，物流运作或管理的单元不再是大件货物而是每个顾客所需的单件商品，虽然其运输也是以集运的形式进行，但是客户在任一给定时间都可以沿着供应链追踪货物的下落。

2）顾客的类型不同

在传统的供应链形式下，企业服务的对象是既定的，供应链服务提供商能够明确掌握顾客的类型以及其所要求的服务和产品。但是，供应链伴随着电子商务的到来发生了根本的变化。对于典型的电子商务而言，顾客是一个未知的实体，他们根据自己的愿望、季节需求、价格以及便利性，以个人形式进行产品订购。

3）供应链运作的模式不同

传统的供应链是一种典型的推式经营，制造商将产品生产出来之后，为了克服商品转移空间和时间上的障碍，而利用物流将商品送达到市场或顾客。而电子供应链则不同，由于商品生产、分销以及仓储、配送等活动都是根据顾客的订单进行，物流在为商流提供有力保障的同时，也成为客户服务的组成部分，换而言之，它也创造了价值。

4）库存、订单流不同

在传统的供应链背景下，库存和订单流单向流动。由于电子供应链的产生，客户可以定制订单和库存，因此，库存订单流双向互动。由于制造商、分销商可以随时根据顾客的需要及时调整库存和订单，供应链运作也就可以实现绩效最大化。

5）物流的目的地不同

传统的供应链不能及时掌握商品流动过程中的信息。但是电子供应链成功解决了这个问题，它完全是根据个性化顾客的要求来组织商品的流动，这种物流不仅要通过集运来实现运输成本的最低化，同时也需要借助差异化的配送来实现高质量的服务。

**小资料**

**向戴尔学习供应链管理**

作为世界领先且最有特色的计算机直销企业，戴尔在国际市场上都具有很广泛的影响力。而其成功的一个关键因素就是先进的供应链管理。

首先，戴尔公司对供货商的数量进行了控制并将其区域集中化。

戴尔在全球有6座工厂，包含马来西亚的槟城（1996年1月成立）和中国的厦门（1998年8月成立）。它将原本下给200多家供货商的订单集中，交给其中50家，但条件是他们在戴尔工厂旁边盖仓库，就近供货，不愿配合的就从供应链剔除。戴尔本身的零件库存不到2小时，接到订单后，再通知供货商送零件来，从进料到组装完出货只要4小时。

这个观念类似丰田汽车当年的零库存（Just In Time）生产方式，在PC业则属创举，颠覆过去PC业先做市场预估、再依据预估备料生产的模式，后来陆续被同业采用。

戴尔对供货商有一套考核制度，包含品质、物流和服务等项目，不断检视每一家供货商的表现，作为保留或淘汰的依据。戴尔的评估是做得最仔细的，对供货商非常了解。

其次，强化供应链上的信息流通速度和透明度。

和戴尔做生意的供货商，等于是帮它管理库存，必须很清楚戴尔未来的出货计划，以免库存过多自己赔本、库存不够被戴尔撤换。对戴尔来说，也必须随时掌握整条供应链上的库存情形，确保上头每一家公司的运作都正常。这牵涉双向的信息流通和信任。

戴尔必须确保这一整条神经活得好好的，一小段出问题，整条神经就会瘫痪，在供应链的运作上，换供货商的成本很高，因为学习曲线是效率的损失。

戴尔充分运用信息科技连结客户、管理生产线和联络供货商的基本骨干，并要求供货商配合。

再次，降低研发和设计比重，放大伙伴价值。

戴尔的核心能力，在于管理好整条供应链，让新产品在最短时间交到客户手上。和这件事无关的，都会交出来给供应链上的伙伴。"全世界有人做得比我好，我就买他的，戴尔自己要做的，就是没人比得上我的。"麦可·戴尔（Michel Dell）强调。

戴尔的研发费用只占整体营收的2%不到，在前十名计算机公司中是最低的一家，但成长动能却最强。关键在于：戴尔把笔记型计算机的研发和设计工作，交给中国台湾的代工伙伴广达承揽，戴尔则专心去争取订单。不管戴尔下多少量来，广达绝不说NO，对供货商来说，这可是个Happy Problem。

广达在戴尔发动价格战争时，正扮演极具效率的后勤支持角色。市场环境变化迅速，即使做代工也必须因应市场变化转型，否则就被淘汰。目前，根据广达的供货能力，终端的消费者从订货到收货的时间最多只要5到6天，可做到各项关键零组件完全零库存。而因为产品价格在下单时就已敲定，因此也不会有产品跌价的疑虑。实际上，这种出货模式的困难仍然很多，如何把不同客户的不同系统与自己公司连上线是个大问题，其次，上游的零组件供应链如何控制也是门学问，加上生产仅有2天时间，而且不能出错，难度可想而知。

由于整条供应链的合作关系紧密，彼此的存在都帮对方创造更多价值，而不仅是订货和交货的买卖关系而已。而遇到困难时，彼此也较能体谅。如戴尔拼命冲出货量，使得应付账款升高，就要求供货商把付款时间延长15到30天。

（本文由作者根据网络资料改写，原文见 http://www.tianya.cn/techforum/Content/54/525429.shtml）

# 9.2　集成化电子供应链管理

随着信息技术的发展，供应链管理领域同时出现了覆盖范围不同、功能层次不同的信息系统，它们既有重叠，又有区别，而为了达到供应链中各个环节内及不同环节间的信息共享，打破供应链内的信息壁垒，这些系统的整合和集成就显得十分必要。

## 9.2.1　集成化电子供应链

### 1. 集成化供应链管理概述

要成功地实施供应链管理，使供应链管理真正成为有竞争力的武器，就要抛弃传统的管理思想，把企业内部及节点企业之间的各种业务看做一个整体功能过程，形成集成化供应链管理体系。通过信息、制造和现代管理技术，将企业生产经营过程中有关的人、技术、经营管理三要素有机地集成并优化运行。通过对生产经营过程的物料流、管理过程的信息流和决策过程的决策流进行有效地控制和协调，将企业内部的供应链与企业外部的供应链有机地集成起来进行管理，达到全局动态最优目标，以适应在新的竞争环境下市场对生产和管理过程提出的高质量、高柔性和低成本的要求。

集成化供应链管理（Integrated S upply Cha n Ma nagemert，ISM）的核心分为 3 个回路：第一回路由顾客化需求-集成化计划-业务流程重组-面向对象过程控制组成，这一回路可以称作作业回路；第二回路由顾客化策略-信息共享-调整适应性-创造性团队组成，也可称为策略回路；第三回路是在作业回路的每个作业形成各自相应的作业性能评价与提高的回路，也可称为性能评价回路。供应链管理正是围绕这 3 个回路展开，形成相互协调的一个整体。

### 2. 集成化电子供应链的体系结构

电子商务与供应链管理的结合促使供应链的运作方式发生了改变。电子商务对供应链上的信息流、物流、商流进行优化和整合，促进了企业之间的沟通，有利于新产品的开发，改进流程效率，维持低库存零退货。由于有电子商务的介入，供应链的体系结构相应也发生了变化。

图 9-8 给出了基于电子商务的供应链体系结构，可以看出，电子商务企业的供应链利用 Internet 技术实现企业内部和企业之间的信息集成和信息协作，利用 Internet 在国际市场上进行信息与资金流的交换。其中企业内部的信息流和资金流的交换通过 Internet 实现，企业之间的信息流和资金流的交换通过 Internet 利用电子数据交换方式实现。在这些信息技术的全力支持下，要求其供应链上各成员围绕物流和资金流进行信息共享和经营协调，实现柔性的、稳定的供需关系。

### 3. 集成化电子供应链的特征

电子商务的兴起引发了一场革命，它由技术手段而引发的商业运作模式开始，使传统经济活动的生存基础、运作方式和管理机制发生了彻底改变。电子商务对供应链这一新的管理思想产生了很大影响，供应链在电子商务环境下呈现出新的特征，共有以下几点：

1）企业价值链虚拟化

在电子商务时代，企业的生存空间由物理的市场地域向虚拟市场空间转变。虚拟市场空间改变了消费者必须通过市场地域使用或享受产品和服务的状况，同时也弱化了生产者必须通过市场地域获得资源、进行生产的限制。各种生产和交易活动也通过信息的交互向依靠虚拟空间转变，转变的同时供应链中任何一个企业赖以生存的物理价值链也被虚拟化、信息化。企业可以凭借聚合、组织、选择、综合、发布等信息处理手段寻求新的价值创造点。这样虽然为企业创造出更大的生存空间，但也增加了企业与供应链中其他成员之间发生合作和冲突的可能性，加大了企业对供应链中合作伙伴的依赖性。

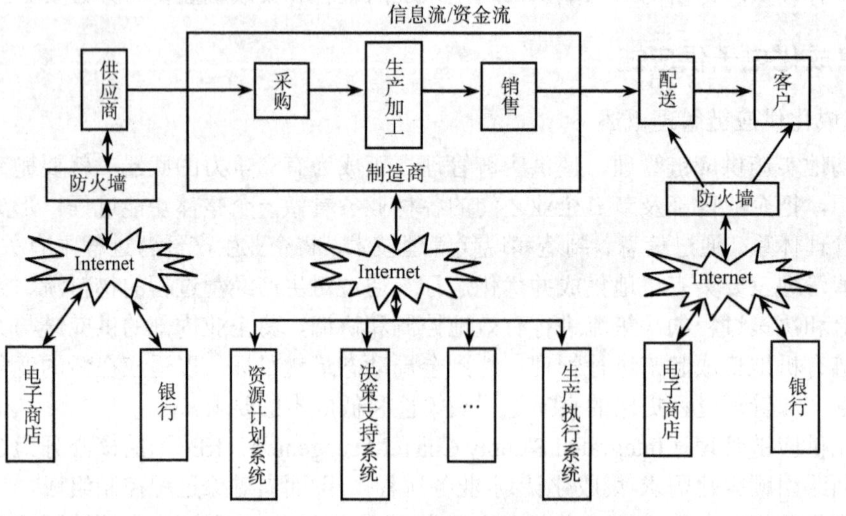


图 9-8　基于电子商务的供应链体系结构

2）市场的趋同性

在电子商务时代，市场呈现出严重的趋同性，即不同产品在功能方面联合统一的趋势。市场的趋同性与电子商务具有不可分割的内在联系。推动了电子商务迅猛发展的信息技术向独立的行业中逐步渗透，逐渐强化了不同工业之间的界限，同时促进了生产者与生产者、生产者与消费者、消费者与消费者在市场空间中的交互，也促进了电子商务的发展。市场趋同性促使生存于不同生产领域或不同生产环节的企业，在各自的微战略环节上努力保持个体与企业群体的一致，这种努力促使企业之间信息流与物流的交互更加频繁和复杂。

3）产销关系的变化

在电子商务的时代，生产者与消费者的关系发生了彻底变化。相比于传统的物理时空，电子时空中消费者的差异化需求得到了更大程度的满足，进一步发展出更加复杂多变的需求。在电子商务平台上生产资料的虚拟化促使生产者具备了满足这种需求的生产能力。这种变化使得生产者与消费者的关系由生产者“推动”（Push）效应逐步转变为消费者“拉动”（Pull）效应。从供应链管理角度看，伴随生产资源虚拟化程度的提高和消费者拉动力的增强，供应链上物流和信息流的“动力源”从生产者转变为消费者。

## 9.2.2　实施集成化电子供应链管理的途径

企业从传统的管理模式向集成化供应链管理模式转变，一般包括了最低层次的基础建设到最高层次的集成化供应链动态联盟之间的 5 个阶段，各个阶段的不同之处主要体现在组织结构、管理核心、计划与控制系统、应用的信息技术等方面，其步骤如下：

### 1. 基础建设

这一阶段是在原有的企业供应链基础上分析并总结企业现状，分析企业内部供应链的管理及外部市场环境，对市场的特征和不确定性作出评价，相应地完善企业供应链。

在传统型的供应链中，企业职能部门分散而独立地控制供应链中的不同业务，企业组织结构也比较松散。这种供应链管理主要具有以下特征。

（1）由于企业的注重点在于产品质量，导致成本过高，所以企业的目标是以尽可能低的成本生产出高质量的产品，以解决成本—效益障碍。

（2）与销售、制造、计划、物料、采购等有关的控制系统和业务过程相互独立、不相匹配，部门合作和集成业务失败导致多级库存等问题。组织部门界限分明，单独操作，往往会导致相互之间的冲突。

（3）采购部门负责控制物料来源和原材料库存；制造和生产部门负责通过各种工艺过程实现原材料到成品的转换；销售和分销部门负责处理外部的供应链和库存，部门之间的关联业务往往就会因各自为政而发生冲突。

（4）处于这一阶段的企业主要采用短期计划，出现困难时就需要一个一个地解决。这样的一种环境下即使企业办公强调自动化，也往往会降低整个供应链的效率，同时也增加了企业对供应和需求变化影响的敏感度。

### 2. 职能集成

职能集成阶段集中处理企业内部的物流，围绕核心职能对物流实施集成化管理，实行业务流程重构，实现职能部门的优化集成，企业通常会建立交叉职能小组，参与计划和执行项目，在提高职能部门之间的合作的基础上克服这一阶段不能完全满足用户订单的问题。

职能集成强调满足用户的需求。事实上，用户需求已经成为驱动企业生产的主要动力，而成本则是其次，但这样往往就导致了第二阶段的生产、运输、库存等成本的增加。此时的供应链管理主要有以下特征。

（1）将分销和运输等职能集成到物流管理中，制造和采购等职能集成到生产职能中。

（2）强调降低成本而不注重操作水平的提高。

（3）积极为用户提供各种服务，满足用户需求。

（4）职能部门结构严谨，均有库存以便缓冲。

（5）具有较完善的内部协定，如采购折扣、库存投资水平、批量等。

在集成化供应链管理的第二阶段一般采用MRP 系统进行计划和控制。分销网对需求预测和控制的不准确，基础设施与制造的断层，使得用户的需求得不到确切的理解，从而导致计划不准确和业务失误，所以企业有必要在第二阶段采用有效的预测技术和工具对用户的需求做出较为准确的评估。

但是，以上采用的各项技术之间、各项业务流程之间、技术与业务流程之间都缺乏集成，仍可能造成库存和浪费等问题。

### 3. 内部供应链集成

这一阶段要实现企业直接控制领域的集成，企业内外部要实现供应链中供应商和用户管理部分的集成，集成的输出是集成化的计划和控制系统。为了支持企业内部集成化供应链管理，主要采用供应链计划（Supply Chain Planning，SCP）和ERP 系统来实施集成化计划和控制。这两种信息技术都是基于客户/服务（Client/Server）体系在企业内部集成中的应用。有效的 SCP 集成了企业所有的主要计划和决策业务，包括：需求预测、库存计划、资源配置、设备管理、优化路径、基于能力约束的生产计划和作业计划、采购计划等。ERP系统集成了企业业务流程中主要的执行职能，包括：订单管理、财务管理、库存管理、生产制造管理、采购等职能。SCP 和 ERP 通过基于事件的集成技术联结在一起。

本阶段企业管理的重点是提高内部集成化供应链管理的效率，主要是在优化资源、能力的基础上，以最低的成本和最快的速度生产最好的产品，快速地满足用户的需求，以提高企业反应能力和效率。这对于生产多品种或提供多种服务的企业来说意义更大。投资于提高企业的运作柔性也变得越来越重要。构建新的交叉职能业务流程，逐步取代传统的职能模块，以用户需求和高质量的预测信息驱动整个企业供应链的运作。因满足用户需求而导致的高服务成本是此阶段管理的主要问题。

这一阶段可以采用 DRP 系统或 MRPII 系统管理物料，运用 JIT 等技术支持物料计划的执行，使企业缩短市场反应时间、降低库存水平和减少浪费。

在这个阶段，企业可以考虑将用户的需求与制造计划和供应商的物料流同步化的管理方式，减少不增值的业务。同时企业可以通过广泛的信息网络来获得巨大的利润。

此阶段的供应链管理具有以下特征：

（1）强调战术问题。

（2）制订中期计划，实施集成化的计划和控制体系。

（3）强调效率而保证要做的事情尽可能好、尽可能快地完成。

（4）从采购到分销的完整系统具有可见性。

（5）信息技术（Information Technology，IT）的应用。运用EDI和 Internet 等信息技术支持与供应商及用户的联系，获得快速的反应能力。利用 EDI 这一集成化供应链管理的重要工具，特别是在进行国际贸易合作需要大量关于运输的文件时，使企业快速获得信息和更好地为用户提供优质服务。

（6）与用户建立良好的关系，而不是“管理”用户。

#### 4．外部供应链集成

实现集成化供应链管理的关键在于第四阶段，将企业内部供应链与外部的供应商和用户集成起来，形成一个集成化供应网链。

而与主要供应商和用户建立良好的合作伙伴关系，即所谓的供应链合作关系（Supply Chain Partnership），是集成化供应链管理的关键之关键。

此阶段企业要特别注重战略伙伴关系管理。管理要以面向供应商和用户为重点，增加与主要供应商和用户的联系，增进相互之间产品、工艺、组织、企业文化等的了解，保持一定的一致性，实现信息共享等，企业通过为用户提供与竞争者不同的产品/服务或增值的信息而获利。供应商管理库存（Vendor Management Inventory，VMI）和共同计划预测与库存补充（Collaborative Planning Forecasting and Replenishment，CPFR）的应用就是企业转向改善、建立良好的合作伙伴关系的典型例子。企业可以很好地与用户、供应商和服务提供商实现集成和合作，通过建立良好的合作伙伴关系，共同在预测、产品设计、生产、运输计划和竞争策略等方面完成设计和控制整个供应链的运作。建立以用户为核心的小组，这样的小组具有不同职能领域的功能，从而更好地为主要用户提供有针对性的服务。

企业在这个阶段，必须具备更高柔性的生产系统，以提高对用户需求的反应能力和速度。采取动态用户约束点策略，根据不同用户的需求，既能按订单生产（Make T o Order），组装、包装（Assemble or Package To Oder），又能按备货方式生产（Make To Stock）。为了更好地实现以上策略，就要采用延迟技术（Postponement）。延迟技术强调企业产品生产加工到一定阶段后，在收到用户订单以后根据用户的不同要求完成产品的最后加工、组装，这样就能够形成具有了很高柔性的企业供应链。

为了达到与外部供应链的集成，企业必须采用适当的信息技术为企业内部的信息系统提供一个与外部供应链节点企业的接口，采用 Internet 信息技术，达到信息共享和信息交互，达到相互操作的一致性。

本阶段企业采用销售点驱动的同步化、集成化的计划和控制系统，集成了用户订购数据和合作开发计划、基于约束的动态供应计划、生产计划等功能，以保证整个供应链中的成员同步化地进行供应链管理。

**5. 集成化供应链动态联盟**（供应链管理的发展趋势）

以上 4 个阶段的集成完成后，就已经构成了一个网链化的企业结构，即供应链共同体，它的战略核心及发展目标是占据市场的领导地位。随着市场竞争的加剧，为了适应市场变化、柔性、速度、革新、知识等需要，也为了不被供应链联盟淘汰，供应链共同体必将成为一个动态的网链结构。供应链从而成为一个能快速重构的动态组织结构，即集成化供应链动态联盟。企业通过 Internet 网络商务软件等技术集成在一起以满足用户的需求。当一需求出现时，这样的一个组织结构又由新的企业动态地组成，而一旦用户的需求消失，它也将随之解体。在这样的一个环境中求生存，企业如何成为一个能及时、快速满足用户需求的供应商，是企业生存、发展的关键。

基于 Internet 的电子商务取代传统的商务手段是供应链管理发展的必然趋势。集成化供应链动态联盟是基于一定的市场需求、根据共同的目标而组成的，通过实时信息的共享来实现集成。主要应用的信息技术是 Internet/Intranet 的集成，主要的工具是同步化的、扩展的供应链计划和控制系统。

### 9.2.3 电子供应链集成面临的挑战

建立一个基于 Internet 的高度集成的电子供应链系统能否成功实施，涉及公司内与公司间的许多挑战，需要公司拥有资源、技术基础设施、信誉、对参与伙伴的影响力及丰富的链上伙伴等。许多研究文献已揭示了企业采用如 ERP 这样的复杂系统进行内部运作所面临的问题，类似地，在实施 EDI 的企业中，在具有一定优势的同时也涉及许多相关的问题，如费用高、软硬件要求高及初期投资大等。实施集成的电子供应链系统所面临的挑战比试图实施公司内 ERP 系统或公司间 EDI 系统的问题复杂得多，集成的电子供应链系统类似于一个企业的扩展 ERP，其中不同的公司需要作为一个集成企业的不同部门协同运作。

**1. 成本与费用**

（1）软件投资。非常昂贵的软件套件。

（2）硬件投资。需要功能强大的计算机、数据库系统、局域网与广域网的通信连接等。

（3）安全投资。由于通过公共因特网传输高度敏感的数据，而且涉及的公司比传统 EDI 系统更多，保障高度集成供应链系统的安全方面也需要很多投资。

（4）协调投资。组织协调成本是总的运作成本中的组成部分，必须考虑当重新设计流程与组织结构时的投资。

（5）员工教育投资。需要培训员工，使员工熟悉如何与多个公司在线协作。

此外，功能的复杂性、交易与信息的复杂性将影响初始成本，需要的有关维护费和培训费可能较高，若这种复杂性是稳定的则对于公司收益来说是合理的，若这种复杂性是不稳定的，而且应用需求是变化的，用于维护和更新的成本将大幅度地增加。

### 2．技术的复杂性

实施集成供应链系统的公司需要有健壮的、高度复杂的技术基础设施。一些公司曾被 ERP 复杂的技术基础设施压跨，而高度集成的电子供应链系统对基础设施的要求更高。高度集成的电子供应链系统不仅需要安装、调试，而且需要安装几个复杂套件，如供应链计划、供应链协作及与 CRM 系统间的链接等。

### 3．要求更高的业务流程重组

为了保证产品的快速传递、防止库存积压等，企业在实施一个集成的电子供应链系统时，对企业内部生产线的自动化流程要求很高，需要重新设计内部业务流程，剔除和集成无效率环节。此外，还需要与商业伙伴联合设计企业间的流程。由于电子供应链系统不仅改变了公司内部诸如公司的生产计划流程、需求计划流程及竞争性的竞标流程等运作方式，而且改变了与商业伙伴的协作方式，比如与供应链联盟相适应的“大规模定制”生产方式。所以要求经过多次反复进行流程重组实现比其他信息系统更有序的商务流程的需要。

### 4．组织间的信任

在集成的电子供应链构建中，供应链上伙伴公司间的相互信赖是一个主要的挑战。经研究发现，采用 EDI 的商业伙伴之间必须拥有高级别的相互信任。在集成的电子供应链管理中，Web 的网络性质形成了支持和改变供应链的一个自然的基础设施，如果一方要求其他伙伴公司以新的高级别开放并共享其机密数据时，伙伴公司可能会受到攻击，而机密数据甚至可能被滥用，所以基于 Web 的供应链集成将面临更大的风险。因此，以电子供应链企业伙伴间的关系需要进一步加深，相互信任变得愈加重要。

### 5．盟主公司的集成能力

所谓的盟主公司是指在行业里有相当的规模且占主导地位的公司。盟主公司的集成能力指该公司将它的外部伙伴集成到供应链中的能力，说服伙伴公司参与供应链、投资必要的基础设施或重新设计业务流程来匹配实施的供应链等。

盟主公司能够集成外部伙伴公司的主要因素是，合作伙伴间的信任及该公司对其他伙伴公司的影响力等。在供应链中，各个伙伴公司可能会有需要使用其他伙伴公司的敏感数据，造成许多机密的数据流向公共网络，其他公司就必须投入建立一个非常安全的供应链系统。而当一些企业伙伴为了获得利于自己的数据而加入此系统，但是又因资源、技术、信任及易受攻击等问题而不愿意采用电子供应链系统，此时盟主公司对其他伙伴的影响力将起到决定性的作用。由于基于因特网的集成电子供应链系统的实施需要伙伴公司对资源的巨大投资，且使伙伴公司更易受攻击，因此要求伙伴公司服从的级别将更高。

### 6．IT 专业技术

为了实施一个集成的电子供应链系统，供应链上的公司除了要有健壮的网络基础设施外，还需要拥有在不同公司的信息系统间建立必要的大量 IT 专业技术界面。一些小公司很难拥有这些专业技术，这将影响到集成电子供应链系统的成功实施。

### 7. 管理的复杂性

传统的层级组织结构中每一个公司都独立完成自己的任务，且独立评估。而电子供应链的管理却是跨越公司界限的，电子供应链上的组织在地理上一般是分散的，这很可能会破坏目前公司的组织结构。

公司的管理由于地理上的分散性为电子供应链中的物流、信息流、资金流增加了额外的复杂性与难度而变得更加复杂。其管理的复杂程度与各公司在组织结构、企业文化、信息基础结构及资源状况等方面的差异有关。形成动态联盟后，公司相互之间的物流、信息流和资金流畅通与否也直接影响电子供应链管理与决策的难易程度。公司需要建立一支强有力的掌握电子供应链管理技术的管理团队，对企业内与企业间的变革进行管理，能够管理企业内部的变革和企业间的流程及运作。

### 8. 工作流协调的复杂性

集成的电子供应链不仅要协调公司内计划、采购、制造、销售等各个环节，还要与包括供应商、承销商等在内的跨公司工作流进行协调，更要与公司内外的参与者进行相关协调。其复杂性主要表现为：

（1）运作系统的差异。系统的互联因为不同公司采用的业务流程管理系统可能不同而存在许多问题。

（2）认知论的差异。尽管国际上已有通用的标准，但是电子供应链上不同的组织已有它们自己习惯的协调机制，不同组织的认知论差异也难以形成一致的概念模型。

（3）企业文化的差异。跨公司商务流受多种企业文化影响，其中不仅要协调公司内部的工作流，更重要的是要协调好公司之间的工作流。

**小资料**

**双汇软件公司的集成化供应链管理**

根据集团不同阶段的发展需要，双汇软件制定了“全面规划、分步实施、重点突破”的总体原则，开发实施一系列信息化管理系统，其中供应链管理、连锁配送管理、物流管理和财务管理系统等应用效果较为突出。此供应链管理系统是基于物流、资金流和信息流管理的体系，将企业内部的采购、生产、库存、运输、销售及客户与供应商、各节点企业之间的各种业务进行统一的管理，建立了集成化的供应链管理体系。同时，系统能够与其他软件产品无缝链接，帮助企业全面掌握财务、业务、生产等全方位的信息，为企业快速、持续发展提供了有力的帮助。

双汇集团的经营管理因供应链管理系统的应用而产生了根本性的变革：集团总部能够及时了解各地的实时库存，并能根据库存由系统自动生成订单，制订符合市场需求的生产计划；同时通过大宗采购、统一配送降低了采购和流通成本，从源头上控制了一些以前经常发生的财务问题，使集团的信息化投入得到了巨大的回报，从而为集团在供应链中获得最大利润、全面提升企业竞争优势提供了强有力的保障。

（本文由作者根据网络资料改写，原文见 http://www.tianya.cn/techforum/Content/54/525429.shtml）

## 9.3　我国实施电子供应链管理的现状及应注意的问题

随着经济全球化的推进，我国物流产业只有引进先进的供应链管理，通过应用国际成熟的 IT 技术及集成供应链管理平台，进入全球网络化供应链，才能快速提升市场竞争力，并由此推动我国新的商业模式的形成，从而提升国家竞争力。

### 9.3.1 我国实施电子供应链管理的现状分析

随着各种自动化技术和信息技术在企业中的不断应用，生产率已经被提高到了相当高的程度，制造加工过程本身的技术手段已不能够完全左右产品竞争力的提高。随着产品在生产周期中供应环节的费用（如储存和运输费用）在总成本中所占的比例越来越大，人们开始将目光转向产品生产周期中的整个供应系统，以进一步挖掘降低产品成本和满足客户需求的潜力。

随着全球经济一体化和信息技术的发展，企业之间的合作正日益加强，它们之间跨地区甚至跨国合作的趋势也日益明显。许多国际制造企业采用“外包”（Outsourcing）给发展中国家的形式，将大量常规业务“外包”出去，只保留最核心的业务（如市场、关键系统设计和系统集成、总装配及销售），达到利润最大化等目的。在这些合作生产过程中，大量的物资和信息在很广的地域间转移、存储和交换的费用构成了产品成本的重要组成部分。因此，构建供应链成为现代企业必须面对的现实，企业有必要对整个原材料、零部件和最终产品的供应、储存和销售系统进行总体规划、重组、协调、控制和优化，加快物料的流动、减少库存，此外，还必须大力减少产品成本，时刻了解并有效地满足顾客的需求，提高企业效益并快速传递信息。

物流是供应链的基础，假如没有现代物流，供应链便是空中楼阁。物流的发展与经济的发展是密切相关的。一般情况下，一个国家的经济发展要经历以下 4 个阶段：一是经济起步阶段；二是经济高速发展阶段；三是经济稳定发展阶段；四是经济低速发展或停滞阶段。在经济起步阶段，尽管构成物流功能的各项要素诸如运输、保管、搬运、包装等各自以单项的形式分别存在，并且与此各项要素相关的技术开发、改善和合理化活动也在进行，但是这些要素所构成的完整的物流概念尚不存在。

物流概念的出现，要归功于经济的高速发展。正是由于经济的高速发展，国内物资流动量会急剧增长，进而更体现出国内物资运输能力、储存能力的不足及其他社会基础设施的落后。企业生产和销售的增长成为物资流动量增长的基础。这时，企业的运输、储存能力的提高便成为当务之急。在经济高速发展阶段，物流的主要目的是运输和储存能力的扩大和物流费用的降低。为此，宏观方面就要求社会增加对基础设施诸如道路、港口等的投资和优化，这将直接推动运输产业的发展。企业同时也追求流通活动的合理化，力求建立自己的流通中心，其中就包括对现代化机械的购置和信息技术的引进。一旦经济进入稳定发展阶段，物流的发展不再是单纯的运输和储存能力的扩大和劳动强度的降低，而变成生产效率的提高和对物流系统整体效率的提高，这时物流管理的现代化和信息化将是大势所趋，对信息流的管理将变得尤为重要。进入经济低速发展或停滞阶段后，与物流的发展相关的外部经济问题将受到关注，例如交通拥挤、交通事故，大气和噪音污染及居住环境恶化等问题将凸现。因此，国家的物流政策应在追求物流现代化的同时，兼具超前意识并注重环境保护。

我国目前处于经济快速发展时期，凸现出对物流能力和管理效率提高的要求。政府在道路、港口、运输工具等硬件建设方面取得很大成就，但是物流硬件在目前仍然满足不了需求。政府进行硬件建设的同时应加强立法和规划，这将是可持续发展的一个很重要的保障。

我国许多地方政府正着手研究和制定地区物流发展的规划和有关促进政策，以适应不断增强的物流服务需求。据不完全统计，2002 年全国发布和完成现代物流规划研究工作的经济中心城市近 30 个，主要分布在长江三角洲和珠江三角洲等东南沿海地区，北方沿海区域经济中心城市及经济欠发达省市也发布或制订了物流发展规划。

在政府构筑物流基础设施和制定物流法律和政策的同时，企业在促进物流现代化和提高生产效率及物流系统效率上应起主导作用。企业物流是指在工厂、分店等各自的运输、储存、装卸、搬运等活动中进行的作业活动。在经济快速发展阶段，物流能力扩大的同时，企业力求引进运输机械和管理体制以削减物流费用。物流不再仅仅是货物的集散而发展为各种活动的集合，是作为一个整体系统在信息及物理上的实现，在当前经济全球化的背景下，高效的物流管理不仅是企业的目标之一，而且是企业经营战略的重要组成部分，企业的物流系统与企业的经营战略成为形成供应链管理的重要因素。企业流通中心的机械化、物流活动的信息化和新运输机械的采用等技术现代化的同时，最终必将开发或引进连接生产、经营和运输的物流管理信息系统，整合各种信息，实现企业内信息共享，形成企业价值链。

## 9.3.2　我国企业实施集成化电子供应链管理应注意的问题

进入 21 世纪后，全球经济一体化的步伐日益加快，客户个性化需求日趋明显，企业的竞争更趋激烈，并已逐渐发展为供应链与供应链之间的竞争，仅凭单个企业的力量，已无法在竞争中获胜。

供应链管理作为新兴管理理念引入我国的时间很短，在我国企业中的应用还处于初级阶段，特别是电子商务与供应链管理相结合的系统在我国企业中的应用相当少，仅占 13.3%。从国外供应链的发展来看，供应链管理与电子商务结合形成电子商务环境下的集成化供应链管理已成必然趋势。目前，我国已加入 WTO，直接参与到全球一体化的供应链竞争当中，国内企业如何在激烈的供应链竞争中获取优势成为非常现实的问题。在现有管理、技术、人员等条件下，我国企业实施电子商务环境下集成化供应链管理主要应注意以下几方面问题。

### 1. 树立集成化电了供应链管理的思想观念

集成化电子供应链管理作为一种新兴的管理理念，应用中最主要的障碍来自各企业传统观念的阻力，观念的转变和更新是实施集成化电子供应链管理的前提。为此，我国企业必须树立电子商务意识，明确电子商务环境下的集成化供应链与传统供应链管理的区别，深入了解电子商务对供应链管理及企业经营发展所起到的重要影响，作为基础，集成化电子供应链管理的思想观念至关重要，只有足够重视思想观念的树立才能确保集成化电子供应链的开展和运行。

### 2. 引进和培养集成化供应链管理人才

面对快速的市场变化，人力资本建设是进行管理创新的根本。电子商务环境下的供应链集成是一个很复杂的过程，当前个行业竞争前景改变，高效的供应链将成为生存的关键。这就需要一个经理拥有更多的权利来承担更多的责任，以便在关键时刻能判断准确，并快速做出决定。在国外，企业供应链管理经理的职权不亚于首席执行官，可见他们已将供应链管理摆在十分重要的战略位置。然而相比较而言，国内这类人才尚少，企业对供应链的重视也不多，即使有这样的经理，他们也没有足够的权利来做决策，并进行管理。所以，我国企业要想顺利实施供应链集成，就应在充分认识供应链管理战略重大意义的基础上，引进或培养人才，建立合理的报酬和激励体系，从而为企业的进一步发展开拓道路。

### 3. 加强政府支持

集成化电子供应链的实施不是个别企业的问题，而是关系到整个供应链各个节点企业的问题，因此具有很强的外部性，在这一过程中政府应充分发挥其指导作用，为供应链的集成提供更多的外部资源。首先，政府部门、研究单位、行业协会等应对集成化电子供应链管理的实施予以充分重视，加大电子商务环境下供应链管理的研究力度，为这项新管理理念的广泛传播和实际应用打下理论基础。其次，政府应加大宣传力度，大力宣传电子商务及供应链管理的知识。电子商务的应用直接影响供应链管理的运作水平，政府应在电子商务的发展中发挥宏观指导作用，加强各部门的相互协调，保持政策、法规和标准的一致性，制定电子商务的有关政策，加强法律法规建立和因特网的安全性研究，制订切实可行的解决方案，让电子商务能够真正地发挥作用。再次，加快条形码、EDI 的推广力度，加强标准化工作，由国家标准化工作的主管部门对标准化工作进行协调和统一。

### 4. 通过业务流程重组整合企业内外部资源

现行企业的组织大多是基于职能部门专业化的，基本上适应可制造性、质量、生产率、可服务性等方面的要求，但不一定能适应供应链管理，特别是电子商务环境下的供应链管理对企业内部资源的整合要求更高。因此必须研究基于电子商务和供应链管理的流程重构问题。为了使供应链上的不同企业，在不同地域的多个部门协同工作以取得整个系统最优的效果，必须根据供应链的特点优化运作流程，进行企业重构，确定出相应的供应链管理组织系统的构成要素及相应采取的结构形式。由于现在处于网络经济时代，信息的堆集及网络经济的发展使得很多合作成为可能，但它同时也要求摆脱对组织的依赖，消除企业的内外边界，实现经营与管理一体化，整合各种资源，从而对顾客需求做出最快与最好的反应。为适应这种情况，企业组织应从阶梯式的金字塔形构架向扁平化、小型化、网络化转变。否则，由于全球网络供应链成员的日益增多，使得管理的复杂度增加，效率将会降低，成本也会上升。因此为了对外界环境做出迅速反应，供应链成员组织必须顺应供应链的要求并使企业组织结构变得简单。

### 5. 建立新的绩效评估体系，促进合作伙伴间的协作

供应链管理不同于单个企业的管理，因此建立优化的供应链，关键在于建立一个新的绩效评估和激励体系。供应链上信息的高度集成与共享是实施集成化供应链管理的基础，它与供应链上各节点企业的协作程度有密切关系。由于供应链各成员企业都是独立的利益主体，虽然电子商务环境能使企业之间的关系更加密切，但它们之间不可避免地会发生冲突，影响到企业之间的协作关系，进而影响到供应链上信息集成与共享的实现。所以，新的集成化供应链绩效评估体系，应清楚地认识供应链中利益与风险分配的作用，正确分辨各企业对整个供应链获利过程中所做出的贡献，设计和采用能反映供应商、制造商与用户之间关系的绩效评价指标，把评价的对象扩大到供应链上的相关企业。而且，应尽可能采用实时分析与评价的方法，把绩效度量的范围扩大到能反映供应链联盟实时运营的信息上去。通过采用价格、补贴、订单等市场激励手段或组织激励、信息激励等其他手段来促进供应链成员企业间的亲密合作，使整个供应链畅通无阻的高效运行。

### 6. 加快企业信息化进程

企业信息化是信息技术发展的必然结果，是电子商务和供应链管理两者发展和集成

的基础。企业信息化的目的就是通过信息化手段，为企业的各级决策者提供充分、及时、准确的决策依据，实现企业各类信息的有效集成。信息化的本质是要利用信息化的手段来使企业在运作生产的坏节中提高效率，降低成本。而供应链管理则是对企业所处供应链中的各种竞争力和资源进行集成，并对供应链中的各种运作进行同步化、集成化的管理，从而使企业在快速多变的市场中具备高度竞争力，为客户提供最大价值的一种经营管理模式。因此，供应链管理与企业信息化有着密切的关系，企业信息化是实施供应链管理的基础，而供应链管理则是企业信息化发展到一定程度的产物。基于计算机的信息化建设与供应链管理的发展与融合，使企业竞争战略不断创新，提高了企业的竞争力。

#### 7．加强企业核心能力建设

集成供应链管理的目的在于通过合作伙伴之间的有效合作与支持，提高整个供应链中物流、商流、信息流和资金流的通畅性和快速响应性，提高价值流的增值性，使所有与企业经营活动相关的人、技术、组织及其他资源有效地集成，形成整体竞争优势。实行供应链管理的企业处于供应链中，专注于核心业务，把其他没有竞争力或没有规模经济的业务实行外包，提高企业的核心竞争力。核心竞争力在企业创造价值和企业的发展决策上，具有举足轻重的地位。增强和发展企业的核心竞争力是处于供应链中的企业的生存之道。从这个方面讲，供应链管理是一种基于核心能力集成的竞争手段。在竞争中，各成员都可以从整体的竞争优势中获得风险分担、利益共享的好处。

#### 8．加快建立、健全我国的信用体系

实施供应链管理，特别需要强调企业之间的合作和信用。这种信用对国家、企业和个人都非常重要。信用是一个人的立身之本，一个企业的存在和发展的基础，更是供应链管理的支撑体系。我国应建立和健全信用体系，制定各种诚信经营的政策、法律和法规，保证企业诚信经营的监管力度，建立企业信用档案，定期公布不良信用企业名单，让不守信的企业难于立足，为确保企业顺利实施供应链管理创造条件。

## 9.4　电子商务环境下的供应链物流管理

### 9.4.1　供应链物流管理

#### 1．供应链物流管理概念

根据美国物流管理协会提出的定义：物流管理是指供应链活动的一部分，是为满足顾客需要对商品、服务及相关信息从产地到消费地高效、低成本的正向、逆向流动和储存而进行的规划、实施和控制的过程。

一般物流管理的主要对象是采购物流、销售物流和生产物流，追求局部利益最大化；而供应链物流管理的范围不仅包括采购物流、销售物流和生产物流，还包括回收物流、退货物流、废弃物流等反向物流。并且，采购物流、销售物流不仅是单阶段的物流（如供应商到制造商、制造商到批发商、批发商到零售商、零售商到消费者的相对独立的采购、销售物流活动），而且包括供应链渠道内成员从原材料获取到最终客户产品分销整个过程的采购、销售物流活动。

供应链物流管理指的是用供应链管理思想实施对供应链物流活动的组织、计划、协调与控制。作为一种共生型物流管理模式，供应链物流管理强调供应链成员组织不再孤立地优化自身的物流活动，而是通过协作（Cooperation）、协调（Coordination）与协同

（Collaboration），提高供应链物流的整体效率。供应链物流管理由 3 部分组成：

（1）前向物流与反向物流。

（2）前馈与反馈的信息流。

（3）管理和控制。

供应链物流管理注重总的物流成本与客户服务水平之间的关系，利用系统理论和集成思想，把供应链成员内各职能部门及成员间相关职能部门有机地结合在一起，从而最大限度地发挥出供应链整体优势，增强供应链整体的竞争力，最终达到供应链成员整体获益的目的。

**2．供应链物流组织**

1）组织结构

（1）供应链物流组织的长度。供应链长度指构成供应链的链节企业层级，类似地，供应链物流组织长度指构成供应链物流组织的横向企业层级，即水平结构。后者更侧重于强调物流相关企业在组织中的地位与作用，如制造商的物流部门、仓储服务提供商、运输服务提供商等。同一物流服务提供商可能处于供应链物流组织的不同层级。供应链物流组织的长度受到众多因素的影响，包括供应链自身的长度、供应链成员企业的经营策略（如外包）、物流服务提供商实力（部分物流服务提供商可提供门到门服务）、国家政策法规等。

（2）供应链物流组织的宽度。指供应链物流组织每一层级所出现的企业数量，即垂直结构。其分析与供应链物流组织长度的分析类似。

2）组织管理

（1）集成。由于一般情况下供应链成员都具有独立的法人资格，相互之间不存在行政上的隶属关系，过高程度的松散势必会对物流组织结构产生不良的影响。因此，在供应链物流组织内必须利用集成思想协调管理。供应链物流集成包括企业内部物流集成和企业间物流集成两部分。把跨越单个企业内部物流功能边界的集成称为内部物流集成，外部物流集成是指跨越企业边界的物流活动的集成。

（2）规范。包括供应链成员企业内部物流业务流程和企业之间的相互协作流程的规范，涉及规章制度的制定、业务流程的标准化、成员间的协调和约束机制的建立等内容。

（3）专业化。专业化程度越高，分工就越细，从而增加供应链物流组织成员的数量，增大组织的管理跨度。如实行业务外包、产品零部件的分工等。成员企业间在物流领域的互动（Interaction）体现在战略层、战术层和作业层 3 个层次。

3）供应链物流组织绩效的影响因素

影响供应链物流组织绩效的因素颇多，主要有：

（1）组织特征。结构和技术是供应链物流组织特征的主要构成因素，合理的组织结构和先进技术手段的应用能有效地提高组织绩效。结构指不同成员企业之间的关系及成员企业自身构成。"科学技术是第一生产力"，各种技术在现代物流管理中的作用越来越大，应用的范围越来越广。

（2）成员特征。有效组织的关键是构成组织的各个成员企业，每个成员的运作能力最终决定了整个组织的最终效果。成员特征指成员企业的经营战略、管理水平、企业文化、技术水平等要素。

（3）环境特征。一般指不可控因素，包括经济环境、文化和社会环境、政治和法律环境及竞争环境。

### 3. 供应链物流战略

供应链物流组织成员企业多、跨越幅度大，所处的市场竞争环境复杂多变，因而供应链物流战略在供应链管理战略中有着举足轻重的意义和作用。供应链管理的战略思想就是要通过成员间的有效合作，建立低成本、高效率、响应性好、敏捷度高的经营机制，从而获得竞争优势。这种战略思想的实现需要供应链物流系统从供应链战略的高度去规划与运筹，并把供应链管理战略通过物流战略的贯彻实施得以落实。

供应链物流战略从涉及设施、信息系统的基础性战略到实现客户服务的全局性战略共分为4个层次，各个层次又有不同的战略规划内容。在制订物流战略时，要充分认识各成员企业在供应链中所起的作用、认定各成员企业的劣势和核心优势、确定整个供应链所处的竞争环境，并制订多个供选择的战略方案，最后综合比较选择其中的最优战略。无论其结果好坏，战略决策对供应链物流组织成员企业都具有长远影响，它决定了整个供应链的竞争力，并进而影响各成员企业的经营绩效。

在制订供应链物流战略过程中，需要注意以下问题。

（1）目标性。80/20法则说明整个供应链超过80%的销售额来源于不到20%的产品和客户。因此，在制订供应链物流战略时，要对客户细分，对不同类型的客户确定相应的客户服务水平，如订货周期、运输方式库存水平等。同时，根据销售情况，对产品分组或分类，针对每一类别的产品，可以采取不同的策略。

（2）简化业务流程。订单录入、订单执行及交货作业处理在物流活动中占很大比例，因而需要通过技术和管理使整个供应链的物流流程更有效率和效果，特别是成员企业间的接口部位，通过集成能剔除和减少多余工作流，提高物流效益和效率。

（3）减少不确定性因素。供应链物流组织包括多个成员，各成员内部及组织外部环境的波动和变化都会增加整个供应链的不确定性，“牛鞭效应”又会进一步放大这种波动。因此，各个成员企业通过改善合作关系，使用现代管理手段和技术来实现准确预测、信息共享，从而减少不确定性因素带来的负面影响。

### 4. 供应链管理环境下物流的特征

由于供应链管理观念的引入，直接影响了物流的应用环境，使之产生了新变化，其特征主要体现在以下几方面。

1）物流和物流业大大扩展

供应链管理实质上是一个扩展模式，表现为建立战略联盟，提高企业核心能力，扩大资源的利用和共享；合作竞争，创造群体价值；同步运作，实现快速反应；用户驱动，满足市场需求。这些特点深入影响到物流管理，最重要的变化是，物流的范围和业务量大大扩展，进一步超越时间、空间的局限。例如建立跨行业、跨国界物流，物流专业产销分工的扩大化、精细化，建立多种形式的运输网络和配送中心，提高物流系统的重组和适应能力等。

2）信息量大大增加，透明度提高

在传统条件下，物流过程的信息传递是纵向一体化的。无论是需求信息还是供给信息，都是从顾客到供应商或者从供应商到顾客这样一层层单向传递的，中间环节多，容易发生歪曲和阻滞。而在供应链管理环境中，成员之间的横向联盟使得信息的传递也是网络式的，因而信息量大大增加，任何一个企业都可以通过联网形式掌握供应链上不同环节的供求信息和市场信息。

信息流增加主要表现为共享信息的增加。通过信息共享，供应链上任何结点的企业都能及时地掌握市场的需求动态和整个供应链的运行态势，每个环节的物流信息都能与其他环节进行交流与沟通，从而减少了信息歪曲现象，能正确反映现实情况。共享信息的增加和透明度的提高，使供应链物流过程更加清晰化，也为实时控制物流过程提供了条件。依靠共享信息系统和信息反馈机制，许多企业有能力跟踪企业之外的物流过程，提高了企业对外界的适应性。

3）物流网络规划能力增强，物流作业精细化

供应链管理环境下的物流，是一种统一规划下的物流系统，它具有供应链的管理特征，表现出集成化优势。例如，可以设计一个专业化的、灵活多变的物流网络，建立合理的路径和结点，全面提高运行系统的能力。它可以充分利用第三方物流系统、代理运输等多种形式的运输和交货手段，降低库存的压力和安全库存水平等。

供应链管理中“业务流程重组”的思想，也导致了作业流程快速重组能力的极大提高，进一步带来了物流系统的敏捷性，通过消除不增加价值的部分，为供应链的物流系统进一步降低成本和精细化运作提供了基本保障。

4）物流过程的高度协调性

供应链是一个整体，合作性与协调性是供应链管理的一个重要特点。在这一环境中的物流系统也需要“无缝链接”，使它的整体协调性得到强化。例如：运输的货物要准时到达，顾客的需要才能及时得到满足；采购的物资不能在途中受阻，才会增强供应链的合作性。因此，供应链物流系统获得高度的协调性是保证供应链获得成功的前提条件。

### 9.4.2 供应链管理中物流管理的基本功能

在供应链管理环境下，物流管理的功能可以细分为库存管理、订购管理、配销管理、仓库管理、信息处理和集成等。

#### 1．库存管理

通过库存管理缩短订货—运输—支付的周期，加速库存周转，减少及消除缺货事件的发生，有利于整个供应链的协调和运转。

#### 2．订购管理

订购是给供应商发出订单的过程，主要包括供应商管理、订购合同管理及订购单管理。通过供应链管理，企业可利用配销单据等对整个网络制订计划，并向供应链自动发出订货单，通过合同管理在供需双方建立长期关系，通过检查订购数量将订购单送达供应商并对已接收货物进行支付。

#### 3．配销管理

对进入分销中心的物资，其管理过程主要有以下几个方面：配销需求管理、实物库存管理、运输车队管理、劳动管理等。

#### 4．仓库管理

仓库管理除了入库货物的接运、验收、编码、保管及出库货物的分拣、发货、配送等一般业务外，还包括代办购销、委托运输、流通加工、库存控制等业务。

### 9.4.3　供应链管理中物流管理的目标与实现策略

#### 1．供应链管理中物流管理的目标

供应链管理中物流管理的目标是通过调和总成本最小化，客户服务最优化，总库存最少化、总周期时间最短化及物流质量最优化等目标之间的冲突，实现供应链绩效最大化。

1）总成本最低化

众所周知，采购成本、运输成本、库存成本、制造成本及供应链物流的其他成本费用都是相互联系的。因此，为了实现有效的供应链物流管理，必须将供应链各成员企业作为一个有机整体来考虑，并使实体供应物流、制造装配物流与实体分销物流之间达到高度均衡。从这一意义出发，总成本最小化目标并不是指运输费用或库存成本，或其他任何供应链物流运作与管理活动的成本最小，而是整个供应链物流运作与管理的所有成本的总和最低化。

2）客户服务最优化

物流的本质就是服务，供应链物流的本质也是为整个供应链的有效运作提供高水平的服务。而由于物流服务水平与成本费用之间的二律背反关系，要建立一个效率高、效果好的供应链物流网络结构系统，就必须考虑总成本费用与客户服务水平的均衡。供应链物流管理以最终客户为中心，客户的成功是供应链赖以生存与发展的关键前提。因此，供应链物流管理的主要目标就是要以最低化的总成本实现整个供应链客户服务的最优化。

3）总库存最少化

传统的管理思想认为，库存是维系生产与销售的必要措施，因而企业与其上下游企业之间在不同的市场环境下只是实现了库存的转移，整个社会库存总量并未减少。按照 JIT 管理思想，库存是不确定性的产物，任何库存都是浪费。因此，在实现供应链物流管理目标的同时，要使整个供应链的库存控制在最低的程度，“零库存”反映的即是这一目标的理想状态。所以，总库存最小化目标的达成，有赖于实现对整个供应链的库存水平与库存变化的最优控制，而不只是单个成员企业库存水平的最低。

4）总周期时间最短化

在当今的市场竞争中，时间已成为竞争成功最重要的因素之一。按照马丁·克里斯托弗的观点，当今的市场竞争不再是单个企业之间的竞争，而是供应链与供应链之间的竞争。从某种意义上说，供应链之间的竞争实质上是时基竞争（Time-based Competition），必须实现有效客户反应（ECR），最大限度地缩短从客户发出订单到获取满意服务的整个供应链物流的总周期时间。

5）物流质量最优化

在市场经济条件下，企业产品或服务质量的好坏直接关系到企业的成败。同样，供应链物流服务质量的好坏直接关系到供应链的存亡。如果在所有业务过程完成以后，发现提供给最终客户的产品或服务存在质量缺陷，就意味着所有成本的付出将不会得到任何价值补偿，供应链物流的所有业务活动都会变为非增值活动，从而导致整个供应链的价值无法实现。因此，达到与保持物流服务质量的高水平，也是供应链物流管理的重要目标。而这一目标的实现，必须从原材料、零部件供应的零缺陷开始，直至供应链物流管理全过程、全人员、全方位质量的最优化。

应该说明的是，从传统的管理思想出发，上述目标相互之间呈现出互斥性：客户服务水平的提高、总周期时间的缩短、交货品质的改善必然以库存、成本的增加为前提，

因而无法同时达到最优。而运用集成化管理思想，从系统的观点出发，改进服务、缩短时间、提高品质与减少库存、降低成本是可以兼得的。因为只要供应链物流的基本工作流程得到改进，就能够提高工作效率，消除重复与浪费，缩减工作人员，减少客户抱怨，提高客户忠诚度，降低库存总水平，减少总成本支出。

**2. 供应链管理中物流管理的实现策略**

供应链企业物流成功的关键是物流内部和外部的一体化。由于物流不仅贯穿于企业采购、生产和销售的全过程，还贯穿于企业与上下游企业之间形成的供应链，因而，实现供应链物流的有效管理，绝对不是企业局部的“小改造”，而是对整个供应链物流的“大改造”，必须选择合适的物流运作策略。

1）从相互对立转向战略协作

要有效实现供应链物流管理，就应促进由市场交易机制向战略协作机制的快速转变，即在供应链中各成员企业间建立一种长期的战略合作伙伴关系，以消除供应链物流过程中的各种浪费，提高对客户与市场需求的反应能力。

2）从功能整合转向流程集成

供应链上的各级物流主管及线上员工，都必须把供应链物流的所有功能活动视为一个整体流程，集中力量去满足甚至超越客户的需要，致力于客户价值增值。同时，在一个流程框架中完成的工作应该有利于各种物流功能的整合。随着系统功能的整合，就能以最小的投入取得最大的组织效益，并使供应链物流组织富有弹性。

3）从信息封闭转向信息共享

有效的供应链物流管理需要准确的、实时的需求信息、供应信息、控制信息等，信息交互与信息共享是供应链物流高效运行的前提保证。随着市场竞争的不断加剧，企业越来越意识到信息共享的重要性，供应链成员企业间只有做到信息共享，才能使信息得到充分利用，从而有效降低供应链物流的总成本，实质性地提高物流服务水平。

4）从客户服务转向客户关系管理

核心企业越来越认识到成功引来关键客户、建立紧密的合作关系对供应链物流管理的重要性。而要获得最佳的客户关系，就必须使企业物流资源与特定客户的物流需求相匹配，并充分利用整个供应链的物流能力和资源来实现竞争对手不能提供或者不能以合理成本提供的客户价值增值。因此必须认真分析客户购买行为的驱动因素，以客户关系为基础进行供应链物流管理，充分发挥潜能，提供独特的物流解决方案。

小资料

**从上海贝尔看电子商务供应链管理现状**

上海贝尔是中外合资、国有控股的现代化通信信息企业，总注册资本为12 050万美元，现有员工3 600人。20世纪90年代以来，主导产品的产量、销售收入始终在本行业居于首位。公司的产品结构主要由两部分构成：

（1）传统产品：指S12系列程控交换机系列。

（2）新产品：相对S12产品而言，由移动、数据、接入和终端产品构成。

这两种产品的产值比例约为8:2。

上海贝尔的电子商务供应链管理战略的重点分别是供应商关系管理的E化、市场需求预测的E化、外包决策和跟踪控制的E化和库存管理战略的E化。

**1. 供应商关系管理的E化**

对上海贝尔而言，其现有供应商关系管理模式是影响开展良好供应链管理的重大障碍，需要在以下几个方面作 E 化的调整：

（1）供应商的遴选标准。首先，应该依据企业/供应商关系管理模型对上海贝尔的需求产品和侯选供应商进行彼此关系界定。其次，要明确对供应商的信息化标准要求和双方信息沟通的标准，特别要关注关键性材料资源供应商的信息化设施和平台情况。传统的供应商遴选标准+分类信息标准是 E 化供应商关系管理的基础。

（2）供应商的遴选方式和范围。上海贝尔作为 IT 厂商，其供应商呈现全球化的倾向，故供应商的选择应以全球为遴选范围，而充分利用电子商务手段进行遴选、评价是有效手段。

目前，IT 企业其核心竞争优势不外乎技术和服务，仅凭基础的生产制造在竞争激烈的 IT 行业内难以取得优势，故上海贝尔未来的发展方向是提供完善的信息、通信解决方案和优良的客户服务，生产任务的逐步外包是必然的选择。未来外包业务量的增大势必会加大管理和协调的难度和复杂度，需要采用电子商务技术管理和协调外包业务。

（1）外包厂商的选择：除原有的产能、质量、交货等条件外，增添对其生产计划管理系统和信息基础建设的选择标准，保证日后便于开展 E 化运行和监控。

（2）外包生产计划的实时响应：上海贝尔现拥有 Intranet 和 ERP 系统，外包厂商可借助 Internet 或专线远程接入 ERP 管理系统的生产计划功能延伸模块，与上海贝尔实现同步化生产计划，即时响应市场、需求的变动。

**2. 库存管理战略的 E 化**

近两年，一方面，全球性的电子元器件资源紧缺，另一方面，上海贝尔的原有库存管理体系抗风险能力差，结果库存问题成为上海贝尔的焦点问题之一。面向供应链管理的库存管理模式有多种，根据上海贝尔的库存管理种类和生产制造模式，选择采用如下库存管理模式。

（1）材料库存和半成品库存管理。在上海贝尔，材料库存和半成品库存管理基本是对应于 Make To Order 生产模式的，主要是对于大型的交换机设备，市场需求的不确定性迫使企业备有一定的安全材料库存或半成品库存，这样就产生了材料和半成品库存的管理问题。上海贝尔近两年就遇到这样的困惑：一方面，按照历史数据和市场预测，对材料库存进行额度控制和管理；另一方面，形成持续的材料短缺。这种库存的风险也可能偏向另外一个极端，即材料库存严重超标。对关键性材料资源，可以考虑采用联合库存管理策略。通过供应商和上海贝尔协商，决定联合管理库存，既考虑市场需求，平抑市场需求不确定性带来的影响，又考虑供应商的产能状况，也使供应商及时响应市场需求，调节产出，在电子商务手段的支持下，双方实现信息、资源共享、风险共担的良性库存管理模式。

（2）成品库存管理。上海贝尔近年来基本无严重成品库存管理问题。一方面，公司的产品结构决定了这种状况，公司 90%以上的产品是按照订单生产，基本无产成品库存；另一方面，公司的终端产品属于准民用化产品，按照 Make To Store 方式生产，材料入库后不久即制造成终端产品满足市场需求，因近期 ISDN 终端市场需求旺盛，故暂无库存积压风险，而因市场需求波动造成的缺货压力偏大。相对而言，上海贝尔的分销商信息 IT 系统和基础设施比较完善，能有力地支持库存管理，同时企业实力、存储交货能力也较强。可以采用供应商管理客户库存模式 VMI（Vendor Managed Inventory）来实现终端成品库存管理。

**3. 需求预测和响应的 E 化**

上海贝尔要发展成为世界级的电信基础设施供应商，必然面对全球化的市场、客户和竞争，势必对市场研究、需求预测和响应作相应地变革。

（1）E 化市场研究和需求预测。上海贝尔的库存风险来自两方面：其一是库存管理模式；其二是市场预测的偏差大，这也是造成库存风险的根本性因素。强化市场研究、减少需求预测偏差势在必行。电子商务技术的应用可从研究范围、信息来源、反馈时间、成本费用等提高市场预测的水平。上海贝尔可以在公司原有 Intranet 的基础上，与各分公司、分销商专门建立需求预测网络体系，实时、动态地跟踪需求趋势、收集市场数据，随时提供最新市场预测，使上海贝尔的供应链系统能真正围绕市场运作。

（2）E化的市场和客户响应：从近期而言，可通过骨干网专线的延伸或Internet，建立公司内部ERP系统与分公司、专业分销商之间的电子联接，同时将有关产品销售或服务合同的审查职能下放至各大分公司，使市场需求在合同确认时即能参与企业ERP运行，同时在需求或合同改变时企业ERP系统及时响应，调整整个供应链的相关信息。现在，上海贝尔各大分公司通过专递合同文本至总公司审查确认，然后进入ERP运行，周期平均为7~10天，而现有的合同交货周期大量集中在20~30天，生产的平均周期为10~15天，运输周期为3~5天，如此操作，极易造成交货延迟，ERP系统在物理上的延伸的确能较大地改善需求和合同响应效率。从中长期而言，逐步发展上海贝尔的B2B电子商务，建立网上产品目录和解决方案、网上客户化定制和订购、在线技术支持和服务，使上海贝尔的目标客户更直接、方便、及时地与上海贝尔的内核响应。

通过电子商务的应用，能有效地将供应链上各个业务环节孤岛连接起来，使业务和信息实现集成和共享。同时，电子商务应用改变了供应链的稳定性和影响范围，也改变了传统的供应链上信息逐级传递的方式，为创建更为动态、广泛的供应网（Supply Web）关系提供了基础，使许多企业能以较低的成本加入到供应链联盟中。上海贝尔的电子商务供应链管理实践表明，该战略的实施不仅可以提高供应链运营的效率，提高顾客的满意度，而且可以使供应链管理的组织模式和管理方法得以创新，并赋予供应链更高的柔性。

（本文由作者根据网络资料改写，原文见 http://finance.sina.com.cn/leadership/case/20051009/14412017707.shtml）

## 本章小结

本章以UPS（United Parcel Service，联合包裹服务）为开篇案例，说明供应链在现实生活中的广泛运用。然后对电子供应链、电子供应链管理等相关概念进行了描述，进而对集成化电子供应链管理进行了分析。结合我国的特殊情况，本章分析了我国实施电子供应链管理的现状并对未来发展提出建议，并从概念、特点、基本功能、目标与实施策略等方面系统分析了电子商务下的供应链物流管理。通过本章的学习，读者应该能够对电子商务环境下的供应链及其管理有一个初步了解。

## 案例分析

### 供应链被"震"断了

2011年3月11日，日本发生的9级大地震，对中日间的供应链造成了巨大影响。此次发生地震的东北地区又是日本主要的工业生产区，很多工厂因为地震停产，并在短时间内很难恢复到震前规模。这给其下游供应链企业带来了巨大的麻烦。据了解，不仅电子行业，汽车、食品、化妆品，甚至装备企业都受到了不同程度的影响。

天津吉田有限公司是一家以生产化妆品容器为主的日资企业，其日常生产的大部分原料都来自日本。此次地震后，原材料无法供应，几乎使吉田陷入停产的尴尬境地。吉田公司总经理浅川均向记者表示，为了避免停产，该公司目前正试图在中国寻找合适的供应商。

在市场竞争日趋激烈的今天，所有企业都将降本增效作为主要工作来抓。因此，精益化生产、精益化供应链等生产管理方式层出不穷。在供应链建设上，很多企业也喜欢把上下游企业同自己"绑"在一起，选择最好的供应商，选择最好的经销商，实行供应链协同。不可否认，这在很大程度上对企业降本增效、增强竞争力起到了巨大的作用。

但凡事有利必有弊，单一的供应链模式在高效的同时，也注定了其脆弱性。比如，这次大地震，就让很多依靠日本提供原材料的企业吃了不小的“闷口亏”。

因此，从这个意义上说，在强化供应链协同效应的同时，还应该建立多元化的供应链体系。

同样是在此次地震中的一个例子。海信科龙生产的电器，其中有不少零部件都是从日本进口的。大地震发生后，日本供应商的供货中断。海信科龙马上从其他供应商处调集了相关零部件，保障了企业生产的正常进行。海信科龙在生产过程中，正是由于采取了多元化的供应链战略，才保证了在这次原材料突然供应中断时，企业的正常生产运营。

（本文由作者根据网络资料改写，原文见 http://www.zgxxb.com.cn/gjjj/201103210010.shtml）

**【案例讨论】**

结合以上案例，试分析供应链管理的重要性，并分析天津吉田与海信科龙在供应链管理中存在的问题及可借鉴的经验。

## 本章习题

1. 供应链的含义。
2. 供应链管理的含义。
3. 如何实施电子供应链物流管理。
4. 找一个熟悉的家电、服装或食品行业的产品或企业，了解该家电、服装或食品行业的产品或企业的供应链构成、流程和库存点，若开展供应链管理，请指出应涉及的内容、措施和步骤。

# 第10章
# 电子商务供应链管理方法

## 引例 雀巢公司与家乐福公司的 ECR 管理

雀巢公司和家乐福公司均下了很大力气来推动高效客户反应（ECR）战略的实施和发展。从 1999 年开始，两家公司在 ECR 方面计划进行更密切的合作。于是在中国台湾等地的分公司开始进行供应商管理库存（Vender Management Inventory，VMI）示范计划，并希望将相关成果在各自的公司内推广。

中国台湾雀巢公司从 1999 年 10 月开始，积极与家乐福公司合作，建立 VMI 示范计划的整体运作机制。总目标是增加商品的供应率，降低家乐福库存天数，缩短订货前置时间及降低双方物流作业成本。具体指标包括：雀巢对家乐福物流中心的产品到货率达 90%；家乐福物流中心对零售店面的产品到货率达 95%；家乐福物流中心库存天数下降至预设标准，以及家乐福对雀巢的建议订货单修改率下降至 10% 等具体目标。另外，雀巢也希望将新建立的模式扩展至其他销售渠道上加以运用，以加强掌控能力并获得更大的规模效益，而家乐福也会与更多的重点供应商进行相关合作。

（本文由作者根据网络资料改写，原文见 http://wenku.baidu.com/view/1dc64840be1e650e52ea99c1.html）

# 10.1 JIT

JIT 即准时生产方式，是日本丰田汽车公司在 20 世纪 60 年代实行的一种生产方式，现在这一方式与源自日本的其他生产、流通方式一起被西方企业称为“日本化模式”，近年来，JIT 不仅作为一种生产方式，也作为一种通用管理模式在物流、电子商务等领域得到推行。

## 10.1.1 JIT 的起源和原理

### 1. JIT 生产方式产生的起源

日本汽车工业从第二次世界大战之后开始起步，而从 20 世纪初就开始发展起来的美国汽车工业已达相当规模。例如，1950 年，仅美国福特汽车公司的一个工厂日产量就达 7 000 辆，而日本丰田汽车公司从其创立（1937 年）至 1950 年的十几年间总产量仅为 2 650 辆。

20 世纪初开始，美国民众的购买力增长很快，市场上汽车供不应求。福特汽车公司曾 20 年间连续生产 T 型车，总产量为 1 500 万辆。依靠“单品种（或少品种）大批量生产→以批量降低成本→成本的降低进一步带来批量的扩大”这样的方式造就了美国汽车工业的辉煌。福特在 T 型车的生产过程中所创立的大批量生产方式奠定了现代汽车工业生产的基础，揭开了现代化大生产的序幕。它所创立的“生产标准化原理”及“流水线组装方式”（物品流动，人不走动）在生产技术及生产管理史上也具有极为重要的意义。

不过，当世纪之轮转到 21 世纪，不仅美国，不仅汽车工业，许多发达国家整体上进入了消费者追求个性、相应市场需求开始向多样化发展的新阶段，因此要求工业生产也向多品种、小批量的方向迈进（见图 10-1）。

JIT 生产方式就是顺应这样的时代及市场要求，作为一种在多品种小批量混合条件下高品质、低成本地进行生产的方式，在实践中被创造出来的。20 世纪 50 年代以来，尤其是 70 年代石油危机过后，采用 JIT 生产方式的丰田汽车公司经营绩效与其他汽车制造企业的经营绩效开始拉开距离，JIT 生产方式及其优越性开始引起人们的注意和引发人们的研究。

JIT 生产方式是丰田汽车公司在逐步扩大其生产规模，同时为了实现满足市场多样化需求，快速应对市场变化的目标，经过 20 多年的努力发展起来的一门综合的管理技术。直到 20 世纪 80 年代，欧美、韩国及我国台湾地区的大部分企业才全部或部分地导入了 JIT 生产方式。

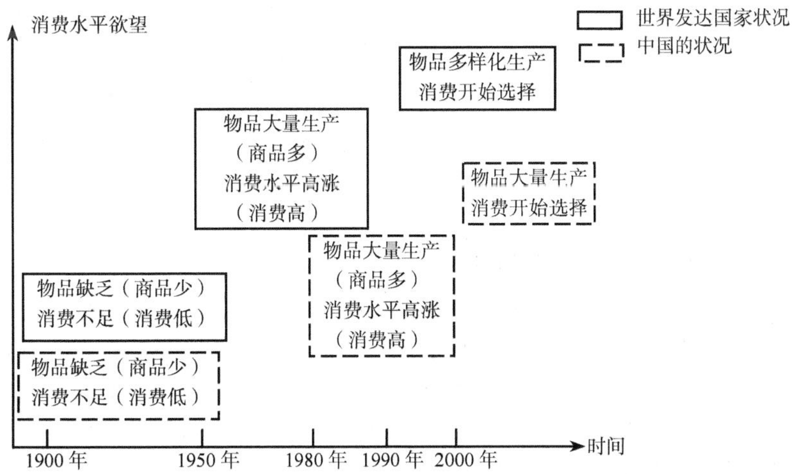


图 10-1　多品种、小批量化生产

### 2．JIT 的原理

JIT（Just In Time）是准时制生产的简称，是在日本丰田汽车公司生产方式的基础上发展起来的一种管理模式。人们谈到 JIT 时，往往很自然地想到“零库存”、“拉动方式和看板”，而忽略了 JIT 的实质，也就是它的管理思想。我们应当从哲理和方法两方面来全面理解 JIT。

JIT 哲理的核心是：“只在需要的时候，按需要的量，生产所需的产品”，也就是追求一种无库存，或库存达到最小的生产系统。JIT 十分重视客户的个性化要求，全面质量管理，设备的预防性维护，对物流的控制及人的作用，主张授权员工参与管理和解决实际问题。基于 JIT 的哲理，任何类型的企业都可以而且应当采用 JIT 管理模式。

JIT 的方法体现了 JIT 的哲理。JIT 生产方式以准时生产为出发点，首先暴露出生产过量和其他方面的浪费，然后对设备、人员等进行淘汰、调整，达到降低成本、简化计划和提高控制的目的。在生产现场控制技术方面，它将传统生产过程中前道工序向后道工序送货，改为后道工序根据看板从前道工序取货，但 JIT 不仅仅是看板管理，它以订单驱动，通过看板管理，采用拉动方式把供、产、销紧密地衔接起来，采取平准化计划，按日产批量采购和投产，使物资储备、成本库存和在制品人为减少，提高了生产效率。

**小资料**

**上海日立创新管理模式**

上海日立电器有限公司（简称上海日立）作为世界领先的空调压缩机制造供应商，正在摸索和探讨制造业企业管理的新趋势、新思路，无论从大力推进企业文化的角度，还是从管理模式日趋信息化的角度来看，这都是拉近与世界先进制造业管理模式距离的一种尝试和探索。

上海日立根据目前的生产规模和企业文化，施行了以下几种精益生产的工具和方法：

**1．准时制生产（JIT）**

只在需要的时候，按需要的量生产所需的产品。这种生产方式的核心是追求一种无库存或使库存达到最小的生产系统。

2．看板管理（Kanban）

Kanban是个日语名词，表示一种挂在或贴在容器或一批零件上的标签或卡片，或流水线上各种颜色的信号灯、电视图像等。看板卡片包含相当多的信息并可以反复使用，可以作为交流厂内生产管理信息的手段，减少生产的盲目性，维护生产秩序，以便消除一切无效劳动和资源的浪费。可以帮助在生产过程中及时揭露各种矛盾，以便采取措施解决矛盾、改善质量和提高生产效率。

（本文由作者根据网络资料改写，原文见 http://wuxizazhi.cnki.net/Article/DQIZ201012025.html）

## 10.1.2　看板原理

### 1．看板管理是实现 JIT 的重要手段

JIT 是以降低成本、快速应对市场需求为基本目标，在生产系统的各个环节全面展开的一种使生产能同步化、能同时进行的体系。为了实现同步化生产，开发了后工序领取、一个流生产、生产均衡化、固定和变动生产线等多种手段。而为了使这些手段能够有效运用，JIT 又采用了被称为“看板”的管理工具。看板作为管理工具，在保证适时、适量生产中起着至关重要的连接作用。

看板管理经历了一个产生、发展和完善的过程。早在丰田公司初建阶段，丰田公司的创始人丰田喜一郎就提出了“非常准时”的基本思想。这一思想是实行看板管理的原则和基础。20 世纪 50 年代初，看板管理的积极推行者，当时在丰田汽车公司机械工厂工作的大野耐一，从美国超级市场的管理结构和工作程序中受到启发，从而找到了通过看板来实现“非常准时”思想的方法。他认为，可以把超级市场看作是作业线上的前一道工序，把顾客看作是这个作业线上的后一道工序，顾客（后工序）来到超级市场（前工序），在必要的时间就可以买到必要数量的必要商品（零部件）。超级市场不仅可以“非常及时”地满足顾客对商品的需要，而且可以“非常及时”地把顾客买走的商品补充上（当计价器将顾客买走的商品进行讨价之后，载有购走商品数量、种类的卡片就立即送往采购部，使商品得到及时的补充）。

看板是传递信号的工具，它可以是某种“板”、一种揭示牌、一张卡片，也可以是一种信号。

### 2．看板的使用方法

看板是用来组织生产、传递信息的一种手段。如果不周密地制订看板的使用方法，生产就无法正常进行。从看板的使用方法可以进一步领会 JIT 生产方式的“拉动式”生产的独特性。

1）设置零部件存放处

为了有效地实施看板管理，通常要对设备进行重新排列，重新布置。要做到对各工序所使用每种零部件都只有一个发出地（前工序），在整个生产过程中零部件要有明确的、固定的移动路线。每一个作业区也要重新布置，每个作业区通常都设有两个存放处：入口存放处和出口存放处。对于组装作业，一个作业区可能有多个入口存放处，作业点零部件存放如图 10-2 所示。

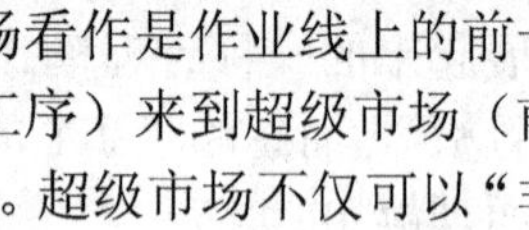


图 10-2　作业点零部件存放

2）传送看板与生产看板

在看板管理中，将物流与信息流区分为工序之间的物流、信息流和工序内的物流、

信息流，分别由传送看板与生产看板进行控制。传送看板指挥零部件在前后两道工序之间的移动。传送看板的使用方法中最重要的一点是看板必须随实物一起移动。当后工序需要补充零部件时，传送看板就被送至前工序的出口存放处并附在所需零部件的容器上，同时取下该容器的生产看板，放入生产看板专用盒中，将传送看板附在装有零部件的容器上，从前工序的出口存放处搬运到后工序的入口存放处。当后工序开始使用其入口存放处容器中的零部件时，传送看板就被取下，放入传送看板专用盒中。由此可见，传送看板只是在前工序的出口存放处与后工序的入口存放处之间往 传递。

每一个传送看板只对应一种零部件。每种零部件总是存放在规定的、相应的容器内，所以一个传送看板对应的容器也是一定的。

生产看板控制工序内的物流与信息流指挥工序的生产，生产看板规定了所生产的零件及其数量，它只在作业点及其出口存放处之间往 。后工序传来的传送看板盒和该容器连同传送看板一起被送到后工序的入口存放处。该作业点作业人员按顺序从生产看板专用盒内取走生产看板，并按生产看板的具体内容，从作业点的入口存放处取出要加工的零部件，加工完规定的数量之后，将生产看板附于容器上，放置于该作业点出口存放处。如果生产看板专用盒中的看板数量变为零，则停止生产。在一条生产线上，无论是生产单一品种还是多品种，均按这种方法所规定的顺序和数量进行生产，既不会延误也不会产生过量的中间库存。

## 10.2 快速反应

快速反应（Quick Response，QR）是指物流企业面对多品种、小批量的客户，不是储备“产品”，而是准备各种要素，在客户提出需求时，以最快的速度及时完成配送，提供所需服务和产品。其目的是减少原材料到客户的时间和整个供应链的库存，最大限度地提高供应链管理的运作效率。

### 10.2.1 QR 模式产生的背景

20 世纪 60～70 年代，美国的百货业面临国外进口商品的激烈竞争，到了 20 世纪 80 年代初期，美国自产的 、 具及家用电器的市场占有额下降到 20%左右，国外进口的服装占据了美国市场的 40%。当时美国的 织服装企业采取的主要对策是，一方面寻求法律保护，要求政府和国会采取措施防止 织品的大量进口；另一方面加大现代化设备的投资，提高企业的生产能力与效率。尽管 20 世纪 80 年代中期 织业是美国制造业生产率增长最快、得到政府通过进口配额系统保护最多的行业，但是廉价进口 织品的市场占有率仍在不断上升。怎样才能长期保持 织与服装业的竞争力，美国服装、 织及化 行业成立了一个委员会对此进行研究。研究结果认为，美国 织服装业的市场竞争力不可能通过政府的保护主义措施而增强；供应链各环节上的企业各自加大投资，虽然提高了自身的经营效率，但是没有注重整个供应链系统效率的提高，最终导致直接削弱了 织服装业的市场竞争力。研究的结论是提高供应链的整体效率才是解决问题的根本。整个服装供应链，从原材料供应到消费者购买，时间为 66 周：生产制造 11 周，仓储与转运 40 周，商店销售 15 周。供应链的低效率不仅使得各种费用增加，而且使得建立在不精确需求预测上的生产与分销的 目增大，供应量过多或过少所造成的库存或缺货损失非常大。

这项研究导致了快速反应战略的发展和应用。快速反应（Quick R esponse，QR）是美国零售商、　织供应商与服装制造商开发的整体业务运营概念，目的是缩短从原材料到服装销售点的时间周期，减少整个供应链上各环节的库存，最大限度地提高供应链的运作效率。

**小资料**

**沃尔玛实行快速反应系统**

20世纪80年代早期，沃尔玛的计算机信息系统利用EDI不仅将自己的各个店面与配送中心的计算机信息系统连接起来，而且把自己与供应商的计算机或计算机信息系统连接在一起。沃尔玛甚至购买了一颗专用卫星来传输公司的海量数据。

由于使用了EDI和配送中心，货物和信息在供应链中始终处于快速流动的状态，提高了供应链的效率。例如，如果当顾客在沃尔玛的一家商店里购买了一件某种品牌粗斜纹棉布衬衫，由于这种衬衫的供应商的计算机系统已经与沃尔玛的计算机信息系统连接在一起，供应商每天都会到沃尔玛的计算机系统里获取数据，包括销售额、销售单位数量、哪一个店面、库存情况、销售预测、汇款建议等。沃尔玛的决策支持系统会向供应商提供这种衬衫在此之前100个星期内的销售历史纪录，并能跟踪这种产品在全球或者某个特定市场的销售状况。而且，这种衬衫的销售数据只提供给这家生产这种品牌衬衫的供应商。此后，供应商根据订单通过配送中心向沃尔玛的商店补货。从下订单到货物到商店，这段时间（Lead Time）是3天，而在20世纪80年代中期，这个过程恐怕需要1个月的时间。

（本文由作者根据网络资料改写，原文见http://d.wanfangdata.com.cn/Periodical_spyzl-llyj201107036.aspx）

### 10.2.2 QR 的定义

快速反应（Quick R esponse，QR）是美国零售商、服装制造商及　织品供应商开发的整体业务概念，它是由技术支持的一种业务方式和管理思想。即在供应链中，为了实现共同的目标，在各链节之间进行的紧密合作。一般来说，共同的目标包括：

（1）提高顾客服务水平，即在正确的时间、正确的地点用正确的商品来反应消费者的需求。

（2）降低供应链的总成本，增加零售商和厂商的销售额，从而提高零售商和厂商的获利能力。

（3）减少原材料到销售点的时间和整个供应链上的库存，最大限度地提高供应链的运作效率。

这样，QR 意味着双方都要告别过去的　对关系，建立起贸易伙伴关系来提高供货能力，同时降低整个供应链的库存量和总成本。QR 的着重点是对消费者需求做出快速反应，在降低供应链总库存和总成本的同时提高销售额。所以成功的"快速反应"伙伴关系将提高供应链上所有伙伴的获利。

快速反应业务成功的前提是零售商和厂商的良好关系。实现这种关系的方法之一就是战略伙伴，包括确定业务合作关系并采用双方互利的业务战略。这种伙伴关系的某些趋势已经得到验证，包括及时的跨部门项目小组决策和长期的双方互利关系。

战略伙伴关系要求厂商高级经理之间进行沟通和接触，然后将这种关系自上而下渗透到整个组织中，同时要求多个部门都要参与规划和执行各阶段工作。不是所有的贸易伙伴都能变成战略伙伴，成功的战略伙伴应该具备：巨大的增长潜力、跨部门的沟通、长远的观点和一致的目标。永远关注顾客的需要，不断地监测业绩。

而对于成功的战略伙伴关系至关重要的是，要彼此理解对方的目标和局限；建立更有效的沟通渠道；采用新的业务战略和业务实践；在公司内部推行教育计划；实施和强化跨行业通信标准（VICS 标准）；双赢方式的谈判。

## 10.2.3　实施 QR 的条件

Blackburn（1991）在对美国　织服装业 QR 研究的基础上总结出 QR 成功的 5 个条件，这也是 QR 的主要特征。

### 1．改变传统的经营方式和意识

（1）企业不能局限于依靠本企业的力量来提高经营效率的传统经营意识，要树立通过与供应链各方建立合作伙伴关系，努力利用各方资源来提高经营效率的现代经营意识。

（2）零售商在 QR 系统中起主导作用，零售商店是 QR 系统的起始点。

（3）在 QR 系统内部，通过 POS 数据等销售信息和成本信息的相互公开和交换，提高各个企业的经营效率。

（4）明确 QR 系统内各个企业之间的分工协作范围和形式，消除重复作业，建立有效的分工协作框架。

（5）必须改变传统的业务处理方式，利用信息技术实现业务处理的无纸化和自动化。

### 2．开发和应用现代信息处理技术

这是成功进行 QR 活动的前提条件。这些信息技术有商品条形码技术、物流条形码技术、电子订货系统（EOS）、POS 数据读取系统、EDI 系统、电子支付系统（EFT），以及预先发货清单技术（ASN）、供应商（制造商）管理用户库存方式（VMI）、连续补充库存方式（CRP）等由信息技术支持的供应链管理策略。

### 3．与供应链各方建立战略伙伴关系

具体内容包括以下两个方面：一是积极寻找和发现战略合作伙伴；二是在合作伙伴之间建立分工和协作关系。合作的目标是削减不必要的库存，避免缺货现象的发生，降低商品风险，避免大幅度降价现象的发生，减少作业人员和减少事务性作业等。

### 4．改变传统企业对商业信息保密的做法

将销售信息、库存信息、生产信息、成本信息等与供应链中的合作伙伴交流分享，并在此基础上，要求各方在　起发现问题、分析问题和解决问题。

### 5．缩短生产周期，降低商品库存

（1）缩短商品的生产周期（Cycle Time）。

（2）进行少批量多品种生产和多频度小批量配送，降低零售商的库存水平，提高客户服务水平。

（3）在商品实际需要将要发生时采用 JIT 生产方式组织生产，减少供应商自身的库存水平。

## 10.2.4　实施 QR 的 3 个阶段

从 20 世纪 70 年代后期开始，美国的　织、服装业受到了来自亚洲、美洲一些低劳力成本国家的　织品服装的冲击，到 80 年代初期，进口商品大约占到　织服装行业销售

量的 40%。行业内甚至已经有放弃制造业，只保留分销中心和设计中心的观点。由于消费者需求的多变性， 织服装市场呈现出产品引进速度加快、产品品种增多和产品生命周期缩短等特点，这就要求制造商（供应商）对不断变化的市场有更快速的反应。因此，要做出正确的需求预测和产品计划一天比一天困难，不管对零售商还是制造商来说，快速和柔性对公司来说是极其重要的因素，而这些是远离市场的（进口）制造商所不能完全具备的。正是基于上述原因，美国的制造商非但没有退出竞争的 台，相反还得到了一定的发展。

在 QR 实施初期，业界主要注重技术上的改进，如对西服生产线的研究，但很快就将主要注意力放在加强行业间、行业内的竞争-合作、信任-沟通，以及与之有关的软硬技术如条形码、EDI 的应用；初期是上游产业，如 花种 业、化 业首先花巨资推动 QR 的研究，而后成为整个管程（Pipe Line）整合，并提出了 QR 的关键不仅取决于精益加工（Lean Assembling），更取决于精益零售（Lean Retailing）。

1985 年以后，QR 概念开始在 织服装行业广泛普及、应用。下面以 尔 公司与服装制造企业 Seminole Manufacturing Co.，以及面料生产企业 Milliken 公司合作建立 QR 系统为例说明 QR 的发展过程。

尔 与 Seminole Manufacturing Co.和 Milliken 建立 QR 系统的过程可以分为以下 3 个阶段。

### 1．QR 的初期阶段

尔 公司 1983 年开始采用 POS 系统，1985 年开始建立 EDI 系统。1986 年与 Seminole 公司和 Milliken 公司在服装商品方面开展合作，开始建立垂直型的快速反应（QR）系统。当时合作的领域是订货业务和付款通知业务，通过电子数据交换反应（EDI）系统发出订货明细清单和受理付款通知，以提高订货速度和准确性，以及节约相关事务的作业成本。

### 2．QR 的发展阶段

为了促进行业内电子商务的发展， 尔 与行业内的其他商家一起成立 VICS 委员会（Voluntary Inter-Industry Communication，Standard Committee）来协商确定行业统一的 EDI 标准和商品识别标准。VICS 委员会制定了行业统一的 EDI 标准并确定商品识别标准采用 EAN/UPC 商品识别码。 尔 公司基于行业统一标准设计出 POS 数据的传输格式，通过 EDI 系统向供应商传送 POS 数据，供应商通过 尔 传送来的 POS 信息，可以及时了解 尔 的商品销售信息，把握商品的需求动向，并及时调整生产计划和材料采购计划。供应商利用 EDI 系统在发货前向 尔 传送预先发货清单（Advanced Shipping Notice，ASN）。这样，可以提前做好进货准备工作，同时可以省去货物采购清单、进货数据的输入业务，使商品检验作业效率化。 尔 在接收商品货物时，用扫描读取机器读取包装箱上的物流条形码 SCM（Shipping Carton Marking），把扫描读取机器读取的信息与预先存储在计算机信息系统内的进货清单进行核对，判断到货和发货清单是否一致，从而简化了检验作业。在此基础上，利用电子支付系统（EFT）向供应商支付货款。同时只要把 ASN 数据与 POS 数据比较，就能迅速知道商品库存的信息。这样做的结果使 尔 不仅节约了大量业务处理成本，而且还能压缩库存，提高商品周转率。在此阶段， 尔 公司开始把 QR 的应用范围扩大至其他商品和供应商。

### 3．QR 的成熟阶段

　尔　公司把零售店商品的进货和库存管理的职能转移给供应商，由供应商（生产厂家）对　尔　的流通库存进行管理和控制，即采用供应商（生产厂家）管理销售商的库存方式（Vendor Managed Inventories，VMI）。在流通中心保管的商品所有权属于供应商。供应商对 POS 信息和 ASN 信息进行比较分析，把握库存动向。在此基础上，决定什么时间，什么商品，以什么方式向什么商店发货。发货的信息预先以 ASN 形式传送给　尔　，以高频度少数量的方式进行连续库存补充，即采用连续补充库存方式（Continuous Replenishment Program，CRP）。由于采用 VMI 和 CRP，供应商不仅能减少本企业的库存，还能减少　尔　的库存，实现整个供应链的库存水平最小化。另外，对　尔　来说，省去了商品进货的业务，节约了成本，同时能集中精力于市场销售活动与服务。预先知道供应商的商品促销计划和商品生产计划为　尔　进行价格竞争提供了条件。

从业务操作的角度看，贸易伙伴之间需要采用 EDI（电子数据交换）方式加快信息的交流，进行供应链业务整合，将订货前导时间和成本最小化。在补给中应用 QR 可以将交货前导时间降低 75%。应用 QR 策略前后对比图如图 10-3 所示。

| 应用 QR 策略前 | 时间（天数） | 应用 QR 策略后 | 时间（天数） |
|---|---|---|---|
| 商品售出 | | 商品售出 | |
| 生产、审核并邮寄订单 | 20 | 生产订单并通过 EDI 传送 | 4 |
| 输入订单及转运单 | 10 | 录入订单、装运带有条形码的商品，录入装运 | 4 |
| 由集运人发货 | 10 | 直接发货 | 3 |
| 配送中心收货记账粘贴价签、分类 | 14 | 在配送中心收货，交叉配送 | 2 |
| 商店收货、补充货架 | 8 | 商店收货、补充货架 | 2 |

图 10-3　应用 QR 策略前后对比图

## 10.3　高效客户反应

20 世纪 90 年代初，日本食品加工和日用品加工行业开始模仿美国服装业的“快速反应”策略，并形成自己的体系，称为“高效消费者反应”（Efficient Consumer Response，ECR）。目前，ECR 的推广对象主要以快速移转消费产品（FMCG）及食品杂货（Grocery）为主，而其实施重点包括需求面的品类管理改善、供给面的物流配送方式的改进等，未来，期望 ECR 概念能够推广到其他产业体系。

### 10.3.1 ECR 的概述

#### 1．ECR 的概念

高效客户反应，是一种在食品杂货分销系统中，为降低与消除分销商与制造商体系中不必要的成本和费用，为客户带来更大利益而进行密切合作的一种供应链管理策略。

ECR 的最终目标是建立一个具有高效反应能力和以客户需求为基础的体系，使零售商和制造商以业务伙伴方式合作，提高整个食品杂货供应链的效率（而不是单个环节的效率），以降低整个供应链体系的运作成本、库存储备，为客户提供更好的服务。

实施 ECR 管理策略，首先是联合整个供应链所涉及的供应商、制造商、分销商及零售商，整合供应链中的业务流程，使供应链的业务运作合理有效。然后，以合适的成本使这些业务流程自动化，进一步降低供应链的成本和反应的时间。通常实施 ECR 需要将条形码与扫描技术、POS 系统和开放的电子数据交换（EDI）系统集成，在供应链之间建立一个无纸业务处理系统，确保产品源源不断地从制造商流向最终客户。在此同时，信息流能够在开放的供应链中有效流动，从而提供能够满足客户需求的产品和服务。

ECR 是由制造商和零售商等供应链组成各方相互协调和合作，以更低的成本，更好、更快地以消费者需求为目的的供应链管理系统。ECR 是一种运行于工商业的策略，制造商和零售商通过共同合作（如建立制造商 / 分销商 / 零售商联盟），改善供应链在货物补充过程中的全球性效率，降低从制造商到最终销售的贸易周期与成本。

ECR 活动是一个过程，这个过程主要由贯穿供应链各方的 4 个核心过程组成，如图 10-4 所示。ECR 的 4 大要素内容如表 10-1 所示。

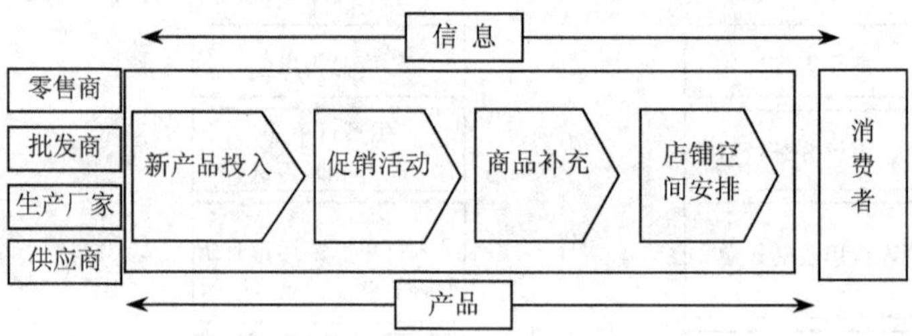


图 10-4 ECR 和供应链过程

**表 10-1 EC R 的 4 大要素的内容**

| ECR 要素 | 内 容 |
|---|---|
| 有效新商品导入 | 最有效地开发新产品，进行产品的生产计划，以降低成本 |
| 有效促销活动 | 提高仓储、运输、管理和生产效率，减少预先购买、供应商库存及仓储费用，使贸易和促销的整个系统效率最高 |
| 有效店铺空间安排 | 通过第二次包装（如为满足不同的订单需求，将一个运输包装中的产品进行不同的包装，并赋予不同的包装标识）等手段，提高货物的分销效率，使库存和商店空间的使用率最优化 |
| 有效商品补充 | 包括电子数据交换（EDI），以需求为导向的自动连续补充和计算机辅助订货，使补充系统的时间和成本最优化 |

**2. ECR 的特征**

1）管理意识的创新

传统的产销双方的交易关系是一种对立型关系，即交易各方以对自己有利的成交条件进行交易。简单地说，是一种赢-输（Win-Lose）型关系。然而 ECR 要求交易双方的关系是一种合作伙伴关系，交易各方通过相互协调合作，实现以低成本向消费者提供更高价值服务的目标，并在此基础上实现与追求双方的利益，简单地说是一种双赢型（Win-Win）关系。

2）供应链整体协调

传统流通领域活动缺乏效率的主要原因在于制造商、批发商和零售商之间存在企业间联系的非效率性和企业内部采购、生产、销售和物流等部门或职能之间存在部门间联系的非效率性。传统的组织是以部门或职能为中心进行经营活动，以各个部门或职能的效益最大化为目标。这样虽然能够提高各个部门或职能的效率，但容易引起部门或职能间的 擦。同样，传统的业务流程中各个企业以各自企业的效益最大化为目标，这样虽然能够提高各个企业的经营效率，但是容易引起企业间的利益 擦。ECR 要求消除各部门、各职能及各企业之间的隔 ，进行跨部门、跨职能和跨企业的管理和协调，使商品流和信息流在企业内和供应链内畅通地流动。

3）广泛的涉及范围

既然 ECR 要求对供应链整体进行管理和协调，所涉及的范围必然包括零售业、批发业和制造业等相关的各个行业。为了最大限度地发挥 ECR 所具有的优势，必须对关联的行业进行分析研究，对组成供应链的各类企业进行管理和协调。

### 3. ECR 的指导思想

在美国 FMI 的报告中提出应用 ECR 时必须遵守以下 5 项指导原则。

（1）ECR 的目的是以低成本向消费者提供高价值服务。这种高价值服务表现在更好的商品功能、更高的商品质量、更全的商品种类、更好的便利性等方面。ECR 通过整个供应链整体的协调和合作来实现以低成本向消费者提供更高价值服务的目标。

（2）ECR 要求供需双方关系必须从传统的赢输型交易关系向双赢型联盟伙伴关系转化。需要企业的最高管理层对本企业的组织文化和经营习惯进行改革，使供需双方关系转化为双赢型联盟伙伴关系成为可能。

（3）及时准确的信息在有效地进行市场营销、生产制造、物流运送等决策方面起重要作用。ECR 要求利用行业 EDI 系统在组成供应链的企业间交换和共享信息。

（4）ECR 要求从生产线末端的包装作业开始到消费者获得商品为止的整个商品移动过程产生最大的附加价值，使消费者在需要的时间能及时获得所需要的商品。

（5）ECR 为了提高供应链整体的效果（如降低成本、减少库存、提高商品的价值等），要求建立共同的成果评价体系，要求在供应链范围内进行公平的利益分配。

总之，ECR 是供应链各方通过推进真诚合作来达到消费者满意和实现各方整体效益最大化的过程。

## 10.3.2 ECR 的实施

### 1. ECR 的实施的前提

1）为变革创造氛围

对大多数组织来说，改变对供应商或客户的内部认知过程，即从 对态度转变为将其视为同盟的过程，将比 ECR 的其他相关步骤更困难，时间花费更长。创造 ECR 的最佳 围首先需要进行内部教育及通信技术和设施的改善，同时也需要采取新的工作措施和回报系统。但公司或组织必须首先具备一贯言行一致的强有力的高层组织领导。

2）选择初期同盟伙伴

建议成立 2～4 个初期同盟。每个同盟都应先 开一次会议，来自各个职能区域的高级同盟代表将对 ECR 及怎样启动 ECR 进行讨论；成立 2～3 个联合任务组，专门致力于已证明可取得巨大效益的项目，如提高货车的装卸效率，减少损毁，由卖方控制的连续补库。以上计划的成功将增强公司的信誉和信心。经验证明：往往要花上 9～12 个月的努力，才能赢得足够的信任和信心，才能在开放的非 对的环境中探讨许多重要问题。

3）开发信息技术投资项目，支持 ECR

虽然在较少的信息技术投资的情况下就可获得 ECR 的许多利益，但是具有较强的信息技术能力能比其他公司更具竞争优势。那些作为 ECR 先导的公司预测：在 5 年内，连接他们及其业务伙伴之间的将是一个完全整合的商业信息系统。该系统将具有许多补充功能，既可降低成本，又可使人们专注于其管理及产品、服务和系统的创造性开发。

### 2. ECR 系统的构建

ECR 概念是流通管理思想的革新，ECR 作为一个供应链管理系统，需要把市场营销、物流管理、信息技术和组织革新技术有机结合起来作为一个整体使用，以实现 ECR 的目标。ECR 系统的结构如图 10-5 所示。ECR 系统的具体目标，是实现低成本的流通、基础设施建设、消除组织间的隔 、协调合作以满足消费者的需要。组成 ECR 系统的技术要素主要有信息技术、物流技术、营销技术和组织革新技术，如图 10-5 所示，下面对这些要素进行择要说明。

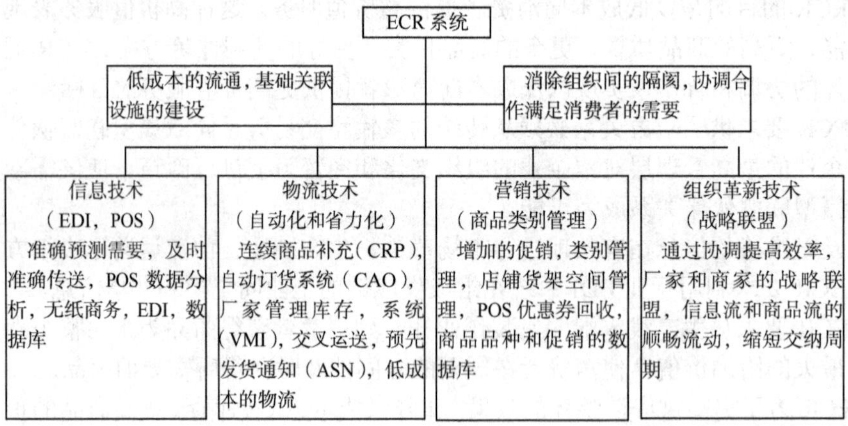


图 10-5 ECR 系统的结构

1）信息技术

ECR 系统的一个重要信息技术是 EDI。信息技术最大的作用之一是实现事务作业的无纸化或电子化。利用 EDI 在供应链企业间传送交换订货清单、价格变化信息、付款通知单等文书单据。

ECR 系统的另一个重要信息技术是 POS。对零售商来说，通过对在店铺收银台自动读取的 POS 数据进行整理分析，可以掌握消费者的购买动向，找出畅销商品和滞销商品，做好商品类别管理。可以通过利用 POS 数据做好库存管理、订货管理等工作。对生产厂家来说，通过 EDI 利用及时准确的数据，可以把握消费者需要，制订生产计划，开发新产品，还可以把数据和数据结合起来分析，把握零售商的库存水平，进行生产厂家管理库存（VMI）的库存管理。

现在，许多零售企业把 POS 数据和顾客卡（Customer Card）、点数卡（Point Card）等结合起来使用。通过顾客卡，可以知道某个顾客每次在什么时间、购买了什么商品、金额多少、到目前为止总共购买了哪些商品、总金额是多少。这样可以分析顾客的购买行为，发现顾客不同层次的需要，做好商品促销等方面的工作。

2）物流技术

ECR 系统要求及时配送（JIT）和顺畅流动（Flow-through D istribution）。实现这一要求的方法有连续补充计划（CRP）、自动订货（CAO）、预先发货通知（ASN）、厂家管理库存（VMI）、交叉配送（Cross-Docking）、店铺直送（DSD）等。

连续库存补充计划（Continuous Replenishment Program，CRP）利用及时准确的 POS 数据确定销售出去的商品数量，根据零售商或批发商的库存信息和预先规定的库存补充程序确定发货补充数量和发送时间，以小批量、多频度方式进行连续配送，补充零售店铺的库存，提高库存周转率，缩短交货周期。

自动订货（Computer A ssisted O rdering，CAO）是基于库存和需求信息，利用计算机进行自动订货的系统。

预先发货通知（Advanced Sh ipping N otice，ASN）是生产厂家或者批发商在发货时利用电子通信网络提前向零售商传送货物的明细清单。这样零售商事前可以做好货物进货准备工作，同时可以省去货物数据的输入作业，使商品检验作业效率化。

厂家管理库存（VMI）是生产厂家等上游企业对零售商等下游企业库存进行管理和控制。具体地说，生产厂家基于零售商的销售量、库存等信息，判断零售商的库存是否需要补充，如果需要补充，自动地向本企业的物流中心发出发货指令，补充零售商的库存。方法包括 POS，CAO，ASN，CRP 等。在采用 VMI 的情况下，虽然零售商的商品库存决策主导权由作为供应商的生产厂家把握，但是，在店铺的空间安排、商品货架布置等店铺间管理决策方面仍由零售商主导。

交叉配送（Cross-Docking）是在零售商的流通中心，把来自各个供应商的货物按发送店铺迅速进行分拣装运，向各个店铺发货。在交叉配送的情况下，流通中心仅是一个具有分拣装运协调功能的装运中心，采用交叉配送，有利于交货周期的缩短、减少库存、提高库存周转率，从而节约成本。

店铺直送（Direct S tore D elivery，DSD）方式是指商品不经过流通配送中心，直接由生产厂家运送到店铺的运送方式。采用店铺直送方式可以保持商品的新鲜度，减少商品运输破损，缩短交货周期。

3）营销技术

在 ECR 系统中采用的营销技术主要是商品类别管理（Category Mana gement）和店铺货架空间管理（Space Management）。

商品类别管理是以商品类别为管理单位，寻求整个商品类别整体收益最大化。具体来说，企业对经营所有商品按类别进行分类，确定或评价每一个类别商品的功能、作用、收益性、成长性等指标，在此基础上，综合考虑各类商品的库存水平和货架展示等因素，制订商品品种计划，对整个商品类别进行管理，以便在提高消费者服务水平的同时增加企业的销售额和收益水平。例如，企业把某类商品设定为吸引顾客的商品，把另一类商品设定为增加企业收益的商品，努力做到在满足顾客需要的同时兼顾企业的利益。商品类别管理的基础是对商品进行分类。分类的标准、各类商品功能和作用的设定依企业的使命和目标不同而不同。但原则上，商品不应该以是否方便企业来进行分类，而应该以顾客的需要和顾客的购买为依据来分类。

店铺空间管理是对店铺的空间安排、各类商品的展示比例、商品在货架上的布置等进行最优化管理。在 ECR 系统中，店铺空间管理和商品类别管理同时进行、相互作用。在综合店铺管理中，对于该店铺的所有类别的商品进行货架展示面积的分配，对于每个类别下的不同品种的商品进行货架展示面积分配和展示布置，以便提高单位营业面积的销售额和单位营业面积的收益率。

4）组织革新技术

应用 ECR 系统不仅需要组成供应链的每一个成员紧密协调和合作，还需要每一个企业内部各个部门间紧密协调和合作，因此成功地应用需要对企业的组织体系进行革新。

在企业内部的组织革新方面，需要把采购、生产、物流、销售等按职能划分的组织形式改变为以商品流程（Flow）为基本的职能横断形成的组织形式。具体讲，是把企业经营的所有商品按类别划分，对应于每一个商品类别设立一个管理团队（Team），以这些管理团队为核心构成新的组织形式。在这种组织形式中，给每一个商品类别管理团队设定经营目标（如顾客满意度、收益水平、成长率等），同时在采购、品种选择、库存补充、价格设定、促销等方面赋予相应的权限。每个管理团队由一个负总责的商品类别管理人（Category Manager）和 6～7 个负责各个职能领域的成员组成。由于商品类别管理团队规模小，内部容易交流，各职能间易于协调。

在组成供应链的企业间需要建立双赢型的合作伙伴关系，厂家和零售商都需要在各自企业内部建立以商品类别为管理单位的组织。这样双方相同商品类别的管理团队就可聚集在一起，讨论从材料采购、生产计划到销售状况、消费者动向等有关该商品类别的所有管理问题，另外，需要在企业间进行信息交换和信息分享。当然，这种合作伙伴关系的建立有赖于企业最高决策层的支持。

前面已经谈到，ECR 是供应链各方推进真诚合作来实现消费者满意和实现基于各方利益的整体效益最大化的过程。这就引申出下面一个问题，即由供应链全体协调合作所产生的利益是如何在各个企业之间进行分配的。为了解决这个问题，需要搞清楚什么活动能够带来什么效益，什么活动会耗费多少成本。为此需要把按部门和产品区分的成本计算方式改变为基于活动的成本计算方式（Activity Based Costing，ABC）。ABC 计算方式于 20 世纪 80 年代后期在美国开始使用，它把成本按活动进行分配，确定每个活动在各个产品上的分配，并以此为基础计算出产品的成本。同时进行基于活动的管理（Activity Based Management，ABM），即改进活动内容，排除不需要的无效率的活动，从而减少成本。

### 10.3.3 实施 ECR 的办法

#### 1. 自动订货

自动订货（Computer A ssisted O rdering，CAO）是通过计算机对有关产品转移（如 POS 的设备记录）、影响需求的外在因素（如季节变化）、实际库存、产品接收和可接受的安全库存等信息进行集成而实现的订单准备工作。

CAO 是一个由零售商建立的“高效客户反应”工具。应用 CAO 使得公司能够配合客户的要求控制物流，达到最佳存货管理。

#### 2. 连续补货计划

连续补货计划（Continuous Replenishment Program，CRP）改变了零售商向贸易伙伴生成订单的传统补给方式，它由制造商根据从客户那里得到的库存和销售方面的信息，决定补充货物的数量。

在库存系统中，订货点与最低库存之差主要取决于从订货到交货的时间、产品周转时间、产品价格、供销变化及其他变量。订货点与最低库存保持一定的距离是为了防止产品脱销情况的出现。最高库存与订货点之差主要取决于交货的频率、产品周转时间、供销变化等。为了快速反应客户“降低库存”的要求，供应商通过与零售商 结伙伴关系，主动向零售商频繁交货，并缩短从订货到交货之间的时间间隔。这样，就可以降低整个货物补充过程的存货，尽量符合客户的要求，同时减轻存货和生成量的波动。

可见，CRP 成功的关键因素是：在开放的信息系统环境中，制造商和零售商之间通过进行库存报告、销售预测报告和订购单报文等有关商业信息的最新数据交换，使得制造商从过去单纯地执行零售商的订购任务转变为主动为零售商分担补充库存的责任，以最高效率补充销售点或库存的货品。

为了确保这些数据能够通过 EDI 在供应链中畅通无阻地流动，所有的参与方须使用通用的编码系统来标识商品、服务及地理位置等，EAN 物品和位置编码是确保 CRP 顺利实施的有效解决方案。

#### 3. 交叉配送

交叉配送（Cross-Docking）是将仓库或配送中心接到的货物不作为存货，而是为紧接着的下一次货物发送做准备的一种分销系统。因此，交叉配送要求所有的归港和出港运输尽量同时进行。交叉配送实施的成功取决于 3 个因素：交付至仓库或配送中心的货物预先通知；无论交付包装的尺寸或原产地如何，仓库或配送中心要具备利用自动数据采集（ADC）设备对所有交付包装的识别能力；具备交货接收的自动确认能力。

制造商（供应商）利用发货通知报文向仓库或配送中心提供装运货物的预先通知。报文发送方可发送　一标识后勤和（或）交付的贸易项目的 EAN 系统运输包箱代码（SSCC）和（或）EAN 物品编码。在交货地、仓库或配送中心可利用 ADC 设备扫描接收到的货物包装，核查其是否与供应商发出的货物一致，并自动生成收货通知报文，以便传回供应商。

在交货地点利用扫描技术，可使仓库或配送中心自动处理交付的货物，并自动跟踪货物的下一项分销业务处理，使其准确到达目的地。

#### 4. 产品、价格和促销数据库

虽然 ECR 概念大多数强调有关供应链的物流问题，但要想成功地改善供应链的效率，还必须抓住制造商和零售商最初关心的问题，即产品、价格和促销数据库（Item，Price and Promotion Database）。将信息存取到产品、价格和促销数据库中，对 ECR 概念的有效运作是非常重要的。离开这些数据库，无纸系统的诸多好处就不能实现，这些数据库必须对供应链上所有的信息结点都是开放的。制造商和零售商校准产品细目表能够消除在供应链的结点上通常出现的错误，如由于使用物品代码而出现的错误产品运输信息、在 POS 扫描出价格错误的产品、已出现在发票上却不被买方接受的产品等。

### 10.3.4 QR 和 ECR 的比较

#### 1. QR 和 ECR 的共同特征

1）共同的外部环境变化

这两个行业都受到了两种重要的外部环境变化的影响。一是经济增长速度的放慢加剧了竞争，因为零售商必须生存并保持顾客对其的忠诚度。二是零售商和供应商之间的交易平衡发生了变化。由于信息技术的发展及向传统领域之外扩张的欲望，零售商变得越来越向全国化甚至是国际化方向发展。交易平衡的重心已偏向零售商。

2）共同面临贸易伙伴之间的不协调关系而需要加强密切合作

在引入 QR 和 ECR 之前，两个行业都陷入了同样的困境：供应商和零售商或批发商之间的关系非常恶劣，已到了相互不信任的地步，两方面都各自追求自己的目标，而忽视了企业经营的真正目的——满足顾客的需要。

对于普通商品来说，问题主要集中在前置时间而不是促销问题上。由于服装业的购销风险非常大，零售商希望订购时间尽可能地接近销售季节，而供应商希望订购前置时间更长一些，以使他们的生产成本最低。在超市行业，按照购销双方各自的业绩衡量标准，他们的业务都得到了改进，但实际上系统的总成本大大地增加了。

供应商采用了促销策略，为了应付促销事件或便于运输，对价目表上的高报价进行打折。零售商为了增加毛利会在低价时购买额外的存货，这样就带来了额外的库存、运输、管理和财务成本。目前，这些贸易实践的竞争优势已经丧失了，但是它们所带来的成本并没有丧失。

3）共同的目标

供应商和零售商都受到了新的贸易方式的威胁。对于零售商来说，威胁主要来自大型综合超市、廉价店、仓储　部及折扣店等新的零售形式，它们采用新的低成本进货渠道。这些新的竞争者把精力集中在每日低价、绝对的净价采购及快速的库存周转等策略。对于供应商而言，压力来自自有品牌商品的快速增长，这些商品威胁了他们的市场份额。

上述的威胁迫使这两个行业必须采取行动。尽管认为按照各环节自己的业绩测量标准是有效率的，但是从整个供应链来说，他们的效率都非常低。

QR 和 ECR 的起源是一样的。两个系统的低效都是由于各个业务部门追求各自的目标，而这些目标又是相互矛盾的。只有大家都能集中于一个共同的目标，以最低的总成本向消费者提供他们真正想要的商品，整个系统的高效率才能实现。

4）共同的信息技术支持

QR 和 ECR 都必须有信息技术的支持，这是它们取得成功的前提条件。

5）共同的措施

QR 和 ECR 都重视供应链的核心业务，对业务进行重新设计，以消除资源的浪费。这些业务包括：

（1）补给。这项业务是指对于那些可补给的商品和普通商品，以尽可能低的存货水平和成本来保持较高的顾客服务水平。

（2）品种管理。它决定每家商店应该销售什么商品，以什么方式展示和销售。

（3）产品开发。它指开发和导入更能满足顾客需要的产品。

（4）促销。这项业务向顾客沟通商品的现货情况和价值。

QR 和 ECR 大致是一样的，当然针对总战略的各个具体部分，侧重点可能会有所差异，如 QR 先解决的是补给问题，而 ECR 注重的是过量库存问题。

（5）共同存在可能的认识误区。供应商（制造商）和零售商两方常常错误地认为，QR 和 ECR 是技术方面的工作。如果企业的总经理信　这种理念，把 QR 和 ECR 仅付诸信息管理部门去实施，那么，这个企业将一无所获。虽然技术在战略的实施中所　演的角色是非常重要的，但是它本身并不能保证战略的实现。只有把 QR 和 ECR 作为企业的整个供应链管理战略来重视，使信息在整个系统快速、准确的及时流动，再加上生产经营和物流、服务等方面的有效运作，供应链上的零售商和制造商才能获得成功。

### 2．QR 和 ECR 的差异

QR 和 ECR 的最初目的是提高零售业中的一般商品和　织品的设计、制造和流通效率。QR 早期的成功使它得到了广泛的应用。当前许多大的零售商和供应商（制造商）都在其经营业务中采用了 QR 的思想和技术。

QR 的成功引起了其他行业零售商的注意，1993 年食品和超市行业的零售商也提出了类似的战略，即高效客户反应。由于很多供应商既为普通商店服务又为超市服务，因此 ECR 的采用会比 QR 快。

QR 和 ECR 之间的重要差别之一在于商品的特性，不是商品表面的物理差异，而是指商品在价值、周转率和品种上的本质差异。两者之间的差异比较如表 10-2 所示。

**表 10-2　不同商品的特性比较**

| 零售商形式 | 百货店/专业店（服装类，QR） | 超市（食品类，ECR） |
|---|---|---|
| 每家商店的单品数量 | 高（50~200 万） | 低（2.5~3 万） |
| 每家商店的单品年均销售额 | 低（50~100 美元） | 高（400~500 美元） |
| 库存周转次数 | 低（2~5 次） | 高（10~25 次） |
| 单位重量/体积的价值 | 高 | 低 |
| 削价 | 高 | 低 |
| 毛利 | 高 35%~50% | 低 20%~25% |
| 产品生命周期 | 短 | 长 |
| 季节性 | 强 | 弱 |
| 产品的可替代性 | 低 | 高 |
| 购买频率 | 低 | 高 |

## 10.4　企业资源计划

企业资源计划是指建立在信息技术基础上，以系统化的管理思想，为企业决策层及员工提供决策运行手段的管理平台。它集信息技术与先进的管理思想于一身，成为现代企业普遍采用的运行模式，反映时代对企业合理调配资源、最大化地创造社会财富的要求，成为企业在信息时代生存和发展的基石。

### 10.4.1 ERP 的发展背景、概念与发展历程

#### 1. ERP 的发展背景

20 世纪 90 年代初，美国著名的 IT 分析公司 Gartner Group Inc.，根据当时的计算机信息处理技术 IT（Information Technology）的发展和企业对供应链管理的需要，对信息时代以后制造业管理信息系统的发展趋势和即将发生的变革做了预测，提出了企业资源计划 ERP（Enterprise Resource Planning）这个概念。

近几年来，伴随着电子商务的推广，全球经济的一体化进程不断加快，IT 技术的飞速发展，Internet/Intranet 技术的广泛应用，人类已从工业经济时代跨入了知识经济时代，企业所处的商业环境发生了根本性的变化。顾客需求瞬息万变，技术创新不断加速、产品生命周期不断缩短、市场竞争日益激烈，这些构成了影响企业生存与发展的 3 股力量：顾客（Customer）、竞争（Competition）和变化（Change）（简称“3C”）。过去在工业经济时代的商业规则、“科层制”管理模式和以 MRP-II应用为主的管理手段已经不再适应于今天电子商务下企业的发展，甚至影响到企业的生存。为了适应以“顾客、竞争和变化”为特征的外部环境，企业必须要进行管理思想上的革命（Revolution）、管理模式与业务流程上重组（Reengineer）、管理手段上的更新（Reform）（简称“3R”），从而在全球范围内引发了一场以业务流程重组 BRP（Business Process Reengineering）为主要内容的管理模式革命和以 ERP 系统应用为主体的管理手段革命。

### 2. ERP 的概念与发展历程

下面我们可以进一步地从管理思想、软件产品、管理系统 3 个层次给出它的定义：

（1）ERP 是由美国著名的计算机技术咨询和评估集团 Garter Group Inc.提出的一整套企业管理系统体系标推，其实质是在制造资源计划（Manufacturing Resources Planning，MRPII）基础上进一步发展而成的面向供应链（Supply Chain）的管理思想。

（2）ERP 是综合应用了客户机/服务器体系、关系数据库结构、面向对象技术、图形用户界面、第四代语言（4GL）等信息产业成果，以 ERP 管理思想为灵 的软件产品。

（3）ERP 是整合了企业管理理念、业务流程、基础数据、人力物力、计算机硬件和软件于一体的企业资源管理系统。具体来讲，ERP 与企业资源的关系、EBP 的作用以及与信息技术的发展的关系等可以表述如下。

① 企业资源与 ERP。厂房、生产线、加工设备、检测设备、运输工具等都是企业的硬件资源，人力、管理、信誉、融资能力、组织结构、员工的劳动热情等就是企业的软件资源。企业运行发展中，这些资源相互作用，形成企业进行生产活动、完成客户订单、创造社会财富、实现企业价值的基础，反映企业在竞争发展中的地位。ERP 的管理对象便是上述各种资源及生产要素，通过 ERP 的使用，使企业的生产过程能及时、高质量地完成客户的订单，使员工最大限度地发挥这些资源的作用，并根据客户订单及生产状况做出调整资源的决策。

② 调整运用企业资源。企业发展的重要标志便是合理调整和运用上述的资源，在没有 ERP 这样的现代化管理工具时，企业资源状况及调整方向不清楚，要做调整安排是相当困难的，调整过程会相当 长，企业的组织结构只能是金字塔形的，部门间的协作交流相对较弱，资源的运行难于比较把握并做出调整。信息技术的发展，特别是针对企业资源进行管理而设计的 ERP 系统正是针对这些问题设计的，使企业能更好地运用资源。

③ 信息技术对企业管理的作用。计算机技术特别是数据库技术的发展为企业建立管理信息系统，甚至对改变管理思想起着不可估量的作用。管理思想的发展与信息技术的发展是互成因果的环路。而实践证明信息技术已在企业的管理层面 演越来越重要的角色。

信息技术最初在管理上的运用是十分简单的，主要是记录一些数据，方便查询和汇总。而现在发展到建立在全球 Internet 基础上的跨国家、跨企业的运行体系，粗略可以分为如下 5 个阶段。

（1）MIS 系统阶段（Management Information System）：企业的信息管理系统主要是记录大量原始数据、支持查询、汇总等方面的工作。

（2）MRP 阶段（Material Require Planning）：企业的信息管理系统对产品构成进行管理。借助计算机的运算能力及系统对客户订单、在库物料、产品构成的管理能力，实现依据客户订单，按照产品结构清单展开并计算物料需求计划，实现减少库存，优化库存的管理目标。

（3）MRPII阶段（Manufacture Resource Planning）：在 MRP 管理系统的基础上，系统增加了对企业生产中心、生产能力等方面的管理，以实现计算机进行生产排程的功能，同时也将财务的功能 括进来，在企业中形成以计算机为核心的闭环管理系统，这种管理系统已能动态监查到产、供、销的全部生产过程。

（4）ERP 阶段（Enterprise Resource Planning）：进入 ERP 阶段后，以计算机为核心的企业级的管理系统更为成熟，系统增加了包括财务预测、生产能力、调整资源调度等方面的功能。配合企业实现 JIT 管理、全面质量管理和生产资源调度管理及辅助决策的功能，成为企业进行生产管理及决策的平台工具。

（5）电子商务时代的 ERP：Internet 技术的成熟为企业信息管理系统增加了与客户或供应商实现信息共享和直接的数据交换的能力，从而强化了企业间的联系，形成共同发展的生存链，体现企业的供应链管理思想。ERP 系统相应实现这方面的功能，使决策者及业务部门实现跨企业的联合作战。

由此可见，ERP 的应用的确可以有效地促进现有企业管理的现代化、科学化，适应竞争日益激烈的市场要求，它的导入，已经成为大势所趋。

### 10.4.2 ERP 系统的管理思想

ERP 系统的核心管理思想就是实现对整个供应链的有效管理，主要体现在以下 3 个方面。

#### 1. 体现对整个供应链资源进行管理的思想

在电子商务时代仅仅靠企业自身的资源不可能有效地参与市场的竞争，还必须把经营过程中的有关各方如供应商、制造工厂、分销网络、客户等纳入一个紧密的供应链中，才能有效地安排企业的产、供、销活动，满足企业利用全社会一切资源快速高效进行生产经营的需求，进一步提高效率和增强市场竞争力。换 话说，现代企业竞争不是单一企业与单一企业的竞争，而是一个企业的供应链与另一个企业供应链之间的竞争。ERP 系统实现了对整个企业供应链的管理，适应了企业在电子商务时代市场竞争的需要。

#### 2. 体现 JIT 生产、同步工程和敏捷制造的思想

ERP 系统支持对混合型生产方式的管理，其管理思想表现在两个方面：一是“JIT 生产 LP（Lean Production）思想”，即企业按照大批量生产方式组织生产时，把客户、销售代理商、供应商、协作单位纳入生产体系，企业同其销售代理、客户和供应商的关系已不再是简单的业务往来关系，而是利益共享的合作伙伴关系，这种合作伙伴关系组成了企业的一个供应链；二是“敏捷制造 AM（Agile M anufacturing）”思想，当市场发生变化，企业遇有特定的市场和产品需求时，企业的基本合作伙伴不一定能满足新产品开发生产的要求，这时，企业就会组织一个由特定的供应商和销售渠道组成的短期或一次性供应链，形成“虚拟工厂”，把供应和协作单位看成是企业的一个组成部分，运用“同步工程”组织生产，用最短的时间将新产品打入市场，时刻保持产品的高质量、多样化和灵活性，这就是“敏捷制造”的核心思想。

#### 3. 体现事先计划与事中控制的思想

ERP 系统中的计划体系主要包括：生产计划、物料需求计划、采购计划、销售执行计划、利润计划、财务预算和人力资源计划，且这些计划功能与价值控制功能已完全集成到整个供应链系统当中。

ERP 系统通过定义事物处理（Transaction）相关的会计核算科目与核算方式，在事物处理发生时同步自动生成会计核算分录，保证了资金流与物流的同步处理和数据的一致性，从而实现了根据财务资金现状，追溯资金的来龙去脉，并可以进一步追溯所发生的相关业务活动，改变了资金信息滞后于物料信息的状况，便于实现控制和做出决策。

此外，计划、事物处理、控制与决策功能都在整个供应链的业务处理过程中实现，要求在每个业务流程处理过程中最大限度地发挥每个人的工作潜力与责任心，流程与流程之间则强调人与人之间的合作精神，以便在组织中充分发挥个人的主观能动性与潜能，

实现企业管理从“金字塔式”组织结构向“扁平式”结构的转变，提高企业对市场动态变化的反应速度。

### 10.4.3 ERP 的物流管理

#### 1. ERP 对企业物流管理的作用

现代制造商的组织结构是　　形结构，它要求投入在研究开发和市场营销上的人力、物力比较多，制造部门的投入比较少。在这种情况下，物流管理的有效性必须依赖于一个统一协调的指挥系统，而 ERP 的采用恰好适应了这种需要，因为它的目标是能指挥物流管理的每一个物料在需要的时间到达需要的点。要达成这样的目标，必须充分认识到 ERP 对物流管理具有以下作用。

1）ERP 对企业物流管理的业务流程具有规范作用

传统制造商的物料管理往往隶属于制造商的不同职能部门，比如采购品由购买部门负责收货，待检验合格后交给生产部门，再由生产部门的物料管理室配送到生产现场。而 ERP 要求对在制造商置场的物料由物料管理部门进行统一管理，即该部门负责供应商交货的接收、物料交货计划的 ERP 系统的输入、合格物料的保管与配送到指定的作业位置。这样有助于制造商对物料管理的责任划分；有助于采购部门从实体物流中分离出来，专心于价格谈判、业务指导的商流活动；也有助于生产部门专心从事于生产活动。

传统供应商习惯于按制造商的月计划数量进行一次性交货，完全不考虑制造商的场地限制和保管费用，这样不利于制造商提高物料置场的利用率和控制物流成本。而 ERP 要求供应商按照 ERP 下达的订单进行交货，订单上明确规定了交货的时间、数量，通过接收人员及时输入供应商的实际交货时间、数量，管理人员就可以知道供应商对交货计划的遵守情况，这样有助于规范管理供应商。

2）ERP 对企业物流管理的职能部门具有考核作用

物流管理的职能部门如各供应商、购买部、制造部等的工作业绩如何考核，考核是否具有客观性和可追溯性，制订的考核指标是否可分解到职能部门的每一个担当者，是否可以对不良情况予以控制，制造商的管理人员是否可以根据考核数据来指导各供应商进行改善等，在本着谁认可谁负责的前提下，完全可以利用 ERP 系统进行管理。因为 ERP 具有统一的数据库，通过对 ERP 中每一条数据进行分类汇总，可以有效地制订针对物流管理的职能部门的考核指标。此外，制造商可根据实际情况或者管理的细化程度确定适合的可操作的、各种考核指标，并根据考核指标试行的效果制订考核办法。

#### 2. 现代企业物流管理对 ERP 的作用

现代企业物流管理的实际情况往往会随着企业内部条件和外部环境的变化而不断变化，这就会影响 ERP 的准确合理性。因此，现代物流管理的基本条件和管理水平对 ERP 的作用是不可低估的，这种作用具体表现在两个方面。

1）物流的一体化管理对 ERP 有改善作用

如果供应商把包装好的合格产品交给制造商，制造商就要打开包装，对这些产品进行分拣、配送。这样既会造成包装不能重复使用，又会增加人力的耗费和产品分拣过程中可能造成的损伤。通过物流的一体化管理，对供应商的产品按照制造商的要求制作可循环使用的标准装具，每个装具按　放的位置方向装载一定数量的产品。这促进了 ERP 对标准批量的确定，也减少了物料周转的前置时间和损耗率，最终减少了物流成本。

如果制造商对于 ERP 下达的未来两个月的采购订单可以向供应商承 是制造商的责任物料，那么供应商就可以提前进行原材料准备和在制品生产。所谓责任物料是指在制造商的生产是连续的或起 不是很大的情况下，对 ERP 下达的一部分物料预示计划，制造商承 将在以后的数月内把供应商按这部分预示计划生产的物料使用完。通过这种方式，促进了 ERP 提高下达计划的准确率，也进一步减少了供应商的交货准备时间。

2）现代物流管理的库存管理对 ERP 有制约作用

错误的数据输入 ERP，ERP 只会产生错误的结果。要让 ERP 发挥作用，必须对输入 ERP 的数据进行严格的管理。首先应提高管理人员输入数据的准确性，其次是提高管理人员输入数据的及时性。这两点不能得到有效保证都会造成 ERP 产生负库存或虚假库存。所谓 ERP 负库存是指在上工序的子物料不足时下工序就产生了包含该子物料的母物料，从而在 ERP 里就显示出该子物料的库存数为负数的状况，一旦该子物料的库存为负数，就会在运行 ERP 时产生追加物料计划，而追加的物料计划会造成该子物料实际库存的增加；所谓虚假库存是指母物料完成的记录未输入，从而造成母物料包含的子物料使用情况不能自动扣减，这样会使子物料 ERP 里的库存数量高于实际数量。因此，加强对输入数据的准确性和及时性的管理，是保证 ERP 正常运转的充要条件。

### 10.4.4 ERP 与供应链的整合

在传统管理中，许多业务均由企业独自承担，形成了一种大而全的管理方式，如将加工、制造、包装、运输等一切工作均由自己承担，工作速度慢而效果差。然而，在现代的管理中，企业将业务越来越多地外包出去，而把精力集中于擅长的核心业务上就可以了。外包出去的业务由企业在全球的合作伙伴来承担，这样也就形成了一种虚拟企业的供应链环境，企业对外的依赖性将会增加。所有这一切就会随着市场变化而运行，这就涉及企业外部管理，也就是对供应链的管理。做好外部管理，首先要做好内部管理。供应链管理的基础是企业内部管理，SCM 必须要得到内部管理的支持。例如，若企业库存管理的信息化工作没有做好，库存数据既不准确，也不及时，那么，要供应商来管理企业库存是绝对做不到的。只有应用 ERP 库存模块管理好库存，通过 BOM 的分解推算出物料需求，了解需要采购的零部件及原材料的时间及数量，供应商才能通过可视化库存及时预测需要的供应量，在准确的时间将货物送达。ERP 系统具有将管理功能集成的特点，起到了采集数据和读取数据的作用。这种集成仅限于企业内部，一切着眼于本企业，它是企业内部资源的全面管理，而这种仅靠一个企业的资源的做法是远远不能满足市场快速反应的要求的。同时，ERP 也缺少决策人员所需要的辅助决策的功能，因为在系统中无法实现优化器的作用。如运输计划如何安排才是合理的；工厂的地址应如何选择；仓库位置应放在哪里最合适；配送过程怎样合理化等一系列的问题。以上这些均属于分析数据，它们是将采集的数据经过数据挖掘才能得到的。而 SCM 的高级计划排程正是解决以上问题的好工具。此外，SCM 还具有外部资源的管理功能，能够适应快速变化的市场。因此，ERP 和 SCM 如果能够做到互补而产生一个新系统的话，将是比较理想的。

SCM 需要 ERP 的集成数据来进行供应链的分析，以便提供决策。而 ERP 也需要 APS 的优化功能来进一步提升管理水平。SCM 与 ERP 的发展，使企业之间的信息和资源的集成成为可能，资源的概念从单个企业扩展到外部企业。不仅仅一个企业将自身的资源数据库向客户或供应商延伸，而且是供应链上许多企业的数据库相互连接，不同企业的数据库一起展示在同一个交易平台上。ERP 与 SCM 的集成是通过 ERP 的销售、采购、生产模块与 SCM 的销售订单、采购、高级计划排程、敏捷制造模块而完成的。具体的集成表现在许多方面，这里仅举例加以说明。

（1）SCM 将实时协助决策支持和高级计划优化的内容合并到 ERP 系统之中。

（2）在高级计划排程 APS 中以工厂能力方式汇总列出了 ERP 的详细资源能力。

（3）订单请求通过 Internet 输入 ERP 的销售系统，销售系统给 APS 发出有关订货产品可供量查询的请求。订单通过 APS 中生产计划的详细排序模型进行运算，供货的能力考虑了能力和物料的情况，运算的结果再传送给 ERP 的销售模块。

（4）在 SCM 中，有关工厂和仓库设施、供应商、运输方式及路线的详细模型都包含在供应链模型之中，而生产模型包含 ERP 中的计划 BOM 和工序，以及生产成本。

（5）SCM 可以帮助构造灵活的采购、库存、分销、运输、销售和服务之间的链，它对 ERP 是开放的，它与 ERP 是一种技术上紧密结合的关系。

（6）APS 和 ERP 低层数据及其他企业数据保持同步。

（7）ERP 系统中的各项计划与供应链计划中的计划和决策无缝集成。如采购计划、销售计划、生产计划等。

## 10.5 协同计划、预测及补给

协同式供应链库存管理（Collaborative Pla nning Forecasting a nd Replenishment，CPFR），也叫协同规划、预测与补货。是一种源于 尔 的协同式的供应链库存管理技术，在目前供应链管理领域中，该技术受到广泛重视，并被不断推广。

### 10.5.1 CPFR 概述

#### 1. CPFR 的本质

协同计划、预测及补给是一种协同式的供应链库存管理技术，它能同时降低销售商的库存量，增加供应商的销售量。CPFR 的最大优势是能及时准确地预测由各项促销措施或异常变化带来的销售高 和波动，从而使销售商和供应商都能做好充分的准备，赢得主动。CPFR 采取了双赢的原则，始终从全局的观点出发，制订统一的管理目标以及实施方案，以库存管理为核心，兼顾供应链上其他方面的管理。因此，CPFR 能在合作伙伴之间实现更加深入广泛的合作。

1）CPFR 的体系结构

CPFR 供应链管理策略，强化了信息资源的一致性和实时反馈机制，可以面向不同的供应链管理功能层次。以 CPFR 概念为基础建立的供应链体系结构分为 4 个功能层，如图 10-6 所示。

（1）决策层。主要负责管理合作企业领导层，包括企业联盟的目标和战略的制订、跨企业的业务流程的建立、企业联盟的信息交换和共同决策。

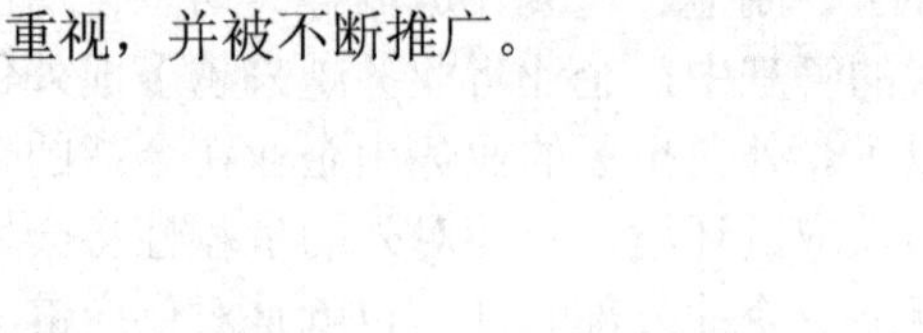


图 10-6 CPFR 供应链体系结构

（2）运作层。主要负责合作业务的运作，包括制订联合业务计划、建立单一共享需求预测、共担风险和平衡合作企业的能力。

（3）内部管理层。主要负责企业内部的运营和管理，包括商品或分类管理、库存管理、商店运营、物流、客户服务、市场营销、制造、销售和分销等。

（4）系统管理层。主要负责供应链运作的支持系统和管理及维护。

2）CPFR 的模型

CPFR 是在共同预测和补给（Collaborative Forecast and Replenishment，CFAR）的基础上，进一步推动共同计划的制订，即不仅合作企业实行共同预测和补货，同时将原来属于各企业内部事务的计划工作（如生产计划、库存计划、配送计划、销售规划等）也由供应链各企业共同参与。CPFR 利用 Internet，通过零售企业与生产企业的合作，共同做出商品预测，并在此基础上实行连续补货的系统，是一种协同式的供应链库存控制技术，它能降低销售商的存货量，增加供应商的销售量，其模型如图 10-7 所示。

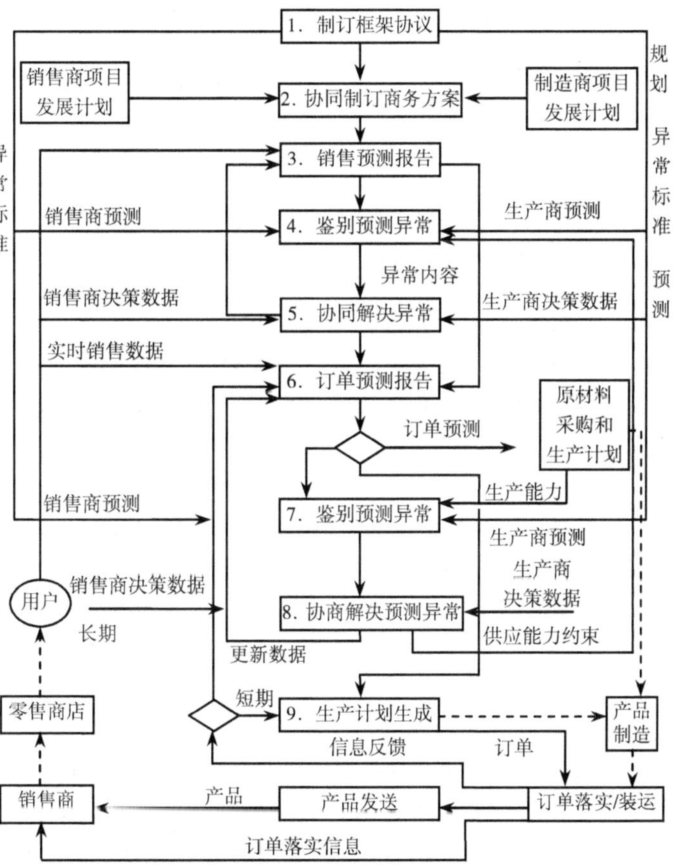


图 10-7 CPFR 模型

（1）制定框架协议。框架协议的内容主要包括各方的期望值以及为保证成功所需的行动和资源、合作的目的、保密协议、资源使用的授权等，并明确规定了各方的职责、绩效评价的方法，阐明各方为获得最大的收益而愿意加强合作，以及为实现信息交换和风险共担而承担的义务等。

（2）协同制定商务方案。在这一步中，销售商和制造商应就他们各自的公司发展计划交换信息，以便共同制定商务发展计划。合作方首先要建立战略合作关系，确定好部门责任、目标以及策略。项目管理方面则包括每份订单的最少产品数及倍率、交货提前时间等。此方案是进行以后各种预测的基石，方便了供应链上各部门/组织间的交流和合作。

（3）销售报告预测。销售商或制造商根据实时销售数据、预计的事务等信息来制定销售预测报告，然后将此报告同另一方进行协商，双方也可各提出一份报告进行协商。

（4）鉴别预测异常。根据框架协议中规定的异常标准，对预测报告中的每一项目进行审核，最后得到异常项目表。

（5）协商解决异常。通过查询共享信息、电子邮件、电话交谈记录、会议记录等来解决异常项目，并对预测报告作相应变更。这种解决办法不但使预测报告更加准确，减少了风险，而且还加强了合作伙伴间的交流。

（6）订单预测报告。综合实时及历史销售数据（POS）、库存信息及其他信息来生成具体的订单预测报告。订单实际数量要随时间而变，并反映库存情况。报告的短期部分用来产生生产指令，长期部分则用来规划。订单预测报告能使制造商及时地安排生产能力，同时也让销售商感到制造商有能力及时发送产品。

（7）鉴别预测异常。确定哪些项目的预测超出了框架协议中规定的预测极限。

（8）协商解决预测异常。解决办法和协商解决异常类似。

（9）生产计划生成。将预测的订单转化为具体的生产指令，对库存进行补给。指令生成可由制造商完成，也可由分销商完成，取决于他们的能力、资源等情况。

**2．协同计划、预测及补给的产生背景**

近几年来随着经济环境的变 、信息技术的进一步发展及供应链管理逐渐为全球所认同和推广，供应链管理开始更进一步地向无缝连接转化，促使供应链的整合程度进一步提高。这种高度供应链整合的项目就是 尔 所推动的 CFAR 和 CPFR，这种新型的系统不仅是对企业本身或合作企业的经营管理情况给予指导和监控，更是通过信息共享实现联动的经营管理决策。

CFAR 是利用 Internet 通过零售企业与生产企业的合作，共同进行商品需求预测，并在此基础上实行补给的系统。在原来的信息共享机制下， 尔 通过与其他企业共享 POS 数据来实现滞销商品的削减、迅速进行补给等功能，合作企业也能有效地控制本企业产品的销售。但是，在销售预测方面，供应链各企业是独自进行的，企业间销售预测会出现不一致的状况。换 话说，尽管供应链各环节的企业都能通过 POS 数据的共享来进行合理的市场预测和经营管理计划的制订，但是由于各经济主体利益和地位的不一致，加上经验积累不同（如生产商更了解商品的技术特点、性能等，物流提供方更了解商品运输、库存管理的特性，零售商更了解市场发展的动向和销售技巧等），各企业的预测往往会有一些差异，而这种差异可能就会导致某些企业的经营损失和无效管理。相反，如果供应链企业在能力集成的基础上，共同作出预测，则可以大大降低预测的偏差和由此而产生的风险。

以 尔 为例，数据采集是从 尔 的数据库开始，通过 Retail Link 将 尔 与合作企业之间的交易记录、销售数据、各种相关信息等存储在 CFAR 服务器上，采用标准化的格式加以分类整理。 尔 CFAR 工作组重要的是对各种数据和经营指令进行分析整理，用 Excel 表格形式进行计算，然后将分析结果以标准化的格式存入 CFAR 服务器。合作企业也设置有 CFAR 服务器，并与 尔 的系统服务器连接，合作企业的计划者根据 尔 的预测情况，加上本企业的分析研究，作出新的预测，并将新的商品预测存入 CFAR 服务器，再通过网络传输给 尔 的 CFAR 服务器。这样，在双方预测的基础上，综合形成一致的预测结果。显然，这种一致的预测，使得企业之间的各种活动和流程形成了紧密的结合。

在 尔 的不断推动下，基于信息共享的 CFAR 系统又在向 CPFR 发展。CPFR 是在 CFAR 共同预测和补给的基础上，进一步推动共同计划的制订，即不仅合作企业实行共同预测和补给，同时将原来属于各企业内部事务的计划工作（如生产技术、库存计划、配送计划、销售规划等）也由供应链各企业共同参与。在 1995 年，由　尔　与其供应商 Warner-Lambert、管理信息系统供应商 SAP、供应链软件商 Manugistics、美国咨询公司 Benchmarking Partn ers 共 5 家公司联合成立了工作小组，进行 CPFR 的研究。1998 年，美国　开零售系统大会时又加以倡导。目前试验的零售企业有　尔　、　马持和威克斯，生产企业有 P&G、金伯利、HP 等。可以说，CPFR 是目前供应链管理在信息共享方面的最新发展。从 CPFR 实施后的绩效看，Warner-Lambert 公司零售商品满足率从 87%提高到 98%，新增销售收入 800 万美元。在 CPFR 取得初步成功后，由零售商、制造商和方案提供商等 30 多名实体参加的 CPFR 委员会成立，与 VICS 协会一起致力于 CPFR 的研究、标准制定、软件开发和推广应用工作。美国商业部资料表明，1997 年美国零售商品供应链中的库存约 1 万亿美元，CPFR 理事会估计，通过全面成功实施 CPFR 可以减少这些库存的 15%～25%，即 1 500～2 500 亿美元。出于 CPFR 巨大的潜在效益和市场前景，一些著名的企业软件商如 SAP、i2 等正在开发 CPFR 软件系统和从事相关服务。

**小资料**

**沃尔玛与宝洁供应链整合**

1987 年，为保证沃尔玛分店里“帮宝适”婴儿纸尿布的销售，宝洁的 CEO 戴耶和沃尔玛的老板沃尔顿坐到了一起。这被认为是协同商务流程革命的开始。

起初，宝洁开发并给沃尔玛安装了一套“持续补货系统”，借助于此信息系统，宝洁公司能迅速知晓沃尔玛物流中心内的纸尿裤的销售量、库存量、价格等数据。这样不仅能使宝洁公司及时制订出符合市场需求的生产和研发计划，同时也能对沃尔玛的库存进行单品管理，防止滞销商品库存过多或畅销商品断货。此项措施很快在客户服务水平的提升和双方库存的下降方面取得了“戏剧性”的效果。

在持续补货的基础上，宝洁和沃尔玛合力启动了 CPFR 流程。该流程有 9 个步骤，从双方共同的商业计划开始，到市场推广、销售预测、订单预测，再到最后对市场活动的评估总结，构成了一个可持续提高的循环。流程实施的结果是沃尔玛分店中的宝洁产品利润增长了 48%，存货接近于“零”。而宝洁在沃尔玛的销售收入和利润也增长了 50%以上。与此同时，他们合作的协同、计划、预测、补货理念，也演变成供应链管理的新标准。

此后，宝洁和沃尔玛再接再厉，在信息管理系统、物流仓储体系、客户关系管理、供应链预测与合作体系、零售商联系平台及人员培训等方面都进行了全面、持续、深入而有效的合作。

宝洁与沃尔玛的供应链协同管理创造了制造商与零售商紧密合作的样板，从此，越来越多的商家与厂商开始建立亲密接触。全美最大的仓储零售商好市多量贩店、塔吉特，还有法国的家乐福都在朝这一模式努力。

（本文由作者根据网络资料改写，原文见 http://dlib.cnki.net/kns50/detail.aspx?QueryID=17&CurRec=1）

## 10.5.2 CPFR 的实施

从 CPFR 全球实施和进展的情况可以看出，CPFR 不同于以往的管理实践，它关注的是企业间业务合作关系的建立，而不是单一企业内管理框架的建立。不仅如此，它不是简单地挖掘单一的相关数据，而是从多个组织中发现可比较的数据，进而对这些数据进行整合、组织，并以此确立组织间的商业规则。这是 CPFR 取得巨大绩效的关键，也是 CPFR 实施推广的难点。

从 CPFR 实施的基本框架看，其实施过程基本包括以下 4 个步骤。

### 1. 识别可比较的机遇

CPFR 依赖于数据间的比较，这既包括企业间计划的比较，又包括一个组织内部新计划与旧计划及计划与实际绩效之间的比较。这种比较越详细，CPFR 的潜在收益越大，正因为如此，CPFR 实施框架的第一步就是识别比较性机遇。寻找可行的比较是非常富有挑战性的，因为零售商和制造商的计划是千差万别的。一般而言，零售商更关注预测消费者对促销、竞争者和产品类别变化的反应，而制造商通常对管理分销中心内的库存水平较为关心。

零售商的目标是保持店铺和仓储中的商品，在消除滞销品的同时使畅销品不断货；供应商的目标是建立更有效的生产和补给流程，因此如何有效地消除买卖双方计划的差异对贸易伙伴数据的取得和保持精确性非常重要。

在识别可比较的机调方面，应当注意到其关键在于：

1）订单预测的整合

通常零售商不愿意做订单预测，因为有些企业认为订单预测限制了企业调整库存获取产品资源的柔性，而没有充分看到做出这种努力所产生的效益及它对恰当的补给方式产生的正效应。即使有些零售商做出了订单颈测，也只是对基本需求做出预测，而且这种预测完全没有与促销计划统一起来。促销计划往往是在日常补货流程的基础上协商而成，因此供应商并不了解零售商需求的整体状况，订单数据无论是供应商还是零售商从来没有整合为统一系统。而 CPFR 为补给订单预测和促销订单提供了整合、比较的平台。CPFR 参与者应该搜集所有的数据资源和拥有者，寻求“一对一”的比较。即便马上不能整合促销计划，最起码零售商的基本订单预测应当同供应商预测相比较，这种“一对一”的比较虽然对于高促销产品来说绩效要大打折扣，但是它比起根本不作比较来说，产生的效果要好很多。

2）销售预测的协同

零售商一般会制订非常详细的销售预测，包括月度甚至每天的各品类店铺水准的需求。供应商则从一些公共数据资源中获取产品销售的信息，但是这种信息通常没有有效地融入消费者销售预测中，而只是运用在促销计划中。CPFR 只要求企业在计划促销的基础上再做出客户销售预测，这样将这种预测与零售商的销售预测相对照，就可能有效地避免销售预测中没有考虑促销、季节因素等产生的差错。

基于上述两个方面的考虑，CPFR 的实施要求 CPFR 与其他供应和需求系统相整合。通过综合运作，识别可比较的机遇。具体而言，对于零售商，CPFR 要求整合比较的资源有商品销售规划（产生促销、销售预测的计划系统）、分销系统（包括订货、仓储管理或补给计划）、店铺运作系统（报告店铺销售、店铺订单以及时点信息）；对于供应商而言，CPFR 需要整合比较资源有 CRM（帮助销售队伍制订促销和销售预测）、APS（建立最优的补给计划）以及 ERP（基于企业需求生产和分销产品）。应当看到的是，CPFR 的这种资源整合和比较，不一定都要求 CPFR 系统与其他应用系统的直接相连，但是这种比较的基础至少是形成共同的企业数据库，即这种数据库的形成是来源于不同企业计划系统在时间整合及共同的数据处理基础上产生。如果企业之间对产品品类的界定、季节段的界定、促销计划的界定等不统一，就不可能形成精确的预测并顺利实施 CPFR。所以，在识别比较机遇阶段，定期数据的输入和协同数据处理的比较是 CPFR 运作的关键。在实施过程中，还有一点也是参与方需要关注的问题，即例外情况的识别。任何在数据输入、计划对比过程中发生的例外都需要事先考虑，并且一旦发生就需要人工介入，加以调整，所有这些弥补手段也需要供应链参与方做细致的规划。

### 2．数据资源的整合

在发现和整合了各方的数据资源后，CPPR 实施的第一个阶段就是数据资源的整合运用。这种整合运用不仅是集合、调整数据，而且也需要供应链参与方调整相应的业务政策，以使 CPFR 可以实施。

数据资源的整合运用主要反映在如下方面。

1）不同层面的预测比较

如前所述、不同类型的企业由于自身的利益所驱使，计划的关注点各不相同。一般在业务计划方面，零售商更趋向于制订基丁地点的信息，诸如店铺层面的预测等。与此同时，供应商倾向于制订产品层面的具体信息（诸如品类、品种、规格等），而且越具体越好。这两类不同来源的信息常常产生不一致，CPFR 要求协同团队寻求到不同层面的信息，并确定可比较的层次。

2）商品展示与促销包装的计划

商品展示管理对于提高企业经营绩效至关重要，因为它通过将特定的产品放置在特定的位置来吸引客户的关注。CPFR 系统在数据整合运用方面一个最大的突破在于它对每一个产品进行追踪，直到店铺，并且销售报告以包含展示信息的形式反映出来。这样预测和订单的形式不仅是需要多少产品，而且包含了不同品类、颜色及形状等特定展示信息，数据之间的比较不再是预测与实际绩效的比较，而是建立在单品基础上、包含商品展示信息的比较。CPFR 实施过程中还有一个很重要的因素是建立在预测、追踪及协同计划上的促销装商品的管理。以往促销装商品的管理非常困难，原因在于交易伙伴有时可能有或者没有促销装商品的标志，所以当对交易伙伴的销售进行预测时，促销装商品的信息没有体现出来。而 CPFR 则不同，由于交易双方在事前就对促销计划进行协同，所以对促销商品的预测、追踪和管理相对来说比较容易。

3）时间段的规定

CPFR 在整合利用数据资源时，非常强调时间段的统一。由于预测、计划等行为都是建立在一定时间段基础上，所以，如果交易双方对时间段的规定不统一，就必然造成交易双方的计划和预测很难协调。正是因为如此，供应链参与者需要就管理时间段的规定进行协商统一，诸如预测周期、计划起始时间、补给周期等。

### 3．组织评判

一旦供应链参与方有了可比较的数据资源，他们必须建立一个企业特定的组织框架体系以反映产品和地点层次、分销地区以及其他品类计划的特征。一般而言，一个企业有多种组织框架，例如，企业可以按照配送中心确立分销体系，也可以按照销售区域确立分销体系。通常企业往往在现实中采用多种组织管理方法、CPFR 能在企业清楚界定组织管理框架后，支持多体系的并存，体现不同框架的映射关系。

### 4．商业规则界定

当所有的业务规范和资源的整合及组织框架确立后，最后在实施 CPFR 的过程中需要决定的是供应链参与方的商业行为规则，这种规则主要表现在例外情况的界定和判断。

## 10.5.3 CPFR 实施的成功因素

在 CPFR 实施过程中，获得成功的关键因素有以下 5 点。

### 1. 以“双赢”的态度看待合作伙伴和供应链相互作用

企业必须了解整个供应链过程以及发现自己的信息和能力在何处有助于供应链，进而有益于最终的消费者和供应链合作伙伴。基于 CPFR 的供应链成功的一个关键是从“赢-亏”的传统企业关系到“赢-赢”合作关系的转变。

### 2. 为供应链成功运作，提供持续保证和共同承担责任

这是基于 CPFR 的供应链成功运作所必须的企业价值观。每个合作伙伴对供应链的保证、权限和能力不同，合作伙伴应能够分清楚其业务活动，以适应这些不同。无论在哪个职责层，合作伙伴坚持其保证和责任将是供应链成功运作的关键。

### 3. 抵制转向机会

由于产品转向会较大的抑制合作伙伴协调需求和供应计划的能力，因此它不能和 CPFR 共存。抵制转向机会的一个关键是了解其短期效益和建立一个良好、低库存的供应链。这也就是对 CPFR 必要的信心和承　的检验。

### 4. 实现跨企业、面向团队的供应链

团队是一个新概念，建立跨企业的团队造成一个新问题：团队成员可能参与其他团队，并与他们合作伙伴的竞争对手合作。这些竞争对手互相有“赢-亏”关系，团队联合的深度和交换信息的类型可能造成多个 CPFR 团队人员的冲突。在这种情况下，必须有效地构建完整团队和个体关系的公司价值系统。

### 5. 制定和维护行业标准

公司价值系统的另一个重要组成部分是对行业标准的支持。每个公司有一个单独开放的过程，这会影响公司与合作伙伴的联合。行业标准必须是一致的，又允许公司间有不同的标准，这样才能被有效利用。开发和评价这些标准，有利于合作伙伴的共享和合作。

**小资料**

**海尔 CPFR——现代库存管理新技术**

CPFR 模式也不是任何场所都可以使用的，它的建立和运行离不开现代信息技术的支持。CPFR 信息应用系统的形式有多种，但应遵循以下设计原则：现行的信息标准尽量不变，信息系统尽量做到具有可缩放性、安全性、开放性。

围绕现代物流的推出，海尔又进行了一系列的管理革命。

在企业进行全方位的流程再造的基础上，建立了具有国际水平的自动化、智能化的现代物流体系，使企业的运营效益发生了奇迹般的变化，资金周转达到一年 15 次，实现了零库存、零运营成本和顾客的零距离，突破了构筑现代企业核心竞争力的瓶颈。

没有现代物流的企业最后的结果只能是“无物可流”。

由于现代物流运营的复杂性和高难度，很多家电企业都选择了将物流业务外包，这样既可以获得较高质量的物流服务，又不必承担过多的物流风险与成本。但是海尔却选择了自己建立物流体系。在海尔看来，选择自己建立物流体系的原因很简单，要成为现代企业就要发展现代物流，否则一定会被淘汰掉。

（本文由作者根据网络资料改写，原文见 http://dlib.cnki.net/kns50/detail.aspx?QueryID=4&CurRec=1）

## 本章小结

本章主要对供应链管理方法的相关内容进行讲述。其中分别对 JIT、QR、ECR、ERP 和 CPFR 等供应链管理方法进行讲述，以使读者对供应链管理的产生背景、实践过程、活动内容、实施原则与要求、获得的经济效益等有一个总体认识。

## 案例分析

### 海尔供应链管理案例

#### 1. 海尔整合供应链，实现零库存

海尔集团取得的业绩和企业实行全面信息化管理是分不开的，海尔发动了一场管理革命：以市场链为纽带，以订单信息流为中心、带动物流和资金流的运动。通过整合全球供应链资源和用户资源，逐步向“零库存、零营运资本和（与用户）零距离”的终极目标迈进。

总结多年的管理经验，海尔探索出一套市场链管理模式。海尔认为在新经济条件下企业不能再把利润最大化当作目标，而应该以用户满意度的最大化、获取用户的忠诚度为目标。这就要求企业更多地贴近市场和用户。市场链简单地说就是把外部市场效益内部化。海尔不仅让整个企业面对市场，而且让企业里的每一个员工都去面对市场。由此，海尔也把市场机制成功地导入企业的内部管理，把员工相互之间的同事和上下级关系转变为市场关系，形成内部的市场链机制。员工之间实施 SST，即索赔、索酬、跳闸。如果你的产品和服务好，下道工序给你报酬，否则会向你索赔或者“亮红牌”。

结合市场链模式，海尔集团对组织机构和业务流程进行了调整，把原来各事业部的财务、采购、销售业务全部分离出来，整合成商流推进本部、物流推进本部、资金流推进本部，实行全集团统一营销、采购、结算。

整合后，海尔集团商流本部和海外推进本部负责搭建全球的营销网络，从全球的用户资源中获取订单。产品本部在订单支持流程 3R（研发、人力资源、客户管理）的支持下不断创造新产品满足用户需求。产品事业部将商流获取的订单和产品本部创造的订单执行并实施。物流本部利用全球供应链资源搭建全球采购配送网络，实现订单加速流动。资金流搭建全面预算系统，这样就形成了直接面对市场的、完整的核心流程体系和订单支持流程 3R、基础支持流程 3T（全面预算、全面设备管理、全面质量管理）等支持体系。

海尔商流本部、海外推进本部从全球营销网络获得的订单形成订单信息流，传递到产品本部、事业部和物流本部，物流本部按照订单安排采购配送，产品事业部组织安排生产。生产的产品通过物流的配送系统送到用户手中，而用户的货款也通过资金流依次传递到商流、产品本部、物流和分供方手中。这样就形成横向网络化的同步的业务流程。

#### 2. ERP+CRM：快速反应客户需求

对用户来说，只需轻松点击海尔的网站，就可获得个性化的服务，对海尔来说，一张小小的订单牵动了企业的全身——设计、采购、制造、配送整个流程。

海尔构建了“前台一张网，后台一条链”（前台的一张网是海尔客户关系管理网站，后台的一条链是海尔的市场链）的闭环系统，构筑了企业内部供应链系统、ERP 系统、物流配送系统、资金流管理结算系统和遍布全国的分销管理系统及客户服务反应呼叫中心系统，

并形成了以订单信息流为核心的各子系统之间无缝连接的系统集成。

海尔 ERP 系统和 CRM 系统的目的是一致的，都是为了快速反应市场和客户的需求。前台的 CRM 网站作为与客户快速沟通的桥梁，将客户的需求快速收集、反馈，实现与客户的零距离；后台的 ERP 系统可以将客户需求快速触发到供应链系统、物流配送系统、财务结算系统、客户服务系统等流程系统，实现对客户需求的协同服务，大大缩短对客户需求的反应时间。

在家电行业中海尔集团率先建立企业电子商务网站，全面开展面对供应商的 B2B 业务和针对消费者个性化需求的 B2C 业务。通过电于商务采购平台和定制平台与供应商和销售终端建立紧密的互联网关系，建立起动态企业联盟，达到双赢的目标，提高双方的市场竞争力。在海尔搭建的电子商务平台上企业和供应商、消费者实现互动沟通，使信息增值。

### 3. CIMS+JIT：海尔 E 制造

过去企业按照生产计划制造产品是大批量生产。海尔的 E 制造是根据订单进行的大批量定制。海尔 ERP 系统每天准确自动地生成向生产线配送物料的 BOM，通过无线扫描、红外传输等现代物流技术的支持，实现定时、定量、定点的三定配送。海尔独创的过站式物流，实现了从大批量生产到大批量定制的转化。海尔采用计算机辅助设计与制造（CAD/CAM），建立计算机集成制造系统（CIMS）。在开发决策支持系统（DSS）的基础上，通过人机对话实施计划与控制，从物料资源规划（MRP）发展到制造资源规划（MBP-II）和企业资源规划（ERP）。还有集开发、生产和实物分销于一体的适时生产（JIT），供应链管理中的快速反应和柔性制造（Agile Manufacturing），以及通过网络协调设计与生产的并行工程（Concurrent Engineering）等。这些新的生产方式把信息技术革命和管理进步融为一体。

现在海尔在全集团范围内已经实施 CIMS（计算机集成制造系统），生产线可以实现不同型号产品的混流生产。如海尔计算机建成国内首条柔性计算机生产线（FIMS）。海尔计算机从接到订单到出厂，中间的每一道工序都是在计算机系统的集成管理和严格监控之下完成的。为了使生产线的生产模式更加灵活，海尔有针对性地开发了 EOS 商务系统、ERP 系统、JIT 三定配送系统等六大辅助系统。正是因为采用了这种柔性制造系统（FIMS），海尔不但能够实现单台计算机客户定制，还能同时生产千余种配置的计算机，还可以实现 36 小时快速交货。

### 4. 零距离、零库存——零运营资本

海尔认为，企业之间的竞争已经从过去直接的市场竞争转向客户的竞争。海尔 CRM 联网系统就是要实现端对端的零距离销售。海尔已经实施的 ERP 系统和正在实施的 CRM 系统，都是要拆除影响信息同步沟通和准确传递的阻隔。ERP 是拆除企业内部各部门的“墙”，CRM 是拆除企业与客户之间的“墙”，从而达到快速获取客户订单，快速满足用户需求。

传统管理下的企业根据生产计划进行采购，由于不知道市场在哪里，所以是为库存采购，企业里有许多“水库”。海尔现在实施信息化管理。通过 3 个 JIT 打通这些水库，把它变成一条流动的河，不断地流动。JIT 采购就是按照计算机系统的采购计划，需要多少，采购多少。JIT 送料指各种零部件暂时存放在海尔立体库，然后由计算机进行配套，把配置好的零部件直接送到生产线。海尔在全国建有物流中心系统，无论在全国什么地方，海尔部可以快速送货，实现 JIT 配送。

库存不仅仅是资金占用的问题，最主要的是会形成很多的坏账。现在电子产品更新很快，一旦产品换代，原材料和产成品价格跌幅均较大，产成品积压的最后出路就只有

降价，所以才形成现在市场上的价格战。不管企业说得多么好听，降价的压力就来自于库存。海尔用及时配送的时间来满足用户的要求，最终消灭库存的空间。

加入 WTO 以后，中国企业将面临更加激烈的竞争。海尔将保持 CRM 精神，优化 SCM 效果，推广 ERP 应用，支持海尔的第三方商流和第三方物流的发展要求，成为第三方的信息应用平台，使海尔融入"全球一体化"经济的大潮。

（本文由作者根据网络资料改写，原文见 http://dlib.cnki.net/kns50/detail.aspx?QueryID=184&CurRec=1）

**【案例讨论】**

分析海尔的供应链管理。

## 实训

### 供应链管理方法调查

**实训目的**

加深对本章供应链管理方法和策略的理解。

**实训内容**

选择两个具有代表性的企业，利用互联网搜索该企业的供应链管理方法的相关信息，列出其应用要点。

**实训要求**

（1）浏览网站，将了解的结果与小组同学交流。

（2）熟悉供应链管理方法在企业的实际应用，交流商业网站上获得的信息。

**实训课时**

2 学时。

**实训步骤**

（1）浏览网站（可以在课堂上进行，建议在课外进行）。

（2）小组交流。

（3）写出实训报告。

（4）教师总结。

## 本章习题

1. 试述供应链管理在当代管理中的先进性。
2. 有效客户反应（ECR）的作用是什么？
3. QR 与 ECR 有什么共同点？有什么不同点？
4. 试述供应链管理中快速反应系统的概念与特征。

# 参 考 文 献

[1] 周云霞，王智利，蔡业颖.电子商务物流［M］. 北京：电子工业出版社，2010.1-40.
[2] 顾穗珊，毕新华.电子商务与现代物流管理［M］. 北京：机械工业出版社，2007.2-14.
[3] 刘萍，王少愚，李岩.电子商务物流［M］. 北京：电子工业出版社，2010.1-7.
[4] 周明，程永生.第三方物流集成利润分析［J］. 重庆大学学报，2003，26(1)：147-149.
[5] 徐鹏赢. 我国电子商务物流管理的现状与发展对策.［J］. 中国商界，2010，(5)：153-158.
[6] 周慧. 物流电子商务[M]. 北京：清华大学出版社，2011，1.
[7] 陈修齐. 电子商务物流管理[M]. 北京：电子工业出版社，2010，8.
[8] 周训武. 电子商务物流与实务[M]. 北京：化学工业出版社，2009，3.
[9] 吴健. 电子商务物流管理[M]. 北京：清华大学出版社，2009，5.
[10] 魏修建. 电子商务物流管理[M]. 北京：人民邮电出版社，2001，8.
[11] 方磊. 电子商务物流管理[M]. 北京：清华大学出版社，2011，8.
[12] 刘磊. 电子商务物流管理[M]. 北京：电子工业出版社，2011，7.
[13] 高功步. 电子商务物流管理[M]. 北京：电子工业出版社，2010，1.
[14] 宋华. 电子商务物流与电子供应链管理[M]. 北京：人民大学出版社，2004，4.
[15] 杨路明. 电子商务物流管理[M]. 北京：机械工业出版社，2007，8.
[16] 祝凌曦. 电子商务物流管理[M]. 北京：人民邮电出版社，2008，4.
[17] 刘胜春. 电子商务物流管理[M]. 北京：科学出版社，2009，9.
[18] 邵贵平. 电子商务物流管理[M]. 北京：人民邮电出版社，2010，8.
[19] 兰宜生. 电子商务物流管理[M]. 北京：北京师范大学出版社，2011，5.
[20] 刘萍. 电子商务物流[M]. 北京：电子工业出版社，2010.
[21] 燕春蓉. 电子商务与物流[M]. 上海：上海财经大学出版社，2010.
[22] 杨路明. 电子商务物流管理[M]. 北京：机械工业出版社，2008.
[23] 黄海滨. 电子商务物流管理[M]. 北京：对外经济贸易大学出版，2007.
[24] 桂学文. 电子商务物流[M]. 武汉：华中师范大学出版社，2003.
[25] 姚树琪. 浅析绿色物流[J]. 石家庄理工职业学院学术研究，2010(09).
[26] 战子玉. 电子商务下的第三方物流[J]. 中国市场，2008(45).
[27] 庞海英. 电子商务环境下物流模式探析[J]. 中国商界，2010(6).
[28] 杨光伟. 电子商务时代：电子物流决胜[J]. 商业研究，2005(7).
[29] 姚树琪. 国际物流概述[J]. 石家庄理工职业学院学术研究，2009(3).
[30] 王红军. 建立国际物流系统的几点建议[J]. 交通科技，2002(4).
[31] 陈建斌. 电子商务与现代物流[M]. 北京：中国经济出版社，2008.

[32] 20 11 年中国地理信息系统（GIS）研究咨询报告
[33] 上海工程技术大学《物流信息技术》精品课程案例选集
[34] 邓凤祥. 现代物流成本管理：消除“物流冰山”，获取利润之第三源泉[M].北京：经济管理出版社，2003.
[35] 邵瑞庆. 关于物流企业物流成本核算方法的探讨[J]. 交通财会，2006(6).
[36] 张松涛. 物流企业客户关系管理[M]. 北京：中国人民大学出版社，2011.
[37] 王骏编. 物流服务营销[M]. 武汉：华中科技大学出版社，2007.
[38] 华中生编. 物流服务运作管理[M]. 北京：清华大学出版社，2009.
[39] 魏修建.电子商务物流理论与实务[M]. 北京：北京大学出版社，2008.
[40] 李洪心.电子商务案例[M]. 北京：机械工业出版社，2010.
[41] 王健伟，王小建.电子商务物流信息系统分析与设计[M]. 北京：首都经济贸易大学出版社，2008
[42] 刘萍. 电子商务物流[M]. 北京：电子工业出版社，2005.
[43] 王正忠. 电子商务时代的物流配送[J]. 雅安职业技术学院学报. 2005，19 (1)：83-86.
[44] 杜亮. 关于电子商务下物流配送方案的设计[J].重庆工学院学报. 20 05，19 (2 )：100-103.
[45] 汤世强，吴忠，陈心德. 电子商务物流配送瓶颈及解决方案[J]. 商业研究. 20 10，(394)：202-204.
[46] 刘龙政，焦岳红. 电子商务下的物流配送流程分析[J]. 物流技术. 20 09，28 ( 12)：36-39.
[47] 秦颐，郭英立. 电子商务下物流配送系统的若干思考：以大型家电零售企业为例[J]. 物流工程. 2008，(1)：68-69.
[48] 李政. 7-Eleven 成功的诀窍：高效的物流配送系统[J]. 北京物资流通. 2008，(4)：57-61.
[49] 苏明萃. 电子商务环境下的物流配送[D]. 大连：大连理工大学.2002.
[50] 刘海波. 电子商务环境下的物流配送研究[D]. 山东：中国石油大学.2008.
[51] 周红霞，祁兆辉. 电子商务环境下物流配送存在的问题及对策[J]. 经济研究. 2011，(4)：76.
[52] 陈建斌. 电子商务与现代物流[M]. 北京：中国经济出版社，2008.
[53] 黄海滨. 电子商务物流管理[M]. 北京：对外经济贸易大学出版社，2007.
[54] 赵莉，吴学霞. 电子商务概论[M]. 武汉：华中科技大学出版社，2008.
[55] 程德生，纪翔. 建设电子采购交易咨询服务平台[J]. 现代商业，2010(18)：198.
[56] 谢鹏，洪友祥. 库存管理（一）（二）[M]. 武汉：武汉理工大学出版社，2008.
[57] 曲立. 库存管理理论与应用[M]. 北京：经济科学出版社，2006.
[58] 赵林度. 供应链与物流管理[M]. 北京：机械工业出版社，2007.
[59] 杨思远. 供应链管理[M]. 北京：冶金工业出版社，2008，6.
[60] 杨路明. 电子商务物流管理[M]. 北京：机械工业出版社，2008，5.
[61] 管曙荣，张伟，黄小原. 供应链优化的有效手段：电子供应链管理[J]. 东北大学学报，2004，1.

[62] 梁俊. 电子供应链管理的内涵及其核心思想[J]. 东方电机，2003.
[63] 黄小原，卢震. 电子商务与供应链管理[M]. 沈阳：东北大学出版社，2002.
[64] 周艳君. 供应链管理[M]. 上海财经大学出版社，2004，9.
[65] 潘军. 电子商务物流管理[M]. 南京：东南大学出版社，2007，8
[66] 肖智军，党新民.精益生产方式 JIT[M]. 深圳：海天出版社，2002.
[67] 杜洪礼，刘瑞生.基于供应链管理的物流快速反应系统研究[J]. 物流科技，2011.
[68] 于俭. 电子商务供应链管理[M]. 大连：东北财经大学出版社，2002.
[69] 赵艳. 基于供应链环境下的 ECR 策略研究[J]. 科技创业，2006.
[70] 黄小原，卢震. 电子商务与供应链管理[M]. 沈阳：东北大学出版杜，2002.
[71] 周艳军. 供应链管理[M]. 上海：上海交通大学出版社，2008.
[72] 马逢田，蒋智毅. ERP 与现代企业物流管理的相互作用[J]. 商场现代化，2009.
[73] 陈建斌. 电子商务与现代物流[M]. 北京：中国经济出版社，2008.